X.media.interaktiv

Springer
Berlin
Heidelberg
New York
Barcelona
Hongkong
London
Mailand
Paris
Singapur
Tokio

Herausgeber

Peter Friedrich Stephan, Jahrgang 1959. Studien von Design, Musik, Marketing, Wirtschafts- und Gesellschaftskommunikation in Berlin, Hamburg und New York, Dipl.-Designer. Seit 1983 selbständige Audio-, Video- und Multimedia-Produktionen im Umfeld der Unternehmenskommunikation sowie experimentelle und theoretische Arbeiten. Seit 1990 Lehraufträge und Gastdozenturen. Von 1994–1997 wissenschaftlicher Mitarbeiter an der Bergischen Universität Gesamthochschule Wuppertal, Fach: Computational Design. Seit 1997 Professor für Theorie und Design der Hypermedien an der Kunsthochschule für Medien Köln. Lebt als Autor, Designer, Produzent und Berater von Medienproduktionen in Berlin und Köln.

Mit Beiträgen von

Werner Aisslinger	Lutz Hoppe	Alexander Samwer
Christian Bachem	Michael-A. Konitzer	Björn Schäfers
Stephan Balzer	Michael Kramers	Christa Schneebauer
Jörg Bochow	Johannes Krug	Sascha Schulz
Harald Buchheister	Gunnar Krüger	Stefan Schuster
Sven Ehmann	Ulrich Leschak	Thomas Spar
Lutz Engelke	Werner Lippert	Henry Steinhau
Jürgen Fahlbusch	Birgit Mager	Mark Wahrenburg
Manuel Funk	Richard Maul	Ann-Christin Waldmann
Stefan Glänzer	Wolfgang Modera	Jochen Walter
Tim Grebe	Manfred Ottenbreit	Walter Wehrhan
Nikolaus Hafermas	Stefan Raake	Steffen Wenzel
Lars Hinrichs	Roman Riedmüller	Marita Willemsen
Sascha Höper	Tanja Römer	

Peter Friedrich Stephan (Hrsg.)

Events und E-Commerce

Kundenbindung und Markenführung im Internet

Mit zahlreichen Fallstudien und Experten-Statements

Springer

Prof. Peter Friedrich Stephan
Kunsthochschule für Medien
Theorie und Design der Hypermedien
Peter-Welter-Platz 2
50676 Köln

Die Deutsche Bibliothek - CIP-Einheitsaufnahme

Stephan, Peter Friedrich: Events und E-Commerce: Kundenbindung und Marken-
führung im Internet/Peter Friedrich Stephan. - Berlin; Heidelberg; New York;
Barcelona; Hongkong; London; Mailand; Paris; Singapur; Tokio: Springer, 2000
(X.media.interaktiv)

ISBN-13: 978-3-540-66194-8   e-ISBN-13: 978-3-642-45779-1
DOI: 10.1007/978-3-642-45779-1

Umschlaggestaltung: Künkel + Lopka, Heidelberg
Umbruch und Datenaufbereitung: perform, Heidelberg
Gedruckt auf säurefreiem Papier   SPIN 10703773   33/3142PS   5 4 3 2 1 0

Vorwort

Ob sich Unternehmen der digitalen Wirtschaft zuwenden sollen, ist heute keine Frage mehr. Es geht nur noch um das WIE. Nach der flächendeckenden Verfügbarkeit des Netzes wird zukünftig die **qualitative Differenzierung** entscheidend. Dabei wird die Kompetenz der Unternehmen an der Aufnahme und Setzung neuer kultureller und technischer Standards im Netz gemessen. Stichworte dazu sind Digital Branding, Community Building, Profiling, Clienting, Permission Marketing, Customer Relationship Management, Issue Management und Wissensdesign.

In den Beiträgen der 41 namhaften Autoren werden erstmals die neuen Möglichkeiten des E-Commerce auf die Entwicklungen zur Event-Kultur bezogen. Die Positionen und Projekte von Produktmanagern, Agenturchefs, Kreativen und Journalisten zeigen eine Vielfalt von Ansätzen, die sich auch in den jeweils gewählten Darstellungsformen wiederfindet. Ziel war es, hier nicht zu stark zu vereinheitlichen, sondern allen an der Weiterentwicklung des digitalen Marketings Interessierten reiches Anschauungsmaterial zu bieten, das gerade auch in seiner Unterschiedlichkeit überzeugt.

Es kann in dieser Darstellung nicht um eine vollständige systematische Abhandlung aller relevanten Aspekte gehen, sondern um Momentaufnahmen innerhalb einer dynamischen Entwicklung, die durch das Beispiel von **best practice** das Thema öffnet. Neben den Profis der Direktmarketing- und Event-Manager, Mediaplaner, Konzeptioner und Designer soll auch die Generation der heute Studierenden angesprochen werden, denn sie haben die Chance, die aufstrebenden Berufsfelder von Beginn an mit zu gestalten. Kreative mögen Anregungen finden zur Weiterentwicklung eigener Ideen, und Entscheider sollten sich ermutigt fühlen, die neuen Möglichkeiten zu erschließen und ambitionierte Projekte zu wagen.

Für den Bereich des E-Commerce sind internet-basierte Anwendungen bisher vor allem als **Effizienzmaschine** relevant: Produkte und Dienstleistungen werden durch Schnittstellen zu

Datenbanken und Zahlungssystemen für den Kunden zugreifbar. In voll entwickelten elektronischen Märkten ist das bessere Angebot aber immer nur einen Klick weit entfernt und der gesamte Markt ist schier unüberschaubar.

In einer Ökonomie, in der Aufmerksamkeit eine rare Ressource ist, kommt der Inszenierung von Produkten, Botschaften und Ereignissen eine zentrale Rolle zu. Im dynamisch wachsenden Angebot an Zuwendungsmöglichkeiten werden **Events** eine immer stärkere Komponente im Marketingmix. Durch die Partner eines Ereignisses wie Veranstalter, Akteure, Ausrüster und Publisher entstehen zusätzliche Möglichkeiten des Crossmarketing.

Gegenwärtig beginnt im Netz eine Phase der **Emotionalisierung**. Aus anderen Medienformen abgeleitete Erwartungen werden auf die zunehmend leistungsfähigeren vernetzten Medien übertragen. So entstehen neue Chancen und Herausforderungen für das Marketing im elektronischen Kontext. Die Verbindung realer Ereignisse mit netzgestützter Kommunikation ist besonders produktiv, denn das Publikum wird durch einen Mehrwert an Unterhaltung, Information und aktiver Teilnahme längerfristig gebunden. Als erste originäre Netzevents können Auktionen gelten, die kein reales Gegenstück mehr haben, sondern rein medial stattfinden.

Der epochale Wechsel zur digitalen Wirtschaft wird in allgemeinen Zügen vielfältig diskutiert. Was fehlt, ist die Beschreibung konkreter Praxis. Wer heute Chancen nutzen möchte, Risiken bewerten muß und konkrete Aufgaben hat, braucht die Beispiele wegweisender Projekte. Große Unternehmen, kleine Start-up Firmen oder tradierte Mittelständler haben dabei unterschiedliche Perspektiven. Gemeinsam ist ihnen jedoch das Interesse an aktuellen Fallstudien, die Prozesse und Ergebnisse darstellen und der Diskussion zugänglich machen.

Im Einzelnen werden folgende Inhalte angeboten:

- **Fallstudien**
  21 erfolgreiche und wegweisende Projekte aus den Jahren 1998 und 1999 wurden ausgewählt. Produziert von den führenden europäischen Agenturen haben sie durch ihre Innovationen in Konzeption, Ästhetik und Technik überzeugt. Prägnante Texte und Abbildungen informieren über Aufgabe, Arbeitsansatz, Durchführung und Ergebnis und geben einen Ausblick auf mögliche Folgeprojekte sowie übertragbare Erfahrungen.

- **Branchenprofile**
  Vergleichende Darstellung unterschiedlicher Branchen wie
  Automobile, Sport, TV, Kultur, Einzelhandel sowie Auktionen
  und Börsen.

- **Spezialformate**
  Darstellung neuer, netzspezifischer Möglichkeiten für cross-
  mediales Marketing, Unternehmenskommunikation und Poli-
  tikvermittlung.

- **Experten-Statements**
  Sieben führende Unternehmensberater, Medienproduzenten
  und Agenturen äußern sich zum Thema „Events und E-
  Commerce", bewerten die gegenwärtige Entwicklung und stellen Prognosen für die Zukunft.

Ich danke allen Autorinnen und Autoren, die unter nicht immer
einfachen Bedingungen ihre Artikel fertigstellten. Gedankt sei auch
Frau Ingrid Schindler, die das Lektorat und Korrektorat (neue
Rechtschreibung!) sowie die logistische Koordination besorgte.
Frau Katarzyna Paczesniowska-Renner danke ich für die Erstellung
der Grafiken, sowie für Webrecherche und Bildbeschaffung, ebenso
wie Herrn Marc Matter für Webrecherche und Bildbeschaffung.

Bei den Lehrenden und Studierenden der Kunsthochschule für
Medien Köln bedanke ich mich für Anregungen und neue Fragestellungen. Über die Jahre inspiriert haben mich die Gedanken von
und die Erlebnisse mit Stefan Asmus, Sabine Barthel, Uta Brandes,
Thomas Eichinger, Michael Erlhoff, Holger Feddrich, Andreas Höll,
Armin Künstler, Mihai Nadin, Claudia Neumann, Charles Peter-
sohn, Christiane Reller, Frank Rogge, Peter Schlögl und Petra Stro-
bel.

Ich wünsche allen Lesern Anregungen für erfolgreiche Projekte. Im
Sinne eines interaktiven Mediums freue ich mich über Reaktionen.

Köln, im Mai 2000

Prof. Peter Friedrich Stephan
Theorie und Design der Hypermedien
Kunsthochschule für Medien Köln
Peter-Welter-Platz 2
50676 Köln

Tel.: (0221) 20189-336, Sekretariat: -123, Fax: - 357
pstephan@khm.de, http://hypermedia.khm.de

Inhalt

Teil A: Fallstudien

1 Automobilbranche

5 Einzelhandel

6 Auktionen und Börsen

7 Spezialformate

Teil B: Statements

Anhang

Peter Friedrich Stephan

Medienkulturelle Kontexte für Kundenbindung und Markenführung im Internet

1
Digitale Wirtschaft und Eventkultur

Märkte sind Urformen der Kommunikation. Von alters her haben sie Ereignischarakter. Neben den Waren wurden auch immer Neuigkeiten ausgetauscht, begleitet von den Aufführungen der Spielleute und Gaukler. Wer hier beachtet wurde, hat sicher auch gut verkauft.

Im digitalen globalen Dorf werden ähnlich vitale Formen der Aufmerksamkeitslenkung durch Events möglich und notwendig. Das Netz tritt in eine neue Phase ein: Das Angebot wächst mit beispielloser Dynamik und ist bereits unüberschaubar. Dabei ist das günstigere Angebot immer nur einen Klick weit entfernt. Die Folge: Der Kunde ist besser informiert, aber nicht entscheidungsfreudiger. Für diesen Kontext gilt es, neue Formen der Markenführung und Kundenbindung zu entwickeln. Das gewandelte Medienumfeld bietet dafür ungeahnte Chancen um den Preis, dass althergebrachte Rezepte kaum mehr funktionieren. Aufmerksamkeit, Dialog, Service und Themenführerschaft sind die Erfolgskriterien, die den Aufbau neuer Kompetenz verlangen.

Während uns Ereignisse durch die bisherigen Massenmedien als Berichte von entferntem Geschehen erreichen, ermöglicht die zukünftige leistungsstarke Breitbandverkabelung neue Modelle des Austausches und der Beteiligung von Mitarbeitern und Kunden. Vor jeder Wahrnehmung von Produktqualität steht zunehmend die Attraktion durch mediengerechte Inhalte, denen im Wettbewerb um Aufmerksamkeit der Rang von Ereignissen zukommen muss. Die beiden bestimmenden Faktoren in den Informationsgesellschaften, die digitale Wirtschaft und die Eventkultur, durchdringen und steigern sich daher gegenseitig. Dieser Verschränkung entspricht die Bildung gemeinsamer Kategorien. So können Märkte als Kommunikationsanlässe beschrieben werden, bei denen wechselseitig Werturteile abgeglichen werden. Events wiederum können als Austausch von Aufmerksamkeit, Intensität und Information betrachtet werden. Konzepte der Unternehmenskommunikation orientieren sich zunehmend an der Erzeugung von Erlebniswerten, die medial vermittelt und vermarktet werden. Events vermitteln sich dabei über gemeinschaftliche Austauschformate, die jetzt durch das Netz grenzenlos möglich sind. Hier findet sich die ideale Plattform für individuell abgestimmte Beteiligungen und den Austausch von Meinungen, Services, digitalen Produkten und Bestellungen für die physische Welt.

E-Commerce wird auf diesen Möglichkeiten neuartige Geschäftsmodelle begründen. Der netzbasierte Handel geht daher in seinen Anforderungen und Möglichkeiten wesentlich über Datenbanken und Bestellformulare hinaus. Für die Leistungsfähigkeit elektronischer Handelsplätze ist die Einrichtung angemessener Kommunikationswege entscheidend. Technisch und betriebswirtschaftlich fundierte Lösungen liefern hierfür die Basis, aber die wesentlichen Qualitätskriterien haben gestalterische Dimensionen. Wirtschaftsprozesse sind Teil der entstehenden Netzkultur, deren Handlungs- und Bewertungsrahmen nur durch medienkulturelle Kompetenz eingerichtet werden können. Unternehmen können die hier entstehenden unabsehbaren Chancen nutzen, wenn sie bereit und fähig sind, ihre Geschäftsmodelle grundsätzlich umzustellen, neue Qualifikationen aufzubauen und ein aktives „change management" zu betreiben.

Die Entwicklung von E-Commerce steht noch am Anfang, doch spätestens nach der Jahrtausendwende (und den ausgebliebenen Computerproblemen) haben sich die *global players* mit teilweise radikalen Strategieänderungen auf die Netzwelt eingestellt. So fanden schon in den ersten Wochen des Jahres bahnbrechende Entwicklungen statt: Der Online-Dienst AOL übernahm TimeWarner und avancierte damit zum weltgrößten Medienhaus, die Deutsche Bank entwickelte neue Geschäftsmodelle auf der Basis von Partnerschaften mit AOL, Yahoo, Lycos, Nokia, RTL und SAP und die Autoindustrie initiierte einen virtuellen Marktplatz, der durch die gemeinsamen Materialeinkäufe von DaimlerChrysler, General Motors und Ford mit einem Volumen von 240 Mrd. US-Dollar/Jahr startet und damit die global größte Handelsplattform sein wird.

Die immensen Investitionen und Umstrukturierungen der Pioniere werden von Analysten mit glänzenden Erfolgsprognosen honoriert und an der Börse über alle bisherigen Maßstäbe hinaus positiv bewertet. Die Kurven der prognostizierten Entwicklungen zeigen steil nach oben: vervielfachter Umsatz, Effizienzgewinne, zahlreichere Kunden, umfassendere Angebote und höhere Online-Werbeausgaben.

Dagegen stehen teilweise noch skeptische Verbraucher und abwartende Unternehmen. Nicht alle Branchen und nicht alle Unternehmensteile werden sich komplett ins Netz verlegen lassen. Absehbar ist jedoch, dass sämtliche unternehmerischen Prozesse nur dann weiter erfolgreich sein können, wenn sie intelligente Schnittstellen zur digitalen Welt ausbilden. Die Dynamik der Restrukturierung aller Prozesse, die mit dem Austausch von Waren und Dienstleistungen zu tun haben, kann kaum überschätzt werden. Zukünftige Unternehmen werden, in unterschiedlichen Intensitätsgraden, netzbasiert sein. Für die Kundenbindung und Markenführung stehen damit neue Aktions- und Wirkungsfelder zur Verfügung, die aber nur mit neuen Methoden und Inhalten aussichtsreich kultiviert werden können. Hier ist die Entwicklung integrierter Kommunikationskonzepte gefragt, für die das Internet die entscheidende Instanz ist. Um hier erfolgreich agieren zu können, müssen die neuen medienkulturellen Kontexte verstanden werden.

*Unternehmerische Prozesse mit **intelligenten Schnittstellen** zur digitalen Welt*

Wenn das Netz bald potenziell alle verfügbaren Angebote enthält, stellen sich für die Unternehmen neue Fragen:

- Wie kann ich angesichts eines globalen Angebots die Aufmerksamkeit der Kunden auf mich ziehen und längerfristig binden?

- Wie zeige ich meine Kompetenz, wenn der Mitbewerber nur einen Klick weit entfernt ist?

- Wie kann ich Ereignisse inszenieren, die meine Markenwelt optimal vermitteln?

- Wie nutze ich das Netz optimal zur ereignisorientierten Kommunikation?

Erste Erfahrungswerte liegen vor und werden in diesem Buch als Fallstudien zugänglich gemacht. Sie bestätigen, dass sich die Verbindung von Event-Marketing mit netzgestützter Kommunikation als besonders produktiv erweist. Durch aktive Teilnahme kann die Aufmerksamkeit des Publikums längerfristig gebunden werden und das Umfeld der Marke mit ihren Werten und Einstellungen erreicht den Kunden so direkt, schnell und dauerhaft wie nie zuvor. Die sensible Auswahl, der Aufbau und die Pflege der netzgestützten Ereignisse erfordert neue Wahrnehmungsweisen, Qualifikationen und Handlungsmodelle, die in den folgenden Beiträgen exemplarisch dargestellt werden.

1.1
Hypermärkte

In naher Zukunft wird jeder Privathaushalt der hochtechnisierten Gesellschaften einen Online-Anschluss haben. Was vorher nur dem Militär und danach ausschließlich großen Firmen und Institutionen vorbehalten war, wird jetzt allgemein verfügbar: individueller Zugang zur weltweiten Infrastruktur und damit direkte, schnelle und umfassende Beteiligung am globalen Marktgeschehen. Im Netz kann alles zu jeder Zeit und von jedem gehandelt werden. Informationen werden direkt an der Quelle abgefragt, Kauf- und Verkaufsentscheidungen können in Echtzeit übermittelt und ausgeführt werden. Hypermärkte entstehen, die nicht mehr begrenzt sind auf bestimmte Teilnehmer, Produkte oder Handelszeiten.

Event-Marketing und E-Commerce sind noch in der Findungsphase und basieren auf unterschiedlichen Antrieben. Die Orientierung an Ereignissen ist eine Folge soziologisch beschreibbarer Tendenzen, die wesentlich durch die Entwicklung der Medien verursacht sind. Der elektronische Handel dagegen wird durch technische Innovationen angetrieben, die in enger Wechselwirkung mit wirtschaftlichen Entwicklungen stehen. Für beide Bereiche liegen empirische Daten und Erfahrungswerte erst seit kurzem vor, aber bereits jetzt ist abzusehen, dass sie aufeinander zulaufen und ein völlig neuartiges Umfeld für die Beziehungen von Kunden und Unternehmen entstehen lassen.

1.2
Strategien-Surfing

Es gibt viele Ansätze, dem Verhalten des *homo oeconomicus* auf die Spur zu kommen. In hochgradig arbeitsteilig organisierten Unternehmen, die mit akademischer Expertise geleitet werden, sind wissenschaftliche Verfahren der Statistik, Entscheidungs-, Wert- und Spieltheorie im Einsatz, die auf meist unzureichendes

Datenmaterial angewandt werden. Darauf aufbauenden Konzepten liegt häufig folgendes Schema zugrunde: Profitbremsen finden, Ziele definieren, Daten sammeln, Methoden anwenden, Strategien entwerfen, Maßnahmen umsetzen und Ergebnisse bewerten. Solche Feldzüge erobern Kunden, indem Zielgruppen lokalisiert und Themen besetzt, sowie Markenkerne verteidigt und erfolgreich penetriert werden. Bis hinein in die militärische Wortwahl spiegeln solche Beschreibungen eher die Legitimationszwänge in traditionellen Unternehmen wider als die Realität der Märkte.

Im netzbasierten Handel können die quantitativen Methoden verfeinert werden durch die Nutzung neuen Datenmaterials, das durch die Registrierung netzbasierter Handelsvorgänge wesentlich umfangreicher, detaillierter und schneller vorliegt als bei sämtlichen Erhebungen der Vergangenheit. Allein diese Perspektive fordert schon eine grundlegende Umstellung von der spekulativen Extrapolation von Trends zur intelligenten Formulierung von Regelwerken, auf deren Basis die informatorischen Techniken des Datamining zu qualitativ verwertbaren Aussagen führen können.

Noch entscheidender aber ist die Tatsache, dass den Unternehmen ein gewandeltes Selbstverständnis abverlangt wird. Im Netz sind Produzenten und Händler nicht länger Sender, die versuchen, ein anonymes Massenpublikum möglichst vollständig zu erreichen, sondern sie werden in mindestens gleichem Maße zu Empfängern, die in den Kunden ihre wertvollsten Mitarbeiter erkennen. Deren Haltungen, Wertungen und Reaktionen sind das Rohmaterial künftigen unternehmerischen Handelns, das gesammelt, verdichtet und als Produktangebot formuliert wird. Zusammen ergeben sich Regelkreise, bei denen Kundenorientierung und Dialog im Mittelpunkt stehen und von den Unternehmen eine nie gekannte Beweglichkeit fordern.

Schon zu Beginn der neunziger Jahre formulierte Gerd Gerken die Forderung: *„Das Management muss surfen"*. Damals war noch nicht die Suchbewegung im Internet gemeint, sondern jenes flexible Reagieren auf die Wellen aktueller Marktbewegungen, das ein Gegenbild darstellt zum bis dahin vorherrschenden Denken in starren Strategien. Im voll entwickelten Zeitalter der digitalen Netze hat sich diese Voraussicht glänzend bestätigt. Wo aber finden sich Orientierungen, die der entstehenden Netzkultur entsprechen?

1.3
Netzkultur

Das Netz ist kein Ort, sondern eine Art und Weise, die gerade beginnt, sich vielfältig auszudifferenzieren und daher zurecht die Bezeichnung Netzkultur verdient. Die technische Entwicklung stellt ungeahnte Möglichkeiten zur Verfügung, die in Form neuer Inhalte, Formate, Produkte und Services bewältigt werden wollen. Aktuelle Stichworte dazu sind: Profiling, Digital Branding, Community Building und Entertailment (Entertainment und Retailing: Unterhalten und Verkaufen).

Auftritte im Internet bieten eine Transparenz, die manchem Unternehmen noch kaum zugemutet werden kann. Wer sich im Netz präsentiert, lebt im Schaufenster und sollte vermeiden, seine Schwächen zu deutlich zu zeigen, aber nicht durch Verdeckung, sondern durch Verbesserung. Insofern betrifft das Netz nicht bloß Werbung und Vertrieb, sondern bietet die zentrale Möglichkeit, alle Unternehmensbereiche auf die Höhe heute erwarteter Ansprüche zu bringen. Zur Zeit kann deutlich abgelesen werden, mit welcher Haltung die Netzpräsenzen betrieben werden: als Reklametafel, als Forum der Öffentlichkeitsarbeit, als Instrument von Marketing und Vertrieb, als Produktionstool (mit Intra- und Extranets), als Channel zur Kundenbindung etc.

In der netzbasierten Wirtschaft werden Unternehmen zunehmend an der Aufnahme und Setzung kultureller, konzeptioneller und ästhetischer Standards gemessen. Ganze Unternehmen existieren ausschließlich im Netz und machen die Gestaltung von Hypermedien zu einer umfassenden medienkulturellen Aufgabe, die bisherige, auch neueste Berufsbilder überschreitet. Gebraucht wird ein neues Qualifikationsprofil zur Konzeption und Umsetzung des *Interfacing* mit dem Kunden, das kulturelle, kommunikative, wirtschaftliche, soziale, ästhetische, und technische Aspekte integriert. Schließlich kommen beim Kunden Marke, Produkt und Services ja auch als *ein* Erlebnis an.

Durch die digitalen Technologien wird der Austausch mit dem Kunden dialogischer und intensiver. Die Unternehmenskommunikation gewinnt dadurch im Wettbewerb zentrale Bedeutung. Wer in der Lage ist, Kommunikationsanlässe zu schaffen, hat den ersten Schritt getan. Wer darüber hinaus den Wertekanon des Kunden schnell und genau erfasst und darauf in Form neuer medialer Angebote, Produkte und Services reagieren kann, macht das Rennen. Pointiert gesagt: Erfolgreiches Wirtschaften ist erfolgreiche Kommunikation.

Der Anspruch an die Integration von Event und Sponsoring, Dialogmarketing, Online-Werbung, traditioneller Werbung, PR- und Öffentlichkeitsarbeit fordert integrative Organisationsformen. Die Tätigkeitsfelder von Mediaexperten, Kundenberatern, Konzeptern, Designern, Textern und Redakteuren werden dabei neu definiert. Die Anforderungen an Komplexität und Schnelligkeit können dabei nur durch netzbasiertes Arbeiten erfüllt werden. Das Netz ist daher gleichzeitig Arbeitsplattform und Entwurfsgegenstand. Das angesprochene Profil zukünftiger Qualifikationen fasst Lebens- und Arbeitswelt enger zusammen. Nur wer an der Netzkultur aktiv teilnimmt, wird in der Lage sein, sie mitzugestalten und avancierte Kommunikationsaufgaben zu lösen.

Gemeinschaft im Netz
Motiv aus einer Reihe von Postern und Filmen, die die italienische Gruppe „Superstudio" 1972 produzierte. Anlass war die Ausstellung „The New Domestic Landscape" im Museum of Modern Art in New York.

Architekten und Designer befassten sich schon früh mit der aufkommenden Netzkultur. In Form gestalterischer Thesen würden die zukünftigen Formen von Arbeit, Haushalt und menschlichen Beziehungen angesprochen.

2
Online-Werbung, Sponsoring und Events

2.1
Marktentwicklung

Für die globalen Werbeausgaben wird in den nächsten drei Jahren mit jährlichen Steigerungsraten von rund 6% gerechnet. Das entspräche der Summe von 359 Mrd. Dollar in 2002 (1999: 300 Mrd. Dollar). Der Anteil der Neuen Medien / Internet würde dann im Durchschnitt bei 4% liegen, in den USA werden 6,2% erwartet. Das entspräche 10 Mrd. Dollar und wäre eine Verdreifachung gegenüber dem Jahr 2000.

In Deutschland werden ebenfalls kontinuierliche Zuwächse der Ausgaben für Online-Werbung vorausgesehen:

Prognostiziertes Wachstum der Online Werbung in Deutschland bis 2010

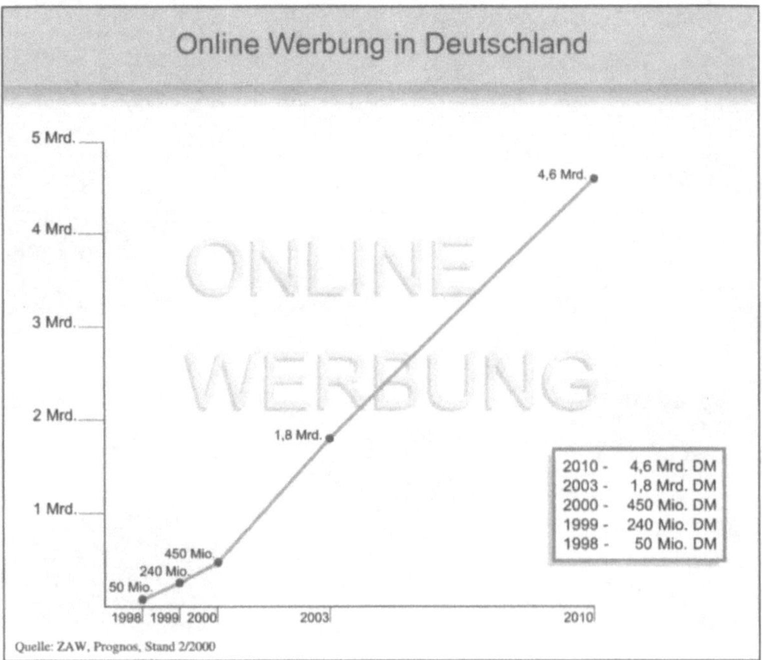

Peter Friedrich Stephan

2.2
Push und Pull

In einem überstimulierten Umfeld kommt einer Steigerung des Werbedrucks keine unmittelbare Wirkung auf Kaufentscheidungen mehr zu. Dies wurde vor kurzem in einer bemerkenswert paradoxen Diskussion bestätigt, in der die Tabakwarenindustrie den drohenden Werbeverboten entgegenhielt, dass der von ihr getriebene gigantische Aufwand keine Gefahr bedeute, da er sowieso nur minimale Wirkung habe. Für alle Marktteilnehmer, seien es Unternehmen, Institutionen oder auch der Staat wird es zunehmend unmöglich, ihre Botschaften mit auf *brute force* basierenden Marketingstrategien zu platzieren.

Das Modell der Push-Medien, bei denen die Werbung ungewollt mitrezipiert werden muss, kann nicht endlos gesteigert werden. Dies wird etwa beim Fernsehen deutlich, wo die Werbung häufig weggezappt wird und mehrfach unterbrochene Spielfilme oder endlos gestreckte Sportsendungen die Schmerzgrenze erreicht und überschritten haben. Pull-Medien, bei denen sich der Nutzer selbständig Inhalte zusammenstellt, bieten neue Möglichkeiten, die vorhandenen Kommunikationswege zu ergänzen. Zur Zeit entsteht ein Paralleluniversum, das die integrative Planung von Auftritten in den alten und neuen Medien erfordert. Die traditionellen Medien übernehmen dabei zunehmend die Funktion, auf die Netzpräsenzen hinzuweisen und es ist absehbar, dass es die Online-Medien sein werden, die alle anderen Medienformen integrieren und koordinieren.

2.3
Wechsel vom Kunden- zum Partnermodell

In der netzbasierten Kundenbindung ist Rückkopplung das entscheidende Kriterium. Hier haben Experten des Direkt-Marketing die meisten Erfahrungswerte. Medialer Einsatz für die direkte Kundenansprache durch Mailings und Telefon war bisher sehr teuer und in Bezug auf Responseraten und tatsächlich realisierte Umsätze häufig uneffizient. Dazu kam die mögliche Verärgerung der Kunden über nicht gewünschte Informationen.

Qualitative Rückkopplung ist im Netz nicht nur möglich, sondern bestimmt die Erwartungshaltung der Kunden, der nur durch die Einrichtung eines Response-Managements entsprochen werden kann. Die dadurch anfallenden und in vielen Unternehmen bereits vorhandenen Datenmengen werden bisher kaum systematisch ausgewertet. Wenn diese aber durch geeignete Verfahren erschlossen werden, können detaillierte Kundenprofile und Marktbewegungen abgeleitet werden. Obwohl der Datenschutz aus gutem Grund hier klare Grenzen setzt, sind laut Umfragen viele Kunden mit der Auswertung ihrer Daten einverstanden, sofern diese einen deutlich erkennbaren Mehrwert bietet und zu besseren, informativeren und günstigeren Angeboten führt.

2.4
Trend: Mehrwert

Der Entwicklungsgeschwindigkeit des Netzes angemessen, durchliefen die Formen der Online-Werbung einige Stadien im Zeitraffer. Für die auch in den interaktiven Medien realisierten Push-Bestandteile wie Bannerwerbung, die nicht nur ungewollt mit*gesehen*, sondern auch noch mit*bezahlt* werden muss, wurden hohe Streuverluste festgestellt. Geringe Klickraten im Verhältnis zu den Page-Impressions (Deutschland 0,8%, in den USA noch tiefer) begründen eine sinkende Akzeptanz für statische Banner[1].

Dagegen werden zur Zeit zwei Drittel der Online-Werbebudgets für *Rich Media* Banner ausgegeben, die Funktionalität beinhalten, gefolgt von Mikrosites und Sponsoring-Auftritten, die 20% der Ausgaben ausmachen. Rund 80% der Werbeleiter sehen voraus, dass sich Online-Werbung innerhalb der nächsten fünf bis zehn Jahre als fester Bestandteil im Werbemix etablieren wird. Demgegenüber vermuten 15% hier nur eine Randerscheinung. 34% der Befragten schätzen Sponsoring als interessante Alternative zur Bannerwerbung ein. Gründe dafür sind themenbezogenes Engagement, erhöhte Reichweiten, Image Gewinn und Festigung der Marke[2].

Zukunftsträchtig sind von den Unternehmen selbst generierte oder hinzu gekaufte Inhalte, die der Kunde abrufen möchte. Hier werden längere Verweildauern, häufige Wiederkehr und positive Bewertungen registriert. Eine der aussichtsreichsten Formen der Kooperation ist der Tausch von Content gegen Traffic. So können Medienhäuser wie das ZDF oder Vermittler wie die Deutsche Bank Nachrichten oder Börsenkurse liefern, die firmenspezifische Angebote attraktiver machen und umgekehrt den Urhebern zusätzli-

Kooperation der Anbieter von Content und Traffic

---

1) Quelle: NetRatings

2) Quellen: Zenith Media Worldwide, ZAW, Prognos

   Peter Friedrich Stephan

chen Traffic bieten. Auch neue redaktionelle Geschäftsfelder können darauf aufgebaut werden. So liefert www.ibusiness.de tagesaktuelle Neuigkeiten aus der Medienwelt. Programmentwickler wie Twest bieten Teilfunktionalitäten für Websites an. Über 100 Module, vom Adressbuch über Partykalender bis zur Software für Online-Umfragen, können gekauft oder gegen Sponsoring zur Verfügung gestellt werden.

Traffic zu generieren, also Aufmerksamkeit binden zu können, wird zu einem zentralen Kriterium in der netzbasierten Wirtschaft.

Alltägliches Netz
Die digitalen Netze verbinden sich zunehmend mit der analogen Welt. Sogar ein Hotdog-Stand ist heute online und wirbt damit in der realen Welt

Detail

3
Eine Ökonomie der Aufmerksamkeit

> *Die Aufmerksamkeit anderer Menschen*
> *ist die unwiderstehlichste aller Drogen.*
> *Ihr Bezug sticht jedes andere Einkommen aus.*
> *Darum steht der Ruhm über der Macht,*
> *darum verblasst der Reichtum neben der Prominenz.*
>
> Georg Franck: Die Ökonomie der Aufmerksamkeit

3.1
Aufmerksamkeit als knappe Ressource

Die Grundkonstitution der Rezipienten in den mediatisierten Gesellschaften darf als überstimuliert vorausgesetzt werden. Für die USA wird pro Tag und Erwachsenem mit 2500 bis 3500 wahrgenommenen Werbebotschaften gerechnet. In der Überfülle von Wahrnehmungsangeboten wird Aufmerksamkeit zu einer knappen Ressource, um die ein harter Wettbewerb entbrennt und deren Wert sich genau beziffern lässt: Das Anliefern der Aufmerksamkeit von 1000 Augenpaaren im Netz (Tausender-Kontaktpreis – TKP) wird derzeit mit ca. DM 35.- bewertet.

Neuere Wirtschaftstheorien[3] weisen der Aufmerksamkeit einen zentralen Wert zu. Weder ökonomische noch soziale Modelle haben diesen Faktor bisher ausreichend berücksichtigt. Auch Diskussionen über die zu fordernden Bandbreiten bei der Datenübertragung verkannten bisher eines: Die ultimative Bandbreite ist unsere Wahrnehmungskapazität. Innerhalb eines Tages können wir nur eine bestimmte Anzahl von Reizen wahrnehmen und davon wiederum nur einen Teil bewusst verarbeiten. Das erste Ziel der Unternehmenskommunikation muss daher sein, Aufmerksamkeit zu binden. In den USA wurde dafür die Formel „War of the Eyeballs" geprägt.

„War of the Eyeballs"

---

3) Michael H. Goldhaber: „Attention Shoppers – The currency of the New Economy won´t be money, but attention – A radical theory of value", in: Wired 5.12, Dezember 1997, S. 182. Außerdem in Telepolis (www.heise.de/tp): „Die Aufmerksamkeit und das Netz Teil 1 und 2", November/Dezember 1997

3.2
Aufmerksamkeit als Kapital – Portal Sites

Die meisten Nutzer orientieren sich nach und neben den Phasen des experimentellen Surfens an der schnellen und verlässlichen Verfügbarkeit von Quellen. Ständig gepflegte und weiterentwickelte Portale stellen sich dafür als effizient heraus und können sich als Schwerpunkt des Interesses etablieren. Die potenziell unendlichen Bewegungsmuster innerhalb des Netzes bündeln sich daher zu kalkulierbaren Bahnen. Die so focussierte Aufmerksamkeit ist ein Teil des Unternehmenskapitals. Daher rührt das große Interesse am Aufbau von Portal-Sites, jenen Einfallstoren in die „Info-Sphäre", die durch ein übersichtlich gegliedertes Angebot den Surfer leiten und entlasten.

Ihren Betreibern haben die Portale exorbitant hohe Börsennotierungen eingebracht, denn der hier generierte Zeit- und Zuwendungsbonus kann kostenpflichtig weitergeleitet werden auf andere Angebote und schließlich zu Handelsbeziehungen führen. Die daran anknüpfenden Fantasien zur zukünftigen Marktplatzierung der Portal-Anbieter haben andere Faktoren der Unternehmensbewertung gegenwärtig weit überflügelt.

3.3
Aufmerksamkeit und Vertrauen

Das Zutrauen in die Leistungsfähigkeit von Portalen basiert auf dem Faktor »öffentliches Vertrauen«, der schon im Zentrum der klassischen Marketinglehre stand, wie sie bereits 1939 von Hans Domitzlaff beschrieben wurde. Hier wird eine Markentechnik entwickelt, die sich auf Qualität, Kontinuität und Kompetenz gründet und sich absetzt gegenüber kurzfristig angelegten Marktteilnahmen, die punktuell erfolgreich sein mögen, aber nicht dauerhaft bestehen können.

Auch in der netzbasierten Wirtschaft ist öffentliches Vertrauen ein Vorschuss, mit dem eingeführte Marken arbeiten können. Wenn die traditionelle Marke stark genug ist, gilt es, ihre bekannten Werte in der Netzpräsenz angemessen darzustellen und behutsam weiterzuentwickeln (siehe Fallstudie „Maggi Kochstudio"). Wenn dagegen Umpositionierungen bewältigt werden sollen oder neue Markenbilder zu entwerfen sind, gilt es „vertrauensbildende Maßnahmen" durch positive Erlebnisse zu bilden. Hier können die Stärken des Netzes ausgespielt werden: Die permanente Verfüg-

Ziel: „öffentliches Vertrauen"

barkeit des Angebots, eine dialogische Ausrichtung und die Querverbindung innerhalb der Nutzergemeinschaften können die Kundenkontakte stark intensivieren, so dass auch in kürzeren Zeiträumen schon gegenseitig Erfahrungswerte gesammelt werden können. So kann eine „Turbo-Vertrauensbildung" entstehen, für die in bisherigen Programmen zur Kundenbindung sehr viel mehr Zeit aufgewandt werden müsste.

3.4
Ereignisse als Aufmerksamkeitsmagnet

Um aber in der Masse und Flexibilität des Angebots überhaupt wahrgenommen zu werden, müssen zunächst die Regeln der Aufmerksamkeitsökonomie akzeptiert werden. Aus der Wahrnehmungspsychologie ist bekannt, dass es Veränderungen sind, die unsere Aufmerksamkeit erregen. Die Filterung der uns physisch erreichenden Stimuli geschieht größtenteils unwillkürlich. Abgeleitet aus Sicherungs- und Jagdinstinkten sind wir darauf angewiesen, zuerst dorthin zu schauen, wo etwas passiert, wo Bewegung, Veränderung und eventuell Gefahren sind. Das Gleichbleibende tritt dagegen in den Hintergrund. Auch technische Kompressionsverfahren arbeiten so: Gleichförmige Anteile eines Bildes enthalten weniger Informationen und können mit einem Algorithmus beschrieben werden, der diese Teile zusammenfasst. Veränderungen dagegen werden höher auflösend gezeigt.

Aufmerksamkeit durch Interaktion

Am wirkungsvollsten wird Aufmerksamkeit durch Beteiligung gebunden. Sei es im Gespräch, beim Sport, beim Tanz oder als Computerspieler: Wenn etwas passiert und Zuschauer zu Akteuren werden, agieren und reagieren, schauen und hören, denken und formulieren, erfordert dies die ungeteilte Aufmerksamkeit und wird entsprechend intensiv erlebt und erinnert. Daher kommt der Inszenierung von Ereignissen innerhalb einer Aufmerksamkeitsökonomie zentrale Bedeutung zu.

3.5
Märkte als Ereignis

Traditionelle Märkte sind ohne Beteiligung und Interaktion gar nicht denkbar. Die individuell hergestellte, nicht normiert verpackte Ware muss wortreich erklärt, geprüft und verglichen werden. Industriell gefertigte Artikel dagegen stellen ein Angebot dar, das keine Überraschungen bietet. Feste Preise und überall identische Verfügbarkeit machen die Einkäufe für einen großen Teil des täglichen Bedarfs zwar bequem, aber eben auch zur Routineübung, die eher belastet, als Freude zu bereiten.

Da ohne Laune aber nur das Nötigste gekauft wird, versuchten Marketingstrategen schon früh, den Ereignischarakter zurückzubringen über die Inszenierung von Einkaufsumgebungen im Supermarkt, in der Fußgängerzone und im Einkaufszentrum. Ereignisorientierte Vertriebsformen haben nicht selten zur Entwicklung von Markenbildern wesentlich beigetragen: Tupperware-Parties und Avon-Beraterinnen sind bereits legendär. Die inszenierten Erlebniswelten der Kaufhäuser haben sich durchgesetzt. Was früher nur bei Macy´s, Harrods oder im KaDeWe erlebt werden konnte, findet sich heute als Inszenierungsleistung bei Karstadt, Kaufhof und Hertie: Parfumwolken am Eingang, Feinschmeckerabteilung mit Bewirtung und exklusive Luxusartikel zum Staunen.

Neuere Entwicklungen sind die „Themenwelten", die quer zur gängigen Kategorisierung der Produkte liegen und lebensweltliche Inszenierungen zeigen. Die kompletten Ensembles bieten Wertkonstellationen zur Identifikation an, die durch den Kauf der Produkte nachvollzogen werden. Kaufentscheidungen fallen so leichter, da Kontexte nur bestätigt werden, anstatt sie unsicher selbst erzeugen zu müssen.

3.6
Event-Typologie

Für eine erste Annäherung an die vielfältigen Verbindungen von Events mit Prozessen des E-Commerce kann die folgende Typologie hilfreich sein.

- **Reale, etablierte Events werden im Netz begleitet**

Zu einem aktuellen Ereignis werden Berichte ins Netz gestellt und mit Produktinformationen verbunden. Beispiele sind sportliche und kulturelle Großereignisse wie Fußball WM und Olympiade, Marssonde und Sonnenfinsternis, documenta und Love Parade. Auch Messen und Ausstellungen, deren physisches Pendant zunehmend mediatisiert wird, können eine hybride Form bilden. Eingeführte Public-Events bieten fertig zu bespielende Plattformen, die in der Lage sind, maximale Aufmerksamkeit „vorformtiert" anzuliefern. Nach den Gesetzen der Aufmerksamkeits-

ökonomie sind sie die unbestrittenen Premium-Plätze, die ihre Bedeutung noch den Mechanismen der Massenmedien verdanken. Im Kontext der Netze haben sie gute Aussichten sich zu behaupten, aber andere, bisher periphere Angebote können ihnen die Aufmerksamkeit streitig machen.
(siehe Fallstudien „ATP-Tour", „Tour de France", „WM-Börse", „Ford", „Ars Electronica")

- **Reale, neue Ereignisse werden aufgegriffen und im Netz verstärkt**

Neue aufstrebende Trends, vor allem in der Jugendszene, werden als Ereignis formatiert und langfristig aufgebaut. Die im Vergleich zur Premium-Klasse geringere Dimension erlaubt den Zuschnitt auf enger begrenzte Themen, Orte, Zeitpunkte oder Adressaten. Mögliche Spezialisierungen sind:

- **Themenbezüge (z.B. Trendsportarten wie Mountainbike, Surfen, Snowboard, Streetball)**

- **lokale Ereignisse (z.B. Sportklubs, Theateraufführungen, Modenschauen)**

- **Zeitintervalle (z.B. 14 Tage Stadtkalender, Tour einer Band)**

- **Adressaten (z.B. Kinder, Jugend, Singles, Familien, Alte)**

(siehe Fallstudien „Inszenierte Medienwelten", „MultiMediaMeile", „politik-digital")

- **Neue Ereignisse werden erfunden und im Netz realisiert**

Originäre Netzereignisse sind heute vor allem Auktionen und Online-Games. Diese Anwendungen finden ihr Publikum ausschließlich in der Online-Welt und wären ohne Netz nicht möglich. Gemeinschaftsbildende Prozesse organisieren sich hier in bisher unbekannter Art und Weise. So können virtuelle Welten in Verbindung zur Marke erzeugt werden, die den Vorteil haben, komplett steuerbar zu sein. Kunden können durch die Teilnahme an Spielen und Wettbewerben einbezogen werden. So bietet Milka im Netz eine virtuelle Reise in ihre Warenwelt nach Oberzarting an. Websoaps sind Episodengeschichten im Netz mit Charakteren, die ähnlich wie im TV-Format entwickelt werden. Die Handlung kann hier je nach Nutzerreaktionen zeitnah gesteuert werden (z.B. www.wormland.com). Auch kommerziell angebotene Plattformen

Virtuelle Reisen und Websoaps

können als Basisfunktionalität genutzt und bespielt werden (z.B.
www.cycomos.de).
(siehe Fallstudien „Auktionen und Börsen", „Berlin Connection",
„DaimlerChrysler")

- **CrossMedia-Konzepte**

Das kluge Zusammenspiel mehrerer Kanäle antizipiert die absehbare Verschmelzung aller Medienformen: TV-Sender und Radiostationen, Verlage und Direktmarketing entwickeln neue Formate zur crossmedialen Verwertung ihrer Inhalte. So wird die Harald Schmidt Show von einer Site begleitet, die aktuelle Themen aufgreift und vertieft. Durch die Rückkopplung der Nutzer entstehen „running gags", wie z.B. ein Deutschkurs mit dem Fußballtrainer Giovanni Trappatoni, nachdem dieser seine legendäre Pressekonferenz beim FC Bayern gab. Der Erfolg solcher Formate hängt von der Synchronisation der Kanäle, ihrer Aktualität und der kontinuierlichen Weiterentwicklung ab. Durch die Partner von Ereignissen wie Veranstalter, Akteure, Ausrüster und Publisher entstehen zusätzliche Möglichkeiten des Cross-Marketing.

Crossmediale Formate können auch die analoge Welt mit einbeziehen, etwa in der Gestaltung von Showrooms der Automobilhersteller. Die Auffächerung netzbasierter Angebote in allgegenwärtige Low-End-Anwendungen (Handy) und stationäre High-End-Bereiche (Broadband) wird neue Möglichkeiten zur weiteren nahtlosen Verbindung von realer und mediatisierter Welt bieten.
(siehe Fallstudien „Harald Schmidt Show", „ZDF Webface", „Mercedes Spot", „Toyota")

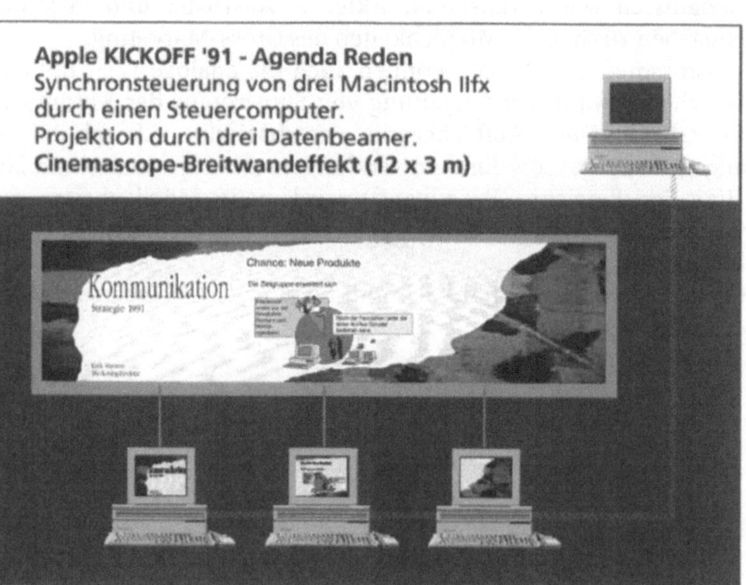

Peter Friedrich Stephan

4
Events als Soziodesign

Work is a theatre and every business a stage
Pine und Gilmore: The Experience Economy

4.1
Ereignisse und Events

Was kann als Ereignis gelten, zumal in der medial vermittelten Welt? Eine mögliche Darstellung wäre wohl der Ausschlag auf einer Erregungsskala: Ein Höhepunkt zwischen zwei Wellentälern, eine punktuelle Verdichtung und Intensivierung. Diese Figur kontrastiert einen Alltag, der eine vergleichsweise gleichförmige Zeiterfahrung bietet.

In philosophischer Sicht, etwa bei Martin Heidegger, wird „Ereignen" auch auf „Aneignen" bezogen. Nur das selbst Erlebte und in der Beteiligung Geteilte wird als zugehörig empfunden und erreicht Verbindlichkeit. Bei Jugendlichen wird es am ehesten deutlich, wie sehr die über Ereignisse vermittelte Gruppenzugehörigkeit der Identitätsfindung dient und individuelle Entscheidungen und Haltungen beeinflusst. Mit zunehmender Dauer der erlebten Zeit kommt den Ereignissen auch Bedeutung zu als Instanzen des Erinnerns, als Gliederungsmomente im Fluss der Zeit. Seien es lange geplante oder plötzlich hereinbrechende Geschehnisse, ob Urlaubsreisen, Beförderung, Geldgewinn oder Krankheit: Wir erinnern uns an Ereignisse, abgrenzbare, intensive, folgenreiche, verdichtete Muster, deren Abfolge und Verkettung unsere persönliche Geschichte ausmacht. Das schließt die Kippfigur mit ein, dass wir vielleicht am meisten bei uns selbst sind, wenn wir nichts Nachweisbares erleben und uns der Teilnahme enthalten (Lutz Kragel: „Ich bin, was ich zu tun unterlasse").

Events nennen wir vorbereitete und inszenierte Ereignisse, die Intensitäten vorsätzlich generieren und ausrichten. Hier werden Ort, Zeit, Anlass, Teilnehmer und Dramaturgie nach definierten Absichten geplant. Die Ziele müssen in der Durchführung allerdings nicht zwangsläufig offensichtlich sein, sondern lösen sich eher indirekt ein. Events im Kontext der integrierten Kommunikation sind daher „softfactors", deren Gestaltung kulturelle Kompetenz erfordert und deren Erfolg qualitativ zu bewerten ist.

4.2
Inszenierung

In Bezug auf das Reizschema zwischen Irritation und Langeweile kommt den Events die Funktion eines Musters zu: Zeitliche und räumliche Begrenzung, Focussierung auf wenige Themen und meist eine Auswahl von Personen. Ein solches Soziodesign entlastet durch den Wegfall von Entscheidungen, da nur eingeschränkte Handlungsmöglichkeiten gegeben sind. Die Vorgaben beruhen auf Konventionen, die sich durch Tradition bilden (Weihnachten, Almabtrieb, Weinfest) und durch besondere Kleidung, Essen und Rituale zum Ausdruck gebracht werden. In der jeweils spezifischen Durchführung sind aber Aktualisierungen und Innovationen möglich und notwendig, wodurch die Events vital bleiben und nicht zum puren Formalismus absinken.

Das mächtigste Soziodesign sind heute mediale Inszenierungen (siehe Fallstudie: „Inszenierte Medienwelten"). Die Erfindung und Durchsetzung von Formaten wie „Tagesschau" oder „Gameshow" wurde zum entscheidenden Kriterium von Wirkungsmächtigkeit. Anhand von Medienformaten können die Generationen von Mediennutzern unterschieden werden. Von den Ältesten, für die das Radio noch ein Versammlungsort der Familie war, über jene, die die Einführung des Fernsehens miterlebten bis zur heutigen „Generation@", die im Hintergrund MTV laufen lässt und sich ansonsten im Netz bedient.

Peter Friedrich Stephan

4.3
Persönliches und gesellschaftliches Erleben

In den individuellen Lebenswegen werden formale Ereignisse wie Geburtstage, Prüfungen, Hochzeit und Beerdigungen markiert. Entscheidender können aber die informellen Ereignisse sein, wie der erste Kuss, das erste Auto, persönliche Erfolge oder Scheitern. In einer Umgebung der schnell vermittelten medialen Reize wird gleichförmiges Alltagsleben als unbefriedigend empfunden. Wenn schon im Berufsleben viele Kompromisse gemacht werden müssen, soll das dort schwer verdiente Geld vor allem in die Intensivierung der Freizeit investiert werden. Statt einer seltenen langen Urlaubsreise werden Kurzurlaube mit Erlebnischarakter gebucht, wie Trips zur Mitternachtssonne oder Shoppingtouren nach New York. Sich selbst verstärkt erleben zu wollen, führt zu aufwendigen Hobbys und Extremsportarten, zu Piercings und Tattoos. In den stetig wachsenden Single-Gesellschaften gilt derjenige als attraktiv, der sich permanent durch Ereignisse fordert und anschließend davon berichten kann.

Neuartige Geschäftszweige versuchen, den Ereignishunger eher zu fördern als zu stillen. Bereiche wie Erlebnis-Shopping, Erlebnis-Gastronomie und Erlebnis-Reisen haben entsprechende Konjunktur. Sie stellen jeweils die Intensivierung und gesellschaftliche

Erlebnishunger und Selbsterfahrung

Anerkennung von Erfahrungen in den Mittelpunkt und bieten die Teilnahme an Inszenierungen an. Produkte als Güter sind in diesem Zusammenhang nebensächlich und häufig von minderer Qualität. Wer ins Planet Hollywood geht, nimmt die mittelmäßigen und überteuerten Burger billigend in Kauf. Entscheidend ist es, sich im Abglanz der Pop-Paraphernalia zu inszenieren.

4.4
Gemeinschaftsbildende Ereignisse

Gemeinschaften bilden und stärken sich durch verbindende Ereignisse. Das wird besonders bei Notstandsgemeinschaften deutlich. Kriege und Katastrophen, Pest, Feuer und Hochwasser formieren Schicksals- und Arbeitsgemeinschaften, die temporär über allen anderen, im Alltag vereinzelnden Bezügen stehen. Solche Erlebnisse werden gemeinschaftlich erinnert und als Geschichte überliefert. Durch ein plötzliches Aufeinander-angewiesen-sein gelten andere Verhältnisse und werden neue Verbindlichkeiten begründet. Bei manchem Managertraining werden diese Formen des Community Building inszeniert, um für die Organisation von Teamarbeit im Alltag nutzbar gemacht zu werden.

Gruppen schaffen Ereignisse – Ereignisse schaffen Gruppen

Die Teilnahme oder Nichtteilnahme an Events ist meist an die Zugehörigkeit zu einer Gruppe gebunden und dient der Selbstvergewisserung (ich bin, denn ich bin dabei). Events sind identitätsbildend und richten die Gemeinschaften auf Ziele aus. Dies gilt für Initiationsriten und Abschlussfeiern, Gelöbnisse und Fackelzüge, Trauer- und Festakte, Schul- und Straßenfeste, Ein- und Ausstände, Olympia, Weltausstellungen und Karneval. Schicksalsgemeinschaften wie Familien, Abteilungen in Unternehmen und Träger einer Krankheit finden in Events einen Halt, eine Orientierungsmarke, die bei der Bewältigung des Alltags hilft. Die Zeit zwischen den Ereignissen, die anonyme Geschichte des normalen, vielleicht banalen Alltags kann nur durch gelegentliche Überhöhung ertragen werden. Ähnliche Mechanismen wurden schon für frühe Stammesgesellschaften nachgewiesen und es lassen sich vielerlei andere Hinweise auf die Zusammenhänge von Stammes- und Unternehmenskultur finden.[4]

---

4) vgl. Brandes, Uta; Bachinger, Richard; Erlhoff, Michael (Hrsg.) 1988: Unternehmenskultur und Stammeskultur – Metaphysische Aspekte des Kalküls, Darmstadt

4.5
Erregungsgemeinschaften

Peter Sloterdijk hat die Beobachtung gemeinschaftsbildender Prozesse zu einer These ausgebaut, die zu einem zeitgemäßen Begriff der Nation führt: als Stressgemeinschaft.

> „Ich möchte mich des Verdachts vergewissern, dass Nationen, wie wir sie kennen, möglicherweise nichts anderes seien als Effekte von umfassenden psycho-akustischen Inszenierungen, durch die allein tatsächlich zusammenwachsen kann, was sich zusammen hört, was sich zusammen liest, was sich zusammen fernsieht, was sich zusammen informiert und aufregt."
>
> (Sloterdijk 1998, S. 27)

Dies erinnert auch an das amerikanische Sprichwort: „The family that prays together, stays together." Eine solche Beschreibung betont die Ausrichtung an Erregungsanlässen und deren mediale Vermittlung als integrative Funktion ansonsten divergierender Interessenlagen und ist auf Käufergemeinschaften übertragbar.

Entscheidend für die Gemeinschaftsbildung sind: Gleicher Horizont der Wahrnehmung, geteilte Zuschreibung der Bedeutsamkeit von Themen, sowie gemeinschaftlich verankerte Muster ihrer Bewältigung, Konfliktlösung und Stressabbau, die zu verbindlichen Formen der Begegnung untereinander führen (Inszenierung).

Für Außenstehende sind diese Faktoren häufig ebensowenig nachvollziehbar wie fremde Riten für den Ethnologen. Beschreibbare Konstellationen der Realität liefern nur bedingt Aufschlüsse über ihren möglichen Effekt auf die Gemeinschaftsbildung, denn die jeweiligen Bedeutungen werden kulturell produziert und symbolisch kodiert. Da aber alle Behauptungen über Wert und Qualität von Produkten und Services vor diesem kulturellen Horizont eingeordnet werden, ist es für die Meinungsführerschaft entscheidend, an dessen Konstitution mitzuwirken.

Gemeinschaftsbildung hängt überwiegend von zugeschriebenen und imaginierten Faktoren ab. Sie vollzieht sich also im wesentlichen virtuell und ist daher nicht nur problemlos in die Zeichenwelten des Netzes übertragbar, sondern findet hier ein ideales, von widerstrebenden Realitäten unbedrängtes Terrain vor.

 ■ Peter Friedrich Stephan

5
Meme und Designer-Viren

5.1
Notorietät und Verbreitung

Maximalen Erfolg haben Werbeslogans, wenn sie zum geflügelten Wort werden. „Nicht immer, aber immer öfter" oder „Man gönnt sich ja sonst nichts" sind dafür klassische Belege. Als jüngstes Beispiel gilt Boris Beckers Spruch für AOL „Ich bin drin", der sogleich als „running gag" weitergesponnen wurde. So warb Lucky Strike mit dem Bild einer vollen Zigarettenschachtel und dem Satz „Die sind ja alle schon drin".

Das gemeinsame Ziel von Kampagnen, Künstlern, Wissenschaftlern und Politikern ist die Notorietät. Sie umfasst sowohl Allgegenwärtigkeit als auch Identifikation mit einem Thema, so dass „niemand an einem vorbeikommt". Marken wie Tempo-Taschentücher und Tesafilm, deren Namen zur Gattungsbezeichnung wurden, haben dies durch Innovation und lange verlässliche Präsenz erreicht. Im medienkulturellen Kontext ist die wahrgenommene Diversität größer, Innovationen entstehen und vergehen schneller und für den Aufbau von Markenbildern muss enormer Aufwand getrieben werden, da sie in möglichst kurzer Zeit gefestigt werden sollen.

Im Vergleich zum herkömmlichen massenmedialen Werbedruck kann im Netz begleitend oder ersetzend mit geringem Aufwand eine sehr weitgehende Streuung erreicht werden. Netzbasierte Kommunikationsgemeinschaften bieten Akkumulationseffekte durch selbstorganisierte Prozesse wie etwa dem bekannten Schneeballprinzip. Technische Mittel dazu können Mailing-Listen, Gewinnspiele, Umfragen und das Weiterversenden von Buchtipps und Grußkarten an Dritte sein. Entscheidend ist allerdings, dass sich die jeweiligen Botschaften mit bereits vorhandenen, von den Communities akzeptierten und aktiv vertretenen Werten verbinden.

5.2
Kulturelle Kompetenz

Die Erregung von Aufmerksamkeit allein ist nicht ausreichend.
Längerfristige Bindungen entstehen nur durch die Verankerung in
bedeutungsvollem Kontext. Deutlich zu sehen ist dies bei Events,
die in der Realität inszeniert werden: Alle Laserprojektionen und
Nebelmaschinen nützen gar nichts, wenn sie als unerhebliche Effekte empfunden werden. Zunächst gilt es, einen Kontext zu erzeugen, dem Bedeutung zugeschrieben wird und der dann durch
Übersteigerung und Inszenierung verdichtet wird. Voraussetzung
ist, dass Inhalte und handelnde Personen von Interesse sind und
das ist nur gegeben, wenn sie auf den Interessen- und Gefühlslagen
der Anzusprechenden aufbauen.

Gleiches gilt für die Inszenierungsleistungen im Netz. Alle technischen Möglichkeiten von Animation, Sound und Video bleiben
oberflächlich, wenn sie nicht „den Nerv treffen". Die Frage „Did a
website ever made you cry?" bezeichnet genau dieses Kommuni-
kationsziel (siehe Statement „Interactive Environments"). Die am
besten funktionierenden Communities im Netz waren und sind
heute noch einfache Newsgroups, die nur mit E-Mails auskommen
und Inhalte bieten, die für alle Bedeutung haben. Die Bedingung
zur optimalen Ausschöpfung der netzspezifischen dynamischen
Verbreitung ist also die inhaltliche, kulturell und sozial bestimmte
Kompetenz, gefolgt von ästhetischer und technischer Expertise.

Nokias Angebot für Snowboarder, mit dem das starke Engagement als Sponsor begleitet wird, ist ein positives Beispiel
(www.nokia.com/snowboard). Hier wird ein echter Mehrwert geboten, da die besten Snowboard-Gebiete mit ihren Services dargestellt werden und die bereits existierende Community der
Snowboardfahrer eine Infrastruktur im Netz vorfindet, in der sie
sich detailliert und persönlich austauschen kann und so aktuellen
und relevanten Content generiert.

5.3
Meme und Medien

Innerhalb einer Theorie der kulturellen Evolution (Dawkins 1976)
steht der Begriff „Meme" für die Einheiten abgrenzbarer kultureller
Elemente, die sich durch Imitation verbreiten. Solche netzartigen
Wachstumsprozesse sind mit linearen Entwicklungsmustern nicht
mehr zu greifen, sondern legen eher Analogien zur Ausbreitung von

*Welche Meme
transportieren meine
Themen?*

Peter Friedrich Stephan

Viren nahe. So können völlig unterschiedliche Erscheinungsformen wie Cargo-Hosen, Salsatanzen, Handys, Mountainbikes und Fitness-Studios unter dem Aspekt des kulturellen Musters verglichen werden. Im Sinne der geforderten kompetenten Begleitung von Communities kann diese Beschreibung Vorteile bieten, etwa durch das Experiment, sich in die Perspektive eines Mems zu versetzen: Was würde ich als Mem tun, um mich in der gegebenen Situation weitestmöglich zu verbreiten? Offensichtlich ist, dass für ein Mem die sozialen und technischen Umwelten ein Kontinuum darstellen und sich durch die schnelle und breitbandige Verkabelung neuartige Dimensionen ergeben.

Vom Gesichtspunkt der Markenführung gilt es, sich mit möglichst kräftigen Memen zu verbinden, sich also an Ideen- und Themenkomplexe zu koppeln, deren Wachstums- und Verbreitungschancen aussichtsreich sind. Die integrative Planung von Inhalt, Erscheinung und Verbreitungsmuster kann als Entwicklung von Designer-Viren betrachtet werden.

Ein gelungenes Beispiel ist die von Swatch propagierte Internet-Zeit, die von der ID-Gruppe entwickelt wurde. Dabei werden die 24 Stunden des Tages in 1000 Beats unterteilt, die überall auf der Welt gleich ticken. Von der Swatch-Website können Softwaremodule heruntergeladen werden, so dass die Uhren in Computern, Handys und Palmtops die jeweilige lokale Zeit umrechnen und in global identischen Beats ausdrücken. Wenn es etwa in London 17:59 Uhr ist, entspricht das 791 Beats. Selbstverständlich gibt es auch die entsprechenden Swatch-Armbanduhren, die diese Zeit zusätzlich anzeigen. Probleme mit Zeitverschiebungen im globalen Netz, etwa zur Verabredung für Chats oder verteiltes Arbeiten sind damit aus der Welt. Je populärer das Netz wird, desto eher hat das Mem „Internet Zeit" die Chance, sich zu vermehren und die damit verbundene Marke zu fördern.

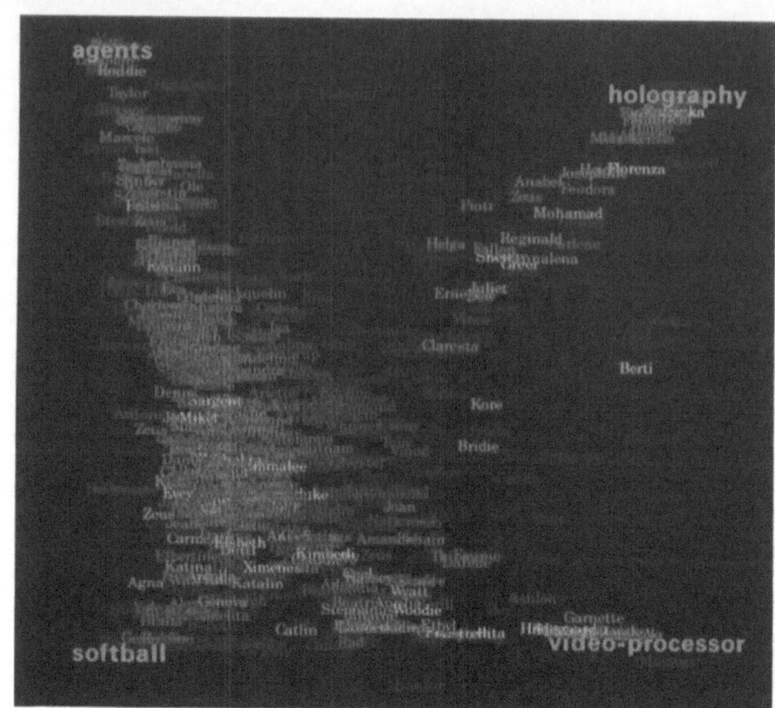

5.4
Kult

Kultbildung in den Massenmedien braucht die gleichförmige Wiederholung, gegenüber der nur noch zwei Haltungen der Rezipienten möglich sind: Ignoranz oder Identifikation. So beruht die Konzeption einer Daily Soap darauf, zum festen Bestandteil im Tagesablauf der Zuschauer zu werden. Kultbildung im Netz dagegen basiert auf weniger offensichtlichem Community-Building.

Spiele, Characters und Marken werden von „Early Adopters" entdeckt und durch „Peer Groups" verbreitet. Der Erfolg des Computerspiels „Myst" beruht zum großen Teil auf kostenloser Promotion durch Newsgroups, die sich untereinander über Lösungswege des komplizierten Spiels austauschten und so die Aufmerksamkeit von Surfern erregten, die sich bisher nicht damit befasst hatten. Der Film „The Blairwitch Project" wurde, gemessen am Verhältnis der Produktionskosten zum Einspiel-Ergebnis, zum erfolgreichsten Film aller Zeiten. Wesentlichen Anteil daran hatte

Peter Friedrich Stephan

eine vorbereitende Kampagne im Internet, die lange bevor der Film zu sehen war, die geheimnisvolle Story ankündigte. Die Entwicklung der Site ist unter www.haxan.com zu verfolgen: Die Uraufführung des Film war am 16.07.1999, die Site wurde acht Monate vorher im November 1998 gelauncht. Im April 1999 hatten bereits 50.000 Besucher die Seite gesehen, Höchstwerte nach dem Filmstart lagen bei 2 Millionen Hits täglich. Filmdarstellungen sind generell ein gutes Beispiel für die emotionale Bindung über Netzpräsenzen (vgl. Kapitel 4 – Kultur im Netz und Netzkultur, 5. Previews).

5.5
„Endo"-Perspektive

Für die Voraussage linearer Prozesse ist die Kenntnis der Vergangenheit vorteilhaft, denn bei eindeutigen kausalen Verbindungen lässt sich von den Ursachen auf die Wirkungen schließen. Vernetzte Prozesse dagegen sind wesentlich schwieriger zu übersehen, da zu viele Variablen eine unbeherrschbare Komplexität erzeugen. Soziale Prozesse wie die Entwicklungsmuster von Memen entstehen im Netz aus Interaktionen, die so vielfältig sind, dass kein Planspiel sie je simulieren wird. Zukünftige Entwicklungen können hier nicht von außen beobachtet, sondern nur von innen begleitet werden. Eine solche „Endo"-Perspektive bedeutet einen tiefgreifenden Wechsel für die Kundenbindung und Markenführung.

Es gilt, einen Teil der Steuerung aufzugeben, um Lebendigkeit zu gewinnen. Sich mit Memen zu identifizieren, die noch im Aufschwung sind, bedeutet Vertrauen zu haben in eine Gestalt, ohne dass diese vollständig zu übersehen wäre. Dies meint der Slogan: „Der beste Weg, die Zukunft vorauszusagen ist, sie zu erfinden".

Ein Paradigmenwechsel zur Endo-Perspektive ist für ein Innovationsmanagement unverzichtbar, auch wenn er häufig im Widerspruch zu den Legitimationsverfahren in traditionellen Unternehmensstrukturen steht. Nur wer den Entwurf zulässt, wird ein überzeugender vitaler und attraktiver Partner sein, dem sich die Kunden auf der Suche nach Kompetenz anvertrauen. Richtig eingesetzt können hierbei auch Erfahrungen aus der Vergangenheit helfen. Weit häufiger jedoch ist die Suche nach Orientierung in der Vergangenheit eine Ausweichbewegung, um sich den Herausforderungen der Zukunft nicht stellen zu müssen. Marshall McLuhans Diagnose war: „We are walking backwards into the future". Für Europäer ist vielleicht ein Vergleich mit der individuellen Psychotherapie erhellend, die versucht, Klärungen aus der Vergangenheit abzuleiten nach dem Muster „Erinnern, Wiederholen, Durcharbeiten". Dagegen arbeitet zukunftsfähige Gestaltung nach dem Verfahren: „Antizipieren, Entwerfen, Vermitteln".

6
Die Kartierung der Info-Sphäre

Art und Ausgestaltung von Events hängen wesentlich von der verfügbaren medialen Plattform und deren Verbreitung ab. Technische und soziodemographische Daten spielen deshalb für die Bewertung zukünftiger Möglichkeiten netzbasierten Eventmarketings eine wichtige Rolle.

Kulturelle und technische Kartografie
Das Internet kann aus unterschiedlichen Perspektiven dargestellt werden. Unter www.cybergeography. org sind einige davon zu sehen. Avancierte Software liefert Bilder einer Netztopologie, die einen Eindruck unübersehbarer Komplexität geben. (Entwicklung: Hal Burch, Lucent/Bell Laboratories, www.peacock.com)

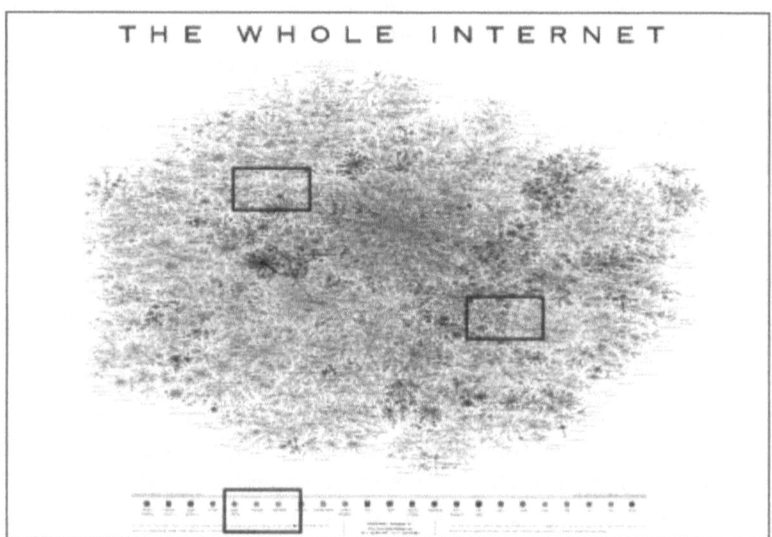

Das Internet ist für Statistiker aufgrund der netzspezifischen Komplexität und Dezentralität schwer zu greifen. Mögen auch viele Messungen auf unklaren Kategorien beruhen und durch die dynamische Entwicklung nicht lange Bestand haben, so zeigen sich in der überschlägigen Auswertung unterschiedlicher Studien doch klare Tendenzen.[5]

---

5) Berücksichtigt wurden Erhebungen von Media Metrix, Nielsen/NetRatings und webhits

6.1
Daten

Im Februar 2000 stellt sich das Internet in ungefähren Zahlen wie folgt dar:

Nutzer global	300 Millionen (Deutschland: 12 Millionen)
Verteilung	USA, Europa und Japan sowie punktuell in Asien und Südamerika
Web Content Areas	20 Millionen
Datenmenge	3 Terrabyte (3 Millionen Megabyte)
Wachstum der Datenmenge	Verdoppelung alle 8 Monate
Wachstum der Nutzerbasis	170.000 neue User täglich
Wachstum der Infrastruktur	53000 zusätzliche Server pro Monat
Dichte	90 Prozent des gesamten Traffics laufen über 100.000 Hosts

Die Wachstumsraten des Netzes zeigen eine beispiellose Dynamik. Die publizierten Datenmengen und die Zahl der Nutzer steigen exponentiell. Die Extrapolation dieser Trends kann dazu verleiten, schon relativ bald die gesamte Welt als vernetzt anzusehen. Doch gelten diese Entwicklungen nur für die hochindustrialisierten Länder, die bald flächendeckend versorgt sind. Ein Kontinent wie Afrika dagegen spielt bisher kaum eine Rolle. Hier gibt es weniger Telefone als in Manhattan. Die Hälfte der Menschheit hat noch nie einen Telefonanruf gemacht.

6.2
Nutzerströme

Im Gegensatz zur prinzipiellen Möglichkeit, beliebige Seiten individuell auszuwählen, stellt sich mit der Entwicklung des Netzes zum massenhaft genutzten Medium heraus, dass sich die Aufmerksamkeit auf wenige, hochfrequentierte Sites konzentriert. Das Netz nimmt also zur Zeit den Charakter eines Massenmediums an, in dem viele Leute das Gleiche sehen.

Die Nutzerströme verteilen sich dabei wie folgt:

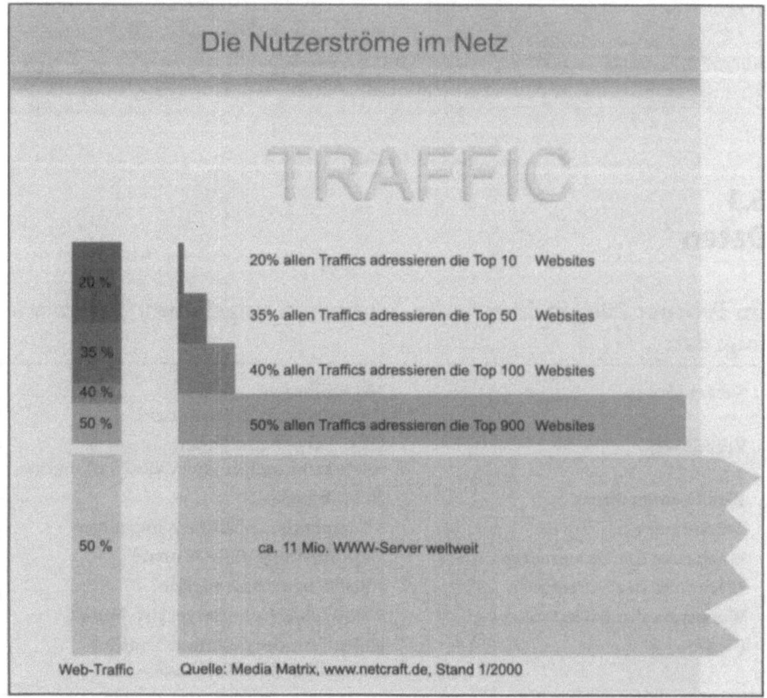

Was könnte eine Erklärung für diese Verengung sein? Möglicherweise sind die primären Bedürfnisse der User ähnlich. Jeder braucht Suchmaschinen und jeder nutzt Online-Hilfen für die großen Softwarepakete. Auch die massive Werbung für manche Sites kann eine Rolle spielen, sowie die starke Verlinkung innerhalb der Topgruppe. Schließlich gibt es Effizienzerwartungen an die begrenzte und bezahlte Zeit, die dem Web gewidmet wird. Die Tendenz ist klar: In großer Zahl neu hinzukommende Online-

Peter Friedrich Stephan

Abonnenten befördern zunächst einen Mainstream, der sich suchend an die populären Orientierungsmarken hält.

Bisherige Messgrößen wie Visits und Pageviews orientieren sich noch an der Kategorie einer „Seite" wie im Printprodukt. Da aber die Webpräsenzen durch bewegtes Bild, Ton und Rückkopplung dahin tendieren, zum „channel" zu werden, diskutieren die verschiedenen Rating-Agenturen zeitbasierte Einheiten, die diesem Wandel gerecht werden.

6.3
Marktvolumen in Deutschland

Die kaufkräftige Altersgruppe zwischen 14 und 64 Jahren macht in der Bundesrepublik einen Bevölkerungsanteil von 50,93 Mio. (62%) aus. Davon nutzen rund 8,58 Mio. (16,9%) Online-Dienste, wovon 1,9 Mio. (4%) bereits im Internet eingekauft haben[6]. Nimmt man eine Studie von Roland Berger & Partner hinzu, so ergibt sich, dass pro User etwa DM 1500.- im Jahr 1999 umgesetzt wurden. Nach dieser Studie wird sich der Umsatz des E-Commerce in Deutschland innerhalb von zwei Jahren annähernd verzehnfachen[7]:

Die Umsätze im E-Commerce werden im Bereich Business-to-Business (B2B) überproprotional wachsen. Allein die ankündigte virtuelle Plattform für den Materialeinkauf von DaimlerChrysler, General Motors und Ford soll 240 Mrd. US-Dollar Handelsvolumen erreichen und damit noch 30% größer werden als die gesamten E-Commerce B2B-Umsätze in Europa im Jahr 2001. Hier wird freilich auch deutlich, dass es sich ganz überwiegend um Verlagerungseffekte handelt, also um einen Wechsel der Vertriebssysteme und nicht um die Generierung neuer Umsatzträger.

---

6) Quelle: Acta ´99, zitiert nach Net Business 04/2000

7) Quelle: Erfolgsfaktoren im E-Commerce, Studie von Roland Berger & Partner, Frankfurt 1999, zitiert nach manager magazin 3/99

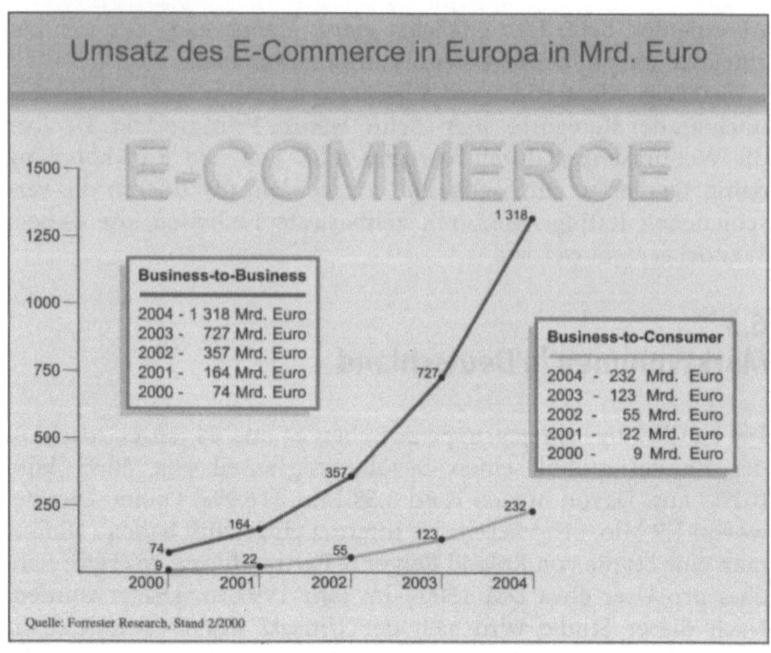

6.4
Tendenzen

Zukünftiges Nutzerverhalten wird im Wesentlichen von drei Faktoren bestimmt:

Soziales: Das Netz wird alltäglich
In den nächsten Jahren treten Gewöhnungseffekte ein. Online-Angebote können sich nicht länger auf ihren Neuigkeitswert verlassen. Eine zunehmend kenntnisreiche und anspruchsvolle Kundschaft verlangt neue Services und höher entwickelte Angebote, die mit Aufmerksamkeit honoriert werden. Kommende Generationen von Kunden und Entwicklern bringen neuartige und eigenständige Umgangsformen der Netzkultur hervor.

Technik: Das Netz wird allgegenwärtig
Vom Desktop-Rechner breitet sich das Netz auf andere Plattformen aus. Handys nach WAP-Standard sind ein erster Schritt zum Wearable Computing, bei dem netzfähige Komponenten in Kleidung und Körperprothesen integriert sind. Im High-End Bereich

kommen Breitband-Techniken zum Einsatz, die hochauflösende
Bilder und Töne in Kinoqualität liefern.

Wirtschaft: Geräte und Gebühren werden billiger

Neue Tarif- und Vertriebsstrukturen entstehen, die die Kosten für
Online-Verbindungen drastisch reduzieren. Über Flat-Rate Angebote wird die Tendenz gestärkt, permanent online zu sein. Die
analoge und die digitale Welt kommen dadurch in einen direkte-
ren und dauerhaften Austausch. Entwicklungstools und anspruchsvolle Plattformen für E-Commerce werden durch
Standardisierung auch für Kleinunternehmer lukrativ.

Zusammenfassend kann erwartet werden, dass sich die Online-
Welt mit dem normalen Alltag nahtlos integriert. An vielen Ar-
beitsplätzen wird bereits heute schon der Zugriff auf lokale Spei-
cher, Intra-, Extra- und Internet kaum mehr unterschieden.
Ähnlich plausibel erscheint es, dass das Netz zukünftig auch im
privaten Bereich dauerhaft im Hintergrund mitläuft und für alltägliche Dinge wie Ticket-Bestellungen, E-Mail, Terminplaner und
Einkäufe permanent genutzt wird. Solche und ähnliche Szenarien
bieten der Unternehmenskommunikation völlig neue Möglichkeiten. Die folgenden Aktionsfelder sind dabei von besonderer Bedeutung.

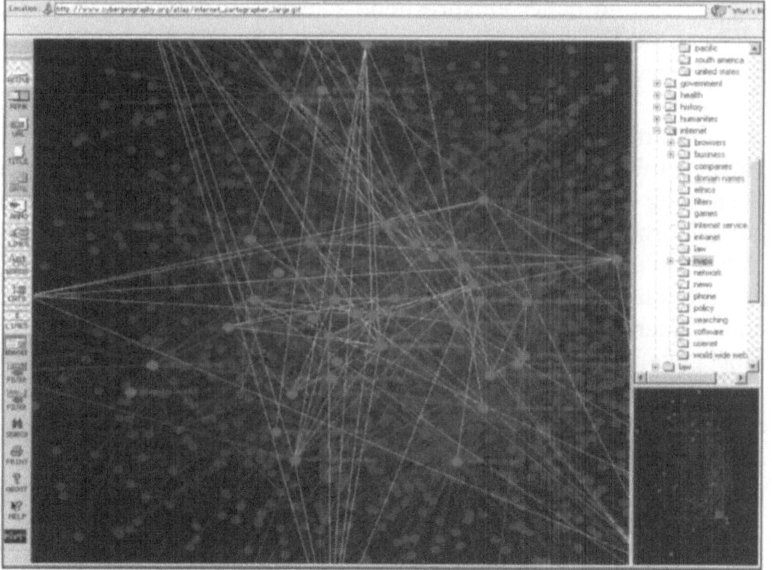

Funktionale Karte
Karten werden opera-
tional: Der „Internet
Cartographer" von In-
ventix Software arbei-
tet mit dem Browser
zusammen, klassifi-
ziert alle besuchten
Seiten und stellt sie
zum Auffinden über-
sichtlich dar.

7
Neue Aktionsfelder

7.1
Digital Branding

Der Aufbau und die Pflege von Markenbildern ist schon in der Offline-Welt ein komplexes Thema. In der Digitalität kommen neue Möglichkeiten, aber auch Gefahren hinzu. Zwischen Diversifizierung und Verwässerung gilt es, die vernetzte, mehrkanalige Markenführung zu entwickeln. E-Branding fordert ein tieferes Verständnis dafür, wie sich Werte und Einstellungen von Einzelnen und Gemeinschaften bilden und verändern.

Integrierte Kommunikationslösungen sind dabei, Events als Bestandteil der Marke im netzgestützten Kontext neu zu definieren. Durch die ständig zunehmende Mediatisierung der Unternehmenskommunikation können Events als crossmedial zu verwertende Inhalte eine wichtige Rolle spielen. Soviel durch gestaltete Ereignisse auch erreicht werden kann, soviel kann auch falsch gemacht werden und mit dem gleichen Wirkungsgrad kontraproduktiv ausschlagen. Digitale Gemeinschaften sind häufig jugendlich und daher entsprechend sensibel und flüchtig in ihren Werten. Ein Event-Partner muss zur Szene und zum Inhalt passen und glaubwürdig sein.

Events sind Inszenierungsleistungen und fordern dementsprechend kulturelle Kompetenz. Diese bezieht sich zum einen auf die Partner, Inhalte und Teilnehmergruppen und zum anderen auf die Gestaltung im engeren Sinne, also die Dramaturgie der Ankündigung, Vorbereitung, Durchführung und Nachbereitung. Eine klare Definition der angestrebten Kommunikationsziele ist entscheidend, denn Public- und Corporate-Events, punktuelle Veranstaltungen oder dauerhafte Sponsoring-Teilnahmen bieten unterschiedliche Möglichkeiten. Zum Erfolg führt schließlich nur die enge Verzahnung mit anderen Aktivitäten im Unternehmen, die auf die gewonnenen Kontakte aufbauen, wie etwa Customer Relationship Management (CRM).

Peter Friedrich Stephan

7.2
Customer Relationship Management

In der netzbasierten Wirtschaft gewinnen Kundenbeziehungen eine neue Qualität. Der Anspruch an Services wird allgemein höher und bekommt in der Netzwelt des Dialogs und der unmittelbaren Vergleichbarkeit entscheidende Bedeutung. Der Kunde erwartet im Netz Partnermodelle, zusätzlichen Nutzen, mehr Auswahl, günstigere Preise, Information und Unterhaltung.

Mittel dazu sind die individuelle Ansprache, Pre- und After-Sales Pflege und motivierende Rückkanäle, um das unbekannte Wesen des Zuschauers und Käufers besser zu verstehen. Informationen von Verbrauchern und Zulieferern werden als wertvolle und kostengünstige Marktdaten behandelt. Zusammen mit Call Centern können neue Softwaretools für Intra- und Extranets das Customer Relationship Management effizienter und leistungsfähiger machen.

Im Eins-zu-eins Management können die Spezialisten des Direktmarketing ihren reichen Erfahrungsschatz anbringen. Die Branche konnte ihren Umsatz innerhalb von zehn Jahren mehr als verdoppeln (Umsätze in Deutschland 1999: 39 Mrd. DM, 1989: 15,2 Mrd. DM). Direktmarketing steht vor goldenen Zeiten, sofern es sich auf die digitalen Möglichkeiten einstellt. Während etwa herkömmliche Mailings durch Druck und Versand erhebliche Kosten verursachen und Responseraten von unter einem Prozent als normal angesehen werden, können mit gefilterten E-mails leicht zweistellige Werte erreicht werden. Aussichtsreich sind auch die crossmedialen Möglichkeiten des Database-Publishings. So können Drucksachen automatisch individualisiert werden, so dass ein Mailing mit nur leicht erhöhtem Verwaltungsaufwand zehntausende verschiedener Versionen umfassen kann.

glänzende Perspektiven für Direktmarketing

7.3
Profiling

Jede Bewegung im Netz hinterlässt Spuren. Diese zu interpretieren und für zukünftige, genauer zugeschnittene Angebote zu nutzen, ist für Unternehmen und Kunden interessant. Gigantische Datenmengen können mit Techniken wie Datawarehousing und Datamining zu aussagefähigen Mustern verdichtet werden. Das getrackte User-Verhalten wird auf die Angebotsstruktur abgebildet und führt zur Generierung von qualitativen Aussagen wie etwa:

Individualisierung und Gruppenbildung

Ein Kunde, der sich hier A angeschaut hat und dort B gekauft hat, den interessiert vielleicht auch Angebot C. Profiling kann dem Kunden Themen nahebringen, von denen er gar nicht wusste, dass sie existieren. So können die Daten von CD-Verkäufen dafür eingesetzt werden, den Kunden auf die Konzerte seines Stars hinzuweisen und das Ticket gleich mitanzubieten. Der gegenwärtige Wettbewerb um die Portals für den Bereich „Event" zeigt deutlich, welches Potenzial für Cross-Selling hier vermutet werden kann.

Die Teilnahme an netzbasierten Events kann durch Profiling auch individueller gestaltet werden. Die Möglichkeiten eines „market-of-one" reichen vom speziell zugeschnittenen Kleidungsstück, über persönliche Bücher bis zur virtuellen Vertretung durch Avatare, die ihrerseits Kontakte machen. Durch die Bildung von entsprechenden Matching-Verfahren kann der Trend zu größtmöglicher Individualisierung auch zur Erzeugung seines diametralen Gegenbildes, der Gruppenbildung, genutzt werden.

Datenschutzbestimmungen setzen diesen Möglichkeiten noch enge Grenzen, doch Befragungen haben gezeigt, dass viele Kunden bereit sind, ihre Daten in dieser Weise verarbeiten zu lassen, wenn sie davon einen klaren Mehrwert haben. Ein solches „Permission Marketing" hat keine Streuverluste, produziert nur gewünschte Kontakte und entlastet von der Notwendigkeit, sich angesichts des unüberschaubaren Warenangebots permanent informieren zu müssen.

7.4
Community Building

Die Netzkultur besteht im wesentlichen aus Gruppen. Sie bilden und streuen Meinungen und Nachrichten. Sie liefern Kompetenz und Engagement, wenn das richtige Umfeld geboten wird. Letztlich ist nichts interessanter als andere Menschen und niemand kann mehr Inhalte zusammentragen, als eine ganze Gruppe freiwillig liefert. Der selbst generierte Inhalt ist ein Grund zur Identifikation mit einer Plattform und hilft den Anbietern aus einer großen Verlegenheit, denn permanent aktualisierten und halbwegs anspruchsvollen Content aufzubauen ist aufwendig.

Günstig ist es, wenn es gelingt, die im Netz häufig frei flottierende Mitteilungswut und das sich dort ausdrückende Kreativitätspotenzial zu nutzen und auf die eigene Webpräsenz zu lenken. In vielen Bereich wie etwa Sport, Film und Popmusik gibt es hunderte privat erstellter Webseiten, die sich mit einzelnen Themen oder Personen beschäftigen. Funktionierende Communities haben

Event-Charakter schon durch den permanenten vitalen Zufluss aktueller Beiträge. Eine behutsame redaktionelle Steuerung kann darauf aufbauend passende netzgestützte Ereignisse produzieren.

Gemeinsamkeit stärkt die Verbraucher, zusätzlich zum Machtzuwachs durch Markttransparenz. So können Einkaufsgemeinschaften die Abnahmepreise für gemeinsam erworbene Produkte teilweise erheblich senken (z.B. www.letsbuyit.com, www.powershopping.de). Auch der Austausch von Kundenmeinungen kann Kaufentscheidungen beeinflussen. So bietet etwa www.ciao.com nach eigenen Angaben 60.000 Verbrauchermeinungen zu Produkten und Themen des täglichen Lebens (Stand: 2/2000).

Weiter trägt Community Building wesentlich bei zur „Stickiness" eines Auftritts, der Verweildauer auf einer Seite. Der Kontakt mit anderen Usern ist unterhaltend und verbindet wie in der richtigen Welt das Soziale eines Einkaufsbummels mit dem Funktionalen der Warenbeschaffung. Bei amazon.com können die Kunden effizient ihre Bücher aussuchen und bestellen. Durchschnittliche Verweildauer auf der US-Site: 13 Minuten im Monat. Bei ebay.com können Kunden Dinge ersteigern, die sie meist nicht unbedingt brauchen und sie können anderen Kunden beim Ersteigern zusehen. Durchschnittliche Verweildauer auf der US-Site: 1 Stunde und 45 Minuten im Monat. Die Bedeutung für die Kundenbindung liegt auf der Hand: Je mehr sich der Kunde mit einem Umfeld identifiziert und je länger er sich dort freiwillig aufhält und es mitgestaltet, desto enger werden die Bindungen zu den dort präsenten Produkten und Services.

7.5
Innenwirkung von Events

Die Innenwirkung von Events für die Unternehmenskultur ist
nicht zu unterschätzen. Im Normalfall laufen Firmenexistenzen
gleichförmig dahin und die inszenierten Ereignisse spiegeln nur
die traurige Realität der behördenähnlichen Organisationen wider:
Messen und Produkteinführungen, Firmenjubiläen, Ein- und Ausstände, Bilanzpressekonferenzen und Betriebsausflüge.

Die Tendenzen zur Fragmentierung zukünftiger Arbeitswelten
brechen bisherige Unternehmensstrukturen auf. Kürzere Entwicklungszeiten, globale Marktanforderungen und Effizienzgewinne führen zu Outsourcing und projektorientierten Arbeitsgruppen.
Mitarbeiter kommen für begrenzte Zeiträume zusammen und finden sich danach in anderen Konstellationen wieder.

Events können durch ihre gemeinschaftsstiftenden Funktionen
unterschiedliche Herkünfte, kulturelle Backgrounds und Interessenlagen auf Themen und Ziele ausrichten. In einem Wirtschafts-
modell, das für den Kunden erlebnisorientierte Angebote
bereitstellen will, ist es geboten, auch die Arbeitsumgebung nach
diesen Werten auszurichten. Nur Mitarbeiter, die in ihrem Umfeld
die Möglichkeit haben, solche Werte für sich selbst zu entwickeln,
werden diese auch überzeugend nach außen vertreten können.

7.6
Wissensmanagement

Mit den Innenwirkungen von Inszenierungsleistungen ist auch das
Thema „corporate brain" berührt. Die Gestaltung der wissens-
bildenden Prozesse ist eine zentrale Aufgabe von Management,
Technik und neuen Kompetenzfeldern, die als „Wissensdesign"
beschrieben werden können.[8] Für die Unternehmen wird es entscheidend, dass sich Mitarbeiter nicht nur mit dem Wissen einbringen, das durch ihre Jobbeschreibung formell vorausgesetzt
wird. Gerade im informellen Wissen können jene „weicheren
Faktoren" an Werten, Einstellungen und Präferenzen vermutet
werden, deren Qualität zur Ausrichtung zukünftiger Produkte und
Services essentiell ist. Mitarbeiter sind nicht nur Arbeitskräfte, die
vordefinierte Positionen ausfüllen sollen, sondern sie sind auch

---

8) Peter Friedrich Stephan; Stefan Asmus, Bertelsmann 1999: Wissensdesign – Mit
neuen Medien Wissen gestalten, Seminarunterlagen der Medienakademie Köln
(www.medienakademie-koeln.de) und www.wissensdesign.de

Mitglieder in vielfältigen Communities und können Erfahrungen einbringen, die sonst durch Marktforschung und aufwendige Analysen ermittelt werden müssen.

In manchen Firmen wird der Wichtigkeit des internen Wissensmanagements, die durch die digitalen Möglichkeiten noch wesentlich gesteigert wurde, durch die Einrichtung der Vorstandsposition eines „CKO – Chief Knowledge Officer" entsprochen. Er hat die „intangible assetts" zu verwalten, jenes Unternehmenskapital, das nicht angefasst werden kann, sondern als geistiges und kreatives Potenzial vorhanden ist und zukünftige Entwicklungen tragen soll. Informelles Wissen kann nicht hart abgefragt werden, sondern nur freiwillig gegeben werden wie auf dem elektronischen Marktplatz zum Wissensaustausch bei BMW, mit dem die Entwicklungszeiten um bis zu 30% verkürzt werden konnten (vgl. Kapitel 6 – Auktionen und Börsen, 5. Infobroking).

7.7
Change-Management – Human Resources

Die Frage nach der Identität und dem Kapital von Unternehmen führt zum umfassenden Thema Change-Management. Für die meisten Unternehmen ist die Umstellung auf digitale Wirtschaftsprozesse *die* zentrale Aufgabe der nächsten Jahre. Hier geht es um das Ereignis der Transmission, dem innerhalb der Firmengeschichte der Rang eines zentralen Events zukommt. Dies muss durch ein „Change-Management" sorgfältig vorbereitet und konsequent vermittelt werden. Auch hier ist Inszenierung und Dramaturgie gefragt, um die Prozesse des Übergangs von einem veralteten zu einem gegenwärtigen und zukunftsträchtigeren Referenzmodell optimal nach innen und außen zu kommunizieren. Jüngere Unternehmen dagegen tragen keine Lasten aus der Vergangenheit und können mit den aktuellen Rahmenbedingungen der digitalen Wirtschaft ganz selbstverständlich umgehen. Für solche „No Gravity" Unternehmen stellt der Mangel an entsprechend qualifiziertem Personal das größte Wachstumshindernis dar.

Neue Referenzmodelle für „No gravity" Unternehmen

Beiden Fällen ist gemeinsam, dass sie gute Mitarbeiter nur bekommen, in dem sie entsprechend attraktive Bedingungen bieten, die nicht nur die Vergütung, sondern auch persönliche Wachstumschancen enthalten. In allen Bereichen der Unternehmensentwicklung wird heute Kreativität als zentrale Ressource gebraucht. Damit sind nicht nur die Bereiche der sogenannten Kreativen in der Werbung gemeint, sondern alle Aspekte von der Konzeption neuer Produkte und Services, über deren optimale Erstellung bis hin zu Vermittlungsleistungen. Solche Qualifikationen können auf den heutigen Personalmärkten nur noch durch Beteiligung am Unternehmenserfolg gewonnen werden, verbunden mit den Chancen zur individuellen Weiterentwicklung.

Diverse Ausbildungsinitiaven haben neue Berufsbilder und Qualifikationsmodelle in Gang gesetzt. Ab einer gewissen Ebene des höheren Managements jedoch scheint der Weiterbildungsbedarf geringer eingeschätzt zu werden. Erst unter massivem Druck des Marktes wird hier begonnen, nach neuen Lösungen zu suchen. Prozesse des Qualitätsmanagements ergreifen die Ebene der Projektleiter aufwärts und führen zu neuen Konstellationen in der Unternehmensspitze, wo sich Berater, Medienspezialisten und IT-Experten begegnen.

7.8
Issue-Management

Früher gab es für die Unternehmenskommunikation im wesentlichen vier Kanäle:

1. **Die hoch verdichtete emotionale Kundenansprache (Werbespots)**

2. **Die informative Verbraucheransprache (Broschüren, Kataloge)**

3. **Die Business-to-Business Kommunikation (Produktionsunterlagen)**

4. **Die Investor-Relationship (Geschäftsberichte)**

In der netzbasierten Kommunikation sind diese Kanäle nicht mehr so deutlich zu trennen. Hier sind die Marken permanent auf Sendung. So können zum Beispiel auch Kleinanleger jederzeit aktuelle Geschäftsdaten abfragen und Investoren sind durch die im Medium selbst dargestellte Medienkompetenz stärker zu beeindrucken, als durch programmatische Aussagen auf Hochglanzpapier.

Das Netz als mehrkanaliges Medium bietet umfangreiche Möglichkeiten der Einflussnahme auf alle relevanten Gruppen. Gerade neuartige Produkte oder in der Öffentlichkeit skeptisch beurteilte Geschäftsfelder können so besser kommuniziert werden. Dazu braucht es aber ein entsprechend hoch bewertetes strategisches Engagement. Die Branchen Chemie, Gentechnik, Pharma und

Im Netz sind Marken permanent auf Sendung

Energieversorger haben guten Grund, diese Möglichkeiten zu prüfen. Auch aktuelle Themen können hier aufgegriffen werden. Beispielhaft war die Microsoft-Kampagne zum Jahr-Zweitausend-Problem (www.augen-zu-gilt-nicht.de, produziert von Rempen & Partner). Die traditionelle Presse- und Öffentlichkeitsarbeit bleibt weiter wichtig, aber sie verzahnt sich stärker mit den in Eigenregie hergestellten Medien-Programmen, die selbstverständlich auch massive Innenwirkung haben und Schnittstellen zum Business-TV aufweisen.

Die Pflege des Rückkanals ist von entscheidender Bedeutung. Besonders zu aktuellen und unter Umständen kritischen Themen, die schon von Presse und Fernsehen aufgenommen wurden, sollte die ungefilterte Position des Unternehmens ablesbar sein. Vogel-Strauß-Haltungen führen hier nicht weiter. Viel kompetenter ist es, auch die negative Aufmerksamkeit für das Unternehmen zu nutzen und auf der Basis der durch Kritik angelieferten Aufmerksamkeit eigenständig gesetzte positive Aspekte zu transportieren. So ist Nike aus einer für das Unternehmen kritischen Diskussion über Arbeitsbedingungen gestärkt hervorgegangen. Der ansonsten hervorragende Webauftritt des Audi TT dagegen zeigt sich von der Diskussion um konstruktionsbedingte Mängel des Autos unbeeindruckt (Stand: 2/2000). Hier wird die Chance vergeben, Verunsicherungen entgegenzutreten und vertrauensbildende Maßnahmen einzuleiten (vgl. Kapitel 7 – Spezialformate, 2. Issue Management).

Themen entwickeln
und argumentieren

8
Information vs. Kommunikation

8.1
Entlastung vom Information Overload

Häufig wird in einem zusammenfassenden Begriff von der Informations- und Kommunikationsindustrie (IuK) gesprochen. Dem liegt die Annahme zugrunde, dass viel Information auch viel Kommunikation bedeute. Bei aller Begeisterung über die sogenannte Informationsgesellschaft geriet dabei aus dem Blickfeld, dass Information und Kommunikation durchaus nicht identisch sind. Vilém Flusser brachte sogar genau das Gegenteil zum Ausdruck: Wer viel kommunizieren will, darf wenig informieren. Wie ist diese paradox wirkende Formel zu verstehen?

Informationen erreichen den Empfänger als vereinzelte Daten und Fakten, die ab einer gewissen Anzahl und Geschwindigkeit nicht mehr sinnvoll geordnet werden können (*information overload*). Folge: Das Interesse nimmt ab und die Wahrnehmung stellt auf Mustererkennung um. Manchem wird das noch aus der Schule bekannt sein. Die Folge ist ein überstimulierter, aber orientierungsloser Mensch mit dürftigen Gedächtnisleistungen und lückenhafter Artikulationsfähigkeit.

Kommunikation dagegen setzt auf Bedeutung und Zusammenhang. Dies schließt Informationen ein, geht aber entscheidend darüber hinaus, da ein dialogisches Verhältnis etabliert wird, in dem Sender und Empfänger ihre Rollen abwechseln und sich über ihre jeweiligen Zustände, Meinungen und Wertungen austauschen. Dies funktioniert auch jenseits sprachlicher Zeichen und vermittelt sich sogar wirkungsvoller über Gestik und Mimik, Bilder und Töne, Athmosphäre und Stimmungen.

Eine 1:1 Abbildung von Komplexität überfordert den Rezipienten. Für die Netzpräsenzen von Unternehmen bedeutet dies, dass sinnvolle Filterungen geschaffen werden müssen. Würde jede erreichbare Information angeboten, wäre der Kunde zwar informiert, aber der Auftritt wäre nicht kommunikativ. Zuviele Informationen verwirren, zu wenige langweilen. Kommunikation dagegen ist ein Angebot, Komplexität auf rezipierbares Niveau zu bringen.

Kommunikation entlastet auf dreierlei Weise:

1. Weglassen
   Aktuell Unerhebliches wird nicht ausgesprochen und muss daher nicht mit bedacht werden

2. Komprimierungen
   Sachverhalte werden in Analogien dargestellt, Vorwissen wird aktiviert, Brücken zu bereits bestehenden Erfahrungen werden gebaut und Muster aufgezeigt

3. Wiederholung
   Redundanzen werden eingebaut, die das Gleiche noch einmal anders sagen und die Freude des Wiedererkennens zulassen, Bestätigung und Souveränität werden ermöglicht

8.2
Datenbrunnen[9] statt Datenhighway

Häufig ist weniger entscheidend, *was* gesagt wird, sondern vielmehr *wie* etwas gesagt wird. Viele Dinge werden implizit verstanden und verlieren in der Sprachform ihre wesentliche Qualität. Der oft beklagte Verlust von Sprach- und Schriftkultur ist ein Ausdruck dafür, dass andere Codes an Wichtigkeit gewinnen. Audiovisuelle Qualitäten zu produzieren und differenziert lesen zu können, ist keine geringere Leistung. Die Exerzitien der Sprache werden für einige Zwecke immer ein lohnendes Feld bleiben, aber die Befreiung von Bildungsballast, jenen „gipsernen Schrecken der Vergangenheit" (Botho Strauss), scheint die Vorbedingung für neue lebendige Formen des Austauschs von Ideen und Produkten zu sein.

*Verlust und Gewinn
der Multimedia-Kultur*

Die Wahl der Metaphern und Leitbilder ist in einer Phase des Umbruchs nicht ohne Bedeutung. Der vielbesprochene „Datenhighway" gemahnt dabei an eine Zeit, als es noch staufreies Autofahren gab und neue Landschaften zu entdecken waren. Auch der Begriff „Cyberspace" verführt dazu, an unbesiedelte Territorien zu denken, in denen andere Gesetze gelten könnten und sich manche Utopie verwirklichen ließe, die bisher scheiterte. Eine nüchterne Betrachtung dagegen zeigt, dass die technische Infrastruktur auf einer sehr hoch entwickelten Produktionstechnik beruht, die durch ihre normsetzenden Produkte die weitere Entwicklung wesentlich bestimmt. Hier werden die Bedingungen zukünftiger Handlungsmöglichkeiten definiert, deren Auswirkungen auf alle Bereiche gesellschaftlichen und privaten Lebens kaum überschätzt werden können. Märkte und Technik haben dabei eine Eigendynamik entwickelt, gegenüber der eine breite und kenntnisreiche Diskussion über sinnvolle Entwicklungsmöglichkeiten immer zu spät zu kommen scheint.

Umso wichtiger ist es, angemessene Leitbilder zu entwickeln, die der Vorstellungkraft auf die Sprünge helfen. Die Metapher vom Datenhighway hebt ab auf die schnelle Überwindung von Distanzen und verlängert so nur das Bild heutiger Autobahnen, die zwar schnelle Verbindungen herstellen, gleichzeitig aber dasjenige zerstören, was es zu verbinden gälte, nämlich intakte Landschaften. Hinzu kommt, dass sich die ehemalige Utopie der für alle erreichbaren individuellen Mobilität so umfassend eingelöst hat, dass im Stau keiner mehr mobil sein kann.

---

9) Der Ausdruck stammt von Rena Tangens und Padeluun (www.foebud.org)

Wenn nach der Euphorie über das technische Wunderwerk des Internet gefragt würde, was da überhaupt so flächendeckend und schnell ausgetauscht wird, wäre eine nüchterne Erkenntnis wohl die, das auch beschleunigter Müll immer noch Müll bleibt. Der Begriff einer Informations-Ökologie ist zwar schwer zu füllen, da Rede- und Pressefreiheit aus gutem Grund als hohes Gut behandelt werden, aber das Recht auf informationelle Selbstbestimmung hat ähnlichen Rang und wird sicher noch detaillierter ausgestaltet werden müssen.

Selbst dort, wo Informationen als sinnvoll behauptet werden können, kommt es nach der oben eingeführten Unterscheidung zur Kommunikation darauf an, sie plausibel zu strukturieren und in kommunikative Prozesse einzugliedern. Von Kritikern wie Clifford Stoll stammt der drastische Vergleich des unbefriedigten Internet-Nutzers mit einem Verdurstenden, der aus dem druckvollen Strahl eines Feuerwehrschlauches nicht zu trinken vermag[10]. Die reine Präsenz von Informationen/Wasser ist also keine hinreichende Bedingung, sondern es kommt auch auf rezipierbare Formen an, was wiederum eine Frage der Gestaltung ist.

Ein einleuchtendes Gegenbild zum Datenhighway liefert der Datenbrunnen. Hier liegt der Akzent nicht auf der Übertragung, sondern auf dem Treffpunkt. Der Brunnen ist ein Ort, der lebensnotwendige Versorgung bietet, von allen genutzt wird und daher ein gemeinschaftliches Forum zum Austausch bietet. Hier werden nicht nur Informationen verteilt, sondern Kommunikation wird ermöglicht.

8.3
Zurück aus der Zukunft

Alte Metaphern wie die der Datenautobahn lenken die Vorstellungskraft in die Irre. Das Versagen der digitalen Malls, die nach dem Modell der Einkaufszentren aufgebaut waren, hat dies deutlich gezeigt. Begriffe aus der Vergangenheit helfen dabei, sich dem Unbekannten zu nähern, aber als Leitmotiv behindern sie die Entwicklung, ebenso wie das Auto zu Beginn als motorisierte Kutsche missverstanden wurde. Wenn man von der sprunghaften Entwicklung der technischen Kultur im letzten Jahrhundert eines lernen kann, dann dies: Die Zeitgenossen haben sich immer gehörig verschätzt. Die Unbestimmtheit der Zukunft führt dazu, Handlun-

---

10) Stoll 1996

gen an alten und vermeintlich sicheren Referenzmodellen zu orientieren, was jedoch verlässlich scheitert.

Zukunftsfähigkeit braucht eine Vorstellungskraft, die den Sprung noch vor das ohnehin Kommende ermöglicht, so dass aus einer begründbaren Vision heraus plausible Pläne für die aktuelle Orientierung abgeleitet werden können.[11] Antizipation ist kein spekulativer Hokus-Pokus, sondern ein sich konstituierendes Tätigkeitsfeld, dass künstlerische, wissenschaftliche und gestalterische Qualifikationen umfasst und originäre Formate der Forschungs- und Entwicklungsarbeit aufbaut.

Die Entwicklungsmöglichkeiten einer netzbasierten Wirtschaft sind noch radikaler zu denken, als es die zur Zeit diskutierten Ideen nahelegen, die doch häufig nur die bestehenden Verhältnisse von Wirtschaft und Sozialität in neuere Formen verlängern. Beispiele für völlig andere Ansätze können die Netz-Pioniere geben. So formulierte Ted Nelson, der Erfinder von Hypertext, schon vor über dreißig Jahren Konzepte, wie ein häufig gelinktes und damit zitiertes Dokument im Netz durch Mikropayments entgolten werden könnte[12]. Bisheriges Urheberrecht, das sich im Wesentlichen noch auf die materiellen Datenträger und auf Werkeinheiten bezieht, müsste entsprechend verändert werden. Starke Aufmerksamkeit für Themen und Inhalte würde hier also wirtschaftlich belohnt. Auf die Frage, ob das heutige Netz nicht die Einlösung dessen sei, was er schon früh vorausgesehen hätte, sagte Nelson: „Nein, im Gegenteil." (Interface 3, Hamburg, 01.11.1995).

Neue Qualitäten im Netz können nur durch neue Wirtschaftsmodelle für Urheber dieser Qualitäten entstehen. Unmittelbar betroffene Märkte wären die Anbieter von Produkten, die vollständig als Software angeboten werden können wie Musik, Texte und Filme, gefolgt von den Herstellern, deren Produkte einen immer größeren Anteil ihrer Funktionen durch Software realisieren wie Autos, Kameras und Unterhaltungselektronik. Hier könnten neue modulare Produktformen entstehen, die Mikronutzungen und Individualisierungen ermöglichen und entsprechende Preissysteme voraussetzen. Entsprechendes gilt für die netzgestützten Produktionsprozesse, die neue Verhältnisse von Arbeitnehmern und Arbeitgebern ermöglichen und unter anderem neue Formen von Entlohnung, steuerlicher Behandlung und Versicherung erfordern.

Computerlib
Die Radikalität
der Pioniere

---

11) Niemand hat das schöner beschrieben als Heinz von Foerster: „Die Ursache liegt in der Zukunft". „Antizipation" ist ein aussichtsreiches Forschungsfeld, vgl.: Mihai Nadin: „Anticipation – A Spooky Computation", The Third International Conference on Computing Anticipatory Systems (CASYS 99), HEC, Liège, Belgien, 09.–14.08.1999, auch unter www.code.uni-wuppertal.de

12) Nelson 1981, 1987, außerdem www.xanadu.org

8.4
Think western?

Noch sprechen wir überwiegend von formalisierter und forcierter Kommunikation. Dies entspricht dem alten Paradigma der industriellen Produktion, in dem alles konstruiert und hergestellt werden kann und muss. Neue Paradigmen setzen dagegen auf Selbstorganisation und Autopoiesis. Netzgemäßes Denken nimmt die unüberschaubare Komplexität als Ausgangsbedingung und akzeptiert, dass Prozesse nicht vollständig steuerbar sind, sondern allenfalls Randbedingungen geschaffen werden können, unter denen verschiedene Entwicklungen mehr oder weniger wahrscheinlich sind.

Die Anti-Produktion mitzudenken, ist eine Nowendigkeit, die zunächst durch ökologische Fragestellungen begründet wurde, die sich jetzt auch auf die Informations-Sphäre ausdehnen. Ein möglicher Ansatz für die Unternehmen wäre hier, sich als Katalysator zu verstehen, der Plattformen für dialogische Kundenbeziehungen anbietet. Werte und Haltungen, die in der Marke zum Ausdruck kommen, sind kulturelle Anlässe, die Austauschbeziehungen initiieren. Die althergebrachte Funktion des Produzenten erweitert sich so zu der eines Gastgebers, der dafür verantwortlich ist, dass sich seine Gäste gut unterhalten und gegenseitig voneinander profitieren. Das Aufnehmen aktueller Themen ist dafür ebenso essentiell wie die aktive Setzung thematischer Felder, die die Diskussionen stimulieren. In dieser Hinsicht sind die Kampagnen von Benetton vorbildlich, da sie selbst zum Ereignis werden.

Ein Privileg liegt heute in der Entlastung. Ruhe, Leere, Vergessen, Auslassen und Nicht-Beteiligen sind wertvoll. Luxuriös und elitär erscheint es, sich im Getriebe des Handels von Techniken, Produkten, Services, Meinungen und Haltungen nicht mitdrehen zu müssen und sich auf punktuelle, selbstbestimmte Schnittstellen zurückziehen zu können.

Unerhört scheint es gegenwärtig, etwas Statisches zu denken und damit keinen Rückschritt zu verbinden. Dies könnte in einem Zeitalter, das schon als jenseits der Geschichte beschrieben wurde, zu den letzten Utopien zählen, deren Funktion gerade darin liegt, niemals erreicht werden zu können, aber als Denkmodell und Leitbild, auch als Paradox im Sinne einer nicht lösbaren Zen-Frage, hintergründig auf aktuelle Entwicklungen einzuwirken.

Peter Friedrich Stephan

Nachdem das Netz zunächst von Militärs und Wissenschaftlern konzipiert wurde, müssen die heute verantwortlichen Unternehmen noch zeigen, ob und wie sie netzgemäße Qualitäten für die breite gesellschaftliche Nutzung erzeugen können. Sinnvolle Entwicklungen werden sich nur im Dialog von Wirtschaft und Kultur entfalten können und in diesem Sinne wünsche ich, dass sich dieses Buch als kommunikativ herausstellen möge. Schön wäre es, wenn es dazu beitragen könnte, eine digitale Wirtschaft zu formen, die auf der Höhe der heute möglichen Netzkultur ist.

Teil A
Fallstudien

1 Automobilbranche

Peter Friedrich Stephan

Inszenierte Mobilität

Was glänzt, ist für den Augenblick geboren

J. W. v. Goethe

1
Das Produkt ist der Star

Inszenierungen sind ein wesentlicher Bestandteil des Automobil-Marketings. Von den ersten Erlkönigen bis zur aufwendig gestalteten Präsentation auf den Automobilausstellungen in Frankfurt, Genf und Detroit werden die neuen Modelle als Stars behandelt. Messeauftritte können im Netz ein zusätzliches Publikum finden und auch vor Ort zur Detaillierung der Darstellung beitragen (siehe Fallstudie „Ford auf der IAA"). Auch in den Showrooms werden zunehmend mediale Elemente integriert (siehe Fallstudien „Mercedes Spot" und „Le Rendez-Vous Toyota"). Erweiterte Kommunikationsziele werden ebenfalls durch neue Medien unterstützt (siehe Fallstudie „DaimlerChrysler Lab.01" im Kapitel 7 – Spezialformate).

2
Fusion und Differenzierung

Entwicklungen in der Autoindustrie werden immer aufmerksam verfolgt. Zum einen ist die Branche eine Schlüsselindustrie und zum anderen scheinen ihre Produkte konstant begehrenswert zu sein. Im Jahr 1999 wurde erneut ein Rekord an Neuzulassungen gemeldet und die neuen Modelle werden in den Medien ausführlich besprochen. Special Interest Zeitschriften, TV-Sendungen und

Sonderseiten der Tagespresse bedienen Lesergruppen von Oldti-
merfans über Sportwagen und Familienkutschen bis zur Formel 1.
Die ADAC Motorwelt hat im Monat 18 Millionen Leser mit einer
Kaufkraft von 45 Milliarden DM.

Klassische Marken haben sich unter dem Dach großer Konzerne
versammelt, die ihrerseits Fusionen eingegangen sind, so dass nur
wenige autonome Unternehmen übrigblieben: BMW, Daimler-
Chrysler, VW, Ford, Renault-Nissan, Peugeot-Citroën, Toyota und
General Motors. Entsprechend breite Produktpaletten werden angeboten, wie etwa bei VW vom Skoda über Lupo, Golf und Mittel-
klassewagen bis zum Bentley.

Die einzelnen Marken werden als selbständig, aber doch zur
Dachmarke gehörig platziert. Neue Entwicklungen wie der Smart,
die Mercedes A-Klasse oder der Motorroller von BMW erweitern
die bisherige Palette und stellen neue Aufgaben der Kommunikation. Es gilt, zu den Themen Ökologie, Mobilität und Sicherheit
Positionen zu entwickeln und zu vermitteln. Darüber hinaus ist
das Auto als Lifestyle-Produkt wieder entdeckt worden, wie die
Sportwagen von BMW, Porsche und Mercedes zeigen. Seitdem
deutsche Fahrer maßgeblich an der Formel 1 beteiligt sind, verbindet sich das Star-Auto optimal mit dem Auto-Star. Neben Mercedes, die an die Erfolge ihrer Silberpfeile anknüpfen, kehren auch
BMW und Jaguar auf diese Weltbühne zurück.

3
Inszenierung

Ein früher Höhepunkt innovativer Inszenierung war die Präsentation des neuen Citroën DS in den sechziger Jahren: Ohne Räder
und mit zugeklebten Radkästen wurde die ungewöhnliche Karos-
serie dynamisch schräg nach oben weisend auf eine Halterung
montiert, die den Wagen wie ein Flugzeug wirken ließ. Später
sollte der Wagen in einem Phantomas-Film zum Finale einer Au-
Ein Auto hebt ab   tojagd vor den Augen der ungläubigen Verfolger tatsächlich abheben und in die Luft entschweben. Die französische Aussprache des
„La DS" als „La Déesse" (die Göttin) wurde somit sinnfällig umgesetzt.

Als Projektionsfläche für Träume von Freiheit und Autonomie
standen Autos immer in enger Beziehung zum Kino: Französische
Krimis mit Lino Ventura brauchen das Peugeot 504 Coupé, um
stilgerecht durch Paris zu gleiten, amerikanische Cops lassen ihre
Straßenkreuzer beim U-Turn quietschen und Mafia-Banden
durchlöchern bevorzugt dickes, schwarzes Blech. Im Film konnten

Autos auch endlich intelligent werden wie der kleine Käfer Herbie
und David Hasselhoffs Knightrider Wagen, die durch ihre Handlungen zum „Character" werden. James Bonds legendärer Aston
Martin war auch als Spielzeugmodell von Corgy Toys zu haben,
komplett mit Zusatzfunktionen wie drehbare Nummernschilder,
Schleudersitz und Reifenaufschlitzer. Aktuelle Beispiele für Autos
als Filmstars sind die Productplacements von Mercedes (neue M-
Klasse in Jurassic Park 2) und BMW (Z 3 und Z 8 in den letzten
beiden Bond-Filmen).

4
Werbemarkt

Autos sind auf dem Weg von einer Produkt- zu einer Erlebnismar-
ke, und folgerichtig setzen Autohersteller verstärkt auf Events. So
sagt Dr. Wolfgang Armbrecht, Head of Communications und Mar-
keting-Services bei BMW: „Werbung redet von Erlebnissen, Events
schafft sie". Ford USA schichtet angeblich rund 25% des Werbebudgets von Print zu Internet und Events um (Horizont 50/99).
Sogar die Produktion von Autos soll nun in einer gläsernen Fabrik
von VW mitten in Dresden werbewirksam inszeniert werden, und
in Wolfsburg wird ein Themenpark rund ums Automobil geplant.

Die Autohersteller in Deutschland haben 1999 3,2 Mrd. DM
brutto in klassische Werbung investiert (AC Nielsen Werbefor-
schung). Innovativ war die von der Agentur Jung v. Matt umge-
setzte Neupositionierung der Marke Audi vom technisch
kompetenten aber biederen Image zur Avantgardemarke, deren
silbergraue Alukarosserien Ökonomie, Ökologie und Retrolook
verbinden und damit stilbildend wurden.

Nach der Übernahme des BMW-Etats fiel die gleiche Agentur
mit einem innovativen Werbeformat auf: dem Panorama-Block. *Der Panorama-Block*
Für den Launch des 3er-Coupés wurde eine Kooperation mit Sat 1
und acht branchenfremden Markenartiklern eingegangen, die es
ermöglicht, zur gleichen Zeit auf einem Bildschirm für zwei Produkte zu werben. Ein BMW fährt an den Rändern des Screens entlang, während sich in der Mitte des Bildschirms verschiedene
Werbeclips, etwa für Eiskrem oder Bier, abwechseln. Folge: Erhöhte Aufmerksamkeit der Kunden durch das ungewöhnliche
Format und die längere Bildschirmpräsenz, kostenfreie Promotion
durch das begleitende Presse-Echo und schließlich reduzierte Kosten durch die Aufteilung auf mehrere Werbepartner. Auch bei der
Nutzung neuer Medien ist die Autoindustrie gut vertreten. Merce-

des und Opel liessen innovative CD-ROMs produzieren und alle Hersteller pflegen heute aufwendige Online-Auftritte. Als eines der ersten größeren Events, die online begleitet wurden, gilt das Autorennen von LeMans 1997 (Auftraggeber: BMW, Agentur: Kabel New Media).

5
Online-Handel

Nach einer kürzlich veröffentlichten Studie von Prof. Dudenhöfer von der Fachhochschule Gelsenkirchen, Lehrstuhl für Marketing und Unternehmensführung mit dem Schwerpunkt Automobilwirtschaft, wird das Netz in Zukunft ganz wesentlich zur Markenprägung beitragen. Im Jahr 2005 wird damit gerechnet, dass 10 – 20% der Neuwagen über das Netz verkauft werden (Horizont 50/99).

Einen wesentlichen Anteil davon will sich der britische Online-Händler OneSwoop.com sichern, der mit 850 Mio. US-Dollar Wagniskapital von der amerikanischen VC-Gesellschaft Atlas Venture an den Start geht. Zu seinem Angebot sollen Neuwagen mit Preisnachlässen von bis zu 40% gehören, die unter Ausnutzung der verschiedenen Preisgestaltungen und Steuersätze in Europa möglich sind. Außerdem soll man sein Wunschfahrzeug individuell zusammenstellen können. Angesichts von annähernd 100 Mio. Varianten, die allein für den Golf rechnerisch möglich sind, ist dies keine leichte Aufgabe. Eine gigantische Datenbank auf der Basis der eSales Suite von calico (www.calico.com) macht es möglich. Zusätzlich sollen maßgeschneiderte Finanzdienstleistungen, Versicherung, Anlieferung und Garantien angeboten werden, so dass ein flexibles und nutzerorientiertes Angebot entsteht. Profit soll über die Provisionen von Händlern und Versicherern gemacht werden. Später sollen auch Gebrauchtwagen datenbankgestützt angeboten werden, um die Kunden an Neuwagen heranzuführen.

Für Mitte 2000 haben amerikanische Anbieter wie carpoint.com und autobytel.com ihren Sprung nach Europa angekündigt. Die Händler geraten also unter Druck und finden möglicherweise die Lösung im Aufbau eigener E-Commerce Aktivitäten, wie sie bereits von der DaimlerChrysler Tochter Smart gestartet wurden.

Peter Friedrich Stephan

6
Einkauf und Vertrieb

Die Autoindustrie setzt in der Fertigung schon seit langem avancierte Technologien ein. Auch alle Neuentwicklungen im Fahrzeug setzen auf Elektronik, deren Wert den aller anderen Aggregate bei manchen Modellen bereits übertrifft. Es ist daher nur folgerichtig, wenn in der gesamten Wertschöpfungskette nach computergestützten Einsparungsmöglichkeiten gesucht wird. Speziell sollen Lagerbestände reduziert, Entwicklungszeiten verkürzt und Effizienzgewinne realisiert werden.

Im Februar 2000 kündigten DaimlerChrysler, Ford und General Motors an, ein gemeinsames Unternehmen zu gründen, das einen virtuellen Marktplatz für den Materialeinkauf entwickeln soll. Gerechnet wird mit Kosteneinsparungen von bis zu DM 2000.– pro Auto und einem Umsatzvolumen von 240 Mrd. Dollar/Jahr, was diese Plattform zum größten elektronischen Marktplatz der Welt machen würde und tiefgreifende Umstrukturierungen in der mittelständischen deutschen Zulieferindustrie verursachen wird. DaimlerChrysler will bis 2002 rund 800 Millionen Euro in den Aufbau der Internet-Aktivitäten stecken (SZ, 29.02.2000).

7
Mobilität verkaufen

Neue Geschäftsfelder wurden bereits mit dem Angebot von Finanzdienstleistungen entwickelt. Zukünftige Möglichkeiten liegen darin, „Mobility Services" aufzubauen. Die Marktführer könnten die meist starke Kundenbindung nutzen und sich zum Partner in allen Fragen der Mobilität und des Transports anbieten. Den Geschäftskunden werden erweiterte Services im Bereich Flottenmanagement offeriert, wo ein Wachstum von 15% im Jahr erwartet wird. Private Kunden könnten dann das jeweils passende Reisepaket wählen, so wie bisher schon bei einigen Carsharing-Unternehmen, die Reiseplanung, Bahntickets und Autos vor Ort anbieten (www.stattauto.de).

Die bei Computerkäufen übliche Rechengröße des „Total Cost of Ownership" ist bei Autos eine Summe, in die sowohl regelmäßige als auch überraschende Kosten von teils erheblicher Höhe einfließen: Versicherung, Steuer, Wartung, Reparatur, Wertverlust, Unfall etc. Es könnte daher für Kunden interessant sein, sich für einen kalkulierbaren Monatsbeitrag immer auf ein funktionsfähiges und aktuelles Auto verlassen zu können und darüber hinaus noch weitere Serviceangebote in Anspruch zu nehmen. Für die Automobilhersteller liegt der Vorteil in der transparenteren Kalkulation von Stückzahlen und Modellpolitik und im Zugewinn neuer serviceorientierter Geschäftsfelder.

8
Issue Management

Hauptfunktion der Netzpräsenzen ist es bisher, den Kunden zu informieren und ihn über Dialoge kennenzulernen. Neben den Corporate Seiten leisten dies die produktspezifischen Auftritte, die speziell für die angestrebte Klientel produziert werden. So findet sich unter www.audi-tt.de neben der kompletten Entwicklungsgeschichte ein Online-Konfigurator, mit dem verschiedene Ausstattungsvarianten durchgespielt werden können. Unter www.audi-tt.com steht die emotionale Ansprache durch Bilder und Videos im Vordergrund.

Auch wenn diese Auftritte in Design und Performance beispielhaft sind (produziert von der Berliner Agentur MetaDesign) und zurecht prämiert wurden, zeigte sich doch ein entscheidender Mangel. Bisher wurde auf den Seiten kein Issue-Management betrieben. Die Autoindustrie muss jedoch ein Interesse daran haben, gerade bei kritischen Themen (Elchtest der A-Klasse, mögliche Konstruktionsmängel beim Audi TT), dem massenmedialen Druck nicht nur defensiv gegenüber zu stehen. Hier bietet das Netz neue Möglichkeiten, dem Kunden dialogisch zu begegnen, sowie Themen aktiv zu setzen und mitzugestalten (vgl. Kapitel 7 – Spezialformate, 2. Issue Management).

Peter Friedrich Stephan

Werbung und/oder Inhalt?

Werner Aisslinger

Der Mercedes-Spot in Frankfurt
– Branding in 3 Dimensionen

Abstract

Die Mercedes-Erlebniswelt: Der neue Showroom in Frankfurt präsentierte die Marke erstmals im Rahmen einer dreidimensionalen
Inszenierung. Verschiedene Präsentations- und Erlebnisbereiche
werden angeboten, wobei die allgemeine kulturelle Ansprache des
Kundens im Vordergrund steht und vor allem jüngeres Publikum
gewinnen soll.

*Einen Einblick in die
Mercedes-Erlebniswelt
bietet die Bildergalerie
unter www.aisslinger.de*

1
Evolution der Autoshowrooms

Die Showrooms der Automobilhersteller wurden mit wachsendem Umsatz und infolge eines breiteren Spektrums an Fahrzeugen größer und eleganter, aber auch kühler, repräsentativer, weitläufiger und dadurch nicht unbedingt einladender, sondern eher abgehoben und cool.

Seit den 70er Jahren wandern die Showrooms aller Hersteller wegen des großen Platzbedarfs und entsprechend hoher Mietpreise immer weiter in die Peripherie der Städte ab und fristen dort ein von den Stadtzentren abgetrenntes Dasein.

1.1
Urbanes Szenario

„Im Jahr 2025 werden nach Prognosen 75% der Einwohner in den industrialisierten Ländern in Städten leben. Die Stadt ist der Raum der Verdichtung und Beschleunigung, sie ist das Laboratorium der Zivilisation. Zwei urbane Typen werden dominieren: Die europäische Stadt mit historischem Zentrum und die amerikanische Stadt, die eine Megastruktur ohne Kern mit vielen Malls und Verdichtungen bietet, aber keine Zentren." (Zitat aus Gert Beyers Buch: Die Zukunftsmacher)

Der momentane Quantensprung in der Organisationsstruktur der Städte wird durch die Digitalisierung erzeugt: Telearbeit oder Einkaufen via Internet lassen das tägliche Leben in Zukunft praktischer werden, gleichzeitig aber auch zurückgezogener.

Der Datenfreak, dessen einziger sozialer Kontakt noch der Pizzalieferservice ist, wird – übersättigt mit Virtualität – reale Erlebniswelten suchen: Markenkontakt in 3D als erlebbare Räume mit Unterhaltung, Events und Inspiration stehen dabei im Vordergrund.

1.2
Das Generationenkonzept

Die Altersstruktur der Mercedes-Neuwagenkunden in Deutschland stellt mit einem Durchschnittsalter von 55 Jahren das älteste Käuferspektrum der Branche dar. Um jüngere Generationen anzusprechen, soll die Schwellenangst, die durch die Betonung von teuren und exclusiven Autos in den Showrooms entsteht, abgebaut und mittels Neuer Medien, Events und Merchandising in Markenbindung gelenkt werden.

Das zur Neukundengewinnung entwickelte Generationenkonzept „vom Schlüsselanhänger zum Pkw" wird im Mercedes-Spot getestet: Der Wunsch nach dem „richtigen" Mercedes wird geweckt und gefestigt.

*„Vom Schlüssel-
anhänger zum Pkw":
Das Generationen-
konzept setzt auf
frühzeitige Kunden-
bindung*

1.3
Pilotprojekt Italien

Mercedes-Benz kommt in Zugzwang, da der italienische Vertrieb 1996 Mercedes-Spots als Pilotprojekt zur Einführung der A-Klasse ins Leben gerufen und für zwölf Spots 20 Mio. DM investiert hat. Als Logo wurde die Silhouette der A-Klasse verwendet, womit das Erscheinungsbild auf die Markeneinführung der A-Klasse bezogen war. Das italienische Konzept steht unter dem Motto: „Store, Studio and Stage". „Store" steht dabei für die Shopping Area, „Studio" für Multimedia, Information sowie Entertainment, „Stage" schließlich bezieht sich auf die Plattform für die A-Klasse.

1.4
Merchandising

Mit 50 Mio. DM Umsatz pro Jahr sind die Merchandising-Artikel zwar kein wesentlicher Umsatzträger im Konzern – sie leisten aber einen strategischen Anteil beim Aufbau der langfristigen Markenbindung. Die Accessoires-Kollektion umfasst zur Zeit 5.000 Artikel.

2
Inszenierung des Autokaufs

Neben Mercedes-Benz arbeiten auch Audi und VW an neuen Erlebniskonzepten. Volkswagen beispielsweise baut die „Autostadt" in Wolfsburg, eine Art Disneyland auf dem Werksgelände: Hotels (z.B. Ritz Carlton) und Pavillons unterschiedlicher Architektur für alle Marken: Rolls-Royce/Bentley, Skoda, Seat, VW, Audi, Lamborghini und Bugatti sowie ein Automuseum laden zum Erlebnisautokauf als Wochenendausflug, Freizeitvergnügen oder Tagesausflug für die ganze Familie ein.

Die „Gläserne Manufaktur" für exklusive Autos errichtet VW derzeit in Dresden. In transparenter Glasarchitektur arbeiten Monteure in weißer Arbeitskleidung und auf Parkettboden an den Luxuslimousinen als Teil eines inszenierten Erlebniswochenendes für Fahrzeugkäufer. Ein möglicher Besuch der Semperoper am Abend kann dann solch einen „etwas anderen" kulturreichen Tag beschließen.

3
Das Modulkonzept

„Corporate architecture" ist das Bindeglied für alle Themenmodule: Hier finden sich Cappuchino-Bar, „kids corner", Internet-Bereich, Merchandising-Modul, Präsentations-/Eventflächen und das Kernstück des Shops: „virtual car", eine interaktive Installation mit Echtzeit-Animation. Die einzelnen Themenbereiche sind modular aufgebaut und können unterschiedliche Konfigurationen im Raum bilden, d.h. für zukünftige Standorte können aus diesem Spektrum je nach Raumgröße Auswahlen getroffen und bestimmte Module betont werden. Alle Themenkomponenten sind als Baukasten mit Systemkomponenten konzipiert und können – was die Dimensionen betrifft – in jeden Raum installiert werden.

Transparenz nach außen, großzügige Bewegungsflächen und eine puristische, nur auf die Präsentationsflächen beschränkte Produktinszenierung vermeiden die Analogie zu konsumorientierten Shops. Als runde Stationsflächen von 2 bzw. 4m Durchmesser beinhalten diese Präsentations- und Eventflächen unterschiedliche Themen, die durch Kreisausschnitte in der Decke betont werden.

3.1
Themenmodule

Die Integration der Neuen Medien/Internet ist wesentlicher Bestandteil des Spot-Konzepts. Neben reinen Informationsfunktionen wie z.B. dem Abfragen des Gebrauchtwagenmarkts, den Fahrzeugkompositionen mit ihren jeweiligen Angeboten oder auch den News bezüglich der Formel 1, ermöglicht eine Videokonferenz-Schnittstelle zur Niederlassung direkte Verkaufsgespräche mit dem Händler.

Eine in die Wandabwicklung vertiefte Sitzecke mit durchgehender Bank gibt Kindern die Möglichkeit, abseits der Erwachsenenwelt zu spielen oder an den zentral über dem Tisch hängenden Sony-Playstations Autorennspiele auszuprobieren. Spezielle MB-Autorennspiele für die Sony Playstations werden zur Zeit entwickkelt.

Medien für alle: Während die Eltern über Videokonferenz Verkaufsgespräche führen, spielen die Kinder auf Playstations

Die „virtual car"-Installation existiert bisher weltweit dreimal (Kosten ca. 700.000 DM). Diese Installation gilt als das Verkaufskonzept der Zukunft: Jeder kann sich sein individuelles Fahrzeug in Bezug auf Farben und Ausstattung virtuell zusammenstellen. Der Kunde kann interaktiv mit dem Flatscreen auf einer runden Fläche von 5m im Raum navigieren und über das Menü am Touchscreen Farben und Texturen des gewünschten Fahrzeugs virtuell erzeugen, sowie das Fahrzeugäußere und den Innenraum erforschen. Für alle Zuschauer wird die Navigation automatisch auf die Videowand übertragen. Zur Zeit wird dieser Service für alle Mercedes-Benz Modelle programmiert.

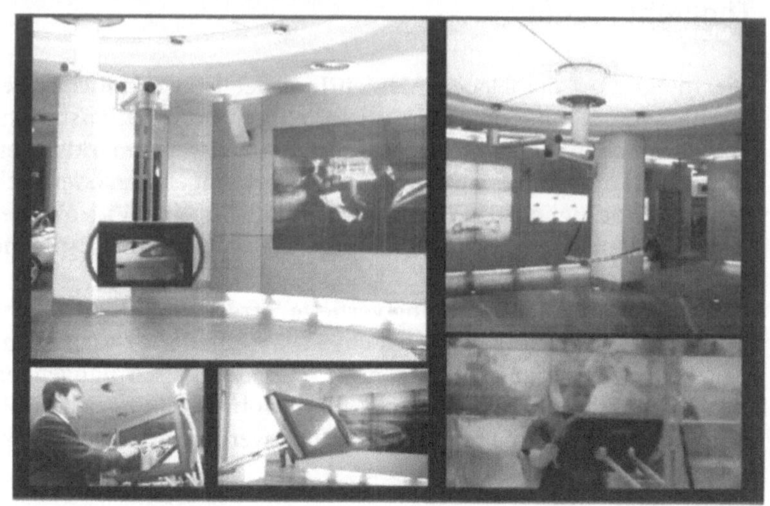

3.2
Medientechnik / Bühnentechnik / Lichtsteuerung / Akustikinseln

Die Medientechnik erlaubt Live-Veranstaltungen sowie Live-Einspielungen und die Synchronisation aller Projektionen. Durch eine Lichtsteuerungsanlage kann jede einzelne Leuchte im Raum angesteuert und programmiert werden. So sind Stimmungen für verschiedene Veranstaltungen im Voraus gespeichert, der Lichthimmel über dem Kreis des „virtual car" kann z.B. auf die Bewegungen des Users hin Farbspektren wiedergeben, die sich bewegen. Darüber hinaus werden die einzelnen Themenmodule akustisch programmiert und können dadurch autarke Geräuschwelten erzeugen.

4
Betriebskonzept

Der Besuch eines Spots soll zwanglos erfolgen und keine Verkaufserwartungen ausdrücken, wie sie von professionellen Pkw-

Händlern verkörpert werden. Vielmehr geht es um spontanes Vergnügen ohne die Grundmotivation des Autokaufs.

*Dialog in der City:
Am Internet (mit
Longdrink in der Hand)
Infos rund um die
Autowelt abfragen –
dieses Konzept geht für
alle Seiten auf*

Der Mercedes-Spot als öffentlicher Ort sucht den Dialog mit dem Kunden: Das vordergründige Ziel, Mercedes nur zum reinen Autokauf zu besuchen, wird durch die Erlebnisinszenierung abgelöst. Accessoire-Verkauf, Informationen über Pkws und Autorennsport oder auch die Devise „zum Kaffeetrinken zu Mercedes" ist gewünscht. Das Erleben interaktiver Welten, das Abfragen des Gebrauchtwagenmarktes am Internet und Spielspaß für Kinder als Mittel und Möglichkeit zur spontanen und freien Kontaktaufnahme sind Zielvorstellungen dieses neuen Markenauftritts. Der Spot will informieren, involvieren, die dynamische Seite von Mercedes-Benz betonen und neue Publikumsspektren zur Marke hinführen.

5
Events, Veranstaltungen, Vitalisierungskonzept

Der Spot ist neben seiner markenstrategischen Funktion auch ein Podium, um über Atmosphären, Events und Aktivitäten zu wirken. Ein Vitalisierungskonzept sieht weitreichende Aktionen vor: Formel 1-Events, Motorenshows, Autogrammstunden, Oldtimer-Ausstellungen, Diskussionen mit Publikum, Vorträge und Musikveranstaltungen. Bei der Präsentation von Fußball- und

Tennisereignissen kann die Marke auf ihre Sponsoringaktivitäten in diesen Sportarten verweisen.

Auch reine Kunst- und Kulturspektakel, die nicht mit der Autowelt assoziiert werden, sind geplant. Um dem wachsenden Aufwand bei Markteinführungen neuer Fahrzeuge ein Podium zu geben, hat der Spot für Mercedes einen hohen Stellenwert als Event-Center.

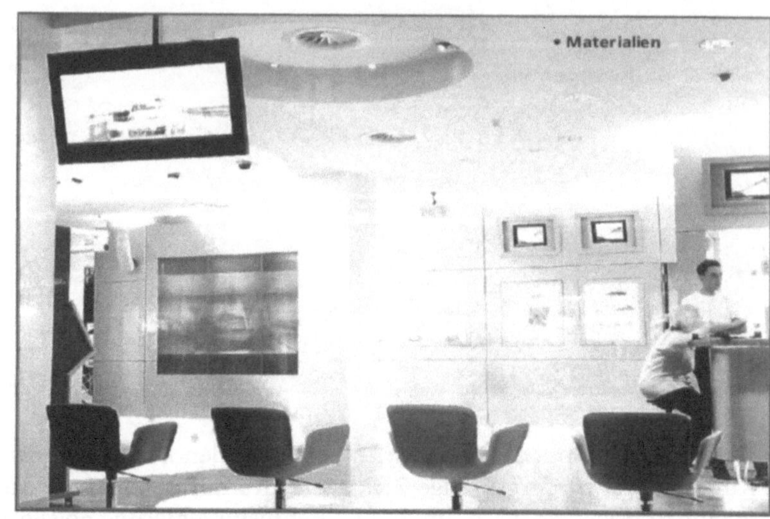

6
Branding in 3D als Strategie

Die Vorteile der 3D-Erlebnisräume gegenüber den 2D-Medien liegen als zukunftsweisende Marketingkonzeption auf der Hand:

Die Vorteile: Identifikationswert

- Erlebnisse, die mit verschiedenen Interaktionen verknüpft sind, stellen für jeden Kunden einen hohen Identifikationswert dar. Ein Raum, der gleichzeitig Kontinuität und interaktive Kreativität vermittelt, bietet in Zeiten des „Cocooning" mehr Identifikationsmöglichkeit mit der Marke als etwa Print- oder TV-Branding.

Aktualität des 3D-Branding gegenüber dem 2D-Medium

- 2D-Medien sind durch Reizüberflutung ständig mit dem Problem des Aktualitätsverlustes konfrontiert – Anzeigenkampagnen beispielsweise müssen wöchentlich aktualisiert werden. So stellt also auch die Kostenrelation einer „Corporate Archi-

Automobilbranche

tecture" im Verhältnis zu Print- und TV-Werbekampagnen eine überschaubare Investition dar.

- Im digitalen Zeitalter wird der Konsument mit unüberschaubaren Waren- und Medienwelten konfrontiert. Dieses für den Nutzer undefinierbare Gemisch aus digitalen Botschaften, Printwelten, Produkten und deren Inszenierungen verlangt nach einem Navigationssystem. Im Zeitalter von Virtual Reality und Internet gewinnen Orte einen neuen Stellenwert, die persönliche Kontakte und Gespräche, haptische Erlebnisse und Interaktionen bieten und über das Mausklicken am PC hinaus gehen.

- Markenstrategisch koordiniert der Raum als Corporate Architecture dieses Nebeneinander unterschiedlicher Medien. Der visuell gesättigte Konsument kann sich den medialen 2D-Welten nur durch „Zapping" entziehen. Im Raum wird er selbst wieder zum Navigator. Die Medien entwickeln sich dementsprechend weg vom passiven Konsumgut hin zur Informationsplattform, die vom Verbraucher aktiv wie selektiv abgefragt wird. Adäquat dazu gewinnt auch die Architektur als optional nutzbares Branding-Medium einen neuen Stellenwert indem sich die Markenpräsenz von der Push- zur Pull-Strategie hin entwickelt.

Wenn man Marken als etwas Prozesshaftes begreift, als „organische Wesen im Zustand der Evolution", so bieten sich Räume als Behälter und Forum dieser Evolution an.

Stephan Balzer, Manfred Ottenbreit, Tanja Römer

„Le Rendez-Vous Toyota"
Multimediale Kommunikation als
neuer Weg der Produktpräsentation

Abstract

Anfang Oktober 1998 eröffnete Toyota – weltweit der drittgrößte Automobilhersteller – zum Auftakt der Internationalen Automobilmesse den Showroom „Le Rendez-Vous Toyota" auf den Champs Elysée in Paris. „Le Rendez-Vous" dient nicht nur der Präsentation der neuesten Toyota-Produkte, sondern strebt mit Hilfe Neuer Medien (Internet-Terminals, Video-Walls sowie einem interaktiven Kiosk) die Interaktion mit dem Kunden an.

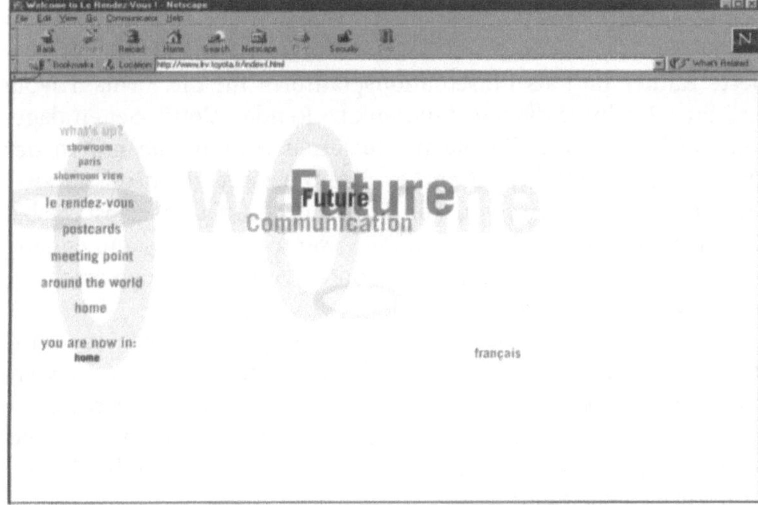

„Le Rendez-Vous Toyota": Eine Begegnung der besonderen Art findet sich unter www.lrv.toyota.fr

1
Die „Le Rendez-Vous Toyota" – Produktpräsentation durch multimediale Kommunikation

„Le Rendez-Vous Toyota" versteht sich als eine neuartige Produktpräsentation, die insbesondere auch junge Leute ansprechen will. In einer unterhaltsamen und informativen Atmosphäre soll das Publikum durch Neue Medien nachhaltig gebunden und interessiert werden. „Le Rendez-Vous" verfolgt das Ziel, die Werte der Toyota-Firmenphilosophie (Fortschrittlichkeit, Verantwortungsbewusstsein für Mensch und Umwelt sowie die Förderung der multikulturellen Kommunikation) zu vermitteln und so eine emotionale Beziehung zum Publikum aufzubauen. Die interaktiven Applikationen werden in englischer und französischer Sprache angeboten, im Folgenden wird aber nur auf die englische Version eingegangen.

2
„Le Rendez-Vous Toyota" – Die Rubriken der Internetseiten

Die Internetseiten für „Le Rendez-Vous Toyota" (www.lrv.toyota.fr) wurden speziell für den Showroom konzipiert und unterscheiden sich auffallend von den anderen Toyota-Internetseiten (z.B. Toyota.de oder Toyota.com), welche als Informationsquelle für interessierte Käufer und als Präsentationsplattform für die Firma Toyota und ihre Produkte dienen. Auf den „Le Rendez-Vous"-Seiten dagegen werden die von Toyota produzierten Automobile nur in der untergeordneten Rubrik „Cars" explizit thematisiert, ansonsten sind die Inhalte weitgehend von den Firmenprodukten losgelöst. Selbst der Firmenname wird nur erwähnt, wenn es im Zusammenhang erforderlich ist (z.B. auf der Seite „contact") und das Logo erscheint nur als verfremdete Animation.

Wie im Showroom selbst, steht bei den „Le Rendez-Vous"- Internetseiten die Vermittlung der Firmenphilosophie im Vordergrund. Das Design der Seiten entspricht dem des Showrooms – sparsam eingesetzte, kräftige Farben vor einem hellen Hintergrund schaffen einen klaren, offenen und freundlichen Eindruck, der zum Verweilen einlädt.

2.1
Home

Animierte Schriftzüge mit Schlagworten zur Firmenphilosophie wie „Future", „Communication", „One World" und „All Nations" begrüßen den Nutzer zu einem interaktiven „Rendez-Vous". Auf der linken Seite befindet sich eine Menüleiste, die dem Besucher aufzeigt, welche Möglichkeiten der Kommunikation ihm offen stehen.

2.2
What's up?

Unter dieser Rubrik findet der Nutzer Neuigkeiten und Termine, die den Showroom betreffen, aber auch allgemeine Informationen zu kulturellen Ereignissen in Paris.

„Showroom" ist noch einmal in die Unterkategorien „Calendar", „Cars" und „Bites" unterteilt. „Calendar" listet die Veranstaltungstermine für den Showroom auf, wie z.B. regelmäßig stattfindende Konzerte oder Internet-Workshops für Kinder. „Cars" stellt die neuesten Automodelle vor und unter „Bites" findet man die Speisekarte des Showroom-Cafés.

„Paris" bietet eine Terminzusammenstellung der kulturellen Höhepunkte rund um die Champs Elysée. Der neueste Eintrag wird in voller Länge gezeigt, alle anderen Ereignisse sind in Kurzform als Link dargestellt, die zu ausführlichen Informationen führen.

Mit Hilfe der Live-Kamera werden Nutzer, die die Internetseiten von außerhalb des Showroom einsehen, in das Geschehen innerhalb der Räume einbezogen und können so jederzeit die Ereignisse und Veranstaltungen verfolgen.

2.3
Le Rendez-Vous

Um einen stetigen und langfristigen Kontakt zu den Besuchern von „Le Rendez-Vous" herzustellen, wird ein kostenloser „Newsletter" angeboten, der regelmäßig über kommende Veranstaltungen im Showroom und Toyota-Neuigkeiten generell informiert. Der Abonnent wird persönlich angesprochen und kann wählen, ob er den Newsletter auf Englisch oder Französisch lesen möchte.

Unter „Contact" kann der Besucher von außerhalb in komprimierter Form erfahren, was ihn im Showroom genau erwartet und wo er diesen findet. Neben der Adresse wird ein Stadtplan eingeblendet, in dem eingezeichnet ist, auf welcher Höhe sich „Le Rendez-Vous" auf den Champs Elysée befindet.

Auf der „Feedback"-Seite kann der Nutzer Kontakt zu „Le Rendez-Vous" aufnehmen. Externe Nutzer finden dort einen vorgefertigten Multiple-Choice-Fragebogen, in den sie ihre Bewertung zu Design, Navigation und Internetseiten eintragen können. Es sind aber auch individuelle Kommentare zu den Seiten erwünscht. Nutzer, die über einen der Terminals im Showroom auf die Internetseiten gekommen sind, werden zu den Räumen befragt. Darüber hinaus werden alle Nutzer gebeten, einige persönliche Angaben zu Alter, Geschlecht und Familienstand zu geben. Diese Daten helfen, die Konzeption und die Inhalte der Seiten den Wünschen der potenziellen Kunden noch genauer anzupassen.

2.4
Postcards

Mit der Funktion „Postcards" – einer der interaktivsten der „Le Rendez-Vous"-Seiten – kann der Nutzer per E-Mail eine virtuelle, individuell gestaltete Postkarte an Freunde in der ganzen Welt verschicken. Besucher des Showroom können mit Hilfe einer Kamera, die über dem Internet-Terminal befestigt ist, ein Foto von sich machen lassen. Nutzer außerhalb des Showroom können ein digitalisiertes Bild von ihrer Festplatte auf die „Le Rendez-Vous"-Internetseite laden und es per „drag and drop" variabel in den Postkarten-Rahmen einpassen.

Alternativ kann man aus dem Album eines der zahlreichen Motive wählen, die unterschiedliche Stimmungen widerspiegeln und dabei die Toyota-Markenwerte vermitteln. Zur weiteren Gestaltung stehen verschiedene Hintergrundbilder sowie zahlreiche Fontgrößen und -farben zur Verfügung. Auf Wunsch wird die Postkarte in eine virtuelle Galerie aufgenommen, in der viele der versandten Objekte „ausgestellt" sind.

2.5
Meeting point: „message board" und „chat"

Das „message board" ist ein digitales Gästebuch, in dem Kommentare, Gesuche, Grüße und Anregungen vermerkt werden. Die

Nachrichten können nach Absender oder Thema durchsucht werden. Die Namen der Autoren sind „clickable", d.h. nach dem Anklicken erscheint ein Mail-Fenster mit der E-Mail-Adresse der jeweiligen Person, so dass man dieser direkt antworten kann.

Der „Le Rendez-Vous"-Chat bietet dem Nutzer somit einen interaktiven und direkten Weg, sich mit anderen Nutzern weltweit per Internet auszutauschen. Neulinge werden über eine Onlinehilfe in die Funktionsweisen des Chats eingewiesen, erfahrene Chatroom-Besucher können direkt in die Kommunikation einsteigen.

2.6
Around the world: „listen and look"

„Listen and look" ist die audiovisuelle Verwirklichung der Toyota-Firmenphilosophie von Fortschrittlichkeit und multikultureller Kommunikation. Unter der Motto „Somewhere in the world the sun is always rising on Toyota" kann der Nutzer eine virtuelle Reise um die Welt starten. Am unteren Rand dieser Seite ziehen die Namen der Länder vorbei, in denen Toyota vertreten ist. Dort sind Kameras installiert, die Livebilder in das Netz speisen. Durch den Klick auf einen Ländernamen wird die Liveübertragung gestartet. Darüber hinaus wird auf Wunsch eine Verbindung zu einer Radiostation des jeweiligen Landes hergestellt, so dass der Nutzer sich auch einen akustischen Eindruck des Lebens vor Ort verschaffen kann.

3
Interaktiver Kiosk

Im Showroom sind sechs „touch screen"-Applikationen aufgebaut, die dem Nutzer Möglichkeiten zur Interaktion bieten. Das kinderleichte „touch screen"-Verfahren baut eventuell vorhandene Hemmungen bei unerfahrenen Besuchern ab, da es auf einfachste Weise zu einem sensitiven Erlebnis und schnellem Erfolg führt.

Inhaltlich soll der Kiosk sowohl informieren, als auch eine emotionale Bindung zum Kunden aufbauen. Letzteres wird durch den spielerischen Aspekt der Interaktion und den teilweise sehr emotionalen Inhalt unterstützt. Wenn der Bildschirm mehr als zwei Minuten lang nicht berührt wird, startet eine Videoschleife, um die Aufmerksamkeit der Besucher zu wecken.

Die Verknüpfung von Textbeiträgen, Bildern und Animationen, sowie der Einsatz von Spezialeffekten machen die Präsentation zu einem multimedialen Erlebnis. Auch das Fachpublikum ließ sich davon beeindrucken: Der „Lexus Catalogue" wurde im Juni 1999 von der Jury des 4. Internationalen Automobil-Video-Film-Festivals unter 234 Filmen und Multimedias als Preisträger eines OTTOCARs ausgewählt.

Die beiden Kataloge „Toyota Product Catalogue" und „Lexus Catalogue" informieren über die einzelnen Modelle. Wenn ein Modell gewählt wurde, teilt sich der Bildschirm auf in mehrere Bereiche mit Text, Bildern und Animationen. Auf der linken Seite befindet sich eine Menüleiste mit Links zu den Rubriken „Fun", „Individuality", „Design", „Safety", „Environment" und „Technical Specifications", die per Berührung ausgewählt werden.

Bei den restlichen vier Applikationen handelt es sich um interaktive Spiele. Das „Association Game" besteht aus einer Serie von sieben teilweise recht intimen Fragen, die dem Nutzer das Gefühl vermitteln, dass Toyota an allen Lebensbereichen seiner Kunden teilhaben möchte. Die Beantwortung der Fragen erfordert jeweils eine emotionale Entscheidung des Nutzers. Pro Frage werden zwei Bilder zur Wahl gestellt, die teils kontrastierende, teils nur graduell unterschiedliche Stimmungen oder Lebenseinstellungen widerspiegeln. Zum Schluss des Spiels wird dem Nutzer das Toyota Modell präsentiert, das am besten seiner emotionalen Befindlichkeit entspricht.

„Prototype Designer" bietet dem Nutzer die Möglichkeit, ein Automobil virtuell nach seinen Bedürfnissen zusammenzubauen. Aus einem Menü von neun Attributen werden drei ausgewählt. Falls diese Attribute einem existierenden Modell entsprechen, wird ein Video des Prototyps gezeigt. Wenn die Wahl der Attribute widersprüchlich ist und zu einem Nonsense-Modell führt, wird dieser „zusammengepuzzlete" Prototyp gezeigt und mit einer witzigen Bemerkung kommentiert.

Hinter „What's Behind the Smiling Faces" verbirgt sich ein virtuelles Memory-Spiel. Zu Anfang des Spiels sieht der Nutzer vier Bilder von lächelnden Menschen, hinter denen jeweils drei weitere Bilder liegen. Der Computer demonstriert dem Nutzer in der ersten Runde mit drei Bildern, in welcher Reihenfolge diese berührt werden müssen, indem er jeweils kurz das Bild hinter dem Bild zeigt. Wenn der Nutzer die richtige Reihenfolge einhält, wird ein Bild aufgedeckt. In den folgenden Runden wird die Sequenz um je ein Bild erweitert, bis schließlich alle zwölf Bilder einbezogen werden. Berührt der Nutzer auch diese in der richtigen Reihenfolge, erscheint eines von neun Toyota-Modellen auf dem Bildschirm.

Bei „Drive Your Toyota Home" kann der Nutzer zu Anfang wählen, welches von drei Toyota-Modellen er zu seinem virtuellen Haus fahren möchte. Daraufhin wird der Großteil des Bildschirms in 5 x 4 Felder unterteilt. „Start" befindet sich in der unteren linken Ecke, „home" in der rechten oberen. Durch Berühren eines der angrenzenden Felder bewegt der Nutzer seinen Wagen in Richtung des Hauses. Schlägt er den falschen Weg ein, erscheint eine Fehlermeldung. Nach der erfolgreichen Beantwortung einer Frage zum jeweiligen Toyota-Modell wird er wieder auf den richtigen Weg geführt. Wird eine falsche Antwort gegeben, erscheint die nächste Frage. Beim Haus angekommen, findet der Nutzer im Toyota-Produktkatalog weitere Informationen zu dem von ihm gewählten Model.

4
Videoinstallationen

Auch bei den drei Videoinstallationen des Showroom ist die Präsentation der neuesten Toyota-Modelle in die Vermittlung der Firmenphilosophie eingebettet. Da nicht davon ausgegangen wird, dass der Showroom-Besucher sich die Videos von Anfang bis Ende ansieht, werden keine zusammenhängenden Szenen gezeigt. Stattdessen wird der Besucher mit ruhigen, stimmungsvollen Einzelsequenzen indirekt auf die „Toyota-Welt" eingestimmt. Die Videos wurden unter Verwendung zahlreicher Spezialeffekte sehr anspruchsvoll gestaltet und verbinden emotional belegte Inhalte mit sparsam eingesetzter technischer Information.

4.1
Begrüßung

Im unteren Showroom-Bereich sind an einem ca. 2 m hohen und fast ebenso breiten, roten Raumobjekt seitlich je zwei Monitore an Metallstangen befestigt. Auf den Bildschirmen sind u.a. Naturszenen, Innenaufnahmen von Automobilen, fahrende Wagen und Großstadtsilhouetten zu sehen. Die Aufnahmen werden durch Überblendungen und Spezialeffekte so miteinander kombiniert, dass nur ausnahmsweise ein isoliertes Bild auszumachen ist, welches im Split-Screen-Verfahren auf die vier Monitore aufgeteilt wird. Zu Anfang und zum Ende der Videoschleife fügt sich das Bild zum Toyota-Logo zusammen, bleibt aber getrennt durch den räumlichen Abstand der Monitore untereinander, also durch das Raumobjekt und den Leerraum zwischen den übereinander hängenden Monitoren.

Schriftzüge in englischer und französischer Sprache ziehen in unterschiedlichen Größen – dazu vertikal und horizontal versetzt – von rechts nach links über die Monitore:

now here welcome
maintenant ici bienvenue
today tomorrow together
Toyota to you

Die Aufmerksamkeit des Betrachters wird geweckt, da er direkt angesprochen wird. Weitere Texteinblendungen zeigen Schlagworte der Toyota-Philosophie: „visionnaire", „imagination", „innovation", „fascination", „expérience", „avenir", „monde", „voyage". In Verbindung mit den stimmungsvollen Szenen, die hinter den Texteinblendungen liegen, präsentiert sich Toyota dem Betrachter schon von Beginn seines Besuchs an als fortschrittlicher, verantwortungsbewusster und weltoffener Automobilhersteller.

4.2
Lexus-Lounge

Lexus ist die Premium-Marke von Toyota. In der Lexus-Lounge, die nur ausgewählten Kunden zugänglich ist, werden die hochwertigen Automobile in einer sehr exklusiven Umgebung präsentiert. Passend zu den teilweise futuristisch aussehenden Wagen befindet sich die Video-Installation auf einer Stellwand mit geometrischen Mustern. Auf drei Bildschirmen ist im Split-Screen-Verfahren ein Video zu sehen, das den Betrachter in die „Lexus-Welt" einstimmt.

Zuverlässigkeit, exklusives Design und innovative Technologie sind die zentralen Lexus-Attribute, die visuell kommuniziert werden. Ein Lexus-Modell wird in Szenen gezeigt, die dem Betrachter vermitteln, dass ihm dieser Wagen das höchste Maß an Fahrkomfort und Sicherheit bietet.

Die Farbgestaltung ist in edlem grau-blau gehalten. Einblendungen zeigen eine Hand, die die technische Ausrüstung des Wagens individuell auf die Bedürfnisse des Fahrers anpasst. U.a. wird ein Navigationssystem gezeigt, in dem die Zielpunkte „Hotel", „Restaurant" sowie die Namen von internationalen Städten eingetragen sind. Dadurch wird hervorgehoben, dass Lexus-Fahrer einer exklusiven Gruppe von Individualisten angehören und bei ihrem Fahrzeug die modernste Technologie erwarten können.

4.3
Café

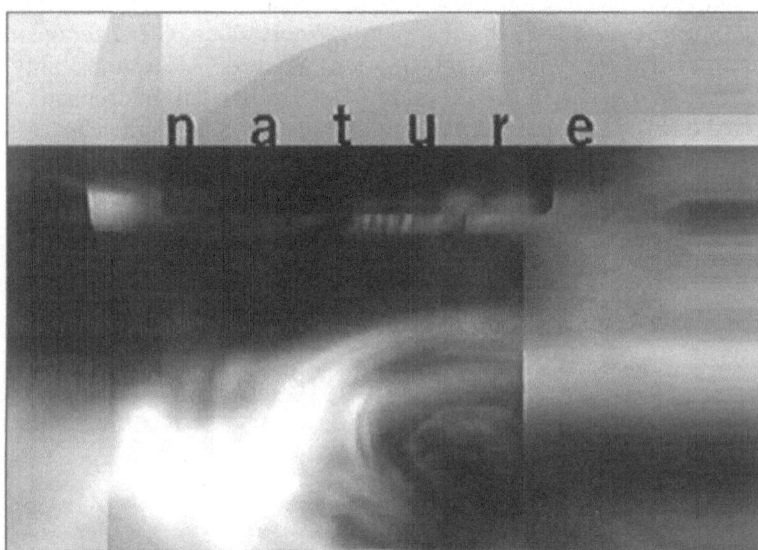

Videoinstallationen lassen das Café zu einem multimedialen Ort der Begegnung werden

Die in den Videos gezeigten Themen entsprechen der Zielgruppe: Junge Leute, die (umwelt-) bewusst denken und handeln, ohne dabei auf Komfort und Lifestyle zu verzichten

Im Café des Showroom wurde eine Videowand mit 3 x 3 Bild-schirmen aufgestellt. Der Umgebung entsprechend dreht sich das dort gezeigte Video um die Themen Lifestyle, Sport, Umweltschutz und Recycling.

Szenen aus diesen Bereichen werden mit Hilfe von Überblend-techniken und Spezialeffekten miteinander verknüpft. So werden z.B. Aufnahmen von fahrenden Toyota-Automobilen und Bilder aus einer Montagehalle kaleidoskopartig in Naturaufnahmen eingeblen-det, bis diese schließlich die gesamte Wand füllen. Gleichzeitig lau-fen Schriftzüge mit den Worten „nature", „responsibility", „research", „recycling", „humanité" etc. über den Bildschirm. So wird das Anliegen der Firma, Automobile möglichst umweltgerecht zu produzieren, verdeutlicht.

5
The Making of „Le Rendez-Vous Toyota"

Das Video „The Making of ,Le Rendez-Vous Toyota' " dokumen-tiert die Entstehungsgeschichte des Showroom von der ersten Idee über die Umsetzung des Konzepts – damit beauftragt wurde die international agierende Agentur Uniplan – bis zur Eröffnung im September 1998. Es kommen dabei die maßgeblich an diesem Projekt beteiligten Personen zu Wort.

In sehr ruhigen Szenen sieht man die jeweilige Person vor einem dezenten Hintergrund stehend oder sitzend. Ihre isolierten Aussagen werden durch die nachfolgenden Bilder illustriert. Im Kontrast dazu ist der Rest des Videos sehr dynamisch, da viel mit Effekten und ungewöhnlichen Perspektiven gearbeitet wurde. Der Rhythmus der Bilder wird durch eine unaufdringliche elektronische Hintergrundmusik unterstützt.

Das Video zeigt zu Beginn markante Orte in Paris in Großaufnahme und nähert sich so dem Showroom. Die Fahrt geht im Zeitraffer vom Eiffelturm am Arc de Triomphe vorbei über die Champs Elysée in das Innere des Showroom. Dort angekommen, erklärt Andy Pfeiffenberger (General Manager Toyota Motor Europe), warum gerade dieser Ort ausgewählt wurde: „Für uns ist die Champs Elysée eine der aufregendsten Straßen der Welt und ganz sicher Europas" und welche Hürden bei der Verwirklichung des Projekts zu überwinden waren: „Die erste Herausforderung für Uniplan war, die Ziele und Werte von Toyota zu verstehen und sie an diesem Ort zu verwirklichen, ohne auf ein Vorbild schauen zu können. Die zweite Herausforderung war, die gesamte Arbeit in sehr kurzer Zeit auszuführen."

Im Weiteren sieht man, wie das Showroom-Konzept langsam Gestalt annimmt. Szenen zeigen die Räume im Rohzustand, Uniplan-Mitarbeiter bei den strategischen Planungen, die ersten Installationen und Werbemaßnahmen rund um den Showroom und in der Metro sowie schließlich die Eröffnungsfeier. Zum Schluss kommt Eric Le Paire, der Showroom-Manager, zu Wort: „Es ist ein Traum, diesen Showroom zu haben und unsere Marke so zu präsentieren."

Sascha Höper

Der Online-Auftritt der Ford-Werke anlässlich der IAA Frankfurt 1999

Abstract

Für die IAA 1999 in Frankfurt wurde von der Agentur Wundermann Cato Johnson (WCJ) eine Ford-Präsentation zusätzlich als Internet-Auftritt konzipiert, die zum einen dem Besucher vor Ort erlaubte, sich interaktiv mit dem Produkt näher auseinanderzusetzen und zum anderen dem Internet-User die Möglichkeit bot, den Messestand multimedial zu besuchen. Die Kernwerte des Ford Markenbilds sollten dabei auch im Internet-Auftritt visualisiert werden: Zugänglichkeit, Innovation, Fahrdynamik und Design.

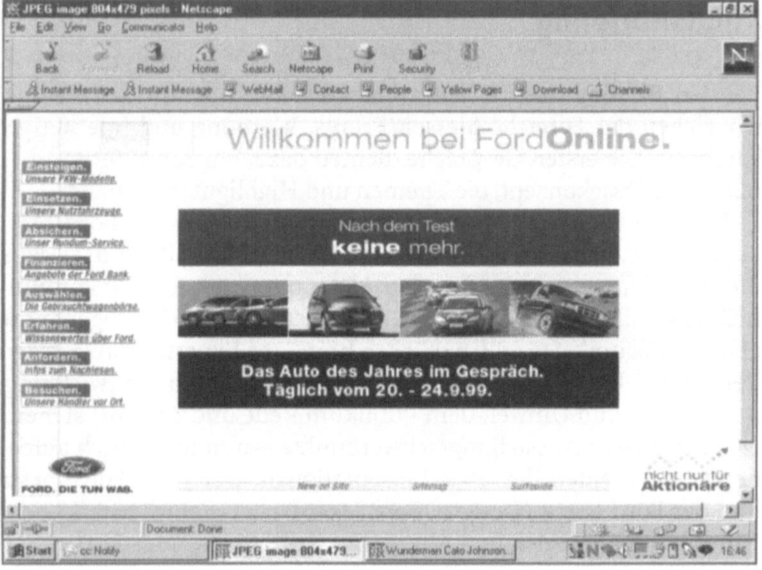

www.ford.de: Ford-Homepage inklusive Banner mit Link auf die „Ford Focus Online Chat Promotion Page"

1
Alle (2) Jahre Wieder

Die IAA Frankfurt, die wohl renommierteste Internationale Automobil Ausstellung der Welt, ist alle zwei Jahre die Showbühne der automobilen Industrie. Neue Fahrzeugmodelle und Studien werden erstmals der Öffentlichkeit präsentiert, Motor-Technologien und alternative, umweltfreundliche Antriebe vorgestellt.

Und: Die IAA Frankfurt ist für Hersteller, Messebauer, Event- und Werbeagenturen immer wieder genauso überraschend wie Weihnachten und Silvester.

1.1
Die Internationale Automobil Ausstellung

Die Heraus-
forderung...
Die Präsentation von Ford auf der IAA Frankfurt soll – neben der Presseberichterstattung – kommunikativ begleitet werden. Das Internet bietet eine geeignete Plattform, um eine breite Öffentlichkeit ohne zeitliche und räumliche Einschränkungen zu erreichen. Der Online-Auftritt zur IAA Frankfurt soll außerdem die Präsentation von Ford auf der Messe reflektieren und Usern einen multimedialen Besuch ermöglichen, sowie zum Besuch einladen.

1.2
Kundenbriefing

Bei den Briefing-Gesprächen mit Ford haben wir mit den Verantwortlichen der Bereiche Messen/Events, Werbung und Internet gesprochen. Die ersten Gespräche dienten dazu, ein gutes Verständnis über das Messekonzept, die Themen und Highlights zu erhalten.

Das Messekonzept basierte auf den Kernwerten des Ford Markenbilds: Zugänglichkeit, Innovation, Fahrdynamik und Design, die auch der Internet-Auftritt zur IAA unter www.ford.de kommunizieren sollte. Mittelpunkt des Messestands war das sogenannte „Future Forum". Stündlich würden hier Ford Experten z.B. aus den Bereichen Produktmanagement, Forschung und Entwicklung, Motorsport und Umwelt dem Publikum Rede und Antwort stehen.

Die weiteren Ausstellungsschwerpunkte waren thematisch aufbereitet und dienten den Pkw-Präsentationen: Der neue Ford Fiesta und der Ford Focus (Design), Ford Motorsport (Fahrdynamik) oder Umwelt-Technologien und Alternative Antriebe (Innovation).

Um den Charakter der Zugänglichkeit zu unterstreichen, sollten die Messebesucher in das Ford Café zu kostenlosen Getränken eingeladen werden.

Zusätzlich präsentierten sich erstmalig alle Marken der Ford Motor Company gemeinsam in der Halle 4. Auch diese Premiere sollte kommuniziert werden.

Autointeressierten Internet-Nutzern, die nicht auf der IAA in Frankfurt vor Ort sein würden, sollte ein virtueller Messebesuch geboten werden. Für Besucher der Messe konnte das Internet Vorabinformation bieten und dazu einladen, den Messestand von Ford zu besuchen.

Zur IAA fanden außerdem Experten-Chats im Internet statt, die an verschiedenen Tagen Fragen rund um den Ford Focus zum Thema hatten.

2
www.ford.de/iaa

Der Internet-Auftritt zur IAA Frankfurt sollte Usern ermöglichen, die wichtigsten Themen und Highlights auf der Messe schnell zu erfassen. Eine Vertiefung einzelner Themen sollte dabei jederzeit möglich sein, ohne neue Sites aufrufen zu müssen.

Dazu wurde zunächst der Ford Messeplan mit zwölf Touchpoints und Mouse-Over Titeln umgesetzt.

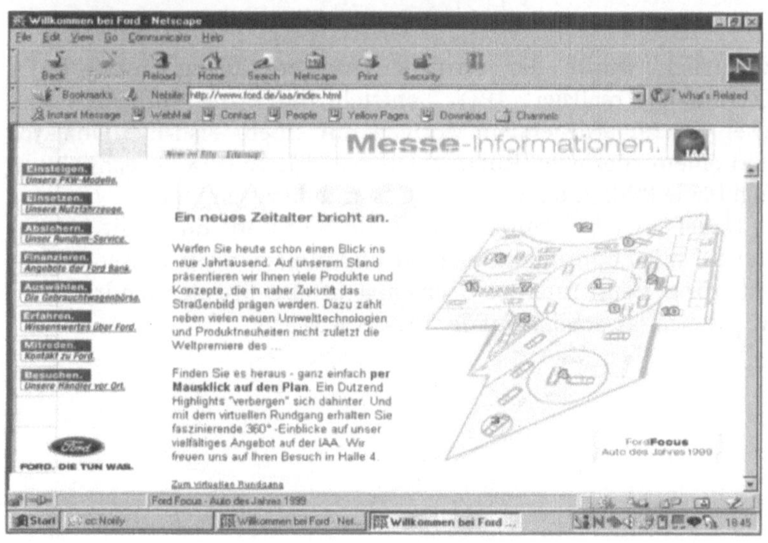

Informationen per Maus-Klick auf dem IAA Messeplan

Für die zweite Phase mit Präsentationen von der Messe musste der finale Standaufbau in Frankfurt erst erfolgen. Dies geschieht in der Regel in den letzten Tagen (und Nächten) vor der Eröffnung für die Presse-Besucher.

Um die Highlights der Messe attraktiv zu präsentieren, wurden IPIX™-Panoramen von ausgewählten Exponaten vor Ort erstellt.

Den neuen Ford Fiesta und den Ford Focus konnte man so online rundum und interaktiv erkunden.

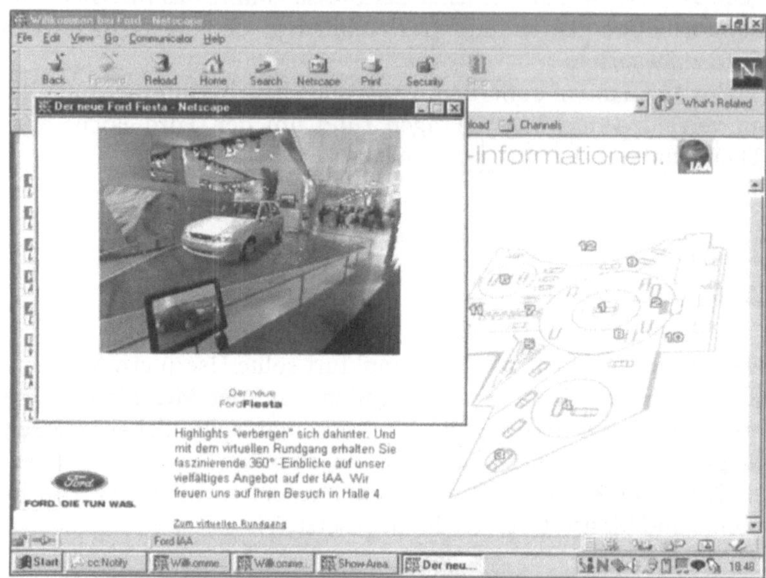

Zusätzlich wurde ein virtueller Messerundgang mit IPIX™-Technologie realisiert: IPIX™ entsteht durch die Aufnahme von zwei gegenüberliegenden Motiven mit einem Fish-Eye Objektiv und einem speziellen Rotator. Die patentierte IPIX™-Technologie fügt beide Bildhälften zu einem Gesamtbild zusammen.

Dabei entstehen ganze Räume: Ein 360°-Gang durch die Messestände, mit Zoom-Funktionalität und Hotspots zur besseren Orientierung. Beim Internet-User entsteht also fast der Eindruck, er würde sich tatsächlich auf der Messe bewegen.

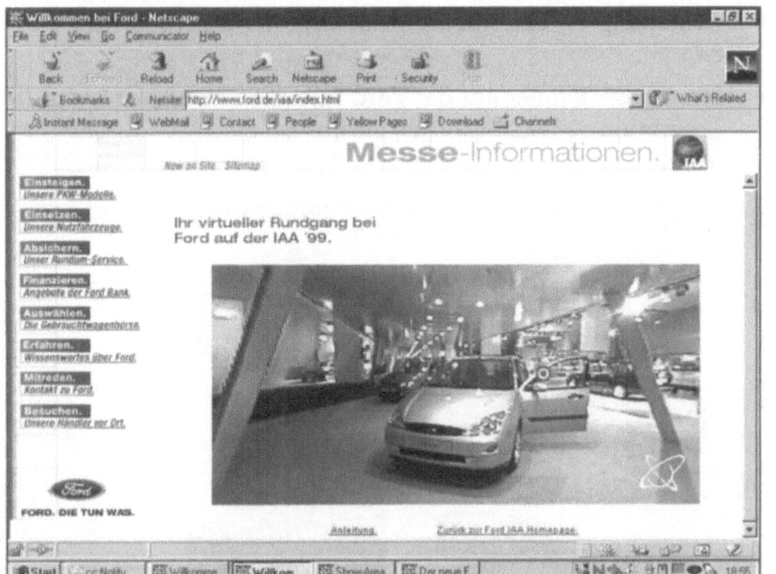

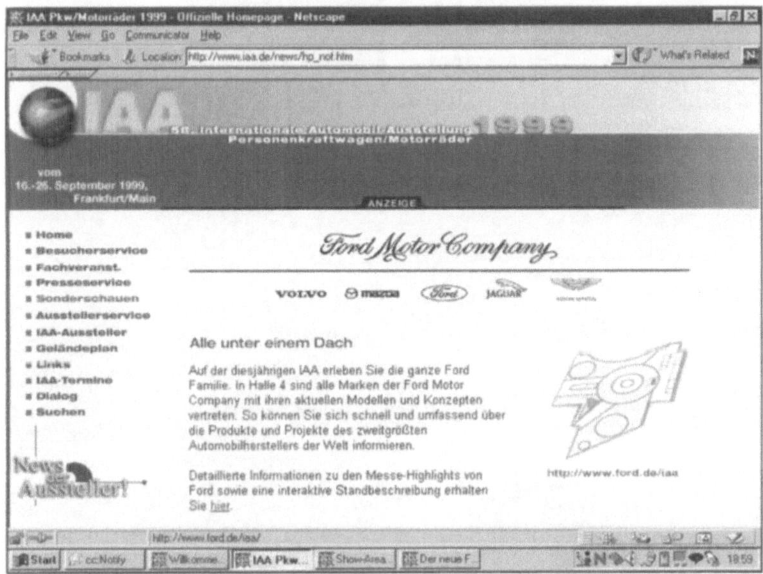

Die begleitenden Maßnahmen:

- Platzierung eines Ford-Banners in der Rubrik ‚News der Aussteller' auf der www.iaa.de mit Promotion zum Thema Ford Motor Company und Link zu www.ford.de/iaa.

- Auslobung in der Rubrik ‚New-On-Site' innerhalb der Ford Site
- Homepage-Banner auf der Ford Internet Site mit Link auf die Promotion Seiten: ‚Besuchen Sie uns auf der IAA'

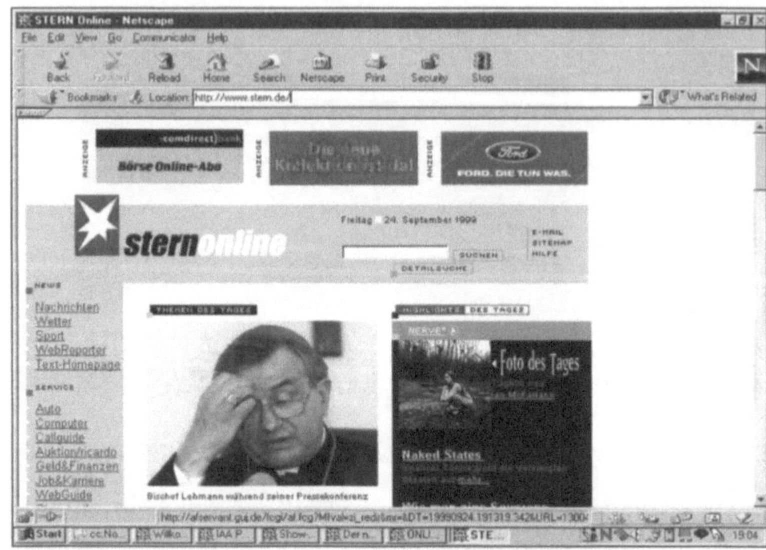

3
www.ford.de/focuschats

Um einerseits den Ford Markenkern und das Thema „Zugänglichkeit" zu beweisen und andererseits neue Interessenten für den Ford Focus zu gewinnen, fanden während der IAA Frankfurt „Ford Focus Online Chats" statt. Hierzu standen – analog dem „Future Forum" auf der Messe – Experten im Online Chat aus den Bereichen Produktentwicklung, Design, Technologie, Motorsport und Marketing an fünf aufeinander folgenden Tagen jeweils zwei Stunden Rede und Antwort.

Die fünf Themenbereiche waren mit den Kommunikations-Experten von Ford schnell abgestimmt. Die finalen Zusagen der geladenen Ford Experten zu den fixen Chat Terminen während der IAA war zunächst weniger einfach.

Die Implementierung hat aufgrund der fünf aufeinanderfolgenden Online Chat Termine mehrere Wochen detaillierter Vorbereitung beansprucht. Dabei waren die folgenden Schritte entscheidend:

1. Frühe, definitive Zusagen der Chat-Teilnehmer (Moderatoren)

2. Planung integrierter, begleitender Online & Offline Kommunikations-Maßnahmen für eine oder auch mehrere Zielgruppen

3. Media-Planung und Produktion von z.B. Online Advertising Bannern, um den Site Traffic zu erhöhen

4. Frühzeitige Auswahl und Buchung eines geeigneten, externen Chat Suppliers

5. Festlegung von Ort und Räumlichkeiten und Sicherstellung der technischen Rahmenbedingungen

6. Detaillierte Planung der wechselnden Content-Seiten vor, während und nach dem Chat-Event. Besprechung mit dem Projekt-Team: Kreation / Screendesign und Programmierung sowie mit dem externen Chat Supplier

7. Vorbereitung eines ‚Questions & Answers' Katalogs zu möglichen kritischen Themen, die das Unternehmen betreffen

8. Durchführung technischer Live-Tests – Software, WebCams

9. Bereitstellung ausreichend vieler Datentypisten für die schnelle Beantwortung der eingehenden Fragen

10. Einführung und Probe mit den Chat Teilnehmern, denn Online Chatten ist für viele Brand Manager noch ungewohnt

3.1
Der Ablaufplan für die Ford Focus Online Chats

In den Ablaufplänen werden alle Schritte vor, während und nach den fünf Online Chats abgebildet. Dazu gehört die Möglichkeit, sich bereits Tage vorher zu registrieren, außerdem wechselnde Contentseiten vor und während der Chats sowie begleitende Informationsseiten, Archive zum Nachlesen nach dem Event, diverse Danke- und Error-Screens.

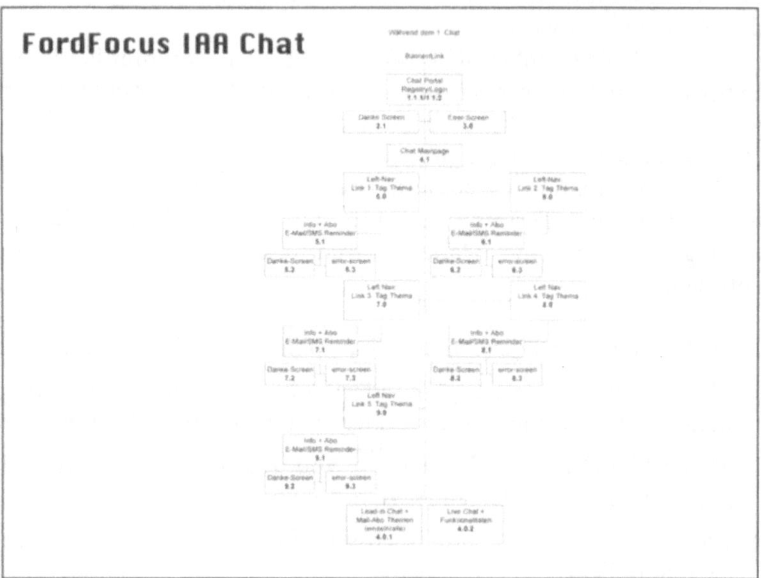

3.2
Kreative Umsetzung

Bei der kreativen Umsetzung wurde besonderen Wert darauf gelegt, einerseits die Marken-Botschaft und Kernwerte des Ford Focus zu kommunizieren und andererseits jedoch den Chat-Bereich so dialog-orientiert wie möglich zu gestalten.

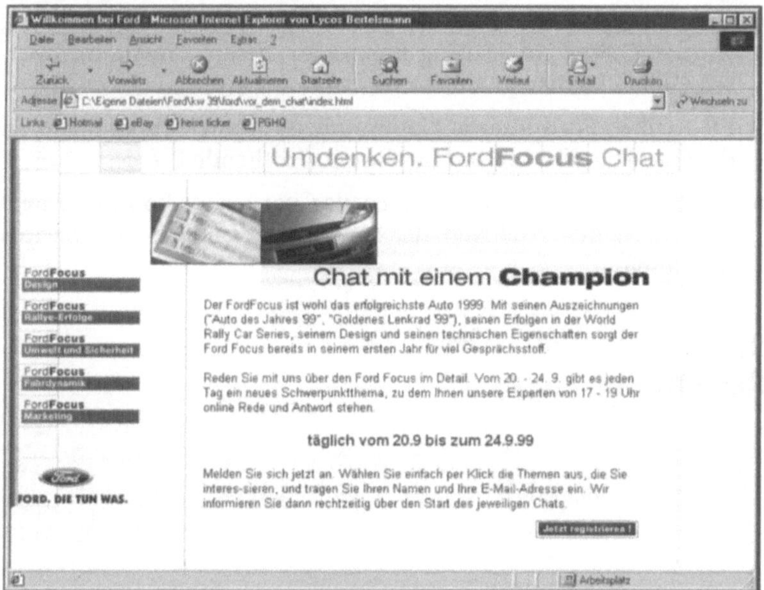

3.3
Die begleitenden Maßnahmen

1. Etwa vier Wochen vor Beginn der IAA erhielten ca. 300.000 Fremdfabrikats-Fahrer ein Mailing, in dem wir den Ford Focus vorgestellt haben und dem ein persönlicher Testfahrt-Gutschein beigelegt war. Um noch mehr über den Ford Focus zu erfahren, haben wir diese potenziellen Interessenten zu den Ford Focus Online Chats im Internet eingeladen.

2. Rechtzeitig zur IAA Frankfurt wurde auf der Ford Internet Site die Testfahrt-Anfrage implementiert. Mit einem Online-Formular konnten Interessierte das gewünschte Modell, Termin und Ort oder Wunschhändler nennen und wurden zur Terminbestätigung telefonisch durch ein zentrales Ford Service Center kontaktiert.

3. Bereits eine Woche vor den Online Chats konnten sich interessierte Online User auf der Promotion Page für einen oder mehrere Chat Events registrieren lassen. Diese Personen erhielten jeweils rechtzeitig am Tag des Chats einen Reminder, entweder per E-Mail oder als SMS-Nachricht.

Einladung per Directmail

4. Um den Site Traffic zu erhöhen und zur Teilnahme einzuladen,
   wurden Online Advertising Banner zu diesem Thema in diver-
   sen Online Medien geschaltet.

5. PR-Artikel, Ford interne Kommunikation und Mitteilungen an
   die Ford Händler sorgten für die entsprechende Presse.

6. In der Woche nach den Ford Focus Chat Events konnten Interessierte in den Archiven der fünf Chat-Tage die Chat-Scripts
   nachlesen.

3.3.1
Registration Page

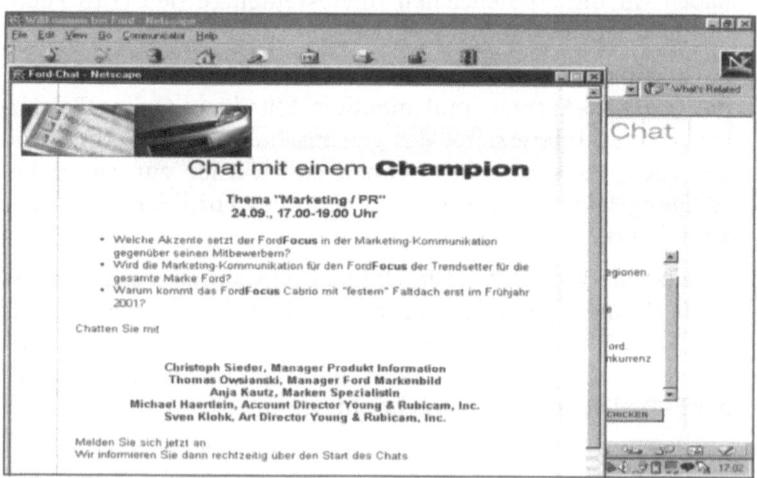

Die Registration Page bot zusätzliche Informationen zu den fünf Chat Themen

3.3.2
Während des Chats

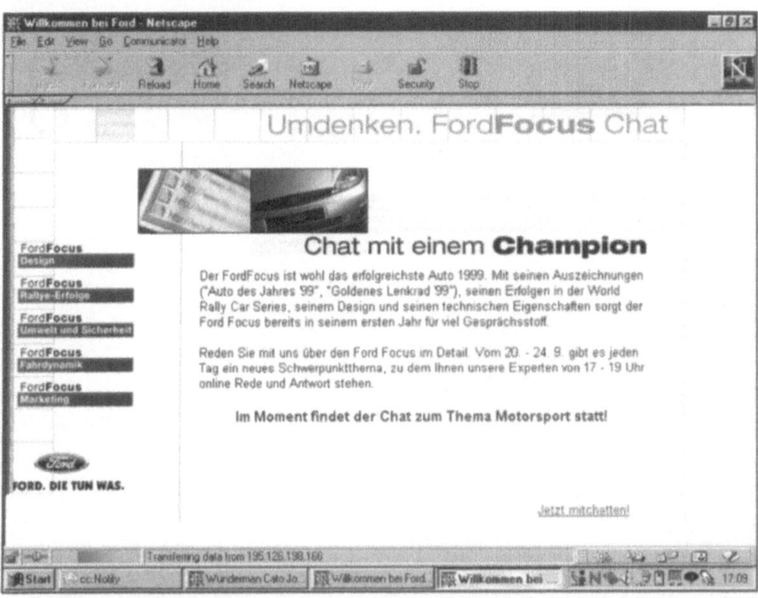

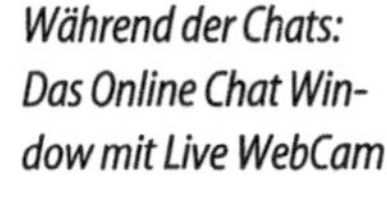

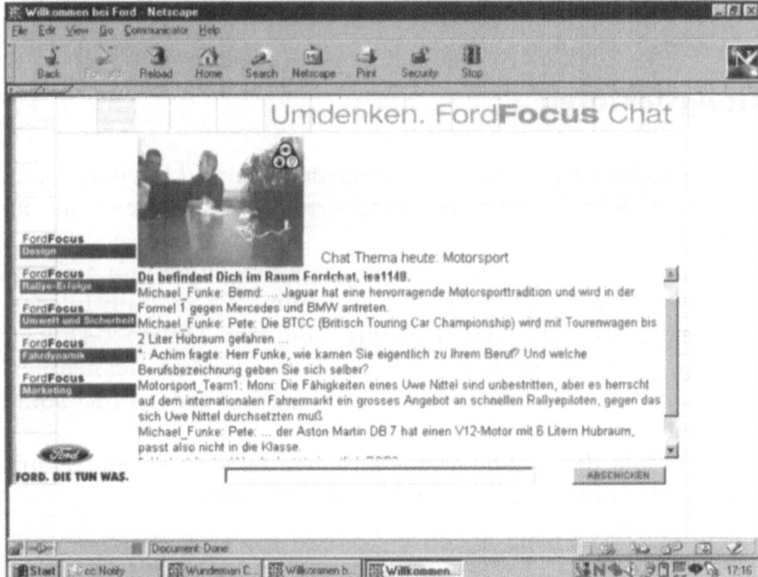

3.3.3
Nach den Chats

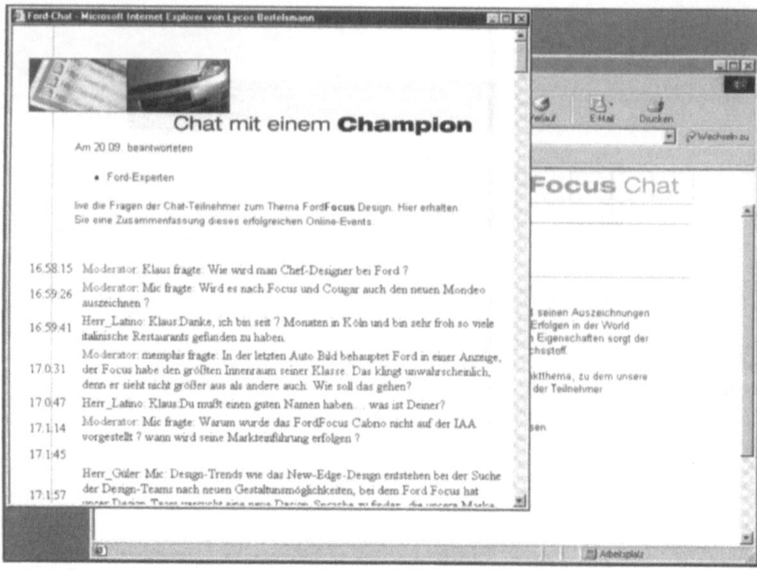

4
Erfolgsfaktoren

Ein wichtiger Faktor für den Erfolg der Online-Aktivitäten zum
Ford IAA Auftritt war die integrierte Vorgehensweise in der
Kommunikation.

Die Möglichkeit, direkt mit Ford-Experten zu kommunizieren,
war sowohl im Rahmen des Future-Forums als auch im Internet
gegeben. Durch die Bereitstellung von vier Online-Terminals
konnten auch Messebesucher an den Online-Chats teilnehmen.
Der Kernwert „Zugänglichkeit" der Marke Ford wurde somit
glaubhaft demonstriert.

Der Erfolg der Online-Chats wird rein faktisch an Site Traffic
und an der Anzahl der Chat-Teilnehmer gemessen.

Tag	Thema	Teilnehmer	Visits
20.09.99	Design	172	573
21.09.99	Motorsport	191	681
22.09.99	Umwelt / Sicherheit	149	751
23.09.99	Fahrdynamik	110	661
24.09.99	Marketing / PR	116	674

Ford Focus Online-Chat Teilnehmer

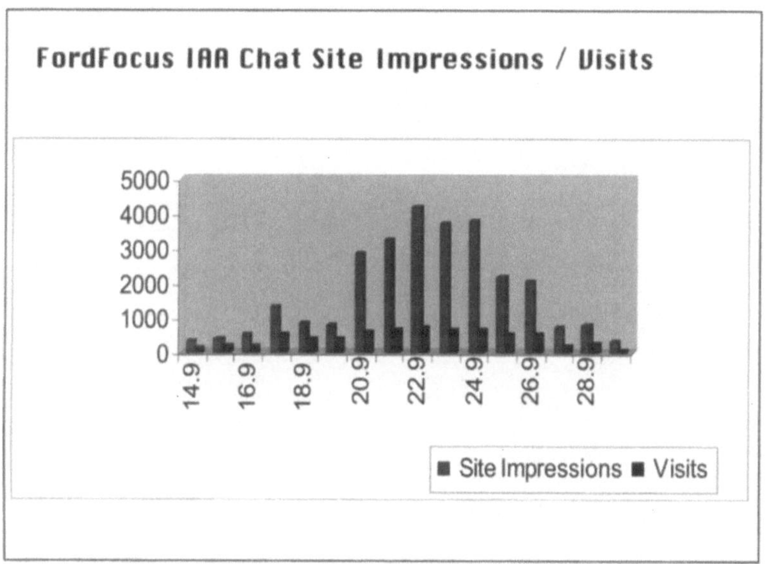

Ford Focus Online-Chat Zugriffs-Statistik

Ein großes Interesse seitens Ford lag in der qualitativen Auswertung der Chats. Wie ernsthaft waren die gestellten Fragen? Wie sehr setzten sich die Teilnehmer mit Ford auseinander? Haben Ford-Kunden teilgenommen? War Ford in der Lage, adäquat zu antworten? Wurde der Event von den Internet Besuchern positiv bewertet?

Qualitative Fragen

Von der Seite der Agentur sehen wir den Erfolg auch darin, dass die teilnehmenden Ford Experten das Medium Internet besser kennengelernt haben, Spaß an der Teilnahme hatten und eine sehr intensive Nähe zum Kunden erlebt haben. Dies entspricht der Ausrichtung des Unternehmens: Ford ist eine Consumer Company und wird die Orientierung an den Konsumenten im nächsten Jahrtausend noch verstärken.

Kundenorientierung und Chats haben sich bewährt und werden fortgeführt

Für das Jahr 2000 sind monatliche Online-Chat Events auf der Ford Internet Site bereits eingeplant.

Für Ford Events, wie z.B. das 75-jährige Firmenjubiläum in diesem Jahr, wird es auch in Zukunft eine starke interaktive Präsenz im Internet geben.

Teil A
Fallstudien

2 Sport

Peter Friedrich Stephan

Helden wie wir

Schöne neue Welt, das Internet.
Da kann sich jeder auskotzen.

Uli Hoeneß, Manager des FC Bayern,
reagiert auf die unter www.fcbayern.de
veröffentlichte Kritik der Fans an den Profis
(SZ, 6.12.99)

1
Globale Aufmerksamkeit für globale Unternehmen

Sportereignisse binden maximale Aufmerksamkeit in den Medien und finden daher eine große Zahl von Werbe- und Medienpartnern, Ausrüstern und Sponsoren. Für die Präsenz im Netz wurden neue Formate der Live-Berichterstattung entwickelt (siehe Fallstudie „Tour de France"). Außerdem sind neue Geschäftsmodelle entstanden, bei denen die Vermarkter ihre Medienpartner mit ins Risiko nehmen (siehe Fallstudie „ATP-Tour").

Schon in der Antike waren Sportveranstaltungen Großereignisse, die jenseits von Sprach- und Kulturbarrieren globale Aufmerksamkeit stiften. Die Dramaturgien von Fußball und Boxen, Formel 1 und Olympiade sind überall verständlich. Sport ist positiv besetzt und gesellschaftliche Wertvorstellungen wie Leistungsbereitschaft und Teamgeist können hier exemplarisch vorgeführt werden.

Die mediale Präsenz des Sports hat sich explosiv entwickelt, wobei die Einführung des Privatfernsehens den entscheidenden Schub gab. Heute sind Netzpräsenzen selbstverständlich und TV-Spartenkanäle, die von Verbänden und Vereinen betrieben werden, sind in Planung. So banal die einzelnen Events mitunter auch sein mögen, in der medialen Inszenierung ergeben die Personalentscheidungen, Verbandspolitiken und Gerüchteküchen eine endlose, täglich erneuerte Soap Opera, die von Milliarden von Menschen leidenschaftlich verfolgt wird.

2
Sport und Sponsoren

Günther Mast war der Erste. Der Schnapsfabrikant aus Braunschweig ließ dem örtlichen Fußballverein schon in den siebziger Jahren den Schriftzug seines Jägermeisters auf die Trikots drucken. Im Bereich Sponsoring ist der Sport führend: 1999 wurden im deutschen Sport 2,5 Mrd. DM von einheimischen und ausländischen Sponsoren aufgebracht. Mercedes Benz sponsert das DFB Fußball-Team, die Formel 1 und die ATP-Tennistour. Die Deutsche Bank fördert die deutsche Olympia Mannschaft bis zum Jahre 2004. Die Telekom erhielt für ihr Engagement beim Team Telekom (Fahrrad) den internationalen Sponsoring Award 1998 (www.sponsoringforum.de). Für die deutsche Bewerbung zur Austragung der Fußball-Weltmeisterschaft im Jahre 2006 werden diese Sponsoren zusammen aufgeboten und durch weitere ergänzt.

Sport und Sponsoren sind wechselseitig aufeinander angewiesen. Ohne mächtige Medienpartner kann kein Verein mehr existieren. Hertha BSC etwa, als Fußballverein lange Jahre in der Bedeutungslosigkeit versunken, konnte mit dem Verkauf von Verwertungsrechten an die CLT-Ufa eine langfristig solide Grundlage zum Aufbau einer Spitzenmannschaft legen. Die ambitionierten Pläne der Sponsoren wiederum hängen vom flüchtigen sportlichen Erfolg ab, der trotz aller Planungen nicht komplett beherrschbar ist. Deutlich wurde dies, als Jan Ullrich wegen einer Meniskusverletzung die Tour de France 1999 absagen musste und die Konzepte des Sponsorenteams von Telekom, Adidas und ARD erheblich gestört wurden. Nicht jeder Werbepartner lässt sich so etwas bieten: Die Aufstellung von Ronaldo im Endspiel der Fußballweltmeisterschaft 1999 in Paris soll angeblich trotz der Indisponiertheit des Stars auf das Betreiben des Sponsors Nike zustande gekommen sein. (Trotzdem gewann die französische Mannschaft in adidas.)

Auch eine langjährig aufgebaute und etablierte Veranstaltung kann plötzlich vor dem Aus stehen: Beim 7. G-Shock Air & Style Snowboard Contest in Innsbruck kam es 1999 zu einer Panik, bei der Besucher tödlich verletzt wurden. Die Zukunft des 1992 begründeten Events, das mit 40.000 Fans und 14 Mio. DM Umsatz in 1998 das größte seiner Art war, ist damit gefährdet und die Partner überprüfen ihr Engagement. Betroffen sind Casio Europe, Quick-

Chancen und Risiken
für Stars und
Sponsoren

silver, Nokia, Audi, MTV, Karstadt Sport und der IQ Verlag (Horizont 50/99).

3
„peoples business"

Der Sponsoring-Erfolg im Sport hängt an Personen, Gesichtern und Episoden. Michael Jordans Trikot der Chicago Bulls mit der Nr. 23 wurde millionenfach verkauft. Sein Rücktritt führte zu Kursausschlägen bei seinem Werbepartner Nike, der wie kein anderer mit seinen Stars wirbt und ihnen Einkünfte beschert, die ihr exorbitantes Gehalt noch übertreffen. Nachdem Andre Agassi 1999 die Paris Open gewann, verdreifachte sich der Umsatz seines Schlägers Head Tyrolia Mares Titanium. Möglich sind die Erfolge im Merchandising nur durch die verstärkte Medienpräsenz seit den achtziger Jahren. Dank Eurosport und Deutschem Sportfernsehen kennt auch in Europa jedes Kind die Stars von NBA und NFL (National Basketball, bzw. National Football League in den USA) und weiß, was Tomahawk Dunk, Double-Pump Jam oder Alley-Oop im Basketball bedeuten.

Manchmal geht es sogar ohne sportlichen Erfolg: Das goldene adidas-Kleid der Anna Kournikowa, die noch nie ein bedeutendes Turnier gewann, aber aus anderen Gründen viel Medienpräsenz hat, wurde nach ihren Auftritten in Paris zum Renner. Ihre Anhänger kaufen nicht nur, sondern sind auch selbst als Medienproduzenten tätig und versammeln sich aus eigenem Antrieb an der Marke „Kournikova". So listet der internationale Fanclub rund 130 private, von Fans gestaltete Homepages auf (www.annak.org). Erst mit Verzögerung erkannten die Vermarkter dieses Potenzial an Aufmerksamkeit und lenkten es mit dem Launch der offiziellen Website Ende 1999 (www.kournikova.com) in geordnete und profitable Bahnen.

4
Neue Geschäftsfelder und Geschäftsmodelle

Vereine und Verbände sind dabei, ihre globalen Verwertungsmöglichkeiten neu zu strukturieren. Europäische Fußballklubs firmieren teilweise schon als Aktiengesellschaften (Manchester United) oder haben dies ebenso wie die Formel 1 für die Zukunft geplant.

Beim Deutschen Fußballbund, dem größten Sportverband der Welt mit 6,3 Mio. Mitgliedern und 180 000 Amateurmannschaften, kann man sich vorstellen, in absehbarer Zeit selbst zum Fernsehveranstalter zu werden und einen eigenen DFB-Kanal zu betreiben. Zur Zeit hat der DFB als Verwerter der Bundesligarechte ein Interesse daran, dass sich TV- und Netz-Verwertung nicht in die Quere kommen. Daher soll laut Ausschreibung, die im Januar 2000 endete und für die nächsten drei Spielzeiten gilt, beides in einer Hand liegen. Denkbar ist, dass die Kirch-Sender Sat 1 und Deutsches Sport Fernsehen (DSF) weiter aus der 1. und 2. Liga berichten und der Internetdienst Sport 1, der von Sat 1, DSF und SportBild gespeist wird, die Rechte an bewegten Bildern zum Ausbau der Online-Präsenz nutzen könnte.

Immer schwieriger dürfte es aber werden, den unterschiedlichen Verhältnissen einiger Großklubs und vieler kleiner Vereine zu entsprechen. Inter Mailand hat als erster europäischer Club bereits ein eigenes Vereinsfernsehen etabliert. Mit einem Medientycoon wie Berlusconi als Haupteigner erscheint das nicht unplausibel. Die Ziele des Vereins-TVs liegen in der optimierten Verwertung der Vereinsgeschichte (sämtliche Tore, Titel und Triumphe) und tagesaktueller Berichterstattung. Die Live-Spiele sollen wegen bestehender Verträge und guter Erlöse weiter von anderen Sendern verwertet werden. Online-Präsenzen mit Shop-Funktionalität und Fan-Foren werden von Dienstleistern betrieben und dienen der Kundenbindung und dem Merchandising. Der Sponsorenvertrag des Mobilfunkunternehmens Vodafone Airtouch mit Manchester United, dem populärsten Fußballklub der Welt, sieht eine Zahlung von 90 Mio. Mark für vier Jahre vor. Entscheidender noch als diese Rekordsumme dürften sich aber neue Verbindungen von Inhalt und Vertrieb auswirken. Die Lieferung von Fußballergebnissen auf die Handys der Fans ist wohl nur der Anfang der Erschließung einer starken und stabilen Community von Anhängern.

5
Reales und mediales Publikum

Die perfekte und flächendeckende mediale Aufbereitung der Ereignisse hat einen entscheidenden Nachteil: Es gibt immer weniger Gründe, live dabei zu sein. So fand das Halbfinale im DFB-Pokal zwischen Bayern München und Hansa Rostock im Februar 2000 vor knapp 10.000 Zuschauern statt, während es am Bildschirm in Millionen von Haushalten in Deutschland, der Türkei, Polen und Griechenland live verfolgt wurde. Die Fan-Kulisse ist aber ein entscheidender Faktor für den Event-Charakter einer Veranstaltung, der in den Trailern für das angebliche TV-Highlight versprochen wurde. Die Fans gehören nicht nur zur Kulisse, sondern sie sind Co-Gestalter des Programms. Es erscheint daher nicht unlogisch, die Fans dafür zu bezahlen, dass sie real im Stadion erscheinen.[1]

Spitzensport soll zu einem Event werden, das über das reine Spielgeschehen hinaus geht und ein Erlebnis für die ganze Familie verspricht. Daher werden Fußballstadien umgebaut, VIP-Lounges integriert, hochwertige Pausenprogramme organisiert und prominente Stadionsprecher verpflichtet. Außerdem werden die Stadien medial aufgerüstet, so dass der gewohnte TV-Service von Zeitlupen und Nahaufnahmen auch hier geboten werden kann.

Bei manchem Sportfest mag dieses Konzept gelingen, aber es zeigen sich Grenzen, die in der Dramaturgie der Spiele selbst liegen und auch kulturelle Unterschiede sind zu beachten: Bei den Amerikanern ist der Besuch eines Baseballspiels ein Familien-Unternehmen mit Parkplatz-Party und Picknick im Stadion, so dass der mitunter stundenlange Spielverlauf unterhaltsam verbracht wird. Den Sinn eines 0:0 in der zweiten Bundesliga, von zugigen Stadion-Rängen im Nieselregen verfolgt, wird man dort nie vermitteln können. Andersherum gewöhnt man sich hierzulande an Cheerleader und die live eingespielte Orgel bei Basketball und Eishockey.

6
Breiten- und Trendsportarten

Neben dem Spitzensport, der nur für größere Unternehmen als Sponsorpartner interessant ist, verdienen auch die Breiten- und Trendsportarten Beachtung. Sie bieten zu günstigerem Preis möglicherweise noch größeres Potenzial zum Community Building. Trendsportarten haben Konjunktur: Inline-Skating, Bungee Springen, Freeclimbing, Snowboard, BMX Rad und Mountainbike werden von starken Communities mit eigener Sprache, Mode und Musik getragen. Die Bilder eines leichteren, kalifornischen Lebensstils haben sich global verbreitet und graben den Traditionalisten das Wasser ab. So hat der Deutsche Ski Verband ernste Nachwuchssorgen, weil die meisten Neuanfänger eher das Snowboard bevorzugen und sich erfolgreich gegen altbackenere Hüttenro-

---

1) Der Vorschlag stammt aus der SZ, Streiflicht vom 06.12.99

mantik absetzen. Trotz mittlerweile eingerichteter internationaler Wettkämpfe geht es in diesen Szenen lockerer zu. Seit den Winterspielen in Nagano ist Snowboardfahren auch olympische Disziplin, wobei der Goldmedaillien-Gewinner seinen Kurs unter dem Einfluss von Marihuana besonders beschwingt herunterfuhr.

Auf solch starke Szenen kann Community Building optimal aufsetzen: Snowboarder sind meist technisch aufgeschlossen und kommunizieren gerne per Handy und Netz. Nokia, der Weltkonzern mit finnischen Wurzeln, fand hier ein optimales Betätigungsfeld für Sponsoring. Aber auch traditionelle Sportarten wie Fußball können zum Breitensport-Event werden, wie beim „DFB-adidas Cup", dem größten Kleinfeld-Fußballturnier der Welt, das 1999 zum sechsten Mal durchgeführt wurde. Unterteilt in 20 Kleinfeld-Turniere traten 31.000 Nachwuchskicker (6-18 Jahre) in 6.200 Mannschaften vor 300.000 Zuschauern an. Mit Prominenten- und Quizspielen, Talkshows, Mitmach-Aktionen und Band-Auftritten wurde ein Ereignis für die ganze Familie zusammengestellt.

Chancen für Nischen

Etliche Sportarten sind im Fernsehen kaum präsent, stützen sich aber international doch auf umfangreiche Communities. Hier können die Online-Medien einige Schätze an gebündelter Aufmerksamkeit heben, die von den Broadcastern verschmäht wurden. So kaufte Kabel New Media mit Partnern die Verwertungsrechte an Bowling-Turnieren.

7
No Risk, no fun

Der sicherste Weg zur Besetzung eines Themas ist, es zu erfinden. So konnte adidas das Format „Streetball", bei dem mit drei gegen drei Spielern Kurz-Matches im Basketball ausgetragen werden, von amerikanischen Straßen nach Deutschland bringen und durch die gesponserte Ausrichtung von Turnieren als neue Sportart etablieren.[2] Nachdem zehntklassige Speedway Meisterschaften, Dart-Wettbewerbe und Truckrennen übertragen werden, scheinen die Möglichkeiten ausgereizt. Jenseits dessen, was noch Sport genannt werden kann, werden aber abwegige Aktionsarten erfunden. Die „Austrian Giants", bei denen Supermänner aus Österreich LKWs ziehen und Bierfässer stapeln, sind absurdes Entertainment, das vor Ort oft nur wenige hundert Zuschauer auf die Beine bringt,

---

2) Wenzel, Steffen 1999: Streetball – Ein jugendkulturelles Phänomen aus sozialwissenschaftlicher Perspektive, Universität Gießen

aber ähnlich wie bei „Takeshi´s Castle" scheinen hier Kult-Effekte zu greifen, die nicht zu unterschätzen sind.

Je abstrakter das Leben für die meisten am Arbeitsplatz wird, desto stärker scheint der Wunsch zu werden, als Gegengewicht unmittelbare Körpererfahrungen zu machen. Extrem- und Funsportarten versuchen, die Grenzen des Möglichen immer weiter hinauszuschieben. Beim Scad Diving wird 60m tief ins Wasser gesprungen (Sponsor: Tuborg Bier) und beim Sky Diving wird im freien Fall in 10.000m Höhe gesurft. Die medialen Möglichkeiten, solches zu begleiten sind jedoch häufig begrenzt und daher nur für spezielle Sponsoring-Partner interessant. Ähnliches gilt für den Admirals Cup, die Rallye der Hochseeyachten und die Weltumrundung im Ballon (Sponsor: Breitling).

8
Games und Sport als ideale Partner

Hochwertige Veranstaltungen finden nicht beliebig häufig statt und lassen sich nur begrenzt konstruieren. Da es für die vielen hungrigen Kanäle zuwenig hochwertiges Material gibt, müssen die wenigen packenden Szenen umso aufwendiger präsentiert werden. Die Angebote von Premiere digital, wo bei der Übertragung der Formel 1 mehrere Kameraeinstellungen zur Auswahl stehen, sind dabei nur ein Anfang zur Überwindung der Trennung von realem Event und medialem Bericht. Die Events werden zunehmend mediengerechter gestaltet und die Medien begeben sich immer stärker in die Events hinein.

Als Zukunftsformat kann dabei die nahtlose Integration von Online Games und realem Sport-Event angesehen werden. Damit würden sich die beiden größten Attraktoren für Aufmerksamkeit in den Netz- und Broadcast-Medien zu einem gemeinsamen Angebot verbinden. Hier sind neue Modelle denkbar, die den Zuschauer zum Co-Akteur werden lassen. So könnten etwa die Computer-Daten der real fahrenden Formel 1 Fahrzeuge dazu genutzt werden, bereits existierende Computerspiele für Formel 1 Rennen zu steuern. Damit wäre es möglich, vom heimischen Fahrsimulator aus in Echtzeit gegen Schumi und Co. anzutreten.

Gamer gegen den Rest der Welt

Ann-Christin Waldmann, Stefan Schuster

Die ATP-Tennis Tour:
Globale Sportvermarktung im Internet

Abstract

Kabel New Media, ein Unternehmen für strategische Beratung, Konzeption und Produktion im Bereich interaktiver Business- und Kommunikationslösungen, präsentiert seit Mai 1998 die ATP-Tennis Tour im Internet. Das Ziel, vor allem Tennisfans und sportbegeisterte User weltweit anzusprechen, wurde mit mehr als 2,8 Mio. Page-Impressions pro Woche realisiert.

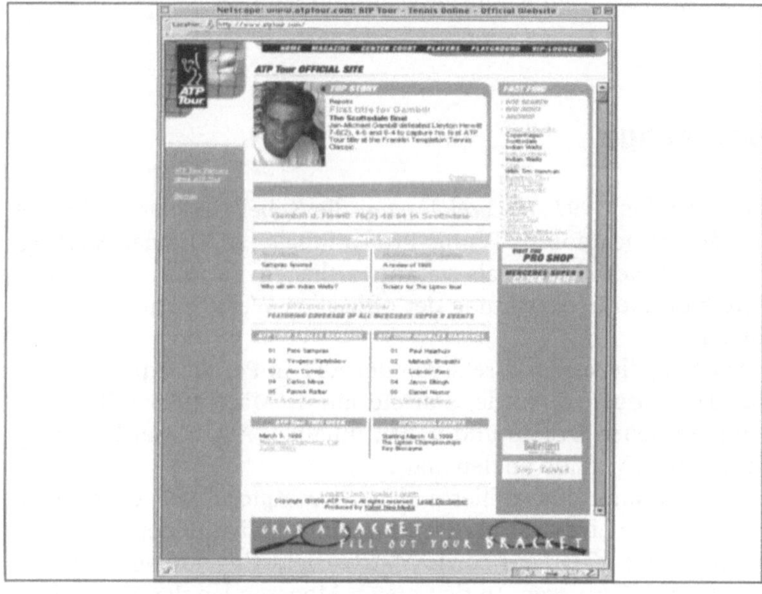

www.atptour.com –
Die Tennis-Plattform
im Internet

1
Die goldenen Regeln der Vermarktung einer Website: www.atptour.com als Fallbeispiel

Das Internet ist schneller gewachsen als jedes andere Medium zuvor. Innerhalb eines Zeitraums von nur fünf Jahren hat es sich einen Markt von mehr als 50 Mio. Haushalten erschlossen – das Fernsehen brauchte 13 Jahre, um dies zu erreichen. 1995 nutzten lediglich 26 Mio. Menschen das Internet. Mittlerweile sind es mehr als 205 Mio. – und Prognosen sagen für das Jahr 2005 Userzahlen von bis zu 350 Mio. voraus.

Wachstumszahlen wie diese machen das Internet zu dem bevorzugten Medium für Werbetreibende. Eine wichtige Frage stellt sich jedoch: Welche Werbemöglichkeiten bietet eine Website, und wie wählt man die richtige Werbeform aus?

Welche Unterschiede gibt es zwischen einem Werbeauftritt durch Banner und einem Sponsorship? Wie kann man sich aus der Masse der Werbung herausheben? Die stetig wachsenden Angebote werfen ständig neue Fragen auf, die von den unzähligen Untersuchungen zu diesem Thema nicht immer klar beantwortet werden.

Einen umfassenden Überblick über Vor- und Nachteile bei den verschiedenen Vermarktungsmöglichkeiten einer Website bietet das Beispiel der Tennis-Site www.atptour.com.

2
Die Anfänge

Im November 1997 unterzeichneten die Kabel New Media GmbH und die Association of Tennis Professionals (ATP) einen Vertrag, der Kabel New Media als verantwortlichen Partner für Design, Unterhalt und Vermarktung der offiziellen Website zur ATP-Tour vorsah.

Die Site, die vorher direkt von der ATP in Ponte Vedra Beach in Florida produziert wurde, startete am 1. März 1998 mit einem komplett neuen Design und neuen Inhalten. Am 1. Mai 1998 ging die deutsche Version an den Start.

Von Anfang an profilierte sich www.atptour.com durch eine umfangreiche Live-Sektion: Live-Ergebnisse, Live-Bilder, Chats mit den Stars der ATP-Tour sowie Match-Highlights von allen Mercedes Super 9 Turnieren. In den ersten Monaten lag der Marketingschwerpunkt auf dem Verkauf von Werbebannern und Sponsorship-Paketen. Obwohl sich Werbetreibenden auf www.atptour.com eine große Bandbreite an möglichen Werbeauftritten bietet, zeigte sich, dass eines der Hauptprobleme aus einer anderen Richtung kam. „Es war ein harter Job", erklärt Stefan Schuster, New Business Director bei Kabel New Media. „Wir sprachen mit jemandem, der in einer Firma für den Bereich Multimedia verantwortlich war und großes Interesse an einer Zusammenarbeit mit uns zeigte. Die Verteilung des Werbebudgets wurde allerdings an einer ganz anderen Stelle im Unternehmen entschieden. Und oftmals wussten die Leute, die über das Werbebudget entschieden, überhaupt nicht, welche Möglichkeiten sich ihnen durch Online-Werbung bieten. Alles konzentrierte sich noch zu sehr auf die klassischen Bereiche wie Printmedien oder Auftritte in Radio und TV."

3
Der Markt und die Kunden

Mit mehr als 2,8 Mio. Page-Impressions pro Woche hat sich www.atptour.com als führende Tennis-Plattform im Cyberspace etabliert. Potenzielle Sponsoren haben erkannt, dass eine Website, die sich ausschließlich mit einer Sportart befasst, eine hervorragende Ausgangsbasis für einen digitalen Werbeauftritt ist. Die User solch einer Site haben klar definierbare Interessen und Erwartungen. Eine Tatsache, die www.atptour.com mehr und mehr für Werbetreibende interessant macht.

Ein werbliches Engagement im Internet hat einen großen Vorteil: Der Kunde kann den Erfolg seiner Kampagne exakt verfolgen und analysieren. So ist es etwa möglich, für verschiedene Märkte unterschiedliche Kampagnen zu erarbeiten und diese parallel laufen zu lassen. Spezielle Filter ermöglichen es, ein Banner oder ein Logo an das Herkunftsland des Users anzupassen. Wenn ein User von Südamerika aus auf die Site zugreift, so wird er ein anderes Sponsoren-Logo sehen als ein ein deutscher User.

Werbekampagnen im Internet ermöglichen es, exakt die Anzahl der Zugriffe zu analysieren und die Kampagne daraufhin zu optimieren

„Filter und eine sehr detaillierte Analyse der Zugriffe auf ein Werbelogo sind ganz klar ein Vorteil, den das Internet gegenüber Werbeauftritten in anderen Medien hat", so Schuster. „Wenn man in einer Zeitung inseriert, dann hat man, um den Erfolg der Kampagne zu bewerten, nur die verkaufte Auflage und Schätzungen darüber, wie viele Leute sich eine Zeitung teilen. Auf einer Website kann man dagegen ganz exakt feststellen, wann wie viele User auf die Site gekommen sind. Man kann sogar sehen, von welcher anderen Site die User kamen und welchen Browser sie benutzten. Da ein Banner ja anklickbar ist, zeigt eine Auswertung der Zahlen ganz schnell, ob ein Banner interessant genug ist, um die User zu dem entscheidenden Klick zu bewegen".

Die meisten User von www.atp.tour.com kommen aus Nordamerika, gefolgt von Brasilien, Chile, Deutschland und Australien. Die USA machen mit 40% aller User den größten Teil der Tennisfans im Internet aus. Man kann jedoch eindeutig sehen, dass die Zugriffszahlen der Länder stark davon abhängen, welcher Spieler gerade spielt: „Wenn Pete Sampras und Andre Agassi einmal nicht spielen", so Ann-Christin Waldmann, Projektmanagerin für www.atptour.com bei Kabel New Media, „dann spiegelt sich das in den Zahlen wider. Die Zugriffe aus den USA gehen in solch einer Woche um 5-8% zurück. Auf der anderen Seite kann man anhand der täglichen Zugriffszahlen aus Chile sehen, ob Marcelo Rios bei einem Turnier gut spielt oder sogar das Finalwochenende erreicht."

Die Märkte, in denen Tennis boomt – Südamerika, Osteuropa und Teile von Asien – sind für Sponsoren besonders wichtig. Auf der Suche nach einer Möglichkeit, diese Regionen als Markt zu erreichen, bietet das Internet eine ideale Plattform.

Bannerwerbung kommt den herkömmlichen Werbemethoden wie etwa einer Printkampagne am nächsten: Der Kunde produziert einen Banner und kauft dann den entsprechenden Platz auf einer Website. Ein Auftritt als Sponsor bietet da schon ganz andere Möglichkeiten: Der Werbeauftritt kann individuell auf die Bedürfnisse und das Image der Firma ausgerichtet werden.

Mit www.atptour.com sollen Tennisfans und sportbegeisterte User in der ganzen Welt angesprochen werden. Online-Umfragen zeigen, dass die durchschnittlichen User von www.atptour.com Männer im Alter zwischen 20 und 30 Jahren sind, die Abitur haben und des öfteren Tennisturniere in der näheren Umgebung besuchen. Dieses Userprofil passt genau auf die Zielgruppe von Firmen, die hochwertige Waren oder Dienstleistungen anbieten, wie etwa Telekommunikationsanbieter oder Banken.

Selbstverständlich ist www.atptour.com als digitale Plattform im Internet auch eine interessante Site für Firmen aus der Informationstechnologie (IT).

„Sponsorships versuchen hauptsächlich, das Image einer Seite auf den Sponsor zu übertragen", so Stefan Schuster. „Dies ist der wichtigste Unterschied zwischen einer reinen Werbekampagne und einem Auftritt als Sponsor. Als Werbekunde nutze ich die Plattform, bin aber in der Regel nicht daran interessiert, zwischen meinem Produkt und meiner Werbeplattform eine engere Beziehung aufzubauen. Beim Sponsorship trifft genau das Gegenteil zu: Ich gebe mein Geld aus, um eine Verbindung zwischen meiner Firma und der Site aufzubauen. Mein Name und mein Logo werden ein Teil der Site."

4
Die Special Site

Mercedes-Benz Nordamerika hat sich dazu entschlossen, Sponsor von www.atptour.com zu werden. Seit 1996 ist der Automobilhersteller Titelsponsor der Mercedes Super 9 Serie, der wichtigsten Turniere der ATP Tour. Warum engagiert sich Mercedes als Tennissponsor? Die Firma agiert weltweit – genau wie die ATP-Tour. Das Engagement auf das Internet auszudehnen war ein logischer Schritt, denn es gibt kein Medium, das internationaler ist.

Mercedes-Benz Nordamerika sponsert die von Kabel New Media produzierte www.atptour.com Special Site für die Mercedes Super 9 Turniere. Eine Special Site bietet einen individuellen Auftritt, sowohl vom Layout als auch von den Inhalten her, bleibt aber eng mit www.atptour.com verknüpft. „Das Layout wurde speziell entworfen, um sowohl das Design von Mercedes-Benz als auch das Design von www.atptour.com.com widerzuspiegeln", erklärt Douglas Lemon, Art Director bei Kabel New Media. „Das Mercedes-Benz Logo ist auf jeder Seite prominent platziert und bei der Farbauswahl wurde sowohl die Firma als auch das Mercedes Super 9 Logo berücksichtigt."

Auf diese Weise ist die Special Site klar als Teil von www.atptour.com zu erkennen, hat aber gleichzeitig einen ganz eigenen Stil und Charakter. Der Inhalt dieser Seite ist auf die Berichterstattung über die Mercedes Super 9 Turniere und die Spieler bei diesen Turnieren ausgerichtet. Neben dem redaktionellen Teil werden auf der Site Live-Scores, Live-Bilder, Match-Highlights und exklusive Gewinnspiele angeboten. Mercedes-Benz nutzt diese Site zudem als Plattform zu eigenen Promotion-Zwecken. So werden www.atptour.com etwa Bilder von Tennisstars am Steuer von Mercedes Autos zur Verfügung gestellt oder es werden Pressemitteilungen über die Tennis-Aktivitäten von Mercedes-Benz veröffentlicht.

Mercedes-Benz präsentiert sich jedoch nicht als Hersteller von Automobilen: Man kann also auch keine Autos online auf www.atptour.com erwerben. Es wird subtiler vorgegangen. In den letzten Jahren hat sich Mercedes mit neuen Modellen wie der A-Klasse einen neue, jüngere Käuferschicht erschlossen. Die User von www.atptour.com passen genau in diese neue Kundengruppe: Sie sind jung und wohlhabend.

5
Die Technologie-Partnerschaft

Während Mercedes-Benz sich den Image-Transfer zunutze macht, um auf diese Weise Tennisfans in aller Welt als mögliche Kunden anzusprechen, geht Lucent Technologies einen anderen Weg. Als Technologie-Partner von www.atptour.com will Lucent, eine der weltweit führenden Firmen der Informationstechnik, Zielgruppen ansprechen, die für diese Branche eher schwierig zu erreichen sind.

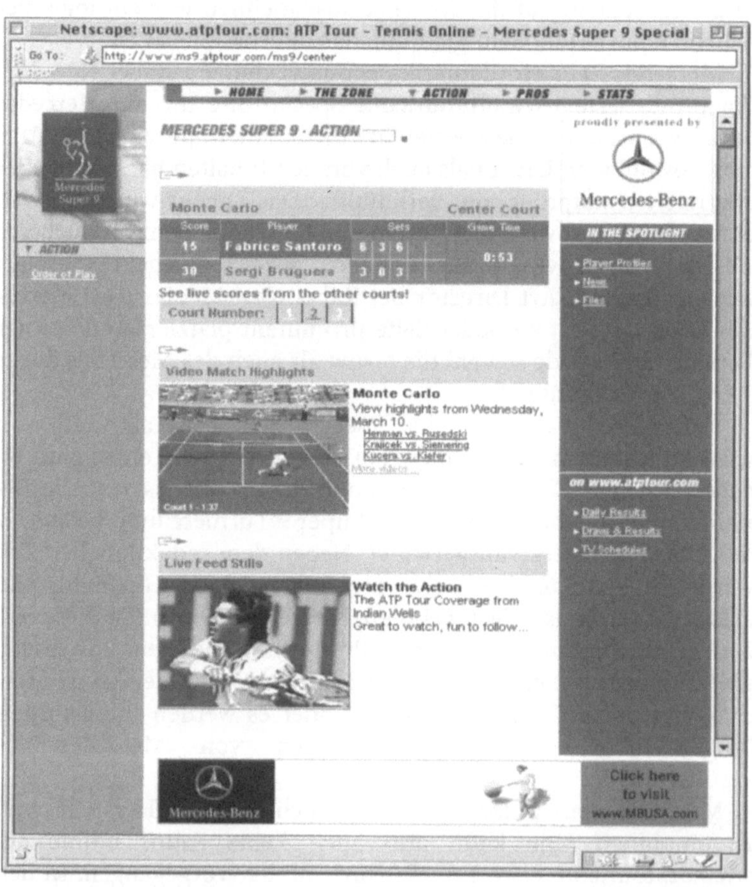

Als Partner der ATP-Tour hat Lucent Technologies die sogenannten LucentVision Maps entwickelt. Anhand dieser Karten wird für den User die Bewegung der Spieler auf dem Platz sichtbar gemacht. Verschiedene Farben zeigen deutlich, in welchem Bereich des Platzes sich der Spieler während des Matches am häufigsten aufgehalten hat. „Bei einem Serve-und-Volley-Spieler wie Patrick Rafter wird die Karte auf Höhe der Grundlinie rot sein, wogegen sie am Netz grün ist", erklärt Ann-Christin Waldmann.

Neue Applikationen wie die LucentVision Maps sind eine wertvolle Erweiterung für jede Website. Für www.atptour.com sind sie absolut essentiell. „Wir stehen im direkten Wettbewerb mit Anbietern wie CNN, ESPN oder Reuters, die ebenfalls mit Sportinformationen im Internet vertreten sind. Natürlich können wir nicht mit ihren Mitarbeiterzahlen konkurrieren. Unser Stärke liegt in unserem Status als offizielle Website der ATP-Tour. Wir erhalten viele Informationen, die anderen nicht zur Verfügung stehen", erläutert Frau Waldmann. „Dieser Informationsvorsprung und die Tatsache, dass über kaum eine Sportart live im Internet berichtet wird, geben uns einen Vorteil gegenüber unseren Mitbewerbern. Um auch in Zukunft zu den führenden Sport-Sites zu gehören, entwickeln wir ständig neue Highlights für unsere Site. Ein Partner wie Lucent Technologies ist ideal für solche Aufgaben."

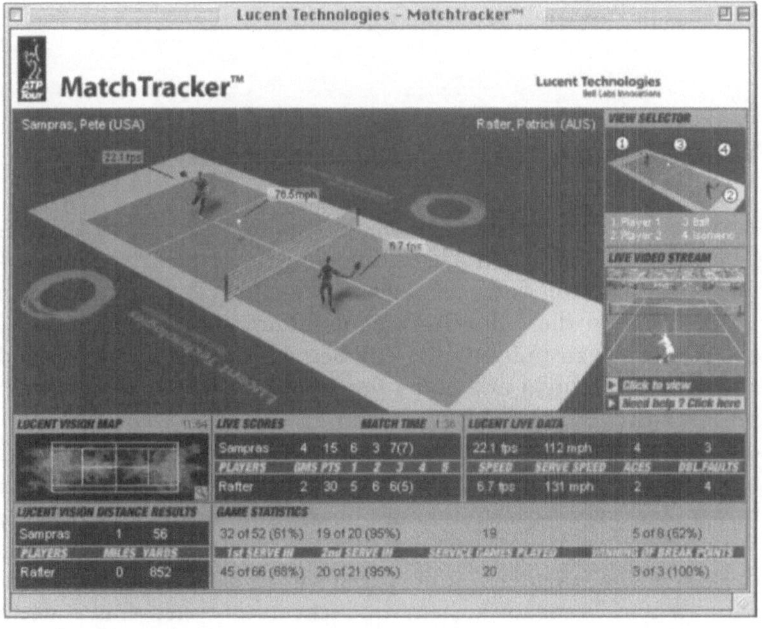

Der Lucent Technologies MatchTracker liefert umfangreiche statistische Daten und Visualisierungen, die das Erfassen von Zusammenhängen erleichtern

Aber wie wurde Lucent in www.atptour.com integriert? Lucent hatte kein Interesse daran, Banner zu schalten. Auch ein klassischer Auftritt als Sponsor, bei dem das Lucent Logo auf der gesamten Site präsentiert wird, kam nicht in Frage. Ann-Christin Waldmann: „Lucent hatte eine ziemlich klare Vorstellung davon, was sie wollten. Sie entwickeln Technologien und verstehen das Internet als ein Forum, um diese Neuentwicklungen zu testen. Viele der Entwicklungen von Lucent kommen im Internet am besten zur Geltung. Mehr noch, www.atptour.com bietet einen Vielzahl an Statistiken und Fakten. Wenn man diese Daten mit Produkten wie etwa den LucentVison Maps verbindet, gibt man dem User die Möglichkeit, genau die Daten auszuwählen, die ihn interessieren. Man kann das vorhandene Material für jeden User individuell zusammenstellen".

Für die Zukunft ist geplant, die LucentVision Maps alle 30 Sekunden zu aktualisieren. Auch an der Entwicklung eines sogenannten MatchTrackers wird bereits gearbeitet: Das gesamte Match wird als virtuelle 3D-Live-Simulation präsentiert – ein Beispiel für das Potenzial der Online-Werbung. Der User kann sich für ein Match seine eigene, personalisierte Seite zusammenstellen. Er wählt einfach aus mehreren Java-Applets die für ihn wichtigen Informationen aus, um so die Live-Animation zu ergänzen: Match-Statistiken, Biografien oder etwa ein Chat, um sich während des Matches mit anderen Tennisfans zu unterhalten.

6
Verkaufsschlager Live-Berichterstattung

Lucents Technologies wird nicht nur online promotet. Die Live-Übertragungen von den Turnieren erfolgen in diesem Jahr erstmals unter Verwendung der Lucent WaveLan Technologie. „Um unseren Usern die Echtzeit-Ergebnisse der wichtigsten Turniere der ATP-Tour zu präsentieren, müssen wir die Daten schnell und zuverlässig sammeln und einbinden können", erklärt Mark Erichsen, technischer Leiter des ATP-Tour Projektes bei Kabel New Media. „Im vergangenen Jahr wurden noch alle Plätze verkabelt, was bei den großen Turnieren einen erheblichen Aufwand mit sich bringt. Zentraler Ansatzpunkt des neuen Konzepts war die direkte Verbindung zu den Handheld PCs der Schiedsrichter und die drahtlose Übertragung. Damit sparen wir bei gleicher Qualität Ressourcen und Transportkosten, die nicht unerheblich sind – wenn man bedenkt, dass die Turniere auf allen Erdteilen stattfinden ."

Die Anforderungen an das System sind bei einem solchen Setup extrem hoch: Interferenzen durch Signale von TV und Radio müssen ausgeglichen werden. „Das Setup muss schnell aufgebaut und getestet werden können", erklärt Erichsen. „Keine Tennisanlage gleicht der anderen und man weiß nie genau, welche Veränderungen der Veranstalter vornimmt. Hinzu kommt, dass alles auch bei ungünstigen Wetterbedingungen funktionieren muss."

Wie interessant ist die Live-Berichterstattung für die User der Website und damit auch für potenzielle Sponsoren?

Während der Woche des Mercedes Super 9 Turniers in Rom im Mai 1999 besuchten 2,856 Mio. User www.atptour.com. Knapp die Hälfte gingen dabei in die Center Court Sektion, und eine halbe Mio. User klickten sich auf die Live Seite.

„Zusätzlich zu der Tatsache, dass die User an der Live-Berichterstattung interessiert sind, lässt sich auch noch beobachten, welcher Spieler die meisten Zugriffe auf unsere Site generiert", erklärt Ann-Christin Waldmann. „So hatten wir während des Halbfinalspiels zwischen Patrick Rafter und Felix Mantilla 1.000 simultane Zugriffe auf das Scores-Applet. Als im zweiten Halbfinale Alex Corretja gegen den Brasilianer Gustavo Kuerten antrat, sank die Zahl der gleichzeitigen Zugriffe auf 150."

Solch starkes Interesse an Echtzeit-Resultaten erschließt völlig neue Einnahmequellen: Durch den Verkauf von Inhalten wie Score-Applets, Stills, Ticker und redaktionellen Beiträgen wird die finanziell aufwendige Live-Berichterstattung zusätzlich zu den Bannern und Sponsorships finanziert.

„Das Interesse an den Sektionen auf www.atptour.com, die die aktuellsten Inhalte anbieten, ist bei den werbetreibenden Unternehmen am größten", erläutert Stefan Schuster.

7
Almost anything goes

Was macht die Vermarktung einer Website, die sich auf eine einzige Sportart beschränkt, so anders? Im Gegensatz zu einem Sport-Portal, auf dem viele Sportarten präsentiert werden, ist eine Website, die sich nur mit einer Sportart beschäftigt, schon eingeschränkt, was Zielgruppen und Vermarktung betrifft. Für Sponsoren bietet diese Fokussierung einige interessante Möglichkeiten. Für die Betreiber der Site ist es um so wichtiger, immer auf dem neuesten Stand der Technik zu sein. Firmen, die Werbung schalten, erwarten für jede neue Kampagne neue Marketingmöglichkeiten.

„Es ist für beide Seiten eine große Herausforderung", sagt Stefan Schuster. „Man muss gemeinsam neue Konzepte entwickeln. Anders als in der klassischen Werbung kann man nicht einfach ein Standard-Paket anbieten. Man muss sich seinen potenziellen Partner ansehen und herausfinden, welche Strategie und welches Image verfolgt werden soll, um so ein individualisiertes Angebot zu entwickeln. Dann gibt es praktisch nichts, was nicht möglich wäre."

Gunnar Krüger

3850 Kilometer Online
– Die Tour de France im Netz

Abstract

1998 ging die Tour de France zum ersten Mal nicht nur real an den
Start, sondern auch virtuell im Internet: Begleitet wurde sie vom
„Tour de France"-Team von Pixelpark, das drei Wochen lang Live-
Berichterstattung und Hintergrundinformationen bot. So wurden
neue Möglichkeiten des Sport-Sponsorings eröffnet.

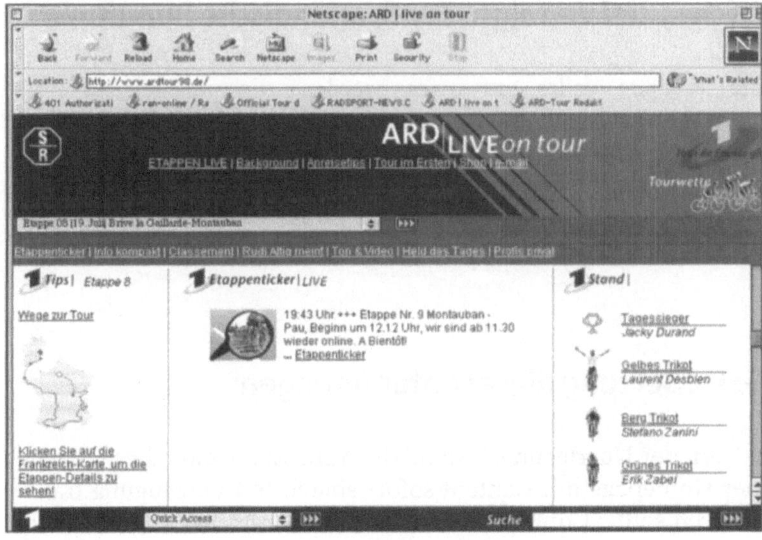

Die Webpräsenz unter
www.ardtour.de.
In der Bildmitte ist der
Etappenticker zu
sehen

1
Die Tour de France im Netz

Man sieht die Gesichter und die Anstrengung, hört das Geräusch der Reifen, das Klick der Schaltungen, das Geschrei der Betreuer und Zuschauer, fühlt den Regen, die Sonne und steht ungläubig vor kilometerlangen Pass-Anstiegen in den Alpen und Pyrenäen.

In Frankreich war die „Grand Boucle", die große Schleife, nach dem rauschenden Fußballfest der WM 1998 ein Wechselbad der Gefühle. In Deutschland erreichte das traditionsreichste Radrennen der Welt nie gekannte Beachtung und traumhafte Einschaltquoten – zumindest im Fernsehen.

Und im Netz? Die Website des Saarländischen Rundfunks, der die Tour im Fernsehen exklusiv präsentierte, erfreute sich eines Zulaufs, der von allen Beteiligten nie erwartet worden war. In drei Wochen Tour wurden 9,3 Mio. Page-Views und mehrere Tausend E-Mails an die Redaktion registriert mit Reaktionen, Kommentaren, Lob, Kritik und vor allem dem Gefühl, sichtbar zu sein.

2
Das Briefing für Tour de France Online –
Welches Ziel verfolgte der Saarländische Rundfunk?

Eine Website sollte entworfen werden, die parallel zur TV-Übertragung – auch international – all jene Menschen auf dem Laufenden hält, die zum Zeitpunkt der Fernsehsendungen keinen Fernseher zur Verfügung haben. Wichtig war neben der aktuellen Berichterstattung vor allem die Einbindung der umfassenden Background-Infos in die Site und die Kommunikation mit den Usern.

3
Die Umsetzung dieser Anforderungen

Im Kern der Überlegungen stand die Auffassung, dass die Startseite einer Homepage mit Content sofort eine feste Überzeugung transportieren sollte: Content im Netz ist Service für den User. Deshalb galt das Hauptaugenmerk dem unmittelbaren Zugang zu allen wesentlichen Informationen, die das Ereignis betreffen. Im Team wurde das Konzept als „Titelseiten-Konzept" bezeichnet. Wie auf der Titelseite einer Zeitschrift sollten alle Informationen sofort sichtbar sein, ohne „Willkommensgrüße" und ohne zusätzliche Klicks. Aufruf der URL und man ist mitten im Geschehen.

3.1
Die Module

Die Aktualität der Site wurde durch redaktionelle Räume unter www.ardtour.de aufgebaut, die zu jeder Etappe neu geschrieben wurden. Ein Ticker lieferte in Schlagzeilenform etwa alle zwei Minuten den neuesten Stand der Dinge. Eine Tageszusammenfassung gab am Ende jeder Etappe einen Überblick der Ereignisse, kombiniert mit Statistiken und Zahlen. Die Classements des Tages, ein Kommentar von Altmeister Rudi Altig, die Möglichkeit, die Radprofis privat per E-Mail zu befragen (via Redaktion) und ein Fahrerprofil (Held des Tages) rundeten den dynamischen Teil der Site ab.

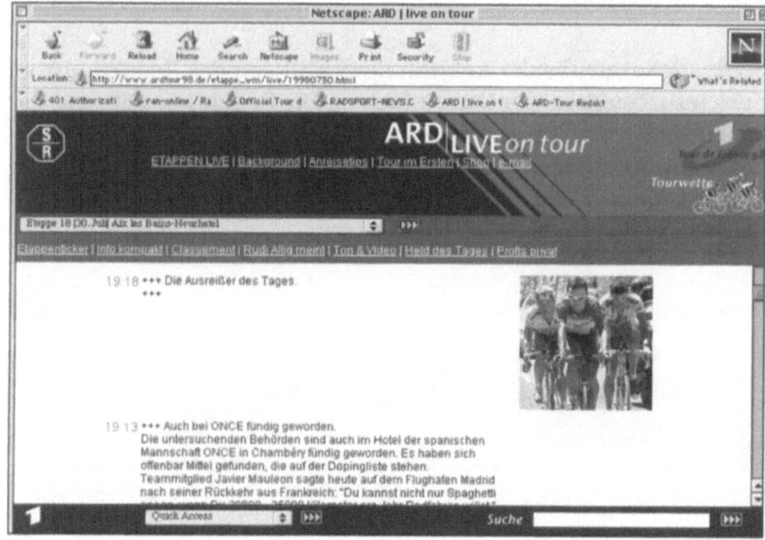

Der Ticker lief während der gesamten Etappe, so dass der User den Verlauf ohne Unterbrechung verfolgen konnte

Darüber hinaus bot www.ardtour.de Hintergrundinformationen rund um die Tour: Die Teams, Hinweise zu Anfahrtswegen zu den Etappen, eine Tourwette, die mit netten Preisen lockte und Informationen zu den Sendezeiten bzw. den Tourdaten der Roadshow.

Die Website transportierte ihre Informationen eingebettet in den Look der ARD. Vorgaben des Kunden waren das Corporate Design Manual der ARD und das Tourlogo.

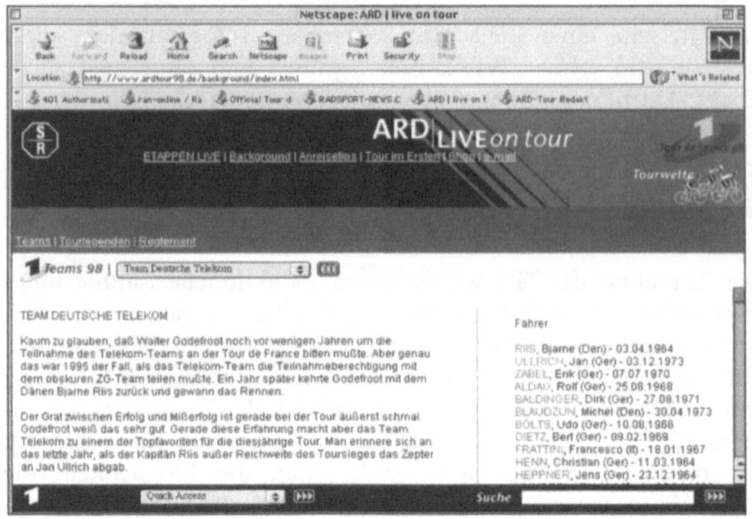

3.2
Die Redaktion

Pixelpark sorgte für die Anbindung der Site an das Redaktionstool eines französischen Content Anbieters. Die Redaktion während der Tour wurde ebenfalls durch Pixelpark geleistet. Der Redakteur arbeitete während der drei Wochen in Paris in Zusammenarbeit mit Journalisten aus Frankreich und Amerika, die für französische und englischsprachige Websites publizierten.

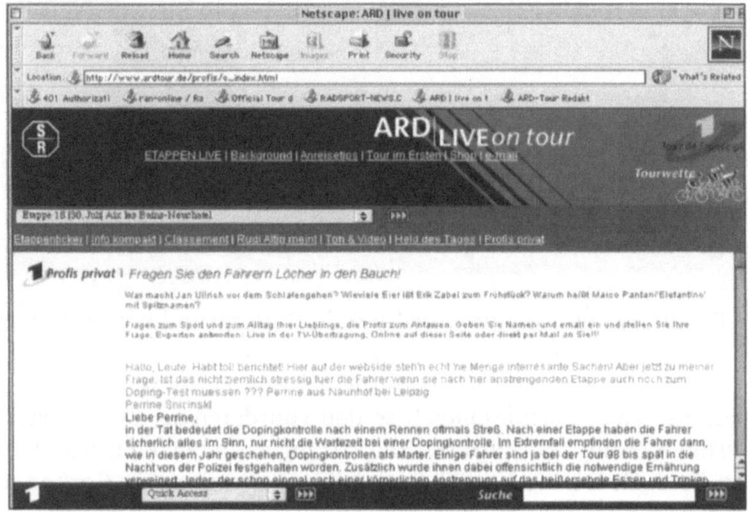

Diese Redaktion war auch Anlaufstelle für die weit über Tausend Anfragen der User, die sich von privaten Aspekten der Radprofis („Mit wem teilt Jan Ullrich ein Zimmer?") bis zu hochtechnischen Fragen („Warum hat Zabel am Ende doch die xy Übersetzung gewählt?") erstreckten.

Die Redaktion war eng in die Arbeit des Fernsehteams eingebunden. So funktionierte der Informationsfluss direkt vom Tourgeschehen, die Beantwortung von Userfragen und die Kommentierung der Tourereignisse.

3.3
Medienkonvergenz

Beim Stichwort „Medienkonvergenz" gilt es, die Schnittstellen der Medien zu beleuchten: Im Fall der Tour de France lässt sich sowohl auf Senderseite als auch auf Seiten der Empfänger von einer ausgeprägten und lebendigen Verbindung zwischen Fernsehen und Internet sprechen. Pixelpark hatte im Vorfeld eine kleine Sympathiefigur, den kleinen Fritz entworfen, die im Fernsehen mit der URL eingeblendet wurde. In der Auswertung des Webtracking stellte sich heraus, dass die Einblendung deutliche Zuwächse der Zugriffe auf dem Tourserver produzierte.

Auch inhaltlich ließen sich interessante Medienbezüge beobachten: Kommentare, Referenzen und Ergänzungen zur Fernsehberichterstattung wurden der Onlineredaktion übermittelt: „Also, was der Rudi Altig da im Fernsehen gesagt hat, ..." Das sind die Momente, in denen es einem Redakteur wohlig den Rücken herunterläuft. In diesem Netz von Verweisen zu schreiben und Bezug nehmen zu können, ist eine Erfahrung der besonderen Art. Begeisterung!

3.4
Produktionszeit

Zwei Monate: Mai und Juni. Der Tourstart war Anfang Juli. In insgesamt acht Wochen musste das Webdesign entwickelt, die Sitestruktur entworfen und programmiert sowie die Aktionen mit dem französischen Partner koordiniert und selbstredend der gesamte Content, den der Saarländische Rundfunk zur Verfügung stellte, gesichtet und für die Verwendung im Netz aufbereitet werden.

Das Projekt lief drei Wochen im Juli als Live-Berichterstattung und seitdem steht es als Archiv im Netz. Zur Zeit findet man die Site 1998 auf dem aktuellen Angebot als Link zum Archiv98.

4
Steine auf dem Weg zum Erfolg

Probleme bei einer Event-Berichterstattung dieser Art liegen vor allem in zwei Bereichen:

- In der reibungslosen technische Umsetzung (Hosting, Schnittstellenverwaltung Redaktions-Tool vs. Hotserver)
- In der fehlenden Nähe zum Ereignis (Nachrichtenfluss, Quellen, „Live-Charakter")

Konkret bedeutete dies für die Arbeit vor Ort die Abhängigkeit von einem Partner, der die Anbindung des Redakteurs in Paris gewährleisten sollte. Warum überhaupt Paris? Die Tour als Internet-Redakteur direkt vor Ort zu verfolgen, ist aufgrund der spezifischen Probleme risikoreich. Die Tourkarawane bewegt sich jeden Tag entlang der Strecke. Manchmal liegt bis vor einer halben Stunde vor Etappenstart noch nicht einmal ein Stromkabel. Daher wurde die Entscheidung getroffen, die Redaktion stationär aufzubauen und durch Nachrichtendienst (AFP), Fernsehen (France 2 und 3), Radio (France Info) und natürlich das Netz zu versorgen. Blieb noch die Abhängigkeit vom Partner. Es erwies sich als schwieriger als zunächst angenommen, die Schnittstellen zwischen dem französischen Redaktionstool und dem deutschen Redaktionsserver zu schaffen. Hinzu kam ein gehöriger Zeitdruck, da der Kunde sehr kurzfristig überhaupt die Entscheidung getroffen hatte, diese Website ins Leben zu rufen. Während des Betriebs traten immerfort Schwierigkeiten mit den Leitungen zwischen Frankreich und Deutschland auf. Außerdem hatte der Provider, der den Hotserver hostete, genau wie das Pixelpark-Team nicht mit einem derartigen Ansturm gerechnet. Zu Hochzeiten versuchten 1500 User pro Sekunde gleichzeitig auf den Server zuzugreifen. Die Folge: Der Server verweigerte zweimal während der Tour den Dienst. Die Erfahrung aus diesen Abstürzen: So etwas darf bei der Live-Berichterstattung auf keinen Fall geschehen. Die Folge waren Hunderte von Mails, wo denn das Angebot bliebe, was denn los sei, usw. Dennoch blieben die User dem Angebot treu.

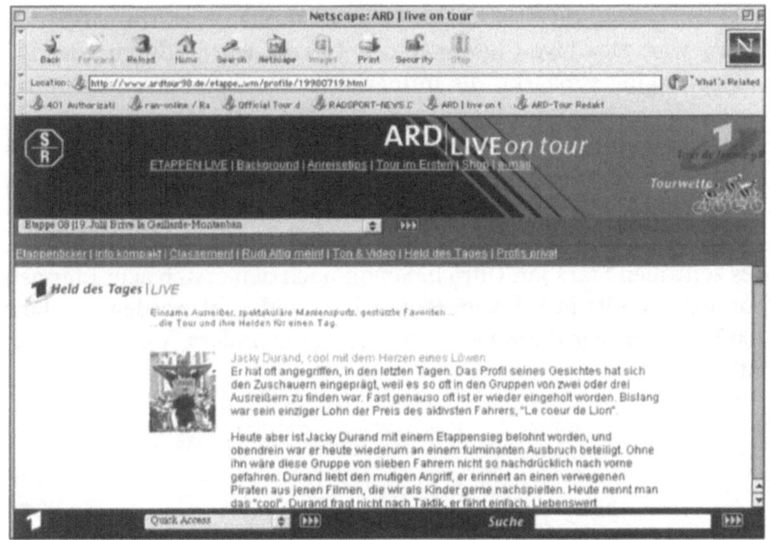

Was lernen wir daraus?

Pixelpark beschloss im Folgejahr 1999 – ja das Angebot gab es wieder – ein eigenes Redaktionstool zu konfigurieren sowie einen separaten Redaktionsserver einzurichten, von dem aus die Daten auf den Hotserver geliefert werden. Zudem wurden zwei Server eingesetzt mit direkter Leitung vom Provider zum Backbone. Die Redaktion erfolgte aus Saarbrücken.

5
Folgen

Es war der Beginn wunderbarer Freundschaften: Der Saarländische Rundfunk (SR) positionierte sich als Event-Vorreiter innerhalb der öffentlich-rechtlichen Sendelandschaft und konnte Quotensiege in allen Sparten vermelden.

Pixelpark intern: Die Tour wurde das Projekt mit den höchsten Zugriffszahlen, bezogen auf den Zeitraum von drei Wochen.

Das Team bekam in der Folge den Auftrag, die Tour 1999 vorzubereiten. Das Konzept wurde in Abstimmung mit dem SR leicht verändert. Vor allem im Bereich der Interaktion wurde den Usern die Möglichkeit gegeben, direkter auf einem Forum in Form einer Newsgroup miteinander zu kommunizieren. Die im Voraus gelieferten Informationen zu den Etappen wurden verändert und vertieft. Außerdem wurde beschlossen, früher mit diesen Informationen ins

Netz zu gehen, da dies ein Service mit hoher Nachfrage bei den Usern war. Der Live-Charakter des Tickers wurde durch eine Distance-Engine verstärkt, die immer den aktuellen Stand der Spitze des Feldes anhand des Etappenprofils zeigt sowie den Abstand einzelner Fahrergruppen im Feld visualisiert. Das grundsätzliche Konzept, jede Etappe wie ein eigenes Ereignis abgeschlossen zu behandeln, wurde beibehalten.

Die Tour 1999 war ebenfalls ein großer Erfolg, trotz der Absage des zentralen Stars Jan Ullrich. Schon nach den ersten acht Etappen konnten bereits fast 3 Mio. Page-Views verbucht werden. Im Jahr 2000 machen wir dann vielleicht alles ganz anders. Variatio delectat!

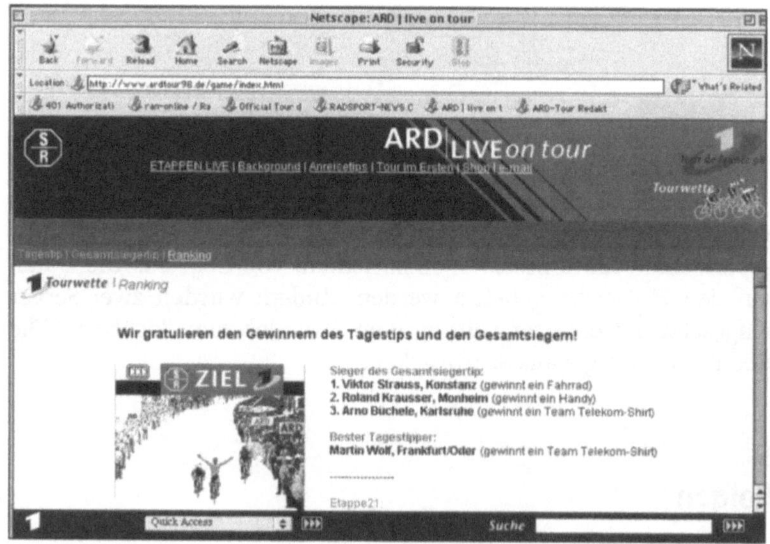

Teil A
Fallstudien

3 Fernsehen

Peter Friedrich Stephan

Spiel ohne Grenzen

Die Mutter guckt alleine Krimi oder Quiz,
und die Tochter ist da, wo die Action ist

Udo Lindenberg, 1970

1
Web-TV

Das Leitmedium Fernsehen hat wie kein anderes unsere Fremd-
und Selbstwahrnehmung verändert und mitbestimmt. Die rasante
Entwicklung der formatierten Weltbilder konnte in der Ausstellung „Der Traum vom Sehen" gut nachvollzogen werden (siehe
Fallstudie „Inszenierte Medienwelten"). Der größte Innovations-
schub seit der Erfindung des Fernsehens steht aber noch bevor.
Wenn künftig beliebig viele „Streaming Video"-Kanäle abgerufen
und archiviert werden können, werden bisherige Modelle der Programmgestaltung Makulatur. Mit dem Entstehen des „Cyber TV"
sind technische, wirtschaftliche und soziale Umbrüche angestoßen,
die erhebliche Auswirkungen auf die Unternehmenskommunikation haben werden.

Bereits absehbar ist die Verschmelzung von TV und Internet.
Entsprechende crossmediale Formate sollen den Nutzer innerhalb
der Senderfamilie halten und über Cross-Selling Verfahren weitere
Produkte wie Bücher, CDs, Reisen etc. anbieten. Von ersten Realisationen dieser Art können Erfahrungswerte abgelesen werden
(siehe Fallstudie „Harald Schmidt Show"). Das Fernsehen ist nicht
nur ein Anbieter von Werbeplätzen, sondern auch selbst ein Markenartikel, der im neuen Umfeld anders kommuniziert werden
muss (siehe Fallstudie „ZDF – Webface").

2
Technik und Ökonomie

Die Veränderungen im Fernsehmarkt sind „technology driven". Ab 2010 soll es keine analogen Frequenzen mehr geben. Das digitale Programm wird dann über Breitband-Kabel geliefert und bietet neben einer unbegrenzten Anzahl von Kanälen und hochauflösender Bild- und Tonqualität auch Rückkanäle. Das Advanced Television Enhancement Forum (ATVEF), dem Walt Disney, Hitachi, Pro Sieben und die Bertelsmann Broadband Group angehören, will international gültige Standards für servergestützte Breitband-Kabeldienste definieren, womit „TV on demand" ermöglicht würde. Erste Eindrücke davon sind bei Premiere World Digital zu sehen.

Digitale Rekorder ermöglichen neues Nutzerverhalten

Eine entscheidende Veränderung des Nutzerverhaltens wird auch die Verfügbarkeit digitaler Videorekorder verursachen. Die deutsche Firma Fast bietet einen digitalen Videoserver an, der bewegte Bilder in MPEG 2 Kodierung speichert. Der Preis von zur Zeit rund 5000 DM dürfte schnell auf Consumer-Niveau sinken, ebenso wie der des US-Pendants Replay TV, dessen Kapazität für zunächst 28 Stunden ausgelegt ist. Zur dauerhaften Aufbewahrung können die Daten auf DVDs (Digital Versatile Disc) überspielt werden. Ausgestattet mit einer neuartigen Schnittstelle (EPG – Electronic Program Guide) könnten die Rekorder im digitalen TV-Angebot Suchläufe starten und aus Hunderten von Kanälen etwa alle Star Treck-Folgen zusammentragen, selbstverständlich mit Zusatzinformationen und Merchandising-Angebot.

Weitere Hinweise auf die Zukunft des Fernsehens lassen sich in der Wirtschaftspresse verfolgen, wo über die Fusionen, Allianzen und Gegenallianzen der Global Players berichtet wird. Vorläufig letzter Höhepunkt war die Übernahme von Time Warner durch AOL im Januar 2000, die allgemein als Startschuss in eine neue Ära bewertet wurde. Der Besitz von Verwertungsrechten vom Spielfilm über Zeitschriften bis zum Fernsehprogramm verbindet sich mit dem Besitz von Kanälen und Abonnenten. Die boomende Branche basiert auf neuen Geschäftsmodellen und findet an der Börse dankbare Abnehmer. Medienaktien beflügeln die Fantasie und sorgen für eine entsprechend dynamische Entwicklung des Aktienkurses. So verbuchte der Filmrechtehändler EM.TV Kursgewinne von mehr als 1000 Prozent. Formatentwickler und TV-Produzenten wie Brainpool, Post-Production Firmen wie Das Werk und Multimedia Dienstleister wie Pixelpark, Kabel New Media, ID-Gruppe und SinnerSchrader wurden 1999 erfolgreich an der Börse platziert.

3
Neupositionierung der Anbieter – Formatentwicklung

Das gewandelte Medienumfeld fordert von den Fernsehanstalten eine grundsätzliche Neupositionierung, deren Notwendigkeit von den privaten und öffentlich-rechtlichen Sendern erkannt wurde. So gliederte RTL eine „New Media" AG aus, die an die Börse gebracht werden soll. RTL-Chef Zeiler rechnet damit, dass die Werbeerlöse im Fernsehen in zwei Jahren an eine Obergrenze stossen und will deshalb frühzeitig neue Erlösquellen sichern (SPIEGEL 5/2000). Die Konzern-Mutter CLT-Ufa soll unter der bekannteren Marke RTL firmieren und eine Portal-Funktion für die Fernseh-Aktivitäten von Bertelsmann bekommen. Fritz Pleitgen, Intendant des WDR, forderte Umdenken und Ausrichtung auf Internet-Formate ein, um den verfassungsmässigen Auftrag auf informationelle Grundversorgung der Bevölkerung weiter erfüllen zu können (SZ 03.03.2000).

Der Spartenkanal GIGA produziert bereits nachmittäglichen TV-Talk mit Gästen, Musik, Spielen und Technologieratgebern, wobei alle Inhalte im Netz vertieft werden und die Moderatoren über E-Mail ansprechbar sind. Die jeweiligen Spezial-Redaktionen können ihr Wissen im Web viel differenzierter anbieten. So finden sich bei www.N24.de, dem Auftritt des neuen Nachrichtenkanals, detaillierte Wirtschaftsinformationen, wenn auch das Streaming Video noch enttäuscht, da hier nach Aufbau der Verbindung zunächst Werbung gezeigt wird (1 Min. 40 Sek.), gefolgt von Programmtrailern. Solche Push-Verfahren werden netzverwöhnte Nutzer nicht tolerieren. Ein Beispiel für vertiefende Informationen liefert „Sport 1", das gemeinsame Angebot von Sat 1, DSF und SportBild. Anlässlich der Superbowl 2000 wurden die für deutsche Zuschauer nur schwer verständlichen Regeln des American Football in Form eines interaktiven Spiels unterhaltsam und effizient vermittelt. Traffic und Kundenbindung werden durch Mehrwert erzeugt, der allerdings nur durch Investitionen in redaktionelle, gestalterische und technische Leistung zu haben ist.

4
Folgen für Werbung und Finanzierung

Die technischen Neuerungen werden auch Auswirkungen auf die Abrechnungsmodelle haben. So können zukünftige Bewertungs- und Buchungssysteme nach digital ermittelten Abrufdaten kalkulieren. Große Live-Events werden als Premium Ware im Pay-per-View-Modus vermarktet, während zeitversetzte Aufzeichnungen günstiger zu beziehen sind. Auch weit zurückliegendes Archivmaterial könnte noch in gebündelter Form als Paket verkauft werden.

Free TV könnte zum Sonderfall werden, der nur noch von den „information poor" gewählt wird, die sich weiterhin Werbung im Push-Modell gefallen lassen müssen. Mit einem digitalen Rekorder, der bereits Aufgenommenes abspielt, während er weiter aufnimmt, würden sich aber auch hier durch das Betrachten einer zeitlich leicht versetzten Aufzeichnung die Werbeblöcke überspringen lassen. Um so wichtiger wird es für Werbung und Marketing, sich mit GEWÜNSCHTEN Inhalten identifizierbar zu machen und nicht als Ärgernis wahrgenommen zu werden.

Im Modell des „Permission Marketing" gilt es, als Freund, Partner und Förderer aufzutreten. Marken und ihre Werbung könnten sich selbstbewußt als Kulturträger geben und darauf hoffen, dass ähnlich wie bei der Popularität der Cannes-Rolle im Kino, die ausschließlich aus Werbefilmen besteht, Werbekanäle etabliert werden können, die es schaffen, ihre Clips als eigenständige Kulturform durchzusetzen. Werbesoaps für die DEA-Tankstellen und Web-Soaps im Internet liegen im Format nicht weit auseinander. Wahrscheinlich ist auch, dass Ereignisse, die Aufmerksamkeit garantieren, in vielfältigerer Weise werblich begleitet werden und stärker ins Programm eingebunden werden. Werbebanden im Stadion etwa, die erst statisch waren und dann drehbar wurden, könnten im digitalen Fernsehen virtuell bespielt werden. Der jeweilige Banner würde dann elektronisch auf die Werbefläche gesetzt und könnte beliebig ausgetauscht werden. So könnten unterschiedliche Länder in der gleichen Übertragung verschiedene Werbebanden empfangen.

Permission Marketing:
Marken als Freund

5
Pfui TV

Die Fernsehmacher stoßen an eine Grenze: Kein Vollprogramm kann heute noch Reichweitenzuwächse verzeichnen und für die vielen vorhandenen und noch kommenden Kanäle gibt es einfach zu wenig Ereignisse. Auch wenn sämtliche Archive des weltweiten Reality-TVs, die absurdesten Sportarten und selbst Überwachungskameras ausgewertet sind, fehlt es an Stoff. Es ist daher nur konsequent, die Ereignisse gleich selbst erzeugen zu wollen und damit perfekte Kontrolle über das Geschehen zu bekommen.

Fernsehsendungen leben von den erreichten Quoten und Marktanteilen. Wenn andere Medien über Sendungen schreiben, ist das kostenlose Promotion, egal was dort berichtet und wie es bewertet wird. Die Titelseite der Bild-Zeitung ist somit ein unbezahlbarer Werbeplatz, auch wenn dort für eine dumm-dreiste Kanzler-Satire das Wort „Pfui TV" erfunden wird. Solch eine Headline kann umgehend als Format-Idee umgemünzt werden. Die Hamburger Produktionsfirma „Me, Myself & Eye" meldete bereits Titelschutz an und plant, die größten Entgleisungen von TV-Sendungen in einer „Greatest Hits"-Sammlung zu präsentieren.

Um überhaupt noch durchzudringen, scheint es einen Zwang zum Skandal zu geben. „Das Millionenspiel" hieß Wolfgang Menges Fernsehfilm von 1970, bei dem ein Kandidat für die Aussicht auf einen Geldgewinn gegen professionelle Killer antritt. Was als Fernseh-Satire gedacht war, hielten Tausende von Zuschauern für echt und bewarben sich als Teilnehmer. Fiktion und mögliche Realität gingen ineinander über. Dreißig Jahre später bietet RTL 2 in der Sendung „Big Brother" Einblicke in ein Containerdorf, wo sich zehn Menschen ohne Kontakt zur Außenwelt aufhalten und rund um die Uhr von 28 Kameras beobachtet werden. Auch Pro Sieben plant unter dem Titel „Maulwurf" einen ähnlich angelegten Achtteiler, der zum Sommerevent 2000 werden soll.

Der „Zlatko-Effekt": Zum Star in 30 Tagen?

Die Diskussionen um derartige Sendungen haben den Produzenten nicht geschadet, im Gegenteil: Es wird die Regel bestätigt, nach der auch negative Publicity willkommene Publicity ist. Hier gibt es keine Angst vor dem Skandal, sondern davor, dass der Skandal ausbleibt.

6
Krieg und Frieden im globalen Dorf

Das verlässlichste Event im Fernsehen ist der Krieg. Peter Arnett wurde mit seinen Reportagen für CNN mitten aus dem Golfkrieg berühmt. Der NATO-Krieg gegen Milošević wurde durch die täglichen Briefings mit Sprecher Jamie Shea zur Abendserie. Gleich nach den kriegerischen Auseinandersetzungen kommen die kulturell überformten Wettbewerbe des Sports.

Das weltweit größte zivile Medien-Event ist die „Superbowl", das Endspiel der amerikanischen Football-Liga. Am 30.01.2000 wurde dieses Match von rund 800 Millionen Zuschauern weltweit im Fernsehen verfolgt, während im Netz bisher rund 300 Millionen Nutzer vermutet werden. Die Bedeutung der Plattform Fernsehen ist auch im Netzzeitalter nicht zu unterschätzen. Die Hochrechnungen der globalen Community der Netznutzer lässt häufig außer Acht, dass überwiegend von den USA, Europa und Japan gesprochen wird. Aber in Afrika, Südamerika und weiten Teilen Asiens ist es der Fernseher, der auch in der letzten Favela steht und die Beteiligung an nationalen Serien ermöglicht, wo sonst kaum noch gesellschaftliche Teilnahme stattfinden kann. Telenovelas sind ein Teil des nationalen Gefühlshaushalts, und sie bestimmen Alltagsgespräche und Tagesabläufe. Fernsehen und Handy könnten in globaler Perspektive für das Wachstum des Netzes entscheidender sein als die Verbreitung von PCs.

7
Serialkiller

Warhol sah es voraus: das Fernsehen langweile ihn, weil es immer so tue, als ob es etwas *Neues* brächte, dabei aber immer nur *Ähnliches* mit kleinen Abwandlungen liefere. Er würde es vorziehen, immer *genau* das Gleiche zu sehen. Noch ist dieses Ziel nicht ganz erreicht, aber viel fehlt nicht mehr.

Die Kundenbindung über tägliche Sendungen war in Deutschland etwas Neues. So brachte Sat 1 die „Harald Schmidt Show" nur gegen große Anlaufschwierigkeiten zu akzeptablen Quoten. In den USA war das Format der „Late Night Show" schon seit Jahrzehnten etabliert, aber die exakte deutsche Kopie von der Begleitband bis zur Wolkenkratzertapete musste in Deutschland erst gelernt werden.

Formate sind kulturelle Konventionen, die im Massenmedium gelegentlich noch durch Permanenz und Sturheit durchgedrückt werden können, bis sie kaum noch zu bremsen sind. Die Daily Soap „Gute Zeiten, schlechte Zeiten" erreicht mit der täglichen 35 Minuten Sendung rund 3 Millionen Zuschauer, entsprechend 30% Marktanteil. Die Figuren wie Cora, Flo und Andy sind von der Bettwäsche bis zum Duschgel vermarktet, die Musik zur Serie erscheint fünfmal im Jahr auf CD und die Fanzeitschrift hat eine verkaufte Auflage von 350 000 Exemplaren. Seit dem Start der Serie 1992 haben rund 2000 Schauspieler und 20.000 Komparsen mitgewirkt (Zeitschrift „Jetzt", 21.06.99).

Ob neue Formate im Netz so zu platzieren sind, sei dahingestellt. Die Lieblingsbeschäftigung des Zappens, die aus der Sicht der Fernsehproduzenten unterbunden werden soll, ist beim Surfen im Netz gerade die zentrale Funktion. Allerdings wird hier die Unübersichtlichkeit auch zum Problem, was sich einige Anbieter zunutze machen, die „guided tours" zusammenstellen. So bietet www.datango.de an, den User zu bestimmten Themen durchs Netz zu begleiten, wobei zwar die Webseiten wechseln, aber die Aufmerksamkeit dauerhaft beim Reiseführer bleibt. Die Welt zu zeigen und gleichzeitig vor ihr zu schützen: vielleicht sind solche Kreuzfahrten im Netz der hungrigen Kanäle ein Format der Zukunft.

Harald Buchheister

Harald Schmidt
– Die Kultshow im Internet

Abstract

Seit Februar 1996 präsentiert sich die „Harald Schmidt Show" auch im Internet. Als eine der ersten Shows mit eigener Homepage skizziert Harald Buchheister von Sat1.ONLINE den Produktionsablauf des Relaunches für den Internet-Auftritt sowie die einzelnen Phasen von Konzeption, Produktion und Umsetzung.

www.schmidt.de

1
Die „Harald Schmidt Show" im Fernsehen

Wer kennt sie nicht – von Dienstag bis Freitag Abend schalten durchschnittlich mehr als 1 Mio. Zuschauer ins SAT.1-Programm zur „Harald Schmidt Show".

Harald Schmidt ist der am höchsten dekorierte Entertainer des deutschen Fernsehens. Gleich zwei Grimme-Preise hat er gewonnen, zwei Telestars, einen Bambi, die Goldene Europa, den Goldenen Löwen und die Goldene Kamera.

Die Wiesbadener Gesellschaft für deutsche Sprache verpasste dem Lieblingskind der Fernsehdemokratie sogar den „Medienpreis für Sprachkultur": Für seine „respektlose Art, sein ständiges Spielen mit Vorurteilen und Klischees in der besten Nonsens-Tradition seit Ringelnatz und Morgenstern."

Nach der ersten halben Stunde, die sich mit einem Stand-Up und zumeist fünf Oberthemen präsentiert und mit Sketchen und Einspielern wie der beliebten Handpuppenserie „Bimmel und Bommel" angereichert ist, folgt der Rest der knapp 60 Minuten Sendung: der Talk mit prominenten Gästen quer durch die Gesellschaft.

„Als Spaß-Unternehmer auf der Suche nach der verlorenen Frechheit frönt Schmidt dem positiven Zynismus eines fröhlichen Realisten und füllt mit kalter Lust die Versorgungslücken der öffentlich-rechtlichen Humorproduktion." (Der Spiegel 16/99)

2
Das erste SAT.1 ONLINE Projekt
Harald Schmidt im Internet

Nach einer erfolgreichen CD-ROM-Produktion für die Krimi-Serie „Kommissar Rex" erfolgte im Februar 1996 der Internet-Startschuss für SAT.1. In einem Markt, der noch wenig Internet-Präsenz aufzuweisen hatte, bedeutete dieser frühe Termin ein gewisses Wagnis, denn zum damaligen Zeitpunkt waren die Erfolgsaussichten des Internet noch längst nicht so klar definiert wie heute. SAT.1 erkannte aber das Innovationspotenzial des Mediums und schickte als Vorläufer und Pionier seine „Schmidt Show" ins Rennen – Frühstart in ein neues Medium.

Da sich die Zielgruppe der „Harald Schmidt Show" mit der des Internets in vielen Bereichen überkreuzte, fiel die Entscheidung zugunsten „www.schmidt.de" nicht schwer. Viele junge, überwiegend männliche Zuschauer, besser verdienend und mit höherem Bildungsstand, entsprachen den damaligen Marktforscheranalysen der SAT.1 Comedy-Show und dem Internet-Benutzerkreis.

In starker Anlehnung an die Show, damals noch aus dem Kölner „Capitol" gesendet und von der Firma „Brainpool" produziert, wurde in einer dreimonatigen Umsetzungsphase der Internetauftritt konzipiert und grafisch umgesetzt. An der Entwicklung waren von Seiten SAT.1 die damalige Leiterin „Programminformation" und ein hauptverantwortlicher Online-Redakteur beteiligt. Für die grafische und technische Umsetzung wurde die Hamburger Multimedia Agentur Kabel New Media engagiert.

Der WWW-User wurde auch im Internet von den Capitol-Fassaden begrüßt, auf denen täglich die Namen der aktuellen Gäste aufleuchteten. Am 01.02.1996 ging die „Schmidt Show" mit den Domains „www.schmidt.de", „www.haraldschmidt.de" und „www.haraldschmidtshow.de" online und hatte zum damaligen Zeitpunkt einen Seitenumfang von ca. 30 Seiten.

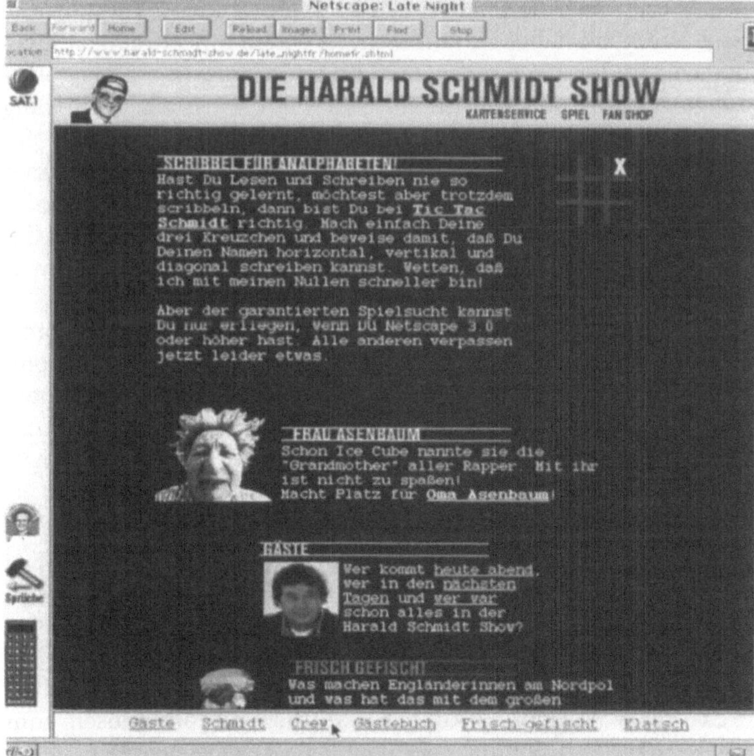

Die Anfänge der „Harald Schmidt Show" im Internet: Mit dieser Homepage wurde der User am 1. Februar 1996 begrüßt

3
Harald Schmidt – Live Chat

Als einer der ersten Live Chats wird der Promi Talk via Internet von Harald Schmidt in die noch junge Internetgeschichte Deutschlands eingehen. Im April 1996 entschloss sich SAT.1 ONLINE, die bisher noch relativ unbekannte und wenig genutzte Website über ein öffentlichkeitswirksames Event zu promoten. Einerseits sollte die eigene Kompetenz im Medium der Zukunft gestärkt werden, andererseits hatte SAT.1 endgültig erkannt, dass das Internet eines Tages ein massentaugliches Gebrauchsmedium darstellen würde. Täglich verdoppelte sich die Zahl der Nutzer, und SAT.1 wollte mithelfen, attraktive Events und Inhalte zu liefern, die das Medium unverzichtbar machen. Aus diesem Grund wurde parallel der Launch der Homepage „www.sat1.de" vorangetrieben, an dem ebenfalls lediglich ein hauptverantwortlicher Online-Redakteur beteiligt war.

www.sat1.de

Im Sinne der Demokratisierung durch das Netz hatte der Zuschauer und User die Chance, Harald Schmidt auf unkomplizierte Weise ein Stück näher zu kommen. In einem zweistündigen Live-Chat wurde der User mit seiner Frage in eine interaktive VIP-Lounge gelassen und von Harald Schmidt, damals ein noch völlig ahnungsloser Mensch in punkto Netzwelt, persönlich begrüßt. Harald Schmidt hatte selbst zu entscheiden, welche Frage beantwortet werden soll und wunderte sich sehr über das Niveau der ein oder anderen Frage. Der Fragenansturm war noch überschaubar im Gegensatz zu den heutigen Erfahrungen, die eine Filterung durch Chat Moderatoren unverzichtbar machen.

Das Event brachte tatsächlich den erwarteten Aufmerksamkeitserfolg. Insgesamt beteiligten sich ca. 80 User an diesem Promi Chat, heute erzielt SAT.1 ONLINE bei weit weniger bekannten SAT.1 Prominenten leicht das zehnfache. Aber die Presse berichtete ausführlich und verhalf „www.schmidt.de" zu weiteren Visits (damals noch Hits).

4
Die Quote im Internet

Vor Beginn der offiziellen Ausweisung der Online-Reichweiten durch die IVW-Zählung können natürlich nur Prognosen zum damals getrackten Volumen der Logfiles abgegeben werden.

Die rasante Entwicklung wird anhand der Page-Views deutlich:

- Am Anfang zählte die Schmidt-Site monatlich
  ca. 20.000 Page-Views
- Nach dem Live-Chat waren es 80.000 Page-Views monatlich
- Ende 1996 ca. 100.000 Page-Views
- Ende 1997 dann ca. 200.000 Page-Views

Einblendungen der Internet-Adresse in der Show, weitere Optimierungen und ein ständig wachsender Umfang von statischen und dynamischen Elementen, Erweiterungen im interaktiven Bereich und gekoppelte TV- und Internet-Aktionen wie der „dicke Kinder von Landau"-Gagschreiberwettbewerb, dazu die rasant ansteigende Anzahl von WWW-Nutzern schlugen sich in der Online-Reichweite nieder. SAT.1 meldete im März 1998 zum ersten Mal seine Februar-Zahlen der IVW.

- März 1998:   274.795 Page-Impressions, 144.679 Visits
- Dezember 1998:   510.604 Page-Impressions, 252.443 Visits
- Juni 1999:   746.239 Page-Impressions, 414.934 Visits

Insgesamt führte SAT.1 ONLINE auch wegen des Erfolgs von www.schmidt.de das Ranking nach Visits und Page-Impressions laut IVW vor allen anderen deutschen TV-Stationen an.

5
Der Relaunch im Juli 1999

Über einen Zeitraum von drei Jahren und sechs Monaten wurden an Layout und Grafik kaum Veränderungen vorgenommen. Mit dem Wechsel der Showlokalität vom „Capitol" ins „Studio 449" verschwand aber der Torbogen des Original-„Capitols" auf der Homepage. Damit einhergehend wurde die Navigation überarbeitet und neue Namen für die einzelnen Rubriken wurden gefunden. So entstand die „H-Klasse", das Sammelbecken für alle Harald Schmidt- Personalien und seiner Crew. Aber der überwiegende Teil der Website, das „look and feel", die Anzahl der Subsites und die Inhalte ähnelten immer noch sehr dem Aufmacher vom Februar 1996.

5.1
Der Hirn-Chat

Ein wichtiges Kriterium für den Erfolg von SAT.1 ONLINE insgesamt waren und sind die Community-Elemente wie Chats und Gewinnspiele. Auf der Harald Schmidt Website fanden sich bisher nur sogenannte Klatsch-Rubriken, eine Art Pinboard oder Forum, in der der User seine Meinung kundtun konnte. Auf der Schmidt-Site fehlte bisher ein professionell gestalteter Chat-Bereich. Zum Januar 1999 wurde nun ein „Hirn-Chat" konzipiert, der erste Chat, „der sich im Gehirn eines Showmasters abspielt". Der Chat hatte ein vom Rest der Site unabhängiges Format und sollte den Relaunch antizipieren. Bei positiven Erfahrungswerten für Navigation, Grafik und technische Umsetzung sollte der Chat als Vorreiter und Maßeinheit für den Relaunch dienen.

Spielerische Elemente wie die Psychoanalyse, die jeder User durchlaufen kann oder der Projektionsraum, in dem eigene Bilder gestaltet und verschickt werden können, unterstützten die klassischen Java-Chat-Konsoleneinrichtungen. Ein „Hirn-Scanner" teilt direkt vor der Anmeldung mit, wieviele User sich in welchen Räumen aufhalten und das „Zweithirn" hält unerlässliche Komponenten wie Freund- und Feindesliste sowie E-Mail-Benachrichtigungssysteme bereit.

Der Hirn-Chat erreichte gleich im ersten Monat ungefähr 50% des Gesamt-Traffics, so dass die Entscheidung nicht schwer fiel, sofort mit den Planungen für den Relaunch zu beginnen.

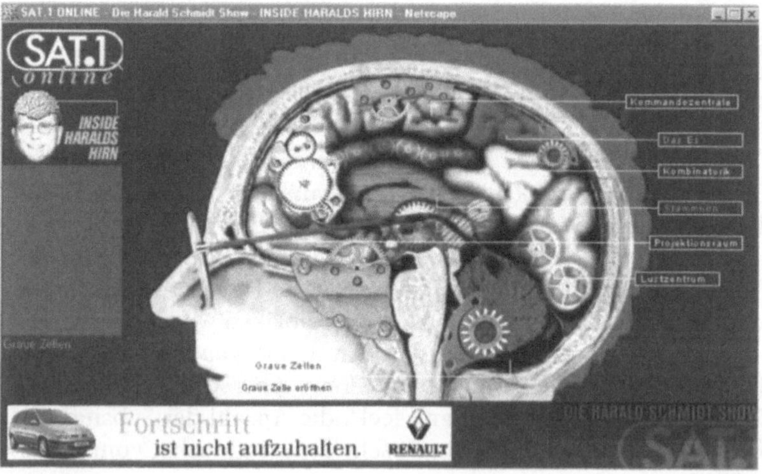

Auf dem Weg zum Relaunch mit dem „Hirn-Chat"

Die SAT.1-Homepage www.sat1.de hatte zu diesem Zeitpunkt schon das dritte Redesign hinter sich. Das Budget für den Schmidt-Relaunch war gesichert und alle Projektressourcen standen zur Verfügung, um zur Mitte des Jahres mit einem neuen Web-Auftritt zu glänzen. Welche Zielrichtung verfolgte SAT.1 ONLINE mit dieser Neuorientierung und wie wurde das Projekt gesteuert?

5.2
Die Zielorientierung

Im internen Dialog der SAT.1 ONLINE-Redaktion und „Bonito", der Produktionsgesellschaft der „Harald Schmidt Show", kristallisierten sich folgende Zielrichtungen für einen komplett neu gestalteten Internet-Auftritt von „www.schmidt.de" ab:

1. Der Internet-Auftritt soll eine größere Nähe zur TV-Show und der Person Harald Schmidt vermitteln

2. Er muss die ideale Basis für Konzepterweiterungen aus dem Autorenteam von Bonito darstellen, um kreative Comedy-Eigenformate für das Internet in Anlehnung an die Show zu verstärken

3. Layout und Grafik sollen den gegebenen technischen Anforderungen des Internets Genüge leisten (geringe Dateigrößen, schnelles Laden der Seiten, moderates Artwork und ausgewogenes Verhältnis von Text und Grafiken)

4. Intuitive Navigation und größere Übersichtlichkeit

5. Schnellere Frequenz der Aktualisierung

6. Einbindung von Videosequenzen

7. Optimale Betreuung und Pflege des Systems durch Redakteure

8. Interaktive und kommunikative Elemente sollen gleichgewichtig zum Comedy-Content der „Schmidt Show" integriert werden

Um die Ziele zu verwirklichen, entwickelte SAT.1 ONLINE mit Kabel New Media, die auch für den Relaunch als Technik- und Grafikagentur beauftragt wurde, einen mehrstufigen Phasenplan.

5.3
Die Phasen

Um den Zeitplan einzuhalten, wurde ein stringenter Phasenplan
konzipiert, der notwendig war, um besonders langfristig angelegte
Promotionaspekte berücksichtigen zu können. Die Hauptkriterien
dieses Plans umfassten die Bereiche Konzeption, Entwicklung und
Umsetzung. Entscheidend war die Umsetzung vor der großen
Sommerpause der „Harald Schmidt Show", die für Ende Juli angesetzt war. Harald Schmidt selbst sollte in der Show die Möglichkeit
gegeben werden, darauf hinzuweisen, dass „On Air" vier Wochen
Ruhepause eintreten, die Show aber online jetzt so richtig beginnen wird. Damit wurde der Plan in zwei Hauptphasen gegliedert:
der Launch vor der Sommerpause und der Launch nach der Sommerpause. Dazwischen wurden zahlreiche Unterphasen in Angriff
genommen.

6
Konzeption Hauptphase 1

Am Anfang stand die Überprüfung und Bewertung aller vorhandenen Features der Homepage und ihrer Rubriken. Erfolgreiche
Features wie die Rubriken „Daily Harry", „frisch gefischt" oder der
„Sprücheklopfer", die an verschiedenen Stellen die besten Sprüche
der „Schmidt Show" in regel- und unregelmäßiger Weise präsentierten, sollten zentralisiert und zusammengefasst werden. Weniger erfolgreiche Features wie das „Tic Tac Schmidt"-Spiel oder der
kompliziert zu installierende Bildschirmschoner sollten überarbeitet werden oder wurden ganz gestrichen. Der User hatte in der
Vergangenheit über Erfolg oder Misserfolg entschieden. Dazu kamen Erfahrungen, die auf anderen Websites von SAT.1 ONLINE
gemacht wurden, so dass nach etwa vier Wochen die Grobkonzeption feststand.

6.1
Inhalte

- Service und Informationen
- Hintergründe zur Show und den Mitarbeitern
- Gewinnspiele, Suchfunktionen

- Interaktion und Kommunikation: Chat, Forum, Tippspiele, Auktionen

Insgesamt wurden sieben Rubriken ausgewählt, die die oben genannten Bereiche abdecken sollten und vom verantwortlichen SAT.1 ONLINE- Redakteur und Kabel New Media Konzeptern getextet wurden:

1. „SchmidtMitschnitt" – alles zur Sendung vom Vortage in Wort, Ton und Bewegtbild
2. „SchmidtGäste" – der Überblick über Showgäste: gestern, heute und morgen
3. „SchmidtMachen" – alles für die Community
4. „Studio 449" – alles zum Background der Sendung und zu Harald Schmidt
5. „SchmidtSuche" – Ein Webkatalog und eine Robotfunktion, die vergangene StandUps und Gags wiederauffindbar machen
6. „SchmidtShop" – unerlässlich, der elektronische „Devotionalien-Laden"

6.2
Design und Navigation

- schlichte Komponenten
- funktionaler Ansatz, dennoch spielerisch

An dieser Stelle ist erwähnenswert, dass die Grafiker den Auftrag hatten, das glamourhafte, hochglänzende, amerikanische Entertainment-Feeling der Kölner Show mit funktionalen, leicht bedienbaren Serviceanforderungen des Internets zu vereinen. Die starre Einbindung in das SAT.1 ONLINE Frameset konnte vernachlässigt werden, einzig das Werbebanner im unteren Bereich und ein SAT.1 ONLINE-Navigationsbutton, das später als Pop-Up produziert wurde, sollten berücksichtigt werden.

6.3
Technik

Eine Datenbank für Suchfunktionen, für Video-/Audioverknüpfungen und ein Redaktionssystem, das die tägliche Pflege der

Website möglichst ohne große Programmierkenntnisse ermöglichen sollte.

7
Produktion Hauptphase 1

Nach Beendigung der Grobkonzeption wurde in die Feinjustierung investiert. In dieser Phase haben mehrere Termine zwischen Bonito, SAT.1 ONLINE und Kabel New Media stattgefunden.

7.1
Inhalte

Aufbereiten alter Inhalte, die in das neue Set übernommen werden sollten:

- „Löwenharn Special"
- „Fiagra Special"
- Material für den Bereich „SchmidtArbeiter"

Kooperationen wurden gestartet, um „SchmidtShop" oder Ideen wie „Quotentoto" und „Online-Auktionen" mit Partnern zu verwirklichen. Die Akquise für Gewinnspiele wie „Liebling des Monats" wurde begonnen. Es folgten Termine mit Helmut Zerlett und anderen Mitgliedern des Teams, die die redaktionellen Inhalte für „SchmidtArbeiter" recherchierten. Adressen für Kontaktaufnahme und Kartenbestellung wurden verifiziert.

7.2
Design und Navigation

Fototermine im „Studio 449", Sichtung der „On Air"- Grafikdesignvorlagen und schließlich Produktion der ersten Layoutentwürfe und Scribbles durch die Art Direktorin bei Kabel New Media. Nach zwei Entwurfsvarianten, die innerhalb von vier Wochen produziert wurden, wurde das Groblayout von der gesamten SAT.1 ONLINE Redaktion verabschiedet.

Basiselemente waren demnach:

1. Eine Einstiegsseite im Sinne eines Splash-Screens, der das Gefühl der TV Show auch im Internet vermitteln sollte, also möglichst prominente Logo- und „Gäste-heute"-Einbindung
2. Eine Homepage, die folgende Features aufgreift:

- austauschbare Harald Schmidts in verschiedenen Posen und
  mit unterschiedlichen Gesten prominent im Vordergrund
- Navigationsframeset im linken Bereich, das auf allen Seiten an
  derselben Stelle auftaucht mit einem SAT.1 ONLINE-Logo, das
  als Pop-Up die „www.sat1.de" interne Navigation beinhaltet
- Teaserflächen oder Bannerplätze, die das Schmidt Online-
  Programm und besondere Events promotet
- Bannerframe im unteren Bereich
- weitere Teaserfläche, die über fernsehaffine Muster, Raster
  oder Flächen gelöst werden sollte

7.3
Technik

Der komplette Frontend-Bereich, also alle Design- und Navigations-
ebenen, wurden in „DHTML" programmiert, einer bis dahin noch
relativ neuen Erweiterung der Programmiersprache „HTML". Die
Backend-Bereiche wie Datenbank und Redaktionssysteme wurden
mit „PHP 3" programmiert, einer Sprache, die die „CGI"-
Programmierung in ihrer Dynamik dahingehend erweiterte, dass die
Schnittstellen zwischen Frontend und Backend fließender wurden.

8
Umsetzung Hauptphase 1

Nachdem alle Abnahmen erfolgt waren, die Inhalte definiert, Bilder freigegeben und die Anforderungen für die Datenbanken und
das Redaktionssystem verabschiedet wurden, waren die Grafiker,
Techniker und Programmierer bei Kabel New Media gefordert.
Für die Umsetzung bis zur Testphase blieben vier Wochen Zeit.

Parallel wurde von SAT.1 ONLINE die PR-Kampagne für den
Launch der Site initiiert, Pressemitteilungen vorbereitet, Redakti-
onsbesuche bei Verlagen absolviert. Intern wurde die Abteilung

Produktion und Promotion

„Promotion Design" mit der Produktion eines Schmidt-Online-Trailers beauftragt, der ab dem 6. Juli bis zur Sommerpause eingesetzt werden sollte.

Am 1. Juli 1999 wurde die Testphase eingeleitet, die Woche wurde komplett mit Debugging zugebracht. Besonders die Bereiche „SchmidtMitschnitt" und „SchmidtSuche", die eine enge technische und inhaltliche Verknüpfungsebene bilden, liefen noch nicht fehlerlos.

Mit den Kooperationspartnern im Bereich „SchmidtShop" oder „SchmidtMachen" kam es zum Teil erst in der letzten Phase zu Vertragsunterzeichnungen. Mit einigen scheiterte eine rechtzeitige Einbindung oder wurde auf unbegrenzte Zeit verschoben. Die Freemail-Lösung mit der Endung schmidt.de musste aus schwerwiegenden rechtlichen Bedenken an einen anderen Partner vergeben werden und wird zu einem späteren Zeitpunkt realisiert. Andere Produktionen mit Kooperationspartnern wie mit den „Netzpiloten" und dem interaktiven Spiel „Quotentoto" konnten jedoch pünktlich zum Start umgesetzt werden.

Zum 6. Juli 1999 gegen 18.00 Uhr wurde dann der Startschuss gegeben. Die neue „www.schmidt.de" wurde ins Netz gestellt.

Folgende Inhalte fanden sich von Beginn an auf der Website:

- Einstiegsseite mit Original-Logo der „Harald Schmidt Show", Uhrzeit der heutigen Sendung und Gästeankündigung für den jeweiligen Tag sowie deren Konterfeis. Eine „Skip"-Möglichkeit lässt direkt von der Einstiegsseite, die immer nur geschaltet wird, wenn die Show am Abend auch tatsächlich ausgestrahlt wird, auf die Homepage wechseln

- Homepage mit Navigation im rechten Frameset, drei Teaserbuttons für Event-Ankündigungen innerhalb der Site, einem prominenten Schmidt-Konterfei, das wöchentlich ausgewechselt werden sollte und einem 70er-Jahre-Fernseher mit Störungslinien, um die Aufmerksamkeit zu erhöhen, der das Top Thema des Vorabends aus der „Schmidt Show" ankündigt und durch Weiterklicken weitere Meldungen aufleuchten lässt. Dazu ein SAT.1-Logo mit Pop-Up-Funktion, um alle weiteren SAT.1 ONLINE Angebote unterzubringen und direkt verlinkbar zu machen sowie das standardisierte Werbebanner

- „SchmidtMitschnitt": Schmidt im Ohr, der Audio-Überblick der besten Gags vom Vortage; die besten Sequenzen aus dem Stand-Up als Videoschnipsel im Real-Video (Modem und

ISDN Übertragungsqualität) und Quicktime Streaming-Format sowie eine Diashow mit Text zum Durchklicken

- „SchmidtGäste": Alle heutigen Gäste mit Bild und Kurzbiographie; ein Gäste-Rückblick mit Suchfunktion

- „SchmidtMachen": Die Community-Ebene mit Quotentoto, Forum, Hirn-Chat, Gewinnspielen wie „Liebling des Monats" u.v.m.

- Studio 449: Kontaktadresse zur „Harald Schmidt Show" mit E-Mail Adresse Harald.Schmidt@sat1.de, Biographie von Harald Schmidt und einer virtuellen Studiotour

- „SchmidtSuche": Analog zu einem Yahoo-Katalog wurden hier verschiedene Bereiche aus dem gesellschaftlichen Leben eher humoresk aufgegriffen und bilden den Hauptkatalog. Wer nicht nach Oberbegriffen suchen möchte, hat eine normale Suchfuktion nach Stichworten zur Auswahl

Bis zur Sommerpause der TV-Show waren zu diesem Zeitpunkt noch acht Sendungen angesetzt. Harald Schmidt nutzte in der Sendung noch die eine oder andere Gelegenheit auf die Show im Internet hinzuweisen („der Riiiiilaaunsch"), die speziell zur Internet-Werbung produzierten Trailer wurden einmal pro Show geschaltet, die Presse nahm das Thema auf und die Nutzerzahlen stiegen von einem Tag auf den anderen um fast das Doppelte.

Zu Beginn der Sommerpause wurden weitere Elemente produziert, die im folgenden als „Hauptphase 2" beschrieben werden.

9
Hauptphase 2

Diese zweite Phase wurde genutzt, um mit der Rückkehr der „Harald Schmidt Show" aus der Sommerpause ein kompaktes und top-aktuelles Service- und Unterhaltungspaket im Internet bereit zu halten, das dann monatlich um kreative Autoreninhalte aus dem Gagschreiberpool der TV-Produktionsgesellschaft beliebig ergänzt werden kann. Somit hatte der Internet-Auftritt bereits Mitte September weitere Inhalte in den verschiedenen Rubriken integriert:

- „SchmidtMitschnitt": Der „tageskommentar", der tägliche Schmidt-Spruch des Tages, der zur persönlichen Abstimmung

freigegeben wird; der Newsletter für alle Schmidt-Freaks, die
auf ihre tägliche Dosis Schmidt nicht verzichten können

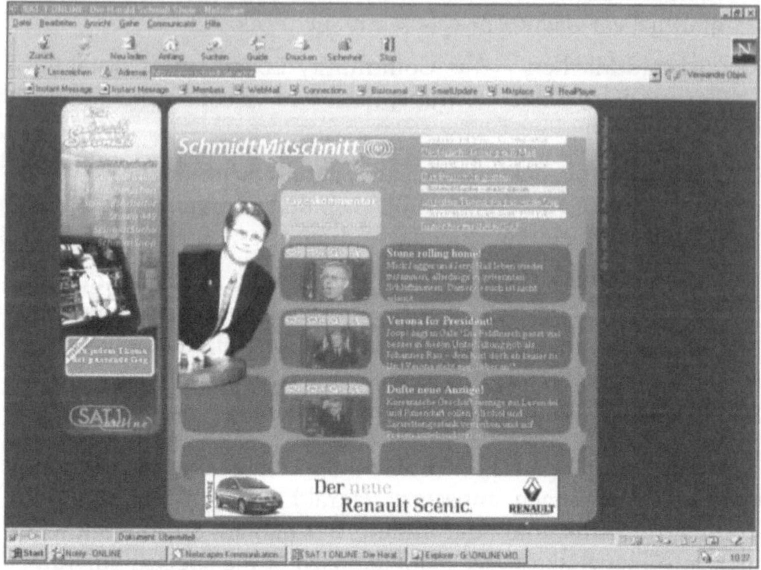

- „SchmidtGäste": Zu den wichtigsten Gästen gibt es das Interview als Video

- „Studio 449": Helmut-Zerlett-Special und Frau-Asenbaum-Special, später noch die Vorstellung von Letterman, die Online-Auktion, die ab September mit dem Internet Auktionshaus „ricardo.de" durchgeführt wird, in der man Schmidt-Devotionalien online ersteigern kann

- „SchmidtShop": Mit verschiedenen Kooperationspartnern wie „sunburst" oder „myworld" wurde ein E-Commerce Shopping-Modell als eigenständige Rubrik integriert, um einige Merchandising-Produkte aus der „Schmidt Show" zum Verkauf anzubieten

10
Online-Reichweite Teil 2

Es wurde bereits näher auf die Quotenentwicklung vor dem Relaunch
eingegangen. Danach hatte die Website im Juni 1999 laut IVW
746.239 Page-Impressions und 414.934 Visits. Dank der neuen

Website wurde im August (trotz Sommerferienzeit und der Live-Schaltung erst ab dem zehnten Tag im Juli) die Millionen-Schallmauer durchbrochen: 1.204.921 Page-Impressions und 438.433 Visits.

11
Kosten und Refinanzierung

Anfangs war die Schmidt-Show aus Image- und Visionsgründen für SAT.1 ins Netz gestellt worden. Mittlerweile werden jedoch einzelne Marken nach Kostengesichtspunkten betrachtet und müssen unter dem Gesichtspunkt der Refinanzierbarkeit produziert werden. Der Relaunch der Schmidt-Show hat sich im niederen sechsstelligen Kostenbereich bewegt, der Unterhalt kostet ca. DM 30.000 monatlich. Darin enthalten sind die tagesaktuelle redaktionelle Pflege, die Digitalisierung und Codierung der Audio- und Videodateien, teilweise Produktion neuer Features sowie die Gewinnspiel-Betreuung und technische Wartung.

Die Refinanzierung basiert auf einem Vier-Stufen-Modell:

- Stufe 1 und beim Relaunch schon verwirklicht: Erlöse über Werbebanner (468er Banner im unteren Framebereich einer jeden Seite). Die Buchung der Site mit Banner, die eine externe Vermarktungsagentur vornimmt, war bis Ende des Jahres gesichert

- Stufe 2 und nach der TV-Sommerpause mit ersten Ergebnissen: Die Integration von inhaltlichen Sonderwerbeformen. Beispielsweise konnte die „Citibank" für eine Gewinnspielaktion gewonnen werden, in der es jede Woche zwei Eintrittskarten inkl. Anreise und Hotelübernachtung zu gewinnen gab. Oder „My World", die den „SchmidtShop" auch für das Bewerben „schmidtfremder Artikel" nutzen konnten

- Stufe 3 und für das Jahr 2000: der Verkauf von Content wie den „tageskommentar" / Schmidt Gag des Tages an Suchmaschinen oder andere Portale wie AOL oder Kabelmodem-Betreiber

- Stufe 4 und für das Jahr 2000: der Verkauf an Content über WAP-Geräte oder andere dynamische mobile Systeme

Zum Zeitpunkt 10/99 hat „www.schmidt.de" den monatlichen Pflegeaufwand über diese Refinanzierungsmodelle eingespielt. Die

Kosten für den Relaunch werden voraussichtlich bis Ende 1999 egalisiert sein.

12
Fazit und Ausblick

Insgesamt kümmern sich ein Mitarbeiter bei der Agentur Kabel New Media, ein Mitarbeiter bei Bonito (ca. 5 Stunden in der Woche) sowie ein freier Mitarbeiter und ein hauptverantwortlicher Redakteur bei SAT.1 ONLINE (insgesamt ca. 10 Stunden in der Woche) um die Aktualität und Fortentwicklung der Website.

Die Website wird von vielen als vorbildliche Entertainment-Produktion angesehen, die dazu beigetragen hat, das Internet auf dem Weg zum Massenmedium hoffähig zu machen. Viele Preise wie der im Herbst 1999 verliehene Online-Star von „com! Online" in der Rubrik „Prominente im Netz", an der sich über 10.000 User beteiligt haben oder der im Oktober verliehene „Eyes and Ears Award" und das steigende Interesse bei der Nutzerschaft haben dazu beigetragen, dass die „www.schmidt.de" nicht mehr aus den virtuellen Comedy-Angeboten wegzudenken ist.

Der technische Ausbau von Breitbandaktivitäten im Soft- und Hardwarebereich (Stichwort Medien-Konvergenz) wird in den nächsten Monaten verstärkt dazu führen, dass auf der Website noch mehr Inhalte aus der „Schmidt Show"-Crew eigenständig auf der Website entwickelt und produziert werden. Geplant ist eine „Junior Late Night"-Showausgabe, interaktiv und tv-like auf die Internet Bedürfnisse aufgesetzt mit eigenen Inhalten, wie einer täglichen Harald-Schmidt-Glosse à la Rainald Goetz (vgl. www.rainaldgoetz.de), Webcam mit Übertragungen vom Backstage-Bereich und von den Generalproben sowie weiteren Features. Das Hauptformat, die „On Air"-Ausgabe der Show soll noch prominenter auf den „kleinen Bruder" Internet hinweisen und interaktive Elemente nach und nach in die Show integrieren. Beispielsweise soll demnächst eine Online-Auktion von Schmidt-Devotionalien in der Show live begleitet werden.

Getreu den Zitaten von Harald Schmidt (Die Zeit 9/99) steht einer multimedialen Zukunft der „Harald Schmidt Show" nichts im Weg: „Das Schöne bei meiner Sendung ist ja, wir vertreten keine Moral und auch keine Haltung, sondern wir bejubeln, was gerade angesagt ist" und „ich glaube, dass das Fernsehen der Zukunft immer mehr in Richtung Computer und Internet gehen wird".

Michael Kramers

ZDF: Das virtuelle Webface „Cornelia"

Abstract

ZDF.online, der Auftritt des Mainzer Fernsehsenders im Internet, präsentiert seit 1997 auf seiner Site ein interaktives Webface, das in seiner Konzeption den Erwartungshaltungen des Fernsehpublikums entgegen kommt. Der Besucher wird – ähnlich wie der Zuschauer beispielsweise der Fernsehnachrichten – von einer Moderatorin begrüßt, die ihn als virtuelle Wegweiserin durchs Programm leitet.

Das virtuelle ZDF-Webface „Cornelia" moderiert die Webpräsenz www.zdf.de

1
Von der Wirklichkeit zur Virtualität

Plötzlich steht sie mitten auf dem Desktop. Die Installation war erfolgreich. Eine Sprechblase signalisiert: „Hallo, ich bin Cornelia, das ZDF-Webface". Der Satz kommt von einer technisch klingenden Stimme aus dem Lautsprecher. Ein Texteingabefenster poppt auf: „Wo finde ich WISO" – Eingabetaste drücken – und schon verbindet Cornelia im Hintergrund mit der Startseite des gewünschten Online-Angebotes. „Da sind wir schon!"

Natürlich hatten wir alle die „Vorfahren" im Kopf:

- Max Headroom: Mit ihm wurde etwa Mitte der 80er Jahre der liebenswerte Versuch gestartet, einen virtuellen Moderator für ein Fernsehmagazin zu schaffen

- Kyoto Date: Die japanische Kunstfigur, die es mit viel Aufwand im Videobereich zu Kultstatus gebracht hatte

- Lara Croft – inzwischen mit der dritten Folge in aller Munde: Sie erlebt ihre Abenteuer allerdings am besten auf CD-ROM

Doch diese drei waren irgendwie anders und lebten online nicht wirklich. Nicht in dem Sinne jedenfalls, dass sie interaktiv gewesen wären. Sie waren realistisch in ihrem jeweiligen Medium, für das sie entworfen wurden.

Aber sollte es, so fragten wir uns bei ZDF.online, nicht möglich sein, eine interaktive Moderatorin als virtuelle Wegweiserin in diesem Medium einzusetzen?

Bei einer solchen Anwendung sieht man sich allerdings vor zwei Probleme gestellt: Auf der einen Seite gilt es, große Datenmengen zu transportieren. Andererseits aber hat man schmalbandige Leitungen und langsame Modems. Schließlich fanden wir mit der Agentur vista*new media in Köln einen Partner, der sich mit diesem Problem schon länger beschäftigt hatte und mit der „virtual friends"-Technologie einen erfolgversprechenden Ansatz präsentieren konnte.

2
Ein lebendiges Vorbild

Zwei Dinge standen für uns von Anfang an fest: Unsere virtuelle Moderatorin sollte ein wirkliches, ein lebendes Vorbild haben. Und wir wollten den Prozess der Digitalisierung als „work-in-progress" verstehen und offenlegen. Also kein geheimnisvolles Getue nach dem Motto „Schaut 'mal was wir können, aber wir verraten Euch nicht, wie's geht".

Spontan war das ZDF-Marketing von unserer Idee zu begeistern. Bundesweit wurden mit einem Wettbewerb in Kooperation mit einer Frauenzeitschrift im November 1997 Kandidatinnen gesucht: „Express Youself!", so lautete das Motto, mit dem eine junge, selbstbewusste Frau gefunden werden sollte, die sich für Online-Themen und Computer begeistern kann. Und sie sollte von ihrem Auftreten her auch im wirklichen Leben ZDF.online und den Sender repräsentieren können und das Thema ihrer „Verwandlung" bei Veranstaltungen oder Fernsehauftritten erklären. Trotz dieser anspruchsvollen Vorgaben erreichten die ZDF.online-Redaktion in den nächsten Wochen hunderte von Zuschriften. Auch nach eingehenden Telefoninterviews mit Bewerberinnen, die in die engere Wahl genommen wurden, fiel die Auswahl nicht leicht.

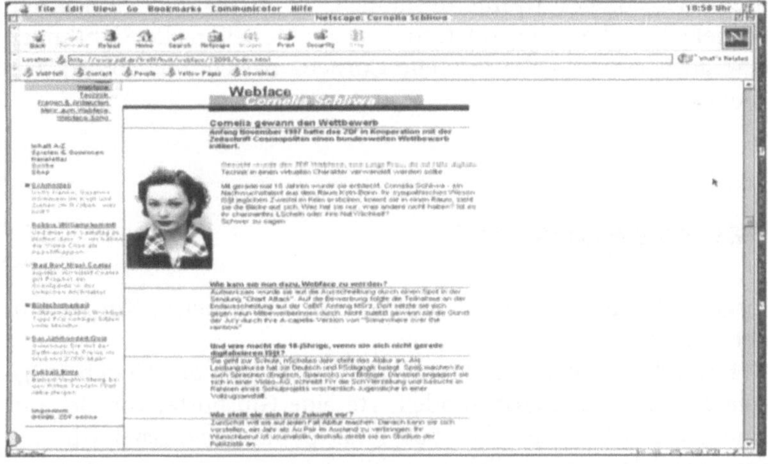

Nach einer bundesweiten Ausschreibung im November 1997 entschied sich die Jury für Cornelia Schliwa als reales Vorbild für die virtuelle Figur

Auf der CeBIT 1997 traten dann zehn Kandidatinnen an, um auf der ZDF-Party zum „Webface" gewählt zu werden. Das Publikum bildete die Jury. Mit einem hauchdünnen Vorsprung setzte sich die 18-jährige Schülerin Cornelia Schliwa schließlich durch. Schon in der Befragungsrunde hatte sie durch ihre natürliche Ausstrahlung gewonnen und dann legte sie noch eins drauf: Mit einem Ständchen von „Somewhere over the rainbow" sang sie sich spontan, aber endgültig in die Herzen des Publikums.

3
Tori Amos und David Hume

Cornelia Schliwa bezeichnet sich selbst als „ganz normale Achtzehnjährige", die inzwischen Abitur gemacht hat. Geboren ist sie in Plauen und lebt derzeit in Köln. Cornelia Schliwa repräsentiert auf faszinierende Weise einerseits den Mainstream ihrer Generation, wenn sie beispielsweise als Lieblingsmusikerin Tori Amos nennt. Sie ist aber andererseits im besten Sinne unkonventionell, etwa wenn es darum geht, einen Lieblingsphilosophen zu nennen – da fällt ihr dann David Hume ein.

Die auf die damalige CeBIT folgenden Wochen waren für Cornelia Schliwa mit Terminen gefüllt. Zur CeBIT HOME Ende August sollten die ersten funktionsfähigen Demonstrationen fertig sein. Um ein digitales Abbild zu erzeugen, wurde Cornelia zunächst fotografiert und digital vermessen. Auf einem besonders leistungsstarken Rechner von Silicon Graphics (wie er auch für die digitalen Animationen im Kinohit „Titanic" eingesetzt wurde) entstand ein dreidimensionales Drahtgittermodell. In dieses Modell wurden virtuelle Knochen eingesetzt, so dass das Modell in alle Richtungen beweglich wurde – die virtuelle Cornelia besteht aus 400 solcher „bones".

4
Was soll sie anziehen?

Insgesamt sind es 75.000 Polygone, die den virtuellen Körper nun definieren.

Besonderen Wert wurde auf die Wiedergabe der Gesichtszüge gelegt. Eine Bildhauerin modellierte eine Gipsbüste, von der mit einem Digitizer mehr als 1.000 Einzelpunkte abgetastet wurden, um auch hier ein möglichst realitätsnahes Drahtgitternetz zu erzeugen. Auf die Netzstruktur wurden anschließend Cornelias Gesichtszüge in fotorealistischer Qualität übertragen.

Aber was sollte sie anziehen? Kleider machen Leute, das gilt auch für virtuelle Figuren. Nicht zu modisch, sonst würde sie in der nächsten Saison schon wieder ein neues „Outfit" brauchen. Nicht zu flippig, schließlich sollten sich auch die älteren ZDF-Zuschauer mit ihr identifizieren können. Nicht zu spießig, denn gerade die Jungen ihrer Altersgruppe sollte sie im Internet ansprechen. Eine Gratwanderung. T-Shirt, Hose und Blazer schließlich wurden Cornelias erste Kleidungsstücke. Inzwischen wissen wir: Sie wird im Frühjahr doch wieder eine neue Kollektion bekommen ...

Alles Jacke wie Hose? Keineswegs: Auch das Outfit von Cornelia bedarf der gründlichen Planung, denn schließlich soll sie alt und jung gleichermaßen ansprechen

Das Abbild war gelungen, nur bewegen konnte es sich noch nicht. Für Cornelia folgten weitere Termine: Damit ihr virtuelles Ebenbild die Lippen so bewegte wie sie selbst und um ihre gesamte Mimik zu „tracken", sollte Cornelia Grimms Märchen vorlesen. Mehr noch: Cornelia stieg in einen „Cybersuit", d.h. in einen Overall mit zahlreichen Kabeln, die zu einem Computer führen, der all ihre Bewegungen festhält – „motion-tracking" genannt.

5
Es wird ernst: Auftritt auf der CeBIT Home

Zur CeBIT Home ist es tatsächlich so weit: Cornelia erscheint zum ersten Mal auf den (Computer-) Bildschirmen zahlreicher Nutzer und die wirkliche Cornelia auf den (Fernseh-) Bildschirmen der Zuschauerinnen und Zuschauer. Mit Bravour meistert sie ihre Auftritte in Sendungen und Interviews. Der Rummel um ihre Person lässt sie nichts von ihrer Natürlichkeit verlieren. Und das virtuelle Ebenbild? Sie begrüßt inzwischen die Nutzer auf der Homepage des ZDF unter www.zdf.de. Ein eigener Button mit einem dem „@" nachempfundenen „c" weist den Weg zum Download. Sobald Cornelia installiert ist, kann der Nutzer mit ihr kommunizieren und sich von ihr zu bestimmten Seiten des Angebots führen lassen.

Dahinter steckt ein „virtual editor", eine datenbankbasierte Anwendung, die bestimmte Schlüsselwörter mit vordefinierten Antworten, Handlungen oder Bewegungen verbindet. Fragt der Besucher „seine" Cornelia über das Texteingabefeld etwa „Wo kann ich die Online-Seiten von WISO finden?", dann erkennt die Abfrage das Stichwort „WISO" und ordnet ihm den entsprechenden Hyperlink zu und eine zeigende Geste Cornelias. So leistet Cornelia in diesem Fall zwar das, was auch eine Suchmaschine bieten würde, allerdings mit dem entscheidenden Unterschied, dass die Nutzer mit ihr wie mit einem menschlichen Wesen reden können. Das übrigens könnte in einem weiteren Ausbauschritt schon bald Realität werden: Denn sobald die Programme zur Spracherkennung weiter ausgereift sein werden, muss der Nutzer nicht mehr den Text per Tastatur an Cornelia übermitteln, sondern kann einfach in sein Mikrofon sprechen. Cornelia wird dann über die Lautsprecher antworten, so wie es schon jetzt möglich ist, wenn man über eine Soundkarte verfügt.

Es war eines unserer Ziele, Technikängste abzubauen, die Schnittstelle zwischen Mensch und Computer einfacher zu machen und das technisch-kühle Medium Computer etwas sympathischer und menschlicher zu machen. „Virtual friends", virtuelle Freunde – so nennt sich denn auch die Software, die hinter diesem Konzept steht.

6
Großer Aufwand – zahlreiche Einsatzmöglichkeiten

Was für den User – hoffentlich – spielerisch und einfach aussieht, ist hinter den Kulissen allerdings harte Arbeit. Sowohl, was die Programmierung anbetrifft, als auch in Bezug auf die Pflege. Automatisch geht da wenig: Immer wieder müssen neue Stichworte eingegeben und aktualisiert sowie neue Aktionen und Animationen mit den Stichworten kombiniert werden. Das führt bis hin zu ganzen Entscheidungsbäumen, die den Ablauf komplexer Dialoge steuern. Ebenso müssen die Links, die Cornelia für den Nutzer ausführen soll, immer wieder überprüft werden. All das kostet Arbeit und damit Geld – eine Überlegung, die vor Beginn eines solchen Projekts mitbedacht sein will, denn die Nutzer erwarten immer wieder neue Aktionen und das Drehbuch dazu will (ebenfalls immer wieder neu) geschrieben sein.

Beim ZDF befinden wir uns in einer glücklichen Situation: Die virtuelle Figur Cornelia ist so angelegt, dass wir sie in mehreren Medien und verschiedenen Medienformaten einsetzen können. So kann sie weniger datenintensiv als beschrieben auf den Webseiten agieren, sie kann aber auch auf CD-ROM verbreitet werden oder als virtuelle Moderatorin in einer Fernsehsendung auftreten. Im Gespräch ist zur Zeit eine Rolle in der neu konzipierten Online-Sendung des ZDF, die zur IFA starten soll.

Darüber hinaus kann Cornelia auch singen. Hier ergeben sich interessante Kombinationsmöglichkeiten zwischen der wirklichen Schlagersängerin Cornelia und ihrem virtuellen Pendant. Eine Symbiose, die jetzt auch eine Plattenfirma erkannt hat und nutzen will.

7
Das Konzept macht sich bezahlt

All diese Möglichkeiten bringen natürlich ein „return of interest", der sich in finanziellen Dimensionen nur schwer messen lässt, der den finanziellen Aufwand aber weit überschreiten dürfte. Die PR-Wirkung von Cornelia war enorm. Viele Zeitungen bis hin nach Schweden, wo Cornelia einen besonderen Freundeskreis hat, haben über den virtuellen Charakter und seine Entstehung berichtet. Eine Publikation in „Computerbild" brachte eine Verzehnfachung der Download-Zugriffe in wenigen Tagen. Das ZDF wird über

ZDF.online und seine sympathische Identifikationsfigur als jung und innovativ wahrgenommen.

Cornelia, das ZDF-Webface, wird bei ZDF.online auch weiter eine wichtige Rolle spielen. Sie wird weiter „lernen", mehr und mehr Bewegungen werden zu ihrem Repertoire gehören, die Programmierung wird weiter verfeinert und sie wird sich auf immer kompliziertere Dialoge mit den Nutzern einlassen können. Zahlreiche Fans hat Cornelia schon heute. Die Zahl der Downloads und mehrere hundert E-Mails monatlich an cornelia@zdf.de belegen dies. Cornelia hat das Zeug dazu, einen „Kultstatus" zu erreichen, womit eine Fangemeinde für ZDF.online und das ZDF aufgebaut werden kann.

Lutz Engelke, Nikolaus Hafermas, Johannes Krug

Inszenierte Medienwelten:
„Der Traum vom Sehen
– Das Zeitalter der Televisionen"

Abstract

„DER TRAUM VOM SEHEN – Das Zeitalter der Televisionen"
wurde 1997 und 1998 in Europas größtem Gasometer in Oberhausen gezeigt. Medien-, Kultur- und Technologiegeschichte sowie die
Programmentwicklung des Fernsehens bildeten die Schwerpunkte
der Ausstellung.

Das Industriedenkmal
„Gasometer Oberhau-
sen": Ein innovativer
Ort für neue Ausstel-
lungskonzepte

1
Das Projekt

Bei der Ausstellung „DER TRAUM VOM SEHEN – Das Zeitalter der Televisionen", die eine umfassende Auseinandersetzung mit den Phänomenen Television und Telekommunikation darstellte, standen Medien-, Kultur- und Technologiegeschichte sowie die Programmentwicklung des Fernsehens in den Inszenierungsfeldern gleichberechtigt nebeneinander. „DER TRAUM VOM SEHEN" (folgend kurz TVS genannt) wurde in zwei aufeinanderfolgenden Jahren 1997 und 1998 in Europas größtem Gasometer in Oberhausen gezeigt und war im Jahr 1997 neben der „documenta" die in Deutschland erfolgreichste kulturhistorische Ausstellung. In der gesamten Laufzeit von elf Monaten haben mehr als 540.000 Besucher TVS gesehen.

Unter dem Titel „Media-Lectures" wurde die Ausstellung 1997 von Vorträgen und Diskussionen begleitet. Zentrale Fragestellung dabei war u.a., in welcher Weise das Fernsehen im Zusammenspiel mit anderen Medien unsere Gesellschaft verändert hat bzw. wie sich unter Einfluss des Fernsehens spezifische, individuelle und kulturelle Wahrnehmungen entwickelt haben. Fragen nach der Zukunft der Medien und den Medien der Zukunft waren bei allen Diskussionsrunden ein zentrales Thema.

1.1
Macher und Partner

Von Triad Berlin stammte die Idee und das erste Gesamtkonzept. Es wurde dann von einem konzeptionell sich sehr gut ergänzenden „Kleeblatt" bis zur Realisierung weiterentwickelt. Dieses „Kleeblatt" bestand aus Lutz Engelke und Nikolaus Hafermaas von Triad, Joseph Hoppe vom Mitveranstalter Deutsches Technikmuseum Berlin sowie dem Medienwissenschaftler Dr. Thomas Beutelschmidt.

Die Ausstellung stand unter der Schirmherrschaft des jetzigen NRW-Ministerpräsidenten Wolfgang Clement: Partner waren das Land NRW, die Landesanstalt für Rundfunk NRW, RTL in der Person von Peter Hoenisch als Mitinitiator sowie die öffentlich-rechtlichen Anstalten ARD und ZDF, Astra/SES als Satellitenbetreiber, RWE Telliance als Netzwerkanbieter sowie von Seiten der Hardware-Industrie Sony, Siemens Nixdorf u.a.

Im zweiten Jahr stießen noch Bertelsmann, Pro 7 und Premiere hinzu, so dass man ohne jede Übertreibung sagen kann, dass TVS der größte gemeinsame Nenner der bundesdeutschen Medienindustrie in diesen Jahren darstellte.

Um bei der Recherche den interdisziplinären Ansatz fachlich abzusichern, stellte Triad ein enges Netzwerk zwischen unterschiedlichen Experten und engagierten Kooperationspartnern her, wie u.a. dem Deutschen Rundfunkarchiv, dem Adolf-Grimme-Institut, dem DFG-Sonderforschungsbereich Bildschirmmedien, dem Design Zentrum NRW, dem Haus des Dokumentarfilms sowie einschlägigen Medienfachbereichen an den Hochschulen. Sie dienten uns einerseits als zusätzliche Ideengeber, Filter oder Ressource und garantierten andererseits, dass keinen Einzelinteressen Vorschub geleistet, sondern dem unabhängigen Charakter des Projekts Rechnung getragen wurde.

2
Ausgangsthesen: Der Traum vom Sehen als Medium

Die zentrale These der Ausstellung war, dass das 20. Jahrhundert in seinen Wahrnehmungs- und Erinnerungskategorien entscheidend durch die Bildmaschine Fernsehen verändert wurde. Die Television hat als zentrales Informations- und Unterhaltungsinstrument in den vergangenen 60 Jahren zur Globalisierung der Wissensressourcen geführt und Bildwelten entstehen lassen, die sowohl unsere Wahrnehmung wie auch die Kommunikation radikal beschleunigt und neu rhythmisiert haben. Unsere alltägliche Erfahrung wird heute in großem Maße durch mediale Strukturen konstituiert, die sich räumlich und zeitlich nicht mehr begrenzen lassen: Fernsehen stellt ein international verzweigtes Geflecht aus Kultur, Technologie und Ökonomie dar; dies versuchte die Ausstellung auf sinnlich erfahrbare Weise zur Darstellung zu bringen.

TVS war in dieser Hinsicht eine Art historische Rekonstruktion dieser Bildmaschine; die Ausstellung organisierte eine sichtbare Beziehung zwischen Technikgeschichte und den durch sie ausgelösten kulturellen wie sozialen Phänomenen.

Dabei wurde zunehmend erkennbar, dass die Ausstellung durch die inszenatorische Distanz zu ihrem Gegenstand selbst zu einem Medium wurde, das vom Wandel der Wahrnehmung gekennzeichnet ist. Gesprochen wurde gleichzeitig von den Implikationen und Perspektiven der elektronischen Programmproduktion bzw. -distribution wie von der kollektiven und individuellen Rezeption signifikanter Formate und Sendungen.

In TVS wurde zum einen ein Blick zurück in eine Zeit geworfen, in der das Leitmedium der Moderne noch als moralische Instanz gesellschaftliche Identität stiften konnte. Zum anderen aber wurde ein Blick voraus geworfen in eine neue mediale Wirklichkeit, die sich qualitativ konstant verändern wird.

Die Mischung von populärer Darstellung gepaart mit einem hohen Unterhaltungswert, von wissenschaftlicher Sorgfalt und künstlerischem Anspruch, hatte große Resonanz und vergnügte Medienpublikum und Medienmacher gleichermaßen.

3
Ein Ausstellungs-Schnelldurchgang

Auf insgesamt drei Ebenen und mehr als 4.700 qm wurde der Besucher durch die Welt der Televisionen geführt. Den Auftakt der Ausstellung bildete eine Inszenierung zu den Teleskop-Blicken Galileo Galileis auf den Mond, durch die das Weltbild der Renaissance nachhaltig auf den Kopf gestellt wurde.

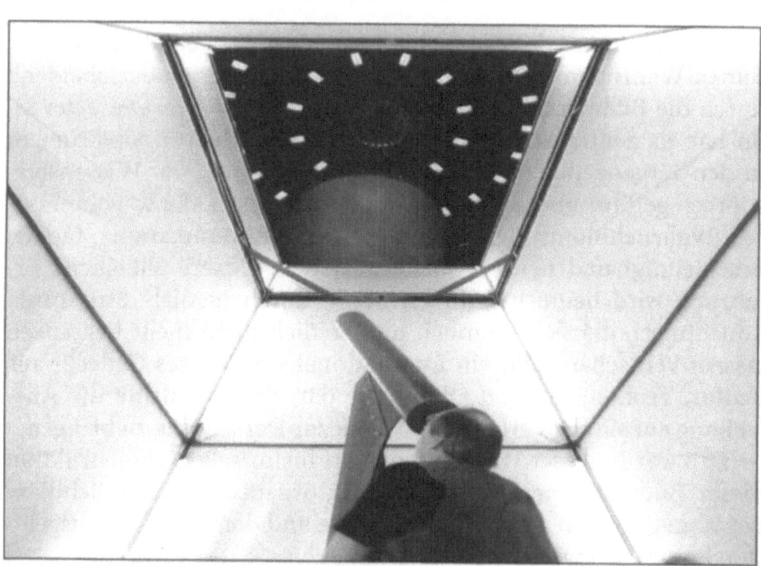

Die historische Blickachse zwischen Renaissance und Mondlandung

Der Besucher schaute durch ein Fernrohr und blickte damit unter das 100 Meter entfernte Dach des Gasometers. Dort war ein TV-Monitor befestigt, dessen Bilder dies ursprünglichste Tele-Seherlebnis der Menschheit mit dem ersten globalen TV-Erlebnis, der Mondlandung von 1969, verknüpfte. Für die Ausstellung wurde damit eine kulturgeschichtliche Blickachse als Orientierung angelegt. Eine sich daran anschließende „Wunderkammer der Augen-Blicke" spielte auf ungewöhnliche Weise mit der Selbstwahrnehmung des Menschen durch die Augen anderer Lebewesen.

3.1
Erste Bildmaschinen und innere Bildwelten

Gleich gegenüber fanden sich frühe Ideen „phantastischer Bildermaschinen", die jedoch mangels geeigneter Technologien praktisch nicht als funktionstüchtige Apparate umgesetzt werden konnten. Daran schlossen sich innovative Leistungen der in verschiedenen Ländern parallel experimentierenden Pioniere des protoindustriellen Fernsehens an, wie John Logie Baird (England), Manfred von Ardenne (Deutschland) oder Wladimir Zworykin (Russland/USA). In der Frühphase betrieben diese Pioniere noch Grundlagenforschung und erprobten einfache Methoden der mechanischen Bildzerlegung und Bildrekonstruktion im Laborstadium, wie etwa die Nipkowscheibe als „Personenabtaster".

Wollten die Ingenieure die äußere Wirklichkeit visuell einfangen, so versuchte der Arzt Sigmund Freud die inneren Bildwelten sichtbar zu machen. Sein Blick legte am Beispiel der Traumdeutung unbewusste Wahrnehmungsstrukturen des Subjekts frei und zeichnete zugleich den psychischen Seh- und Traumapparat des Menschen nach, was aus Textfragmenten der ersten Briefe zwischen Freud und Wilhelm Fließ nachgezeichnet wurde. Digitalisierte Hirnstromaufzeichnungen veranschaulichten dem Besucher in diesem Kontext die Bewegung innerer Bildwelten anhand eines wachenden und eines schlafenden Gehirns.

3.2
Erste Netzwelten: Das Verschwinden der Ferne

Neben diesen eher spielerischen Elementen wurde das Publikum auf dieser Ebene aber auch in Wort und Bild mit der Vorgeschichte der Tele-Visionen konfrontiert. Zum einen wurde an die erste simultane Welterfahrung erinnert: Eine weitere Metapher für das „Verschwinden der Ferne", die universelle Verfügbarkeit von Informationen sowie allgemein für die technikbasierte Extension menschlicher Entfaltungsspielräume.

Erste Elektrifizierungen der Kommunikation und die Verschmelzung der Kontinente mit der Kabeltelegraphie seit Mitte des 19. Jahrhunderts standen hier im Mittelpunkt und gaben sogleich erste Ausblicke auf die späteren Netzwelten des 20. und 21. Jahrhunderts. Diese als historische Wendemarke gefeierte Erfahrung machte erstmals die Vision einer „One World" sichtbar, auch wenn die damaligen Netzwerke zunächst noch fragmentarisch blieben.

3.3
Medienkunst

Ältere und jüngere medienkünstlerische Arbeiten waren auf allen Ebenen der Ausstellung mit Werken von Wolfgang Matzat und Dieter Kiessling über Friederike Pezold und Pat Binder bis Dan Graham und Nam June Paik integriert. Sie sollten jedoch nicht als separates Teilprogramm erscheinen, sondern als inhaltlich eingebundene Momente und Dialogangebote zu einzelnen Ausstellungssegmenten.

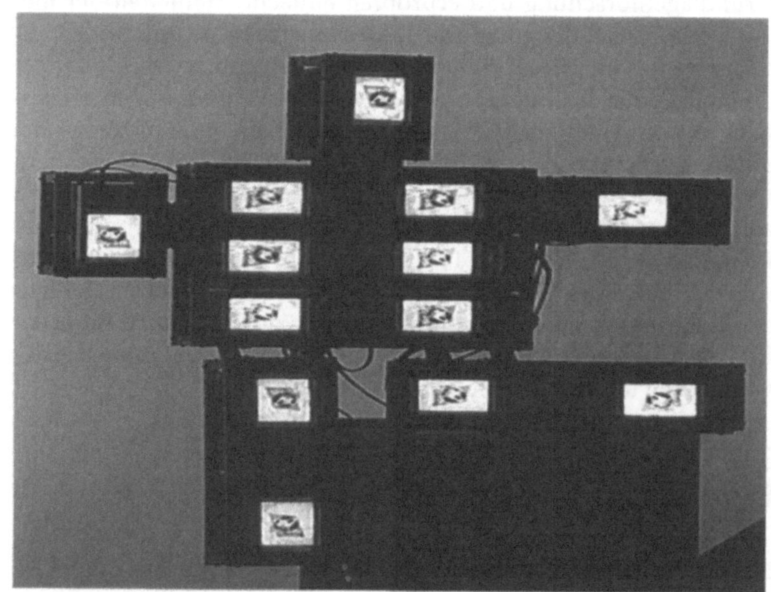

4
Die zweite Ausstellungsebene: Zeitfragmente

Insgesamt beschäftigte sich der zweite Ausstellungsbereich mit den programmgeschichtlichen und ökonomischen Dimensionen des aufstrebenden Massenmediums von den anfänglichen Live-

Übertragungen bis zu seiner heutigen Diversifizierung und Digitalisierung.

Neben einer „Bilderkörper-Schleuse" mit direkten Projektionen auf die Besucher zu Beginn der zweiten Ebene wurde zur historischen Orientierung und Strukturierung mit den „Zeitfragmenten" für jede Dekade von 1950 bis 1980 eine modulare Form gefunden. Spezifische TV-Ikonen, welche ihre Epoche geprägt haben, wurden hier in kurzweiligen Sequenzen für den Besucher ständig wiederholt – von der Krönung Elisabeth II. über den olympischen Black Power-Protest bis hin zur Öffnung der Berliner Mauer waren dies Bilder der Zeitgeschichte, der Moden, des Sports und anderer Elemente der Alltags- und Bewusstseinskultur, die jeden Haushalt erreicht haben.

Zeitfragmente: Die 30er und 40er Jahre als Dokument für die Entwicklung des Fernsehens hin zum Massenphänomen für Jedermann

Hier wurden die ersten Fernseh-Live-Übertragungen und die ersten öffentlichen Fernsehstuben während der Olympiade 1936 gezeigt bis hin zum Lenkwaffensystem im Bombenkrieg, dem Modell der TV-Gleitbombe „HS 293", ebenso wie die ersten Gehversuche einer Programmkultur in der Nachkriegszeit. Begleitet von Tondokumenten der Gründerväter des Fernsehens wie Adolf Grimme, Werner Pleister, Eberhard Beckmann, Hans Bausch – und als Antipode Hans Mahle vom ostdeutschen DFF – wurde hieran noch einmal deutlich, wie sich das deutsche Fernsehen, insbesondere nach der Erfahrung des zweiten Weltkriegs, als eine politisch unabhängige bzw. aufklärerische Werteinstanz verstand und als echte vierte Gewalt im Staate neben Legislative, Exekutive und Judikative wahrgenommen wurde. Das Fernsehen war noch authentisch, rein und glaubwürdig: Seeing is believing.

Durch Inszenierungen wie „Sonntags um Zwölf", in dem der „Internationale Frühschoppen" von und mit Werner Höfer den „Schöllermanns", der ersten deutschen Familienserie, gegenübergestellt wurde, gefolgt von einem ironischen „Robert Lembke Memorial", bewegte sich der Besucher durch das rituelle Interieur der ersten deutschen Fernsehwelt.

Ein Interieur des frühen deutschen Fernsehens: Der „Internationale Frühschoppen" und die „Schöllermanns"

Waren die Loops der „Zeitfragmente" chronologisch geordnet, so orientierte sich ein weiteres Abspielelement an bestimmten Sujets und Problemstellungen.

4.1
Themensofas

Unterbrochen wurde die Erzählung der Ausstellung immer wieder durch überdimensionierte rote Themensofas. Diese „Themensofas" zeigten eigens produzierte Kompilationen von etwa 20 Minuten Länge und waren als Dialogangebot für die Zuschauer gedacht. Durch gezielte Dramaturgie sollten sie eine Spannung erzeugen zwischen Affirmation und Reflexion, Vertrautem und Unbekanntem, Unterhaltung und Ernsthaftigkeit bzw. Stereotypen und Leitmotive, aber auch Kritik und Normabweichungen aufgreifen, verdichten und brechen. Die Themen waren: „Zeile für Zeile: Erste

Fernsehbilder", „Das Fremde im Wohnzimmer", „Trau keinem über 18", „TV im TV", „Männerblicke – Frauenbilder" und der „Blick nach drüben" als kleine DDR-Retrospektive.

Das DDR-Fernsehen stellte sich hier per Hochsitz, Mauerblick und TV-Todesstreifen quer zum Besucherfluss. Veranschaulicht werden konnten so zum Teil verblüffende Parallelen eines im Partei- und Staatsauftrag instrumentalisierten Rundfunk- und Fernsehformates im Vergleich zum „freien" Fernsehen des Westens. Fazit: Unterhaltungsformate des Fernsehens scheinen keine ideologischen Grenzen zu kennen.

Ein Sonderfall war allerdings das Fußball-WM-Spiel DDR-BRD 1974, das politisch in die Phase der Entspannungspolitik fiel und ein Stück deutsch/deutsche Sportberichterstattung auf den Punkt brachte. Der einzige zur Verfügung stehende Originalton kam aus dem Osten, so als hätten die bundesdeutschen Archive die Niederlage durch das berühmte Tor von Jürgen Sparwasser bis heute nicht verkraftet.

Eines der sechs stark frequentierten Themensofas

4.2
Kinder und TV

Kinder galten als klassische Zielgruppe des Fernsehens, das seit 1953 mit wechselnden Strategien von einer trivialen Kontroll- und Lernpädagogik über polarisierende Emanzipationsmodelle bis zur kommerziellen Unterhaltung mit Konsumanreiz um die Gunst der jüngsten Zuschauer buhlt.

Klein und Groß konnten in TVS noch einmal ihren „Freunden fürs Leben" als durchaus realen Sozialisationsinstanzen begegnen: der „Augsburger Puppenkiste" oder „Ratz und Rübe", dem „Sandmann" oder dem „Li-La-Laune-Bär" und „Käpt'n Blaubär". Zudem erhoben in einem „Streichelzoo" weitere TV-Lieblinge wie Fury, Lassie, Flipper, Skippy oder Clarence durch Berührung ihre Stimmen.

4.3
Die 70er Jahre: TV Labyrinth

Einen weiteren Schwerpunkt bildeten die 70er Jahre als die eigentliche Moderne des Fernsehens, die auf gesellschaftliche Auf- und Umbrüche reagierte, gleichzeitig selbst Impulse gab und andere Standards in der Darstellung und Verarbeitung realer Lebenswelten setzte. In einem „Kabinett der TV-Experimente" prallten spektakuläre Formate, Personen und Ereignisse aufeinander.

Joseph Beuys' documenta-Rede, die medialen Konfliktparteien „Panorama" versus „ZDF-Magazin", Tabubrüche wie „Smog" von Wolfgang Menge und Unterhaltungsskandale wie „Wünsch' Dir was" mit Dietmar Schönherr stießen in der Ausstellung aufeinander und standen für eine Zeit des politischen Umbruchs und damit auch für einen neuen Formataufbruch im Fernsehen. Die Politisierung des Fernsehens gerade im Rahmen der Entführung von Hans Martin Schleyer bis hin zu scheinbaren Tabubrüchen, wie der ersten Sportmoderatorin, der ersten Nachrichtensprecherin oder Kommissarin, gebrochene Männerbilder mit Schimanski oder Colombo bis hin zu den gesellschaftlichen Randgruppen; all das wurde in einem Labyrinth des Jahrzehnts zusammengefasst.

Den Abschluss der bespielten Segmente im zweiten Obergeschoss bildete die Inszenierung „Abends um 8: Die Tagesschau" zur ältesten und maßgeblichen Institution der Informationsvermittlung im deutschen Fernsehen. Das allabendliche Intro im wandelnden Zeitgeschmack sowie die vertrauten Repräsentanten von Uhr, Zeit, Antennen und Gesichtern der Nation konnte man dort auf, um und mit dem realen Tagesschau-Tisch aus dem Hamburger NDR-Studio erfahren.

4.4
Das Private und das Serielle

Daneben wurde die „Geburt der Privaten" und damit eine adäquate Präsentation der Marke RTL thematisiert. Zugleich wurde die Risikobereitschaft und Wandlungsfähigkeit von RTL in Bezug zu klassischen Formaten des ersten und zweiten deutschen Programms dargestellt.

Aufgegriffen wurde an späterer Stelle ein publikumswirksames, senderübergreifendes und industrialisiertes Format: die Serie. Mit Fotos, Ausschnitten und einer Produktpalette diverser Merchandisingobjekte mit Kultcharakter wurde am Beispiel von „Gute Zeiten, schlechte Zeiten" vor allem der Produktionsprozess des Wirtschaftsfaktors „Daily Soap" dokumentiert.

Waren in der Aufbauphase der Republik bei den „Schöllermanns" und „Hesselbachs" das autoritäre Staatsgefüge und die Familienbindung noch intakt, so gerieten feste Leitbilder bei den „Unverbesserlichen" oder den „Tetzlaffs" bereits in Gefahr. In der „Lindenstraße" oder bei den „Guldenburgs" führte dies dann endgültig zu Identitätskrisen und Auflösungserscheinungen.

Für „Gute Zeiten, schlechte Zeiten" oder im „Marienhof" bleibt gegenwärtig nur die Adaption weltweit bewährter Muster und die Suche nach dem individuellen Glück in einer von der Freizeitindustrie bestimmten Konsumgesellschaft. Das Serielle ist die formatierte Antwort auf die Wiederholung des Immergleichen in der Industriegesellschaft. Es sind visuelle Leithormone der Moderne.

4.5
Ein „Himmel voller Bilder"

Einen „Himmel voller Bilder" – als archaisches Sehhaus für die Ausstellung konstruiert – stellte das globale Weltfernsehen dar. „Astra" als Transporteur von Bildwelten und Vernetzer von 60 Kanälen gleichzeitig stand im Mittelpunkt einer den gesamten Luftraum einnehmenden Inszenierung. Ein Raketenstart, im Fahrstuhl des Gasometers als Audioinszenierung angelegt, ließ den Besucher durch die 100 Meter Luftraum des Gasometers gleiten und sich einer Satelliteninszenierung unter dem Dach des Gasometers nähern.

Der Kampf im Luftraum um die Satellitenhoheit setzte sich auf der Erde räumlich fort. Der daran anschließende „Kampf der Giganten" thematisiert den Weltmarkt Fernsehen und deren „Global Players": ein Markt von Fusionen, Allianzen, Gegenallianzen wie

etwa TimeWarner, Disney, Viacom, News Corp., UFA/CLT, der
Kirch-Gruppe, Canal Plus/NetHold und Mediaset. Die wirtschaftliche Potenz dieser acht transnational operierenden Firmengruppen
und ihre zahlreichen Beteiligungen in Deutschland wurden auf
einem napoleonischen Schlachtfeld gemäß ihrer jeweiligen Zu-
schauermarktanteile versinnbildlicht.

4.6
„Währenddessen – anderswo" und die Flüchtigkeit des Mediums

Zentrales Ausstellungselement war ein durchlaufendes etwa 150m
langes „TV-Hochregal", das hauptsächlich programmrelevante
„Erinnerungsstücke" aus der Requisite, dem Kostümfundus, den
Archiven, Redaktionen oder privaten Sammlungen aufgenommen
hatte.

Der Besucher erwartete von TVS nicht nur eine anregende, in-
tellektuelle oder unterhaltsame Diskussion des Themas, sondern in
gleichem Maße Dinge und Objekte mit ihrer spezifischen Aura und
ihrem symbolischen Wert, die er sonst nicht oder nur auf dem
Bildschirm zu Gesicht bekommt. Aus diesem Grund wurden einmalige und originäre Dekorationen, technische Geräte, Modelle,
Szenenbilder, Schriftstücke, Preise, Fotos oder Plakate zusammen-
getragen: Die stummen Zeugen und Beweismittel einer Sendung,
einer Entwicklung oder eines Rituals, welche zur Fernsehkultur
gehören und die Flüchtigkeit eines Ereignisses oder Bildes in die
Materialität eines anschaubaren, hörbaren und spürbaren Arte-
fakts überführten.

Insgesamt wurden mehr als 500 Unikate in der Ausstellung zu-
sammengetragen. Zu vielen dieser Fundsachen wurden zusätzlich
passende Programmausschnitte ausgesucht, welche die Besucher
über ein spezielles Interface anwählen und auf einem TV-Gerät
hinter Glas in Verbindung mit dem jeweiligen Objekt sehen konnten.

Berücksichtigt wurde auch die TV-Werbung als „Fernsehware"
mit ausgewählten Spots eines Unternehmens wie Maggi von Beginn der Werbung in den 50er Jahren bis heute sowie einige „Ama-
zing Discoveries", realen Exponaten aus dem virtuellen Tele-Shop.

Durch das assoziative Aufeinandertreffen dieser Objekte mit all
ihren Alterungs- oder Gebrauchsspuren sowie im sinnfälligen
Kontrast oder in der bewussten Interaktion mit den dominanten
Bewegtbildern der Monitore, entstand eine emotionale historische

Verdichtung von Objekt und Bewegtbild. Die Objekte begannen für einen kurzen Augenblick wieder zu leben.

Einen Blick in fremde Fernsehkulturen erlaubten separat aufgestellte Installationen unter dem Motto „Währenddessen – anderswo" mit Ausschnitten aus den USA, Japan und Indien sowie Bhutan, wo bis zum 1. Juli 1999 Fernsehverbot herrschte.

4.7
Der Luftraum des Gasometers

Die Strategie des künstlerischen Projektes „eklipse" von Robert Scheipner war es, den gigantischen Innenraum des Gasometers nicht zu bezwingen, sondern ihn in seiner Wirkung unberührt zu lassen. Stattdessen wurde an zentraler Stelle ein relativ kleines Objekt – ein Zylinder – errichtet, dessen Wirkung sich jedoch nicht von außen erschloss, sondern erst nach dem Betreten in seinem Inneren: Der Blick in den Luftraum vom Mittelpunkt der Manege wurde also durch ein räumliches Modell des Gasometers verdeckt, das genau diesem zentralen Blick entsprach – vergleichbar ähnlichen Konstruktionen von René Magritte.

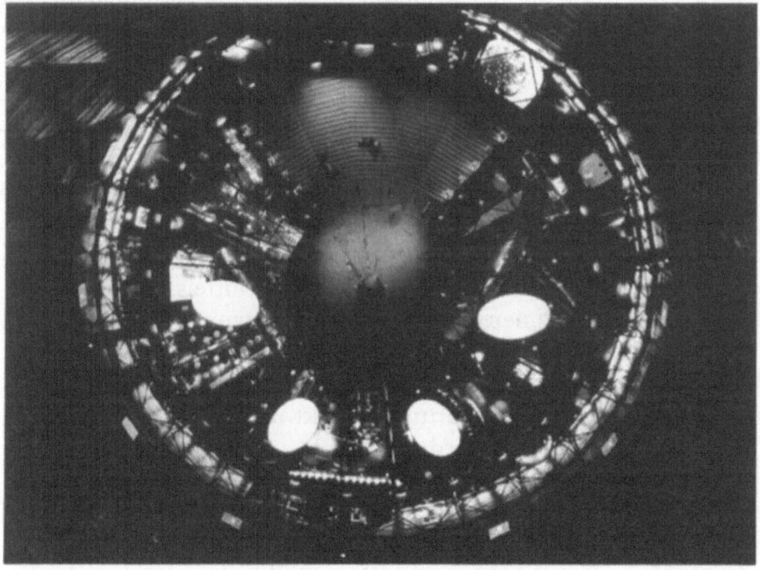

Traum vom Sehen:
Sicht aus 117m Höhe

Im Inneren des Zylinders wurde der Blick nach oben gelenkt, und dieser Blick war die intensive und wesentliche Verbindung zu dem Gasometer-Innenraum. Man meinte, diesen zu sehen – aber auf eine irritierende Weise, denn in ihm schwebten Objekte, die unerklärliche Metamorphosen durchmachten, um dann scheinbar im Nichts zu verschwinden. Diese Irritation hatte ihren Grund in der Konstruktion des Zylinders, der in zwei Etagen geteilt war. In der oberen befand sich ein anamorphotisch gedehntes Modell des Gasometer-Innenraums, das durch Rotation und Stroboskopeffekte animiert wurde: dreidimensionale, materielle und zeitgleiche Animation in einem „Kino konkret".

5
Die Zukunft der Medien und die Medien der Zukunft

5.1
Technologie: Erster Überblick

Technologisch wurden gerade bei den Übertragungswegen neueste und höchste Standards gesetzt, was sich z.B. in der direkten Zusammenarbeit mit Otelo und der ATM-Richtfunkstrecke aus dem von Otelo initiierten Gelsenkirchener Pilotprojekt zeigte. Dadurch wurde eine breitbandige Anbindung von 32 Bit ermöglicht, was sehr innovativ für das Jahr 1997 war. Es ermöglichte ein äußerst schnelles Surfen für die Nutzer der Ausstellung im Gasometer.

Zeitgleich wurde die Ausstellung unter dem Titel „Alice im VRML-Land" ins Internet gestellt und tagesaktuell von der WAZ–Gruppe und deren regionalem Netzprovider City-Web, betreut. Gäste, News und Ankündigungen von Rahmenprogramm und Events wurden auf diese Weise kommunikativ unterstützt. Fotos aus dem Gasometer wurden sofort ins Netz gestellt. Bedient werden konnten die Terminals vom Besucher mittels einer Blindentastatur, die von Siemens Nixdorf entwickelt wurde.

In der Summe, gerade auch der vorkuratierten Netzwerkgalerie, konnte so das Thema neue Netzwelten und neue Kommunikationsformen in den Vordergrund gerückt und mit einem Internet-TV Pilotprojekt ergänzt werden.

Sämtliche Bewegtbilder in der Ausstellung wurden von insgesamt 40 Siemens Nixdorf-PCs ausgespielt. Durch die Kombination von Videokarten und Consumer PCs entstanden so kleine Videoserver, die es ermöglichten, das Bewegtbild ohne Rückspulzeiten im Loop abzuspielen. Eigens für TVS wurden Interfaces zur Bedienung der Videoserver entwickelt, um mittels einer Kransteuerung Fernsehbilder am Hochregal in Gang zu setzen.

Bei der Inszenierung und Aufarbeitung des TVS wurde als Ziel formuliert, die aktuelle Diskussion sowohl zur Zukunft der Medien als auch zu den Medien der Zukunft inhaltlich, künstlerisch und wissenschaftlich zu spiegeln, zu reflektieren und an konkreten Beispielprojekten oder Visionen zu demonstrieren. Dabei sollten die aus der derzeitigen Medienentwicklung resultierenden Problemfelder bzw. die kommunikativen, technologischen, sozialen, ökonomischen und politischen Veränderungen der postindustriellen Gesellschaft(en) implizit behandelt, aber auch in Frage gestellt sowie durch innovative und avantgardistische Ansätze relativiert werden. Hinsichtlich der Medien vollzieht sich ein Paradigmenwechsel in nahezu allen Bereichen der Gesellschaft. Diesen galt es aus verschiedenen Blickwinkeln zu beleuchten und über mögliche Szenarien ihrer Zukunft nachzudenken.

5.2
„Die McLuhan-Maschine – Resonanz der Sinne"

Zunächst griff die interaktive Bild- und Toninstallation „Die McLuhan-Maschine – Resonanz der Sinne" auf der dritten Raumebene der Manege die zentralen Thesen des kanadischen Medientheoretikers auf, dessen visionäre Gedanken sich in der heutigen Diskussion um die kulturellen Konsequenzen elektronischer Medien als unvermindert aktuell erweisen.

Eine der vier McLuhan-Maschinen: Der Besucher als Teil der Inszenierung

Spielerisch erschlossen sich den Besuchern in vier Wahrnehmungsfeldern die weitreichenden Einsichten McLuhans, wenn beispielsweise das Diktum vom „Medium als Extension des Menschen" am eigenen Leib erfahrbar wurde: Als Schnittstelle zwischen Mensch und „McLuhan-Maschine" diente das älteste elektronische Musikinstrument der Welt, das 1920 entwickelte Theremin.

Anders als bei einem reinen Musikinstrument erzeugte der Besucher nicht nur die sphärischen Klänge, sondern er bespielte durch seine bloße physische Präsenz auch die Bilder dieser Ausstellung, die auf riesigen ovalen Projektionsflächen in acht Metern Höhe über dem jeweiligen Theremin immer wieder neu erschienen und überraschend andere Bild- und Klangfolgen entstehen ließen.

5.3
Die Netzwerkgalerie

Den Schlusspunkt der Ausstellung bildete die „Netzwerkgalerie", welche über die übliche Inszenierung eines Online-Cafés weit hinausging. Theoretisch – und durch die einzelnen Beispiele auch praktisch – hatten wir uns an den international vorherrschenden Diskursen und (Vor-) Denkern zu orientieren und nicht auf den Gegensatz von Technikeuphorie versus Technikphobie zu beschränken: Nichtlinearität, rhizomatische Strukturen, Aufhebung des dualistischen Denkens, Zusammenführung natur- und sozialwissenschaftlicher Theorien, die Vereinigung von „Kopf und Bauch", die Einbeziehung von „Utopia", „Aumarotum" usw.

Angestrebt wurde insgesamt ein ambitioniertes, gleichzeitig aber auch verständliches Forum, das eine Brücke schlagen sollte vom technokratischen Ansatz der „Medienrealität" über die Diskussion „Kommunikation als globales Ereignisfeld" zum „Laboratorium der Visionen" und die verschiedenen Aspekte des Internets behandelte.

Die 10 Themenkomplexe waren:

1. Netz der Netze (Geschichte und Technologie des Internets)

2. Sprachen des Netzes
   (Formen der Kommunikation und Interaktivität)

3. Globalisierung
   (Aspekte des Datenverkehrs und der Ökonomisierung)

4. Freiräume – Zensur
   (Herausforderung der Informationsfreiheit)

5. Arbeitsplatz
   (Teleworking und Telelearning)

6. Alltagskultur
   (Marktplätze, Spielräume, Experimentierfelder)

7. Kunst
   (Kulturangebote, Online-Künstler und Ästhetik)

8. TV im Netz
   (Programmangebote und Senderinformationen)

9. Fenster zur Welt
   (privilegierte Blicke über Web Cams)

10. TVS-Online

Die Online Galerie
unter den McLuhan
Maschinen

Da die Expansion der internationalen Netzwelten und die quantitative wie qualitative Fülle an Themen und Aspekten nur von Ein-
geweihten ansatzweise bewältigt werden kann, wurde eine streng
kuratierte Auswahl an Hinweisen (Links) signifikanter Angebote
(Homepages) für zehn Terminals vorbereitet, deren Bilder sich auf
die innere Gasometerwand projizieren ließen – verstanden als eine
„Sichtbarmachung des vormals Unsichtbaren". Neben eigens erstellten Einführungs- und Erklärungsseiten ermöglichten diese

Orientierung und Konzentration und boten auch dem Laien einen
sinnvollen Zugang zur Internet-Kultur.

5.4
Alice im VRML-Land

Ergänzend hierzu fand sich ein weiteres exploratives und dreidimensionales Kommunikationswerkzeug: Die Nutzer hatten die
Möglichkeit, im Gasometer mit Hilfe von zehn Workstations und
von außerhalb über das Internet in fünf verschiedenen und miteinander verküpften VRML-Welten in Echtzeit zu navigieren und
mit anderen Personen, die durch auszuwählende „Avatare" (Stellvertreter) repräsentiert wurden, in einem Chat-Bereich zu kommunizieren: Neben der lustvollen Manipulation von Sprache
ergaben sich durch die Positionsbestimmungen im Raum, die
Kontakte mit anderen Mitspielern und die Steuerung der Objekte
mannigfache Möglichkeiten der Interaktion für die Besucher, wobei gemeinschaftliches Handeln neue Optionen eröffnete – alles
war möglich, es galt nur, die Orientierung zu wahren...

Unabhängig von diesen Aktivitäten wurde bereits im Vorfeld
der Ausstellung ein multimedialer Online-Auftritt eingerichtet.
TVS-Online war das Kommunikationsinstrument für alle nationalen und internationalen Projektpartner und war darüber hinaus
allen Interessierten als ständig aktualisiertes Archiv mit Hinweisen

auf geplante Veranstaltungen, Aktionen, Referenten und Künstler zugänglich. Texte, Standbilder, Video und Audio wurden ständig redaktionell betreut und aktualisiert. Zuschauern wurden virtuelle Ausstellungsrundgänge, ein Besucheralbum und Treffpunkte eingerichtet.

5.5
VRML-TV

Erstmals wurde ein eigens für TVS entwickeltes VRML-TV-System zur Interaktion mit laufenden Fernsehsendungen neu implementiert. Hierdurch wurde eine fast zeitgleiche Telepräsenz von Akteuren sowohl im Internet als auch im TV ermöglicht. Die Präsenz wurde entweder als Abbild einer realen Person oder als Avatar realisiert. Weiterhin wurden durch diese Interaktionsmöglichkeiten, die diese Schnittstelle bot, Manipulationen von Szenen, Bildinhalten und Abläufen (Animationen) im gerade gesendeten virtuellen Set nahezu in Echtzeit möglich. Der Internet-Benutzer konnte in die Abläufe einer gerade „live" produzierten Sendung eingreifen und ihr Abbild dort präsentieren. Gleichzeitig konnte er an seinem Interface die Szene, die gerade gesendet wurde, aus dem Blickwinkel seines Avatars betrachten. Denkbar wurden dadurch auch andere Anwendungen und Interfaces zur Interaktion, die sich eines solchen Konzeptes bedienen, um an Sendungen wie Spielshows oder Sportübertragungen teilzunehmen.

6
Fazit

So wie das Fernsehen unsere Vorstellung von Kommunikation und Wahrnehmung verändert hat, so hat TVS die verbreiteten Bilder vom Fernsehen verändert. Die anregende und nachhaltige Reflexion über die Weltmacht des Mediums ist hier zum ersten Mal außerhalb des Mediums selbst und des engen Feldes der Wissenschaft erfolgreich inszeniert worden. Seit TVS wird in Deutschland anders über publikumsorientierte Projekte zur Geschichte des Fernsehens – wie etwa eine Deutsche Mediathek – nachgedacht.

Literatur

Zur Ausstellung erschien ein ausführlicher Katalog, der als Kommentar zur Ausstellung angelegt war. Peter Paul Kubitz: „Der Traum vom Sehen – Zeitalter der Televisionen" (Hrsg. Peter Hoenisch und Triad Berlin), Amsterdam/Dresden 1997

Das Begleitprogramm wurde im Buch „Telekulturen – Fernsehen und Gesellschaft" ausführlich mit Bildern aus der Ausstellung dokumentiert. Hrsg.: Jo Reichertz, Thomas Unterberg, Edition Triad 1998

Teil A
Fallstudien

4   Kultur

Peter Friedrich Stephan

Kultur im Netz und Netzkultur

Ernst sei das Leben, heiter die Kunst?
Besser wäre es umgekehrt
Theodor W. Adorno

1
Vermittlung

Neue Techniken, die zukünftig das alltägliche Leben bestimmen, werden aus gutem Grunde vom breiten Publikum auch skeptisch beurteilt. Vermittlungsarbeit soll dabei helfen, eine kenntnisreiche Diskussion zu stimulieren, die dazu führt, Chancen und Gefahren besser einschätzen zu können. Dafür braucht es neue Formen der Präsentation und des Austauschs, sei es als Veranstaltung im öffentlichen Raum (siehe Fallstudie „MultiMediaMeile Düsseldorf") oder als dauerhafte Installation mit punktuellen Ereignissen (siehe Fallstudie „Ars Electronica").

Kulturelle Aktivitäten wie Kunstausstellungen, Konzert und Kino haben für die Besucher immer Ereignischarakter. Sie sind Abwechslung, Entspannung und Anregung, manchmal auch Ärgernis im Gegensatz zum gleichförmigen Alltag. Eine andere Perspektive ist es, das alltägliche Leben selbst als kulturelle Form zu begreifen, an deren Gestaltung jeder mitwirkt. Nicht nur das auf der Leinwand Gesehene, sondern auch das am Arbeits- oder Marktplatz zu Beobachtende kann als inszeniert begriffen werden.

Die Unterscheidung von Hoch- und Alltagskultur ist heute nicht mehr eindeutig zu treffen. Es sind weniger die Inhalte, als vielmehr die Institutionen und Protagonisten, die sich verschiedenen Bereichen zuordnen lassen und deren unterschiedliche Perspektiven sich auch in der Haltung zum Netz wiederfinden. Dabei ist Kultur im Netz die eine Seite: Museen, Theater und Literatur präsentieren sich in den Medien und sind eben auch im Internet zu finden. Die Fragestellungen der *Netzkultur* dagegen greifen tiefer und bemerken radikalere Veränderungen bisher gültiger Kulturvorstellungen. Mögliche Fragen sind hier: Wie kann das Leben neu eingerichtet werden unter den Bedingungen der Digitalität? Wie kann das Potenzial von Interaktion, Verteilung und Echtzeit zu neuen Qualitäten führen? Wie verändern sich die Begriffe von Arbeit, Freizeit und Lernen im Netz?

2
Vorgeschichte

Projekte wie die „Digitale Stadt" oder WELL (Whole Earth `Lectronic Link) gingen aus Szenen von frei flottierenden Intellektuellen, Künstlern und Polit-Aktivisten hervor, die hier eine Chance sahen, vom Mainstream abweichende Vorstellungen von Gemeinschaft und Sozialität nicht nur zu fordern, sondern auch umzusetzen. Das Netz schien die Pluralität von Lebensentwürfen und Identitäten besser fördern zu können als andere Medien. Aber auch beim Vorrang der selbstorganisierenden Prozesse wurde schnell deutlich, dass Qualität doch überwiegend durch Auswahl entsteht, Bewertungskriterien erfordert und ab einer gewissen Komplexität auch die Steuerung von Aufmerksamkeit akzeptieren muss. Die Notwendigkeit zur Inszenierung, der hier aus politischen Gründen skeptisch begegnet wurde, ergibt sich aus den Gegebenheiten unserer Wahrnehmung und den erlernten, kulturell begründeten Erwartungshaltungen. Ästhetik ist in hochkomplexen Systemen ein hervorragender Generator von Differenzierung, Zuordnung und Bedeutung. Nur lassen sich ästhetisch fundierte Konzepte schlecht gemeinschaftlich erstellen. Das Fehlen dieser Dimension kann heute noch in den TV-Programmen der offenen Kanäle beobachtet werden, deren basisdemokratischer Ansatz an dieser Hürde scheitert.

Gibt es demokratische Medien?

Manche aus der Netzkultur stammenden Vordenker haben frühere Annahmen über die politischen und gesellschaftlichen Möglichkeiten des Netzes relativiert und verwerten ihre Qualifikationen heute als Berater und Unternehmer. Solche Macher haben häufig eine Patchwork-Biografie, die mehrere Ausbildungen und Erfah-

Peter Friedrich Stephan

rungsfelder umfasst.[1] Neue Ausbildungswege homogenisieren dieses Bild, während sich durch die Entwicklungsdynamik gleichzeitig immer wieder neue Brüche, Chancen und Risiken auftun.

3
Wirtschaftskommunikation als Kulturleistung

Um im Netz mediengerecht zu operieren, wird es für Unternehmen wichtig, die Netzkultur zu verstehen. Denn lediglich einen weiteren Kanal mit Werbebotschaften zu füllen, demonstriert nur die eigene Ratlosigkeit, im Gegensatz zur behaupteten Modernität und Zukunftstüchtigkeit. Das *Interfacing* zum Kunden ist eine kulturelle Aktivität, wie jede andere Inszenierungsleistung im Theater, Kino oder Rockkonzert auch. Durch das strukturelle Umfeld sind aber andere Randbedingungen gegeben: Bei der öffentlichen Förderung herrscht künstlerische Freiheit und die Erfolgsdiskussion im öffentlichen Bereich ist nur mit geringem privatem Risiko für die Macher verbunden. Im Bereich der privaten Finanzierung sind häufig Vorgaben zu beachten und der Erfolgsdruck hat existentelle Konsequenzen für die Produzenten. Die Entwicklung geht jedoch zur Annäherung der unterschiedlichen Randbedingungen: Angesichts angespannter Haushaltslagen stehen auch öffentliche Kultur-Events unter einem Effizienzgebot und versuchen, Sponsoring-Partner zu gewinnen. Gleichzeitig sehen sich Corporate und Public Events, die privat finanziert und gesteuert werden, der Notwendigkeit gegenüber, einem zunehmend anspruchsvollen Publikum hochwertige Inhalte anzubieten, die früher ausschließlich im öffentlichen Kulturbereich realisiert wurden.

Interfacing
= Inszenierung
= Kultur

4
Kultur hat Konjunktur

Während Kunstausstellungen und Theateraufführungen ehemals nur begrenzte Publikumsschichten ansprachen, locken heutige Kulturveranstaltungen die breite Masse an. Ausstellungsrekorde

---

1) vgl. Peter Friedrich Stephan 1999: Die Alles-on-demand-Gesellschaft, in: Neumann, Christiane 1999: Sprung in die Zukunft – Mit Medien- und Kommunikationsberufen zum Erfolg, Deutsche Verlagsanstalt Stuttgart, S. 13-42

von 500.000 Besuchern im Museum übertreffen die Zuschauer-
zahlen der Fußball-Bundesliga. Von den Veranstaltern wird mittlerweile professionelles Marketing getrieben, was die knappe Ware
exklusiver Kunst optimal verwertet. So wurden für eine Vermeer-
Ausstellung aufgrund des großen Andrangs Karten mit Tages- und
Uhrzeit ausgegeben. Ein Museum kann schon Grund genug für
eine Reise sein und wer keinen Louvre oder Prado hat, lässt sich
etwas entsprechend Spektakuläres bauen. So feiert das vom Star-
Architekten Libeskind erbaute Jüdische Museum schon Besucher-
rekorde, obwohl noch gar keine Exponate ausgestellt sind und
auch das Guggenheim-Museum von Gehry in Bilbao ist eine Attraktion. Schließlich werden mitunter Dinge ausgestellt, die so
noch nicht im Museum zu sehen waren wie etwa die Motorräder,
die vom New Yorker Guggenheim Museum gezeigt wurden.

Für Großkonzerne führt der Königsweg zur Aufmerksamkeit
über das Sponsoring kultureller Großveranstaltungen, die international wahrgenommen werden. Die Deutsche Bahn AG wurde als
„official carrier" der Kunstausstellung documenta X mit dem
Sponsoring Award 1997/98 in der Kategorie Kultur-Sponsoring
(Agentur: Sponsor Partner) ausgezeichnet und auch die Lufthansa
ist bei jedem größeren Kunsttransport dabei.

5
Gemeinschaften bilden und fördern

Eventorientierung ist darauf angelegt, vergänglich zu sein, es sei
denn der Sponsor legt sich langfristig fest und fördert ganze Ver-
anstaltungsreihen oder legt komplette Förderprogramme auf. Die
Volkswagen Sound Foundation ist ein Beispiel für die dauerhafte
Förderung im Bereich der Popmusik. Volkswagen ist Sponsor großer Rockkonzerte von Rolling Stones, Pink Floyd, Genesis, Bon Jo-
vi und Eric Clapton. VIVA TV sendet ein spezielles Jugendformat
unter dem Label, bei dem Nachwuchsbands vorgestellt werden und
auf der jährlichen Popkomm Messe in Köln gibt es ein entsprechendes Showcase. Im Netz werden die Aktivitäten bekannt gemacht und miteinander in Bezug gesetzt. Hier wurde erfolgreich
auf bestehende Communities aufgesetzt, denn Popmusik strebt
von sich aus zu medialer Präsenz, die mit Hilfe von Medienpartnern noch verstärkt wird.

Ein Beispiel für originäre Netz-Events und gemeinschaftsbildende Kulturen sind die Online-Gamer, deren Ereignisse sich
komplett im Netz abspielen und den Kitzel eines exklusiven Ge-

meinschaftsgefühls bieten, das Eltern und Lehrer nicht so schnell nachvollziehen können. Der Anbieter www.rivalnet.com sieht sich als „Internet Freizeit Zentrum" und führt rund 50 Spielangebote wie Autorennen, 3D-Shooter und Strategiespiele. Die Nutzer verbringen jedoch doppelt soviel Zeit im Chat und in den News-Foren wie mit den Spielen und Geschäftsführer Florian Müller schätzt, das rund 10% der registrierten Mitglieder überhaupt nicht spielen, sondern kommen, um Leute zu treffen.

Für Events der Netzkultur braucht es einen Platz als „common ground" und einen Anlass, um sich zu treffen. Die kulturelle Kompetenz der Veranstalter und Partner solcher Events zeigt sich in der Herstellung eines konsensuellen Bereiches, der als Interface akzeptiert wird. Idealerweise entwickelt sich eine solche Präsenz zum Portal, welches das Einklinken in entfernte Szenen, die Annahme multipler Identitäten und die Ausbildung neuer Austauschformate ermöglicht, die nicht länger nur „Spiel" heißen müssen, sondern sehr bald auch Inhalte umfassen können, die heute noch als „Arbeit" bezeichnet werden.

Fan-Gemeinschaften sind eine gute Basis für den Aufbau community zentrierten Marketings. Für Stars aus jedem Bereich zeigen hunderte von privat erstellten Websites die Hingabe der Anhänger und bieten gute Möglichkeiten zum Aufbau hochprofitabler Kanäle des Crossmarketing. Dementsprechend ist ein heißer Kampf um die Portals fürs Ticketing entbrannt. Egal ob Popkonzert, Bundesliga oder Streichkonzert: Hier ist maximale Aufmerksamkeit abzuschöpfen. Allein der Vorverkauf ist schon lohnend, besonders durch die großen Acts, deren Tourneen schon ein halbes Jahr vorher angekündigt werden, damit die Karte zum großen Sommer Open Air bereits zu Weihnachten verschenkt werden kann und dem Veranstalter inzwischen Zinsen bringt.

Aber auch die Stars selber entdecken neue Möglichkeiten der Vermarktung: David Bowie, der schon immer etwas voraus war, ging an die Börse und sammelte Kapital für neue Projekte. Eines davon ist die Kooperation mit einer Bank, die jetzt „customized checks" und Kreditkarten im „Bowie-Design" abgibt. Das Netzforum „bowienet" ist selbstverständlich von der Bank gesponsert. Auch Sting fand einen Partner und ist für seine Fans jetzt unter www.sting.compaq.com zu erreichen.

Noch in der Entwicklung sind die Portale für Gemeinschaften wie Familien und Kinder. Kirch New Media ist dabei, ein spezielles Angebot für Kinder aufzubauen, während ehemalige Partner von Jost Stollmann eine Familien-Site installiert haben (www.urbia.de).

6
Previews

Ein beliebtes Mittel, die Gemeinschaftsbildung zu fördern und einen „Hype" zu schüren, sind sogenannte Previews, die kurze Ausschnitte aus angekündigten Werken zeigen. So wurde das erste Kapitel von Stephen Kings neuestem Werk „Das Mädchen" vorab bei www.booxtra.de veröffentlicht, wo dann auch gleich das Buch bestellt werden kann.

Die bisher größte Preview-Aktion war die Veröffentlichung von Trailern zur neuen Starwars-Folge „Episode One", die nach eigenen Angaben 23 Mio. mal von der Website heruntergeladen wurden. Außerdem finden sich auf der Site „starwars.com", die ca. 1000 Seiten umfasst, Angaben zu Filmcrew, Casting, Technik, Figuren, Waffen, Fahrzeugen, Aliens, Locations, Modelling, sowie Schnappschüsse und „Production Notes". Für neue, noch zu initiierende Mitglieder der angejahrten Filmreihe kann ein Intro für die komplexe Geschichte abgerufen werden. Auch bei minimalen Produktionsbudgets ist das Netz hilfreich. So trug eine Internet-Kampagne wesentlich zum phänomenalen Erfolg des Low-Budget-Films „Blairwitch" bei (siehe Einführung, 5.4 Kult). Heute ist dort ein Merchandising-Angebot zu sehen wie bei jedem anderen „Major-Movie" auch (Poster, Sticker, Schlüsselanhänger, T-Shirts, Taschen, Mützen, Videofiles, Comics, Screensaver, Soundtracks und Bücher).

7
Wissenschaftsmarketing

Auch die Großtaten der Wissenschaft lassen sich als Kulturleistung beschreiben. Auf globalen Märkten und bei schnellerer Umsetzung der Forschung in die Anwendung wird das Wissenschaftsmarketing zum Wachstumszweig. Erste Entwicklungen sind bei den sogenannten „Life Sciences" zu sehen, jenen Firmen der Bio-Technologie, die für ihre Börsengänge um öffentliche Aufmerksamkeit und Vertrauen werben müssen.

Zur Legitimation großer Etats und zur Begründung von Aussagenansprüchen werden „Wissenschafts-Events" inszeniert. Die häufig abstrakten Forschungen verdichten und vermitteln sich am besten als Ereignis. So wurden die Weltraumfahrt und die jeweiligen Erfolge von UdSSR und USA als Aussagen über die Leistungsfähigkeit und Wehrhaftigkeit der Systeme bewertet. Das Klonschaf Dolly war ein Wissenschafts-Event, das heute noch die Diskussion stimuliert. Die Marssonde Pathfinder, die im Juli 1997 landete und ferngesteuert über den Mars fuhr, wurde im Netz perfekt präsentiert. Unter www.sgi-mars.com waren Stereobilder, Panoramabilder und räumliche Szenarien (VRML-Applets) zu sehen, die nach eigenen Angaben mehr als 700 Mio. Hits erreichten. Dies war ein frühes Beispiel für eine globale Aufmerksamkeit, die durch leistungsfähige Netze erzeugt und befriedigt werden konnte. Unabhängig vom wissenschaftlichen Wert der Marsmission war allein die erfolgreiche Netzpräsenz für die damit verbundenen Firmen und Organisationen ein erfolgreiches Marketingumfeld. So konnte ein Unternehmen wie Silicon Graphics die Leistungsfähigkeit seiner Computer demonstrieren.

Spiders from mars

8
Standortmarketing

Während Landschaften ihren Erholungswert vermarkten, stellen Städte ihre Ereignishaftigkeit heraus. Als Teil des Standortmarketings werden Kunst- und Kulturspektakel wie Theater, Ausstellungen, Fußballvereine und Popkonzerte beworben, mittlerweile auch überregional als Pauschalangebote mit Reise, Übernachtung und Eintrittskarte. Vorreiter dieser Entwicklung waren die großen Musicals in den achtziger Jahren. Für „Cats" und „Starlight Express" wurden eigens Bauten errichtet, in denen die Show dann jahrelang lief, bis auch wirklich jede Busladung aus dem Hinterland dagewesen war. Veranstaltungen wie die Loveparade in Berlin, bei der 1989 einige Nachtgestalten aus der Szene eher selbstironisch über den Kudamm schlichen und die heute über 1 Million Karnevals-Touristen anzieht, kommen der Berliner Tourismus-Marketing GmbH gelegen.

Im Trend zur „Festivalisierung" schafft sich jeder Ort seine Ereignisse und ergreift alle passenden Gelegenheiten. Die Sonnenfinsternis im August 1999 wurde so von einem Himmelsschauspiel zum Event im Dienste des Marketings für die im Kernschatten liegenden Städte München und Stuttgart. In München wurde die Stelle eines städtischen Finsternis-Koordinators eingerichtet und rund 100.000 zusätzliche Besucher wurden registriert. In Stuttgart wurde ein Sommerfestival erdacht, in dessen Mittelpunkt die „Sofi" stand. Allerdings wurde dies noch weitgehend ohne Netzpräsenzen organisiert. Die unter Adressen wie www.sonnenfinsternis.de angebotenen

Der „Sofi-Koordinator"

Bücher, Erlebnisberichte, Brillen, Kosmosmodelle, Souvenirs und Links zu wissenschaftlichen Sites waren noch weitgehend unkommerziell aufgezogen.

Auch die Expo 2000 in Hannover möchte sich gerne in den Rang eines Jahrhundert-Ereignisses gestellt sehen. Die Werbung zur Weltausstellung zeigte Eintrittskarten historischer Ereignisse, die diesen Rang bereits beanspruchen können: Woodstock, Beatles-Konzert im Shea-Stadium und der Boxkampf Muhammad Ali-George Foreman. Der hier bemühte Vergleich zur emotionalen Dichte von Musik und Sport kann für ein völlig anders angelegtes Ereignis wie eine Weltausstellung aber leicht ungünstig ausfallen. Der Netzauftritt der Expo jedenfalls bietet bisher nichts, das einen zwingend nach Niedersachsen führen würde. Interessanter ist da schon das Expo-Projekt von DaimlerChrysler, das als Roadshow verteilte Aufmerksamkeit zieht und in Hannover seine Endstation finden wird (siehe Fallstudie: „Lab.01" im Kapitel „Spezialformate").

 ■ *Peter Friedrich Stephan*

Christa Schneebauer, Wolfgang Modera

Ars Electronica – Experimentarium der Zukunft

Abstract

Ars Electronica – das älteste Medienfestival der Welt – wurde 1979 gegründet und findet seitdem jährlich in Linz statt. Als Treffpunkt für Kunst, Technologie und Gesellschaft ins Leben gerufen und „von Beginn an als das Abenteuer der künstlerischen Grenzüberschreitungen angelegt", spiegelt es die Entwicklung der Medienkunst und Medienkultur der letzten 20 Jahre wider. Von seinem Ansatz her interdisziplinär, versteht sich die Ars Electronica als offene Plattform für kulturelle und technologische Fragestellungen der Gesellschaft.

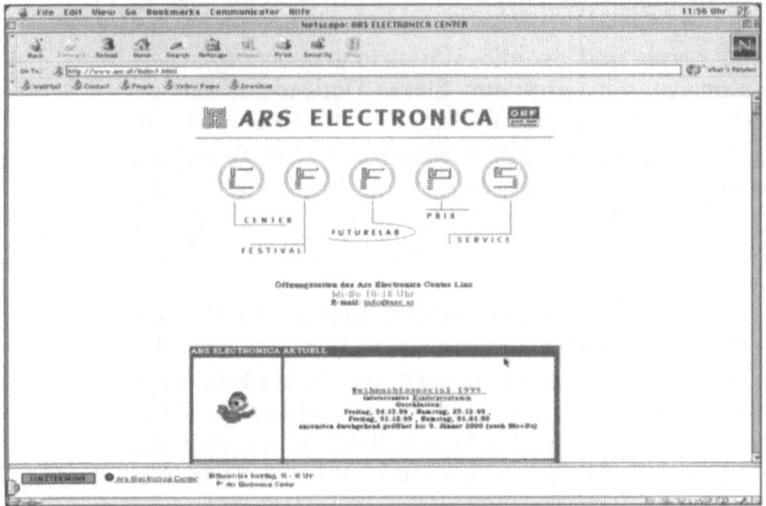

www.aec.at

1
Ars Electronica Festival

Die erste Ars Electronica fand 1979 in Linz statt. Beim Anfangskonzept ging es primär darum, auf neue Art und Weise die entstehende Computerkultur zu reflektieren sowie das „Wechselverhältnis zwischen Mensch und Maschine, zwischen Technik und Kultur auszuloten und zu erweitern".

Die Zielsetzungen der Ars Electronica beschreibt Hannes Leopoldseder, Mitbegründer des Festivals, folgendermaßen: „Auseinandersetzung mit Manifestation und Konsequenz neuer Technologien für Kunst, Kultur und Gesellschaft; Anwendung neuer Technologien in allen künstlerischen Bereichen; Integration der elektronischen Medien Radio und Fernsehen in das Festival, um die spezifischen Inhalte einer breiten Öffentlichkeit zugänglich zu machen; exemplarische Großprojekte als Open-Airs im Zusammenhang mit der kulturpolitischen Forderung – Kultur für alle." (Leopoldseder 1989, S.12)

Das war der Ausgangspunkt, der sich dann in den folgenden Jahren weiterspinnen und fortentwickeln ließ. Die Kernthemen waren und blieben aber die „künstlerischen Ausdrucksformen, welche von Elektronik geprägt sind".

Zur gleichen Zeit wurde noch ein weiteres Großereignis ins Leben gerufen – die Linzer Klangwolke. Die Klangwolke, lange Zeit *das* Markenzeichen der Ars Electronica, stellt eine Verbindung von Traditionellem und Neuem, von Kunst im öffentlichen Raum dar. Die Klangwolke war und ist die Umsetzung eines akustisch-räumlichen Konzepts im Großraum Linzer Donaupark: Der gesamte Bereich sowohl auf, über und an der Donau erfährt eine großflächige Beschallung mit gleichzeitiger optischer Gestaltung und Performances mittels Laserprojektionen. Es also darum, den Großraum ästhetisch zu nutzen und sinnlich erlebbar zu gestalten, die Weite und Größe des Raums in seiner Dreidimensionalität sichtbar zu machen.

Von hier ausgehend – denn die Klangwolke ist ein Markenzeichen des Festivals geblieben – schlossen sich in den folgenden Jahren eine Fülle anderer Großprojekte an, die alle im Feld *Kunst für alle – Kunst im öffentlichen Raum* angesiedelt waren. Diese Veranstaltungen reichten von der Linzer Stahlsinfonie über das Mach-mit-Konzert vom Jahre 1982 bis hin zu Projekten wie „Das Universum" von Isao Tomita, einer spektakulären Aufführung aus dem Jahr 1984. Mit Projekten wie dem Mach-mit-Konzert wurden experimentelle Ansätze zur Integration des Publikums in den Produktions- und Schaffensprozess einbezogen. Ähnliches gelang mit Projekten wie der „Klangstraße" oder der „Musica Creativa", in denen es ebenso um Einbeziehung der Zuschauer in das künstlerische Projekt ging. Vor allem im Rahmen dieser Veranstaltungen gelang es, unterschiedlichste Rezipientengruppen für die Teilnahme am Festival zu motivieren. Maßgeblich beteiligt am Erfolg war die geschickte Verbindung traditioneller Inhalte (z.B. Anton Bruckner) mit industriellen Aspekten (VOEST – Stahloper) auf der einen Seite und andererseits die Konzentration auf Neue Medien und die Betonung ihrer vermittelnden Qualitäten.

In den folgenden Jahren wurden diese Aspekte weiter vertieft. Ein neues Highlight war im Jahr 1987 der Prix Ars Electronica, der internationale Wettbewerb für Computerkunst. Dieser Preis wird seitdem jährlich im Rahmen des Festivals in den Kategorien Grafik, Animation und Musik vergeben. Später ersetzte die Kategorie „.net" die Sparte Grafik und die Abteilung „interaktive Kunst" wurde erweitert. Seit 1998 wird erstmals auch ein Preis für Jugendliche unter 19 Jahren – Cybergeneration U 19 – ausgeschrieben. Für jede Kategorie wird eine Goldene Nica vergeben und es werden Preisgelder von insgesamt ATS 1.350.000.- (umgerechnet knapp 200.000 DM) ausgeschüttet.

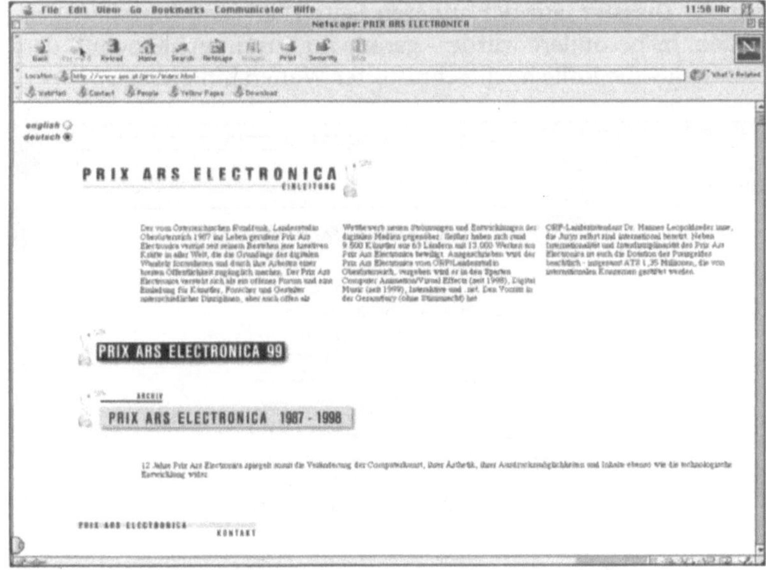

Der seit 1987 jährlich verliehene Prix Ars Elecronica ist einer der bedeutensten Preise für computerbasierte Kunst

Seit 1987 sind die Festivals thematisch gebunden. Themen der letzten Jahre waren „Der freie Klang", „Im Netz der Systeme", „Virtuelle Welten – Digitale Träume", „Welcome to the Wired World", „Memesis" und „Flesh Factor". Die Konzeption zielte nun stärker auf die Interessen eines internationalen Publikums ab, das mit Informationen zum Thema Neue Medien, Kunst und Technologien versorgt werden wollte und das Linz immer mehr als den jährlichen Treffpunkt ihrer Community akzeptierte. Das schloss auch eine stärker wissenschaftlich orientierte Ausrichtung der Fragestellungen ein, wie sie unter dem Kurator Peter Weibel populär wurden. So wurden etwa im Jahre 1992 Fragestellungen der Endophysik und Nanotechnologie, das philosophische Problem der internen und externen Beobachter, behandelt. Diese Formate wurden auch unter dem Kurator Dr. Gerfried Stocker weitergeführt.

Out of Control – das Festivalthema 1991 – thematisierte das Außer-Kontrolle-Geraten technischer Systeme, den Einbruch des Chaos in das Alltagsleben und damit einen Sprung, der sich schon in den Festivaljahren davor abgezeichnet hatte: Weg von der völligen Bejahung technischer Möglichkeiten hin zu einem extrem skeptischen und ironischen, aber auch avantgardistischen Ansatz. Dies meinte auf der einen Seite gestörte Beziehungen zur Technik, Sensibilisierung für die Umweltproblematik und globale wie individuelle Disaster, auf der anderen Seite aber auch innerhäusliche Idyllen. Insbesondere wurde – gerade im Zusammenhang mit dem Golfkrieg – die Rolle hochtechnisierter Waffen hinterfragt.

Die ausgezeichnete Webpräsenz bietet auch Zugriff auf ein reichhaltiges Archiv

Diese teilweise ganz unterschiedlichen Problemfelder wurden damals zur Sprache gebracht und sowohl im geschützten Rahmen des Festivals als auch im öffentlichen Raum thematisiert. Projekte wie etwa „die Squames", eine Inszenierung von sogenannten Wilden im domestizierten Raum der Linzer Landstraße, schockierten und boten viel Raum für Spekulationen über Originalität, Inszenierung und Betrug.

2
Das Ars Electronica Center – Museum der Zukunft

Das Konzept zum Museum sowie die Bezeichnung „Ars Electronica Center" geht auf die erste Skizzierung der konkreten Projektidee von Dr. Hannes Leopoldseder am 1. Oktober 1991 zurück. Programmatisch wurden die Schwerpunkte beschrieben: „Eine Erlebniswelt, von ‚Virtual Reality ' bis zu multimedialem Lernen, eine Ars Electronica Mediathek und die Anwendung neuer Technologien in Architektur, Stadtplanung und im Entwicklungsbereich."

Gehen wir aber noch einmal zurück bis Anfang 1987: Damals schrieb die Stadt Linz einen Architektenwettbewerb zur Revitalisierung des Stadtteiles „Alt-Urfahr-Ost" aus. Das Haus am Brückenkopf wurde als Kulturgebäude ausgewiesen. Die Gewinner des Architektenwettbewerbes waren das Team Hans Walter Michl und Klaus Leitner, deren Entwurf letztlich auch umgesetzt wurde und das heutige Ars Electronica Center beherbergt. Bereits im Juli 1993 wurde der Bau des Ars Electronica Centers beschlossen – am 28. Oktober desselben Jahres erfolgte der erste Spatenstich. Nur zwei Jahre später, im Sommer 1995, fand die Gründungsversammlung der „Ars Electronica Center Linz Betriebs GmbH" statt und der Medienkünstler Gerfried Stocker wurde zum Geschäftsführer bestimmt. Das Museum „Ars Electronica Center" schließlich wurde im Jahr darauf am 2. September 1996 eröffnet.

In diesem ersten Jahr der Errichtung und Einrichtung des Centers wurden die entscheidenden Wegmarken für die Zukunft getroffen: Die inhaltliche Ausrichtung des Museums wurde festgelegt und das Haus in thematische Schwerpunkte aufgefächert. Im untersten Stockwerk des Hauses wurde der Themenkreis „Virtual Reality" eingerichtet, der avancierte Ansätze und Geräte zeigt, wie das „Phantom", eines der frühesten Instrumente zur Virtualisierung des Tastsinns und der CAVE, das Herzstück des Centers, ein VR-Environment im High-End-Bereich. Im Erdgeschoss befindet sich mit dem „Telegarden" eine spektakuläre Installation, die die

Verbindung von virtueller und realer Welt eindrücklich demonstriert, während im Zwischendeck eine Flugapparatur der Blickfänger ist. Im ersten Stock öffnet sich das Thema „Cybercity" dem interessierten Besucher. Hier findet sich alles zum Thema Stadt und Stadtplanung, während im Stock darüber der Schwerpunkt im Bereich „Lernen und Lehren" liegt. Unter diesem Aspekt finden sich Experimentierstationen, wo etwa durch Taktstöcke mit Infrarot-Sensoren Klänge erzeugt werden. Im dritten Stock – dem „Sky Medialoft" – erwartet den Besucher dann ein herrlicher Ausblick auf die Donau und Linz, ein Internet-Café sowie ein für Veranstaltungen geeigneter Raum.

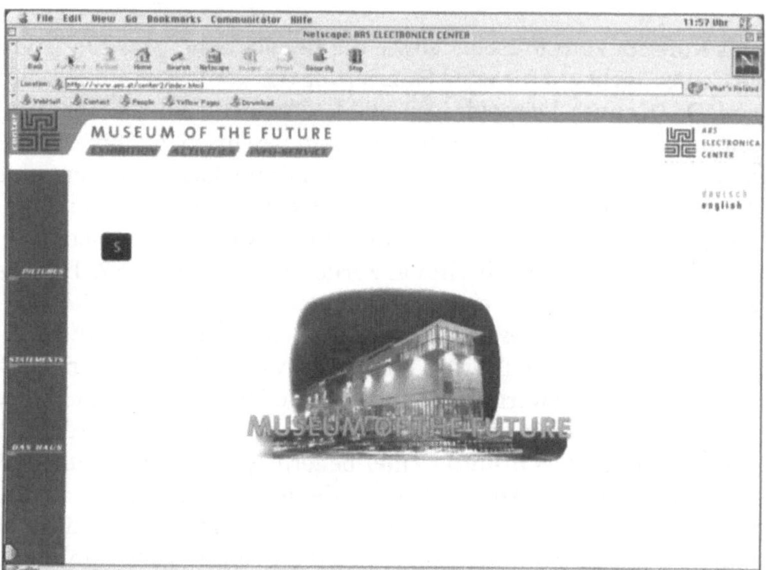

Die Informationsvermittlung wurde als vierstufiges Modell realisiert. Auf der ersten Ebene gibt es eine Beschilderung aller Stockwerke und Stationen mit kleinen Erste-Hilfe Anleitungen, wie die jeweiligen Stationen zu aktivieren sind. Des weiteren gibt es ein Informationsleitsystem, das sich durch das ganze Center zieht, über Touch-Screens zugänglich ist und vertiefende Informationen zu Themen und Inhalten des Hauses, aber auch Hintergrundinformationen zu jeder einzelnen Station vermittelt. Auf einer dritten Ebene befindet sich der Zugang ins Internet mit interessanten Links zu relevanten Themen. Die Info-Trainer und Museums-Guides, meistens StudentInnen oder PensionistInnen, geben interessierten Besuchern Unterstützung, Beratung und Hilfe.

Dieses Vier-Stufen-Modell der Informationsvermittlung im Center ist ein Konzept, das zum einen als Inhouse-Lösung funktioniert und gleichzeitig dem Besucher von außen Zugang zu relevanten Informationen ermöglicht.

Seinem Selbstverständnis nach ist das Ars Electronica Center ein Medienzentrum und eine Schnittstelle für Kunst, Technik, Wirtschaft, Wissenschaft und Gesellschaft. Eine seiner Hauptaufgaben ist die Vermittlungsfunktion gegenüber der Öffentlichkeit. Die Schwerpunkte des Hauses ergeben sich aus seiner Infrastruktur sowie aus seiner Geschichte, wodurch neben dem künstlerischen Aspekt vor allem der Bereich Schule und Lernen im Zentrum steht. Ein weiterer wichtiger Aspekt ist die Verankerung in einem breiteren lokalen Umfeld, also sowohl bei den interessierten Bürgern als auch der hiesigen Industrie.

3
Erfahrungen in der Praxis

Mit der Eröffnung im Herbst 1996 hatte sich das Museum und mit ihm seine Mitarbeiterinnen und Mitarbeiter einer Reihe von neuen Aufgaben zu stellen. Die Aufbauarbeit war fürs Erste abgeschlossen, jetzt wartete der Museumsbetrieb und auch der Museumsalltag.

Eine der ersten großen Herausforderungen war und ist der Besucherandrang. Das Ars Electronica Center zieht täglich einen großen Besucherstrom an und so erfreulich das ist, sind damit doch erhebliche Anforderungen für Museumsleitung, Publikumsbetreuung und Haustechnik verbunden. Gründe für die Publikumswirkung liegen wohl in der Zeitgemäßheit, um nicht zu sagen Zeitgeistigkeit des Museums im positiven Sinne. Hier gilt es aber, auch für die Zukunft Strategien für die weitere Entwicklung des Museums zu finden, die dafür sorgen, dass das Museum auch in Zukunft auf der Höhe der Entwicklungen bleibt und sich immer wieder erneuert.

Ein weiterer wichtiger Faktor ist die inhaltliche Bandbreite des Ars Electronica Centers. Da ist zum einen die Medienkunst. Hier haben das Ars Electronica Center und das Festival eine Bürde aus der eigenen Geschichte zu tragen, die zugleich permanente Herausforderung ist. Die Ars Electronica als ältestes Medienfestival der Welt ist das Mekka für MedienkünstlerInnen aus aller Welt. Diese Position muss in einer sich vergrößernden Schar von Konkurrenten immer wieder neu erkämpft werden. Auf der anderen Seite stehen die Wirtschaft und die heimische Industrie. Eine ganz Reihe von Firmen waren an der Errichtung des Ars Electronica Centers beteiligt und sind auch weiter in die laufende Entwicklung des Hauses einbezogen, sei es durch Sponsorenleistungen oder durch Veranstaltungen. Wichtig ist auch das Entwickeln von Projekten im Medien- und Kommunikationsbereich. Gerade hier hat sich das Futurelab des Ars Electronica Centers – eine Entwicklungs- und Laborstätte – einen exzellenten Namen geschaffen. Hier entstehen sowohl künstlerische als auch kommerzielle Arbeiten. Aus dieser doppelten Ausrichtung ergibt sich ein Spagat, der immer wieder neu zu bewältigen ist. Das Haus und die Mitarbeiter haben zwischen verschiedenen Codes und Systemen zu wechseln und diese zu bedienen: Die Haltungen des freien Künstlertums mit ihrer Lust an Offenheit und Kreativität wechselt mit den Anforderungen des Geschäftslebens. Das ständige Oszillieren zwischen Kunst und Wirtschaft und der Versuch einer permanenten und ständigen Kombination, Überwindung und Verschränkung birgt aber gerade das größte Potenzial zur Weiterentwicklung der angesprochenen Themenstellungen.

4
Beratungsleistungen

Einen Namen macht sich das Ars Electronica Center auch im Bereich der Beratung. Das betrifft zum einen Projekte im Design-Bereich und bei Konzeptentwicklungen (z.B. für den Web-Auftritt einer Firma oder öffentlichen Institution). Beratung wird aber auch im Bereich von wissenschaftlichen Studien zu verschiedenen Themen und Fragestellungen geleistet. Ein typisches Beispiel dafür ist die Studie „Designing 3dimensional Spaces", eine Untersuchung, die sich intensiv mit den Möglichkeiten der 3D-Visualisierung und den Technologien der „Virtual Reality" für Architektur, Stadt- und Landschaftsplaner auseinandergesetzt hat. Hier wird zumeist interdisziplinär vorgegangen, wobei man auch empirischen Zugängen offen und kreativ gegenübersteht. Im konkreten Fall wurde eine quantitative Untersuchung im Sinne einer breiten Befragung von 150 Architekten durchgeführt und auf qualitativer Ebene weitere Themenfelder abgefragt. In ausführlichen Interviews wurden Architekten zu Themen wie „Computer versus Bleistift", „Reales oder virtuelles Modell" oder „VR in der Stadtentwicklung" befragt.

So konnten Erkenntnisse gewonnen werden, die dann wieder auf mehreren Ebenen in die konkrete Arbeit zurückfließen: Sei es nun (wie in diesem Fall) zum Auftraggeber, einer öffentlichen Institution im Bereich „Bauwesen und Städteplanung" oder auch zum Ars Electronica Center selbst mit seinen eigenen Themen und Schwerpunktsetzungen, im Sinne der Weiterentwicklung und Neugenerierung von Fragestellungen. Die Relevanz dieser Arbeitsweise zeigt sich auch für die Befragten selber – in diesem Falle den Architekten – bei denen Interesse für die neuen Technologien geweckt wurde. In Veranstaltungen können sie hier ihr Know-how verbessern und erhalten die Möglichkeit, in der Öffentlichkeit Positionen zu äußern.

Weitere Studien gehen in ähnliche Richtungen. Hier geht es um die anwendungsorientierte Forschung, mit einem Blick auf den möglichen Nutzen für die Industrie und Wirtschaft. Auch hier werden neue Perspektiven eröffnet und die möglichen Zukunftsgestaltungen um weitere Facetten und Aspekte bereichert.

5
Neue Herausforderungen

Das Ars Electronica Center steht vor einer Reihe neuer Aufgaben. Da ist der Wunsch und das Ziel, die schon erreichte Professionalisierung des jungen Unternehmens in Zukunft noch zu steigern. Professionalisierung wird auch in Hinsicht auf die Erweiterung der Kompetenzen angestrebt mit einer noch stärkeren Verankerung im Museum durch die laufende Fortbildung der MitarbeiterInnen.

Des weiteren ist die Internationalität dieser Einrichtung zu sichern. Aus seiner langen Geschichte leitet sich eine gewisse Verpflichtung gegenüber dem Themenkreis „Neue Medien und Gesellschaft" ab: Mittlerweile ist hier eine internationale Konkurrenz entstanden, an der sich das AEC und das Festival reiben kann. Gleichzeitig ist aber auch der lokale Bezug sicherzustellen. Hier hat das Museum einen ständig einzulösenden Bildungsanspruch. Es hat den Auftrag, für eine breite Masse der Bevölkerung Informationen zu liefern und Erlebnisse verständlich zu machen, um damit die Meinungsbildung zur Informationsgesellschaft und ihren zukünftigen Entwicklungen zu ermöglichen.

Neue Herausforderungen liegen auch in dem Bereich, den die Schlagworte „Trend-Setting, Transmissionseinrichtung, Sozialer Ort, Enabler" markieren. Hier handelt es sich um das kreative Feld einer innovativen Gestaltung von Zukunft, um strategisches Planen und um Positionierungen. Es geht um das Anregen von politischen und gesellschaftlichen Prozessen, um Denk-Szenarien und Möglichkeiten, die Wirklichkeit werden können. Das meint aber keinesfalls ein saloppes und populäres Verbreiten von Meinungen und Allgemeinplätzen, sondern vielmehr die präzise Analyse von gesellschaftlichen Ist-Zuständen (das schließt gerade auch die Technologie mit ein). Für diese Funktion bietet sich das Ars Electronica Center auch als sozialer Ort an, an dem verschiedene divergente Denk-Richtungen und Strömungen, Kulturen und Codes aufeinandertreffen. Ein Ort, an dem über Fragen der Technologie, Kunst und Gesellschaft diskutiert, gestritten und verhandelt werden darf, wird und muss.

Ulrich Leschak

Wer die Zukunft fürchtet, hat keine
– Die MultiMediaMeile Düsseldorf

Abstract

Die MultiMediaMeile Düsseldorf wurde zum ersten Mal 1996 von
der Veranstaltungsagentur Cyburbia Medien in Zusammenarbeit
mit der Messe Düsseldorf und der Kölner Musik Komm. veranstaltet. Seitdem hat sie sich zu einer festen Größe in der Medienlandschaft etabliert. Sie verfolgt das Ziel, die neue Welt der
digitalen Medien, der Computernetzwerke und Onlinedienste, der
Telekommunikation und des Cyberspace allen Düsseldorfern und
ihren Gästen auf informative und unterhaltsame Art zu präsentieren. Nicht nur zum Staunen und Bewundern, sondern auch zum
Mitmachen und Ausprobieren – mit Vorkenntnissen oder ohne.

*Das Logo der
MultiMediaMeile*

1
Vom Doofi zum Profi

Als die Hälfte aller Düsseldorfer ihren Schulabschluss gemacht hat, gab es noch keine Taschenrechner, schon gar keine Computer für jedermann, geschweige denn das „Internet". Aber seit Mitte der 90er Jahre ist abzusehen, dass in Zukunft niemand mehr sein Geld ohne Web vernünftig verdienen oder ausgeben kann. Kommunikation, Kontakte und Karriere werden ebenso wie Versorgung, Ausbildung und Unterhaltung im Zeichen der weltweiten Netzwerke günstiger, effektiver und schneller zu haben sein als ohne. Aber wie soll da einer mithalten?

Im Juli 1996, zur Komm – Forum für digitale Marketingkommunikation, Fachausstellung und Kongress – inszenierte die Veranstaltungsagentur Cyburbia Medien in Zusammenarbeit mit der Messe Düsseldorf und der Musik Komm. (popkomm.) die erste MultiMediaMeile. Ganz Düsseldorf war eingeladen in aller Ruhe zu testen, was es mit der Welt des Online auf sich hat. Wer sich nicht vorzeitig aus dem öffentlichen Leben verabschieden wollte, konnte hier flanieren und sich gleichzeitig für das Informationszeitalter fit machen. Insgesamt kamen an dem Wochenende vom 5. bis 7. Juli ca. 100.000 Besucher in die Zeltstadt am Rheinufer. Sie probierten Computer und Webseiten aus, verschickten vielleicht ihre erste E-Mail, testeten Hard- und Software, informierten sich über Studien- und Weiterbildungsmöglichkeiten, bedienten sich in den Infotheken der Aussteller und ließen sich beraten.

Nicht nur kommerzielle Unternehmen, sondern auch Künstler, die Kunst mit „C" wie Computer schreiben, waren zu Gast. Nam June Paik, scheidender Professor der Kunstakademie Düsseldorf, installierte seinen „Junk Room Düsseldorf", in dem es aussah, wie es eben aussieht, wenn ein Kunstnomade umzieht, der sein Leben lang Installationen aus Fernsehschirmen, Buddhas, Kilometern von Videotape und anderen Elektroniktbauteilen gefertigt hat. Konzerte des Balanescu Quartetts (www.lpg.fi/balanescu), Musik von Kraftwerk (www.kraftwerk.com) als Streichquartett präsentiert, eine Performance von Mouse On Mars (www.mouseonmars.com), ein Auftritt des Steve Reich Ensembles (Gründervater der Minimal Music aus Downtown Manhattan, www.cd-now.com, Suche: Steve Reich) und der 24-stündige Cyberdive Rave, u.a. mit Westbam, Marc Spoon, Nalin + Kane, Hardsequencer und vielen anderen bewiesen, dass die schlauen Kisten nicht nur unschlagbare Numbercruncher, Textverarbeiter und Netzwerker sind, sondern auch

Werkzeuge, mit denen die Grenzen der Kultur neu ausgelotet und abgesteckt werden können.

2
MultiMediaCity am Rheinufer

Im Jahr 1997, zur zweiten Meile, wuchs die Zeltstadt und die Stadt Düsseldorf wurde Mitveranstalter: Ca. 15 EXPO-Pavillons an der unteren Rheinwerft der Altstadt mit Ausstellern wie Deutsche Telekom, Digitale Stadt Düsseldorf, Fachhochschule Düsseldorf, Gateway 2000, Henkel, LTU, Microsoft, Profikids Computerschule, rp-online, Schulen ans Netz, Stadtzeitung Überblick, West Online und Wetterkanal luden ein zum unverbindlichen Informieren, Surfen und „Fachsimpeln". Künstler wie Attica Blue von Mo' Wax Records, Kruder und Dorfmeister, Donna Regina, Nonex (www.nonex.de), Tab Two, Trance Groove, wieder Mouse On Mars und Cult D (www.cultd.net) traten auf. Die Tageszeitung „Die Welt" berichtete von 200.000 Besuchern. Die Aussteller waren laut Befragung größtenteils sehr zufrieden mit den Kontakten, die sie machten und wollten entsprechend im nächsten Jahr wiederkommen.

Eine Zeltstadt am Rheinufer bietet Erlebnisse in der Online-Welt

Ein Marketing-Handbuch mit Dokumentationen und Angeboten für 1998 wurde gedruckt, Präsentationen vor potenziellen Ausstellern wurden zusammen mit Messechef Hartmut Krebs und Stadtdirektor Christoph Blume gehalten, Oberbürgermeisterin Marlies Smeets schrieb ein Grußwort, Interviews in den örtlichen Tageszeitungen und im Lokalradio wurden gegeben, Straßenverkehrsamt, Ordnungsamt, Werbe- und Wirtschaftsamt, Polizei, Rettungsdienste und Verkehrswacht wurden einbezogen, und es wurde unermüdlich akquiriert.

1998 war das Jahr der Telekommunikation: Der Markt war dereguliert, Internet kein Fremdwort mehr und nun wurde um jeden Kunden gekämpft: 25 Pavillons reihten sich im September am Rheinufer auf und sorgten für ein volles Programm auf der Meile. Mit dabei waren unter anderem: Deutsche Telekom, Digitale Stadt Düsseldorf, Fachhochschule Düsseldorf, Isis Multimedia Net, Mannesmann D2 Mobilfunk, Nokia, O.tel.O, Profikids, Provinzial Versicherung, rp-online, Sony Playstation, Viatel Global Communications, Victoria Versicherung und West Online. Das musikalische Rahmenprogramm kam von „Pyrolator" Kurt Dahlke (www.ata-tak.com) mit seinem elektronischen Theremin, von den Elektronikern Harmonia (www.rykodisc.com, Suche: Harmonia), Nonex, WDR Einslive mit „Melodien von Morgen", dem West Cyberdive Rave und dem Nokia Communicator Inline Cup.

Sehr zum Vergnügen des Publikums, denn alles (außer den Veranstaltungen in Clubs) war umsonst und draußen. Das Wetter war zwar nie so, wie Künstler, Besucher und Organisatoren es verdient hätten, aber was ein echter Raver ist, der tanzt auch im Regen.

3
Abgerechnet wird zum Schluss

Finanziert wurden die Projektkosten 1998 von circa 600.000 Mark zu fast Zweidritteln von Sponsoren. (Zeltstadt: 350.000 DM, inklusive Technik, Miete, Personal, Security, Marketing/Werbung, Abfallbeseitigung, Versicherungen usw.; Konzerte: etwa 250.000 DM, inklusive Bühnen, Technik und Personal). Einnahmen aus dem Verkauf von Ausstellungsfläche lagen bei 120.000 DM, ein kleiner Beitrag kam aus der Gastronomie, der Rest wurde durch Synergieeffekte und beispielhafte Unterstützung durch die Partner Messe Düsseldorf und Musik Komm. sowie durch die Landeshauptstadt Düsseldorf und Regierungspräsident Düsseldorf gedeckt – ohne die das alles nie zustande gekommen wäre und bei denen wir uns nicht genug bedanken können.

Reich geworden ist also niemand – außer den Besuchern. Sie kennen das Netz nicht mehr nur vom Hörensagen, sondern aus eigener Erfahrung. Schwellenängste sind überwunden, Wünsche geweckt und Anstöße gegeben (niemand kann sich vorstellen, wie hoch die Wellen der Begeisterung im „Kinderzelt" schlugen).

Die Aussteller haben viel darüber gelernt, wie man das Publikum ansprechen kann – was nicht zu unterschätzen ist und nicht unterschätzt wurde. Denn nur, wenn das breite Publikum Internet und E-Commerce im besonderen und Neue Medien im Allgemeinen akzeptiert, kann die Branche weiter wachsen. Noch gibt es einiges zu tun: „European Senior Executives do keenly appreciate the business potential of E-Commerce. However relatively few, compared to the US, see it as important to do their business today." (Vernon Ellis, Anderson Consulting)

1999 machte die MultiMediaMeile wegen Terminüberschneidungen auf dem stark von Veranstaltungen frequentierten Rheinufer Pause. Leider. Ein paar wenige Anlieger, die lieber ihre Ruhe als ein Event vor der Haustüre haben, werden sich gefreut haben. Doch für das Jahr 2000 laufen wieder Anträge und Vorbereitungen für die vierte MultiMediaMeile. Worüber sich wiederum die Interessenten freuen, die dieses Jahr eine Absage hinnehmen mussten. Das betraf sowohl Aussteller als auch Sponsoren und Gäste. Aber je weiter das

Internet in den Alltag integriert wird, desto geringer werden die Vorbehalte und desto attraktiver werden Kommerz und Kultur der Generation@ als Wirtschaftsfaktor einer Stadt.

4
Shop 'til you drop?

Inzwischen ist klar, dass in ein paar Jahren niemand mehr einen Job bekommt oder behalten kann, der nicht weiß, wie das Internet funktioniert. Apple Computer brachte den iMac auf den Markt, der so konsequent für das Internet konzipiert ist, dass er nicht einmal mehr ein Diskettenlaufwerk besitzt, da man Datenfiles doch viel einfacher per E-Mail austauscht.

Deutsche und internationale Konzerne sind inzwischen ins Web Business eingestiegen: In der Bundesrepublik allen voran die Medienindustrie, die Banken und Aktienhändler, die Markenartikler und dann mehr oder weniger jedes Unternehmen, das auf sich hält. „Online für alle!" wie AOL sagt. Inzwischen hat es auch die Vorhut der Mittelständler zu einer Website mit E-Commerce gebracht. Wie hieß es im IBM Fernsehspot: „E-Commerce ist, wenn man eine Mark reinsteckt und zwei wieder herausbekommt." Das Web ist zur Ware und zum Werkzeug geworden, den Rest der Welt zu verkaufen. Es gehört zum Alltag wie Tagesschau und Sportschau, wie Spiegel, Focus, Handelsblatt und Boulevardpresse. Al-

Das WWW als Massenmedium – gerade Kinder sind vom Internet begeistert und konnten sich im „Kinderzelt" der MultiMediaMeile austoben

leinerziehende oder frisch Geschiedene suchen im Web nach Austausch, Schnäppchenjäger finden hier ihr Glück. Und als modern gilt jeder Familienvater, der seinen neuen Sprössling sozusagen direkt aus dem Mutterschoß als GIF- oder JPEG-Bilddatei hinaus ins Web befördert. Die älteren Kinder tun das selbst (www.jenny-cam.org). Das Web ist ein Massenmedium.

5
Medien und Aktien

Die frühen Online-Aktivisten sind in die Defensive gegangen und schwärmen von längst vergangenen Zeiten – auch wenn diese erst drei oder vier Jahre zurückliegen. Und wie die Reputation des Internets mit der Verbreitung wächst, so wird eine Website heute so stark wie nach Inhalten und Funktionalitäten auch nach ihren Chancen, an die Börse zu gehen, eingeschätzt.

Die Männer – und die leider in diesem Gebiet noch viel zu wenigen Frauen – der ersten Stunden überlassen das Feld dem Mainstream, wenden sich ab oder neuen Herausforderungen zu. So hat sich das Web von einem Hype für Freaks zu einem „Way of Business" emanzipiert. Nun reden ALLE von E-Commerce, aber noch sind 95% der Aktivitäten Verlustbringer (Giga Information Group, Cambridge, MA). Doch zwei Branchen sind Vorreiter: Medien und Aktien – oder „Pop and Stock" (weil es sich so schön reimt).

Allerorten wird über IPOs von Internetwerten philosophiert, Daytrader holen sich Börsenkurse samt Analysewissen am Heim-PC schneller aus dem Netz als Investmentberater aus der Datenbank. Schon ein „Wort" im Consors Board (www.consors.de) soll Kursschwankungen auslösen. Und MP3 (www.wired.com/news/news/mpthree) ist nach Sex zu dem Begriff geworden, mit dem Suchmaschinen am häufigsten gefüttert werden.

6
Ausblick

Schon heute bringt das Web ganze Industriezweige durcheinander, wie etwa die Musikindustrie, die fertig zum Download bereitliegende MP3 Soundfiles fürchtet wie der Teufel das Weihwasser (sie wird daran ebensowenig zu Grunde gehen, wie es dem Leibhaftigen geschadet hat). Und George Lucas prophezeit trotz noch feh-

lender Bandbreiten dem Film eine große Zukunft im Netz: „Bald
wird es Hunderttausende von Fernsehstationen geben, die ihre Inhalte übers Internet aussenden." (www.spiegel.de, 10. Juni 1999)

An der Schwelle zum nächsten Jahrtausend muss sich das Web
im Geschäftsleben bewähren. Alles andere ist Theorie, und die ist
wie immer ziemlich unverkäuflich. Also können wir mit der Theorie unseren Spaß haben und im Web unser Geld verdienen. Also,
an die Tasten, fertig, los!

Teil A
Fallstudien

5 Einzelhandel

Peter Friedrich Stephan

Handel und Wandel

*Ich habe mit meinen Wirtschaftsprognosen
stets Recht behalten,
und zwar durch ein einfaches Rezept:
Ich habe nie welche gemacht*

Herman Josef Abs

1
Hermes, Gott des Internet

„Europe: The sleeping giant awakens": So überschrieb Forrester Research eine Studie über die Zukunft des E-Commerce in Europa (www.forrester.com). Optimistisch wird hier für 2004 von 1.318 Mrd. Euro Handelsvolumen im Business-to-Business Bereich ausgegangen (232 Mrd. Euro im Bereich Business-to-Consumer). Über das große Potenzial neuer Handelsplattformen sind sich die meisten Beobachter einig. Aber wie können Geschäftsfelder erfolgreich ins Netz verlegt werden und wie werden die neuen Chancen optimal genutzt?

Die Möglichkeiten für netzbasiertes Wirtschaften sind in den verschiedenen Branchen unterschiedlich gelagert. Am naheliegendsten ist der Schritt ins Netz für jene Anbieter, deren Produkte im wesentlichen aus Software bestehen. So kann Musik übers Netz geliefert werden, ebenso wie Fachzeitschriften und Brancheninformationsdienste. Bücher werden zwar noch verschickt, können aber zukünftig „on demand" gedruckt werden. Auf Service und Beratung beruhende Geschäftsfelder wie Banken und Versicherungen können einen großen Teil des Informationsaustausches digital abwickeln. Bankgeschäfte sind von Haus aus virtueller Natur und hängen daher stark von Inszenierungsleistungen ab. Seriösität,

Hermes, der Gott der Kaufleute und Diebe, hat Prometheus, den Gott der Produktion längst überholt

Kompetenz und Verlässlichkeit vermitteln sich in der Online-Welt durch leistungsfähige Servicestrukturen, Screendesigns und Informationsarchitekturen (siehe Fallstudie „Deutsche Bank").

Der Versandhandel pflegt bereits umfangreiche Logistiken, die ins Netz übertragen werden können. Die technische Kompetenz eines Handelshauses in der Online-Welt soll spürbar bleiben und auch bei großem Sortiment transparente Benutzerführung und optimalen Service anbieten (siehe Fallstudie „Conrad Electronic"). Auch traditionelle Marken können ihre bestehenden Aktivitäten zur Kundenbindung durch das Netz begleiten und ergänzen (siehe Fallstudie „Maggi Kochstudio").

Den vielfältigen Chancen im Netz stehen ebenso viele Möglichkeiten gegenüber, Fehler zu machen. Langfristig erfolgreiche Online-Geschäfte lassen sich nicht nebenher aufbauen, sondern verlangen, dass E-Commerce zu einer zentralen Säule der strategischen Planung wird, die in enger Verbindung zu den übrigen Unternehmensbereichen entwickelt wird.

2
Kundenbindungssysteme

Im Weihnachtsgeschäft 1999 wurde allgemein der Durchbruch für E-Commerce erwartet und mit entsprechend hohem Werbeaufwand begleitet. In den USA gaben 25 Mio. Kunden zwischen dem 1.11.99 und 31.12.99 rund 7 Mrd. Dollar aus (Jupiter Research). Geschenke und Spielzeug sind ein dankbares Thema. Der gewisse Zwang, etwas kaufen zu müssen, terminliche Einschränkungen und auf Seiten des Schenkenden möglichst begrenzter Aufwand für Verpackung und Lieferung bei gleichzeitiger angemessener Präsentation machen den Online-Einkauf samt anschließendem Fulfillment interessant. Spezialisten bieten Wunschlisten und Erinnerungsservices an (www.OhIwish.com, www.IveBeenGood.com, www.Wishlist.com, www.Wishclick.com). Der Schenkende hat nur mehr die Aufgabe, das Gewünschte per Mausklick zu bestellen, das Geschenkpapier auszusuchen und die Kreditkartennummer anzugeben. Für die Kundenbindung sind die dabei erhobenen Daten ideal: Die Anlässe zum Schenken kehren mindestens jährlich wieder und die Beziehungen zwischen Auftraggebern und Beschenkten lässt ein Netz von Bekanntschaften entstehen, durch die der Service propagiert wird.

Die Einlieferung von Geburtstagslisten wird daher belohnt. Über E-Mails können die Kunden zum richtigen Zeitpunkt und themenzentriert angesprochen werden. Wer bekommt nicht gerne einen Glückwunsch zum Geburtstag, einen Hinweis auf wichtige Termine oder eine Erinnerung an das Geschenk vom letzten Jahr? Um diese Prozesse zu unterstützen, werden E-Cards angeboten, elektronische Werbepostkarten mit saisonalen oder anlassspezifischen Grüßen, inklusive Bild oder vertonter Animation, die zur größeren Identifikation auch noch vom User gestaltet werden können. Ein Wettbewerb von Ritter Sport brachte dazu eine beeindruckende Reihe von Werbepartnern auf die Beine: Horizont, DMMV, Online today, Bravo Screenfun, NBC, Giga, RTL.de, Globe (www.ritter-sport-competition.de).

Andere Methoden der Kundenbindung setzen auf virtuelle Rabattmarken, bei denen durch Einkäufe Treuepunkte gesammelt werden, die gegen Prämien eingetauscht werden können. Hier sind vielfältige Partnerschaften entstanden (z.B. www.bonus.net mit den Partnern Quelle, Sat 1 und dem Einkaufssender HOT). Die Internet-Währung „beenz" (www.beenz.com) will sogar das Surfen belohnen und geht davon aus, dass die vom Kunden gewährte Aufmerksamkeit, die in Page-Impressions gemessen werden kann, schon einen Wert darstellt, der sich später in Käufen umsetzen wird. Auch spektakuläre Preise werden ausgesetzt, die vermutlich nie eingelöst werden können. So ist bei www.webmiles.de für eine Million Punkte eine Atlantik-Insel zu haben, wofür allerdings etwa zwei Millionen DM an Einkäufen umgesetzt werden müssten.

3
Entertailing: Einkauf als Erlebnis

Das Netz als schnelle und effiziente Beschaffungsmaschine ist sicherlich ein plausibles Argument für den Online-Handel, das allerdings vornehmlich den Business-to-Business Bereich betrifft (siehe Kapitel „Auktionen und Börsen"). Die Endkunden dagegen werden in der realen Welt hauptsächlich emotional angesprochen. Wenn Einkaufen als eine Freizeitbeschäftigung angesehen wird, verlagert sich der Wettbewerb vom Produkt auf die Unterhaltung der Kunden. In den USA wurde für diese Entwicklung bereits der Begriff „Entertailing" geprägt. Der Besuch beim Händler gewinnt Ereignischarakter durch Vorführungen, Ausprobieren und den Austausch mit Profis, Kunden und Mitarbeitern. Buchhandlungen, in denen es erlaubt und erwünscht ist, auch ungekaufte Bücher in Ruhe auf dem Sofa zu lesen, Kaffee zu trinken und im Netz zu surfen, haben diesen Trend bereits erfolgreich aufgegriffen. Die „Nike Worlds" werden durch die Inszenierung ihrer athletischen Helden und die Veranstaltung von Szene-Events wie DJ-Sets zur

Entertainment +
Retailing
= Entertailment

Veranstaltungsarena. Physische und virtuelle Präsenz gehen hier bereits ineinander über. Denn wer die mit Sounds und Animationen kompetent gestaltete Nike Webpräsenz besucht hat, würde von einem bloßen Sportgeschäft enttäuscht sein, ebenso wie ein Besucher der „Nike World" in Berlin oder Chicago, der im Netz nur statische Prospekte vorfinden würde.

Integrierte Konzeption und Planung der Unternehmenskommunikation möchte die Markenwelt ohne Brüche in der Anmutung oder im Versprechen gegenüber dem Kunden vermitteln. Glaubwürdigkeit ist dabei ein hohes Gut, das im Kontext der Aufmerksamkeitsökonomie, in der vielerlei Angebote um Zuwendung konkurrieren, am ehesten mit *Permission Marketing* erzeugt und gefördert werden kann. Dies basiert auf der aktiven Zulassung und dem ausdrücklichen Wunsch des Kunden, von der Marke angesprochen zu werden. Im Gegensatz zu den Methoden des mit *brute force* erzeugten Werbedrucks der Massenmedien wird hier eine individuell konfigurierbare Beziehung zum Kunden hergestellt, die nur erlaubte und gewünschte Informationen und dementsprechend auch gelungene Unterhaltung beinhalten kann. Solche Ansprache wird positiver bewertet, kann effizienter gepflegt werden und ist langfristig erfolgreicher. Die Basis dafür sind avancierte Systeme des Profiling.

4
Datamining und Profiling

Datengestützte Kundenkommunikation bedeutet nicht nur Effizienzgewinn. Das Potenzial großer Datenmengen wird erst dann richtig genutzt, wenn es zu qualitativen Aussagen verdichtet werden kann. Durch digitale Kassen wurde es erstmals möglich, große Datenmengen verlässlich zu erfassen und Informationen über Kaufvorgänge in Echtzeit in Warenwirtschaftssysteme einfließen zu lassen. Aussagekräftiger als die einfache Rückkopplung, dass ein Artikel nachbestellt werden muss, ist jedoch die Zusammensetzung der Warenkörbe. Informationstechnische Verfahren wie Datawarehousing und Datamining können durch intelligente Verknüpfung Querverbindungen herstellen und so eine Basis zur Analyse und Mustererkennung des Kaufverhaltens bieten. Dass nach 18.00 Uhr mehr Bier gekauft wird, mag dabei noch wenig überraschen. Auch der häufig gleichzeitige Griff zu Bier und Knabbergebäck ist noch plausibel. Alkoholika und Babywindeln dagegen sind eine Kombination, die weniger leicht vermutet würde, aber häufig vorkommt. Die soziologischen Gründe sind für den

Alkoholika und
Babywindeln

Peter Friedrich Stephan

Kaufmann dabei zweitrangig, entscheidend ist, dass er sein Angebot entsprechend anpassen kann, etwa durch die Präsentation im Laden oder die Kombination zu Paketpreisen.

Die Online-Welt bietet für Profiling ideale Voraussetzungen, da detaillierte Daten nicht nur über die Kaufvorgänge, sondern auch über den Käufer vorliegen und in ihrer Entwicklung analysiert werden können. Im Netz kann das User-Verhalten jeder Online-Session getrackt werden. Einmal eingegebene Daten bleiben verfügbar. Eingerichtete Kundenkonten versprechen nicht nur bei der Abwicklung von Bezahlung und Zustellung Vorteile, sondern auch bei zukünftigen Bestellungen. Dem Vorteil individuell zugeschnittener Angebote steht dabei die Möglichkeit zum Missbrauch der Daten gegenüber. Hier sind sorgfältige rechtliche Abwägungen nötig, aber es zeigt sich bereits, dass Kunden ihre Daten gerne weitergeben, wenn sie davon konkrete Vorteile haben. Die Schwelle der Registrierung muss durch einen deutlich erkennbaren Mehrwert begründet werden, wie etwa exklusive Produkte, Preisnachlässe und Hinweise auf relevante Artikel. Faktum ist, dass persönliche Daten heute in großem Umfang freiwillig und nur mit geringer Kontrolle über ihre Weiterverarbeitung abgegeben werden. Noch zu Zeiten der Volkszählung 1984 wurde solches aus gutem Grund sehr kritisch gesehen, aber offensichtlich unterliegen diese Bewertungen auch Gewöhnungsprozessen.

5
Neue Angebote

Beispielhaft für erweiterten Kundennutzen sind die Angebote des Buchhändlers Amazon und die Services von American Airlines. Bei Amazon.com wird den Kunden die Information angeboten, welche Titel die Käufer eines bestimmten Buches zusätzlich gekauft haben und daher auch für den Interessenten des ersten Titels in Betracht kommen könnten. Zusätzlich kann jeder Käufer, sowie Autor und Verleger einen persönlichen Kommentar zum Buch abgeben, woraus sich wieder Querverweise ergeben können, die den Käufer zu neuen Titeln im Amazon-Angebot führen.

American Airlines (www.aa.com) pflegt eine Datenbank von über 31 Mio. Kunden, deren Profile mit jeder Transaktion detaillierter werden. Neben der Buchung des bevorzugten Sitzplatzes können erfolgreich Cross-Selling Produkte angeboten werden. Die Reisevorschläge können dabei die familiäre Situation, die Ferientermine, bereits besuchte Ziele oder saisonale Angebote berücksichtigen. Ein Anbieter wie Bertelsmann wird, gegebenenfalls mit Partnern, auf der Basis der Abonnenten-Datenbanken von Buchklubs und Zeitschriften völlig neue Angebote generieren, die mit dem angestammten Mediengeschäft nichts mehr zu tun haben (Horizont 50/99).

Auch für individualisierte Produkte entstehen auf der Basis detaillierter Daten neue Möglichkeiten. So können die verschiedenen Ausstattungsvarianten von Autos virtuell durchgespielt werden und liefern dem Hersteller wertvolle Informationen über die Vorstellungen zukünftiger Kunden. Die Modebranche verspricht sich Zuwächse durch das Angebot maßgeschneiderter und individualisierter Kleidung. So kann etwa ein „Stylefinder" zunächst per Fragebogen Präferenzen zu Mode, Sport und Unterhaltung ermitteln, aus denen durch Verknüpfung mit einem Regelwerk Vorschläge für Kleidung generiert werden (www.levis.com). Aus dem netzgestützten Vertrieb hat sich Levis allerdings wegen hoher Kosten und Konflikten mit den etablierten Händlern wieder zurückgezogen. Unter www.boo.com wird genau umgekehrt versucht, ohne physische Ladenlokale Kleidung ausschließlich über das Netz zu vertreiben. Als einzige Botschaft empfängt den geneigten Kunden allerdings die barsche Aufforderung „enable cookies" (Stand: Februar 2000). Außer dieser Mitteilung in sechs Sprachen ist auf der Seite nichts zu sehen. Datenbewusste Kunden, die erst einmal wissen möchten, welches Angebot sie erwartet, wenn sie dem Anbieter erlauben, per „cookie" ihren Rechner zu registrieren, werden schlicht ignoriert. Die Zukunft wird zeigen, ob solches Geschäftsgebaren erfolgreich sein kann.

6
One-to-one und Community

Individualisierung und Gemeinschaftsbildung sind zwei gegensätzliche Trends, die sich jedoch wechselseitig stützen und ergänzen. Je individueller ein Kunde bekannt ist, desto besser kann er nicht nur bedient werden, sondern desto leichter findet er ähnlich Interessierte. Flirt- und Dating Agenturen machen sich das zunutze und bieten ihre Services auf der Basis avancierter Matching-Verfahren an.

Verbunden mit grenzenloser Markttransparenz sind Kaufgemeinschaften ein wesentlicher Grund für den Machtzuwachs des Kunden. Das gemeinsam vertretene Kaufinteresse („Co-Shopping") kann den Preis für Unterhaltungselektronik, Hausgroßgeräte und Einrichtungsgegenstände um 30 – 50% reduzieren (z.B.

www.preisauskunft.de oder www.powershopping.de). Community Building ist aber auch im Interesse des Anbieters, da er so per Schneeball-Effekt an viele qualifizierte Adressen kommt.

Hier sind die Spezialisten des Direkt Marketing in ihrem Element. Die Mailing-Macher, Online-Werber und Telemarketer haben in 1999 rund 39 Mrd. DM umgesetzt (1998: ca. 36 Mrd. DM, Schätzung des DDV – Deutscher Direkt Marketing Verband). Erfolgreich sind hier aber nur qualitativ neue Methoden. Wer sich durch die geringen Kosten von E-Mails verleiten lässt, einfach die Inhalte bisheriger Post-Mailings zu übertragen, wird nichts erreichen außer empörten Reaktionen: 95% von Marketing E-Mails sind unerwünscht. Wer dagegen durch kluge Filterung die richtigen Inhalte zum richtigen Zeitpunkt an den richtigen Empfänger sendet, wird mit traumhaften Responseraten von bis zu 30% belohnt. Im Vergleich dazu sanken die Response-Raten für statische Banner auf unter 0,5% (W+V Special 44/99).

7
Geprüfte Qualität

Nur durch die Darstellung von Zusatznutzen kann seriös um die Zustimmung der Verbraucher (Opt-in Verfahren) geworben werden. Bisher stellt die Arbeitsgemeinschaft der Verbraucherverbände aber häufige Verstöße gegen den Daten- und Verbraucherschutz im Online-Handel fest. Während die großen Marken mit viel Aufwand und Expertise gut durchdachte Webpräsenzen pflegen, wird der flächendeckende Durchbruch des E-Commerce zur Zeit noch durch die mangelnde Qualität zahlreicher Online-Shops gebremst. Nach einer Studie des Electronic Commerce Forum, Köln (Eco) hat die Mehrzahl der Angebote gravierende Mängel. So übertragen über 80% der Anbieter die Bestell- und Kundendaten unverschlüsselt, über die Hälfte der Shops bieten keine verbindlichen Lieferzeiten und bei über einem Viertel der Händler sind die allgemeinen Geschäftsbedingungen nicht veröffentlicht.

Mehrere Initiativen haben damit begonnen, Gütesiegel für Online-Shops zu vergeben, die den Anbietern bescheinigen „höchsten Anforderungen in puncto Daten- und Liefersicherheit" zu genügen und den Kunden durch Geld-zurück-Garantie bei Nichtlieferung oder fristgerechtem Rücktritt schützen (z.B. www.trusted-shops.de).

Auch wenn im Digitalen für Ordnung gesorgt werden kann: die Schnittstelle von der Welt der Bits zur Welt der Atome bleibt häufig problematisch. Das sogenannte „Fulfillment" umfasst die Ausführung der Bestellungen von der Eingangsbearbeitung über die internen Prozesse der Zusammenstellung einer Sendung bis zur Lieferung und weiter die Behandlung von Garantiefällen, Reklamationen, Inkasso- und Mahnwesen. Die in der digitalen Welt versprochene Servicedimension ist in der Realität häufig schwer einzulösen. So hatte speziell der Spielwarenhandel, der zum Weihnachtsgeschäft 1999 stark von Online-Umsätzen profitierte, mit Retouren in unerwartetem Umfang zu kämpfen. Im Netz sollten daher nur realistische Angebote gemacht werden. Denkbar ist, dass Firmen das Response-Management outsourcen, ebenso, wie sie ihre ausstehenden Forderungen an Dritte weiterverkaufen. Hier könnten neue Dienstleistungsbereiche entstehen, denn es wird noch länger gelten: „Frei im Raume die Gedanken wohnen, doch hart am Boden stoßen sich die Sachen" (Schiller).

   ■   *Peter Friedrich Stephan*

Thomas Spar

Das Maggi Kochstudio:
Neue Dimensionen der Kundenbindung
für eine klassische Marke

Abstract

Maggi ist für Millionen Menschen weltweit ein Begriff. Die Marke steht für Convenience-Nahrungsmittel von hoher Qualität, für trendgerechte, an Verbraucherwünschen orientierte Produktentwicklung und für Service rund um das Thema „Kochen und Genießen". Mit dem Einzug des Internets in die Haushalte eröffnet sich für Maggi eine neue Dimension der Kundenbindung.

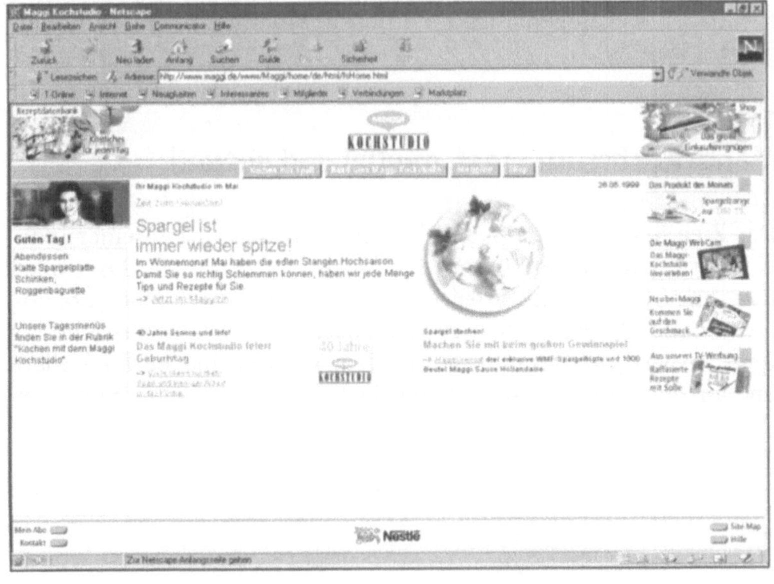

www.maggi.de

1
Alte und neue Zielgruppen

Das Maggi Kochstudio ist seit 1995 und somit als erster Lebensmittelhersteller im Netz. Als Anfang 1998 für PopNet Kommunikation der Relaunch des Maggi Kochstudios im Internet anstand, mussten zwei wichtige, diametral entgegengesetzte Faktoren verknüpft werden: Tradition und Innovation. Einerseits also die Erhaltung klassischer Markenwerte, die Ansprache der traditionellen Markenverwender, die Übertragung der Markenwelt sowie der Servicekompetenzen des Maggi Kochstudios auf das Internet. Andererseits sollen durch die Integration junger, Internetspezifischer Features die im Netz stark vertretenen jungen Zielgruppen für die Marke begeistert werden.

1.1
Marken werden zu Verlegern

Eine sinnvolle, emotionale Nutzung ist Voraussetzung für erfolgreiches Beziehungsmarketing. Außerdem ist content-orientiertes Denken wichtig: Durch die Besetzung des Themenfeldes „Kochen und Genießen" mit redaktionellen Inhalten und kulinarischen „eyecatchern" wird die Marke zum Verleger. Und nicht zuletzt soll der User mittels einer durchdachten, übersichtlichen Benutzerstruktur mit wenigen Klicks zu den gewünschten Informationen geführt werden.

1.2
Maggi Kochstudio real, medial und virtuell

Das Ziel: Jeder Computer mit Internet-Zugang wird zu einer individualisierten Niederlassung des Maggi Kochstudios, das bisher nur real, in der Frankfurter Innenstadt oder als mediales Phänomen – z.B. im Fernsehen – existent war. Durch das Kochstudio im Internet wird die Interaktion mit dem Verbraucher perfektioniert und auf eine Meta-Ebene transportiert.

2
Interaktion mit dem Endverbraucher

Bevor hier beschrieben wird, wie dieser Transfer des Maggi Koch-studio Service-Potenzials auf das Internet realisiert wurde, erscheint es notwendig, eine kurze Einführung in die über 100-jährige Geschichte der traditionsreichen Marke Maggi und die Entstehung des Maggi Kochstudios vor 40 Jahren zu geben. Sie zeigt, dass der Dialog mit dem Verbraucher schon sehr früh ein wichtiges Anliegen war – wenn auch die Kommunikationsmittel und -möglichkeiten im Vergleich zu heute rührend bescheiden anmuten.

2.1
Vom Reklame-Reim zur Multimedia-Präsenz
oder: Wie alles anfing

Vor mehr als 100 Jahren von dem Schweizer Müllerssohn Julius Maggi gegründet, waren es zunächst die ersten kochfertigen Suppen aus Erbsen- und Bohnenmehl und die inzwischen legendäre Maggi-Würze, die den Grundstein für den Erfolg des Unternehmens legten.

Firmengründer Julius Maggi erkannte schon 1886 die Wichtigkeit der Werbung für die neuen, vorgefertigten Lebensmittel. Er engagierte den Dichter Frank Wedekind als „Vorsteher des Reclame- und Pressebüros". Wedekind (der später als Dramatiker berühmt wurde) knüpfte Pressekontakte, nahm an der Leipziger Messe „für Kochkunst und Volksernährung" teil und sorgte mit Gedichten für die Verbreitung der Marke. Kleine Kostprobe: „Das wissen selbst die Kinderlein: / mit Würze wird die Suppe fein. / Drum holt das Gretchen munter / die Maggi-Flasch' herunter."

In den 50er Jahren wurde dann die Werbefigur „Fridolin, der freundliche Helfer der Hausfrau" geboren. Ein Paradebeispiel für Interaktion in der Frühzeit des traditionellen Marketings: Der kleine, gewitzte Koch präsentierte die Maggi-Produkte auf Plakaten, Verpackungen in Werbefilmen im Kinovorprogramm und später auch im Fernsehen. Und er war sogar leibhaftig präsent: Mit dem Bus fuhr Fridolin durch Deutschland und suchte die Nähe der Verbraucher auf Wochenmärkten, Campingplätzen und Haushaltsmessen. Wo er ankam, stieg er auf das Dach des Busses und trommelte mit Kochlöffel und Töpfen die Leute herbei. Aus heutiger Sicht hatte Fridolin also im Grunde schon multimedialen Charakter. Nur kannte diesen Begriff damals noch niemand.

2.2
Das Maggi Kochstudio

Am 9.6.1959 wurde mit der Gründung des Maggi Kochstudios eine Institution geschaffen, um dem Verbraucher – damals in erster Linie der klassischen Hausfrau – noch weiter entgegenzukommen und ihren Wünschen und Fragen mit Rat und Tat zur Seite zu stehen.

Das Maggi Kochstudio ist ein probates Medium für die Interaktion mit dem Endverbraucher und hat durchschlagenden Erfolg: 70.000 schriftliche Verbraucheranfragen werden pro Jahr beantwortet und täglich klingelt rund 100 Mal das Verbrauchertelefon. Das Maggi Kochstudio-Team gibt Auskunft bei allen Fragen zu ausgewogener Ernährung und moderner Haushaltsführung. In den letzten 10 Jahren wurden rund 5 Mio. Rezeptbroschüren an die Verbraucher verschenkt. Und immer wieder gibt es neue Broschüren zum Thema „Kochen und Genießen". Pro Jahr werden zudem 2 Mio. Mini-Kochbücher verlegt – heiß begehrte kleine Nachschlagewerke, die bei Sammlern Kultstatus genießen. Der „Maggi Kochstudio Club", der seit 7 Jahren existiert, hat 700.000 Mitglieder. Dreimal im Jahr erhalten die Mitglieder das Maggi Kochstudio Journal. 160.000 Menschen besuchen pro Jahr den Maggi Kochstudio Treff in der Frankfurter Innenstadt. Hier finden täglich Kochkurse statt, die so reges Interesse finden, dass sie oft schon Wochen im Voraus ausgebucht sind.

3
Das Maggi Kochstudio im Internet

Seit März 1998 ist das Maggi Kochstudio mit dem 1. Relaunch im Internet präsent: Unter www.maggi.de wird die Service-Idee, die das Maggi Kochstudio groß gemacht hat, in ein neues Medium transportiert, weiterverfolgt und dabei zugleich erweitert und personalisiert. Fast 70.000 Internetsurfer rufen monatlich rund 400.000 Seiten ab. Das Maggi Kochstudio im Netz bietet Verbraucherberatung per E-Mail, Broschürenbestellung, Rezeptabruf und die Möglichkeit, via LiveCam bei Kochkursen dabei zu sein. Außerdem gibt es einen Shop, jeden Monat zwei aktuelle Features zu wechselnden Themen, ein Gewinnspiel sowie täglich wechselnde Rezeptvorschläge. Hinzu kommen als weitere kundenbindende Elemente diverse Abonnementsfunktionen.

Zusätzlichen Nutzen erhält die Web-Variante des Maggi Kochstudios durch einen Gewichtscomputer, das interaktive Kleinanzeigen-Pinboard „Gesucht – Gefunden" und ein Forum mit Meinungsbarometer.

Der erfolgreiche Auftritt einer Marke im Internet ruht auf den drei großen C's: Contentproviding, Communitybuilding und Crossmarketing. Sie fördern eine umfassende und langfristige Kundenbindung:

- Contentproviding mittels Besetzung eines Kompetenzfeldes im Netz durch redaktionelles, verlegerisches Denken, regelmäßige Aktualisierung und Nutzung aller multimedialen Möglichkeiten des Mediums
- Communitybuilding durch die Bereitstellung von Kommunikationsmöglichkeiten für die Endverbraucher untereinander und mit der Marke
- Crossmarketing durch stringente Übertragung der allgemeinen Marketingstrategien auf das Netz und Nutzung von Synergie-Effekten, etwa durch innovatives Product-Sampling wie den Hinweis auf www.maggi.de in den Maggi TV-Spots und auf den Packungen sowie zeitgleiches Erscheinen aktueller TV-Rezepte und -Produkte im Netz

Alle drei Aktionsfelder sind Bestandteil des Maggi Kochstudios im Internet. Durch Zusatznutzen wie hohe Aktualität, Live-Charakter und One-to-one-Kommunikation werden bestehende Kunden noch enger an die Marke gebunden und weitere Zielgruppen kommen neu hinzu:

- Die Hausfrau und/oder Mutter, die nach abwechslungsreichen Rezepten für jeden Tag sucht
- Männer, die gerne kochen und sich Tipps und Anregungen von der Maggi Website holen
- Die Studenten-WG, die sich nicht länger hauptsächlich von Spaghetti mit Tomatensoße ernähren möchte und im Internet nach schnellen, leckeren, leicht nachzukochenden Rezepten sucht
- Großstadt-Singles, die nach Ideen für originelle Partysnacks fahnden

Sie alle werden bei www.maggi.de fündig.

3.1
Die Homepage

Schneller und bequemer geht's nicht: Von der Homepage, die einen Überblick über die aktuellen Themen gibt, gelangt der User mit einem Mausklick über die Navigationsleiste direkt in die vier Hauptbereiche der Site:

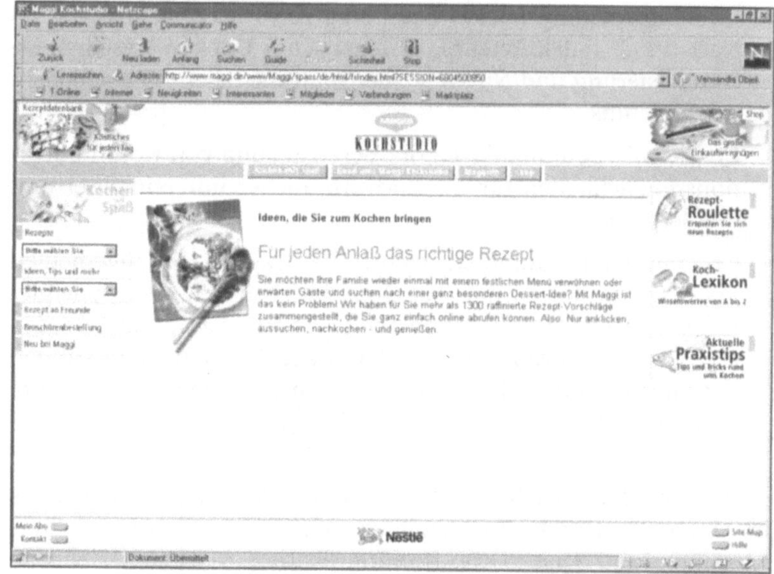

3.2
Kochen mit Spaß

In diesem Site-Bereich gibt es starke Community-bildende Elemente. Der Kunde hat die Möglichkeit, ein Rezept aus dem aktuellen „Thema des Monats" als E-Mail an Freunde zu verschicken, samt persönlichen Grüßen auf einer hübschen, virtuellen Postkarte mit aktuellem Motiv.

Starkes Kundenbindungspotenzial hat auch die Funktion „Kontakt", die es dem Nutzer ermöglicht, per E-Mail Fragen direkt an das Team vom Maggi Kochstudio zu stellen. Auch die Rubrik „Broschürenbestellung" trägt zur Kundenbindung bei: Hier können die aktuellen Maggi Kochstudio-Broschüren und Minikochbücher kostenlos bestellt werden.

Umfassenden Service bieten die Rubriken

- die Menüs des Tages

- Kochlexikon – Wissenswertes von A–Z

- aktuelle Praxistips – Tipps und Tricks rund ums Kochen

- Rezept-Suche: Von über 1.300 Rezepten aus einer Datenbank, die ständig erweitert wird, sucht sich der Kunde mittels Eingabe von Kalorienzahl, Anzahl der Portionen und gewünschter Geschmacksrichtung nach persönlichem Gusto das für ihn passende Rezept heraus

- Rezept-Roulette – hier lässt man sich bei der Menüwahl vom Zufallsgenerator überraschen

- „TV-Rezepte“ – unter dieser Rubrik können die ausführlichen Rezepte aus der TV-Werbung abgerufen werden

- „Neu bei Maggi“ stellt die neuesten Maggi-Produkte vor, die demnächst auch in der TV-Werbung, im Supermarkt-Regal oder in der Tiefkühltruhe zu finden sind

3.3
Rund ums Maggi Kochstudio

Hier kann der Nutzer

- sich über aktuelle Termine für Kochkurse im „Maggi Kochstudio Treff“ informieren

- via WebCam live bei einem der zahlreichen Kochkurse im realen Maggi Kochstudio dabei sein

- die Rezepte aus den aktuellen Treff-Kochkursen abrufen

- sich darüber informieren, wie er zum „Maggi Kochstudio Treff“ in der Frankfurter City gelangt (mit genauem Lageplan und Anfahrtsbeschreibung)

- das Maggi Kochstudio-Team kennenlernen („Das Maggi Kochstudio stellt sich vor“) sowie in den „Magginalien“ etwas über die Firmengeschichte erfahren

3.4
Das Maggizin

Seit dem 1. April 1999 ist das weiterentwickelte Erfolgskonzept www.maggi.de mit einem Rebrush im Netz. Durch die Bündelung und Pointierung von Contextbereichen im „Maggizin" sowie durch nochmalige Erhöhung von Interaktivität und Multimedialität wurden die Kundenbindungspotenziale weiter verstärkt.

Im „Maggizin" finden sich geballte redaktionelle Inhalte, gepaart mit Community-bildenden Features wie dem Diskussionsforum und dem interaktiven Kleinanzeigenmarkt. Hinzu kommen spielerische, spannungserzeugende Elemente (Gewinnspiel).

Optisch und inhaltlich ganz auf kulinarische Genüsse ausgerichtet, findet man dort monatlich wechselnd zwei große Features, die sich mit aktuellen Themen befassen: „Thema des Monats" und „Maggi Highlights".

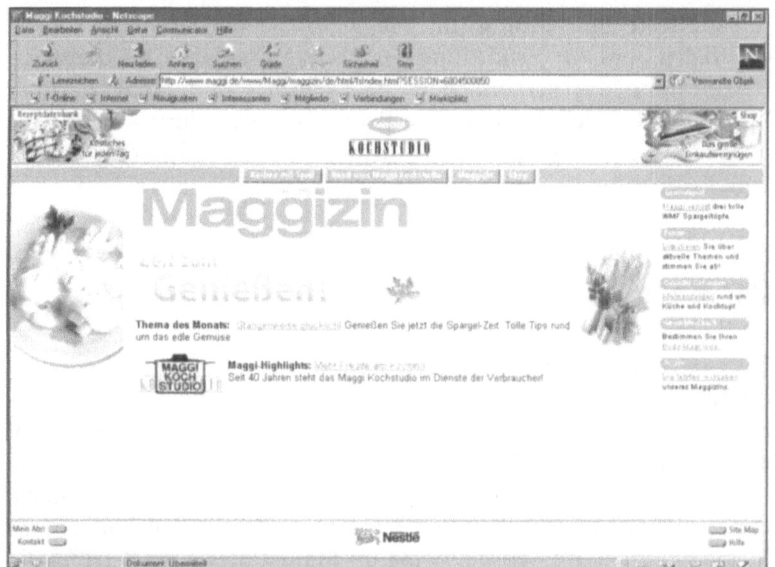

Passend zur Saison gibt es so z.B. im Mai als „Thema des Monats" ein Special über Spargel – von den verschiedenen Spargelsorten, über praktische Lagerungs- und Zubereitungstipps bis hin zu den besten Rezepten.

Aus Anlass des 40-jährigen Jubiläums des Maggi Kochstudios wird in den „Maggi Highlights" die Erfolgsstory dieser Serviceeinrichtung dargestellt und ein Interview mit der Leiterin des Maggi Kochstudios geführt. Im Archiv sind die Themen der vergangenen Monate abrufbar.

Zusätzlich gibt es ein monatliches Gewinnspiel, das inhaltlich an die aktuellen Themen gebunden ist und passende Preise bereithält: Im Mai beispielsweise gibt es ein Spargel-Suchspiel und als Gewinne locken Spargeltöpfe und -platten sowie Maggi Sauce Hollandaise.

Im Diskussionsforum können User sich untereinander zu monatlich wechselnden Themen austauschen und das angeschlossene Meinungsbarometer als schnellen Indikator nutzen.

Der interaktive Kleinanzeigenmarkt „Gesucht – Gefunden" bietet ebenfalls eine Plattform für die Kommunikation der Kunden untereinander. In acht verschiedenen Rubriken können dort Angebote und Gesuche aufgegeben werden; die Nutzer wenden sich bei Interesse per E-Mail direkt an den Anbieter bzw. die Interessenten.

Eine feste Einrichtung im „Maggizin" ist der Gewichts-Check,
ein Instrument zur Ermittlung des Body-Mass-Index. Er dient zur
Bestimmung des persönlichen Idealgewichts und bietet darüber
hinaus – ganz auf das jeweilige Ergebnis abgestimmt – Tipps für
gesunde Ernährung, sportliche Aktivitäten und – falls nötig – maß-
volles Abnehmen.

3.5
Der Maggi Shop

Hier werden eine Vielzahl von originellen und praktischen Produkten angeboten, die es nur hier gibt und die zum Teil Kultcharakter haben – z.B. der berühmte „Knotenlöffel", das Key Visual
der Maggi-Suppen im TV-Spot.

An oberster Stelle steht ein wechselndes Produkt des Monats,
das stets einen praktischen Bezug zu einem der großen Themen im
Maggizin hat. Zum Spargelthema im Mai ist dies zum Beispiel die
praktische Spargelzange.

Eine elegante und einfache Nutzerführung leitet durch den
Shop, der nach dem Warenkorb-Prinzip funktioniert und wie ein
virtueller Supermarkt angelegt ist.

Der User hat die Wahl zwischen den Zahlungsweisen Verrech-
nungsscheck, Kreditkarte oder Bankeinzug. Das Gewünschte wird
dann innerhalb kürzester Zeit zugesandt.

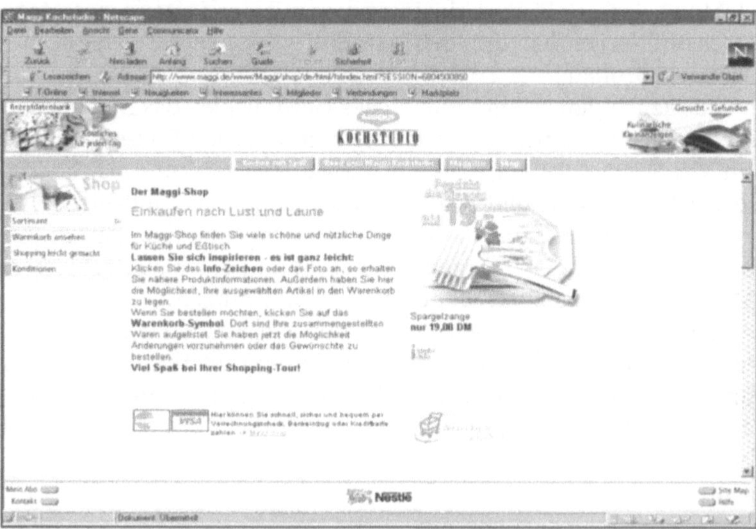

Im Maggi Shop gibt es den berühmten verknoteten Löffel zu kaufen

Einzelhandel

4
Fazit

Das Maggi Kochstudio hat sich mit großem Erfolg als Marken-
und Inhalts-orientierte Kompetenz für „Kochen und Genießen" im
Internet etabliert. Die folgenden Zahlen belegen dies:

- Mehr als 600.000 User pro Jahr
- mehr als 4.200 Abonnenten für das „Menü des Tages"
- mehr als 4.100 Abonnenten für den Homepage-Mailer
- 3.150 Abonnenten für das „Produkt des Monats"

Das Maggi Kochstudio im Internet steht für die erfolgreiche
Übertragung einer traditionellen Marke in ein neues Medium und
zugleich für neuartige Kundenbindung durch Inhalte, Aktualität,
Zusatznutzen und Community-Building.

Literatur

Tapscott, Don: The Digital Economy, New York 1997

Godin, Seth und Peppers, Don: Permission Marketing – Turning Strangers
        into Friends, New York 1999

Spar, Thomas: Szenen statt Zielgruppen - Die Szene als Product-Manager, De-
        conomy Infoletter, Hamburg 1998

Roman Riedmüller, Jochen Walter

Die Gestaltung des Online-Auftritts für die Deutsche Bank

Abstract

Pixelfactory wurde 1998 zur Leadagentur für New Media der Deutschen Bank und somit verantwortlich für die Weiterentwicklung des Internet-Auftritts.

Ziel bei der Entwicklung des Gesamtkonzeptes war es, ein unverwechselbares Erscheinungsbild für die digitalen Medien – offline und online – des Finanzdienstleisters zu schaffen. Darüber hinaus verlangte das immer rascher wachsende Informationsangebot der internen und externen Datennetze der Deutschen Bank nach einem effizienten und zielgerichteten Informationsmanagement in allen Bereichen der Unternehmenskommunikation. Für das damals rund 1.000 Seiten umfassende Angebot der Deutschen Bank wurde ein Navigationssystem entwickelt, das versucht, die Orientierung für den User besonders einfach zu gestalten.

Willkommen unter: www.deutsche-bank.de

1
Global New Media Solutions for Banking

Die Zukunft des E-Banking hat erst begonnen. Je nach den Zielen, Zielmärkten und -gruppen eines Unternehmens können dank individuell zugeschnittener Systeme weltweit neue Absatzmärkte erschlossen, aber auch lokale Zielgruppen erreicht und gebunden werden.

Kommunikationsprozesse und Geschäftsabläufe in den Bereichen Business-to-Business und Business-to-Consumer werden durch komfortable Lösungen gesteuert und abgewickelt.

Hoher und effizienter Bedienkomfort durch neuartige Informationsarchitektur, konsequentes Navigations- und Interaktionsdesign, individualisierte Kundenberatung und -betreuung sowie die absolute Sicherheit von Transaktionen stellen eine optimale Basis für erfolgreiche Anwendungen im internetbasierten E-Commerce dar. Intelligente Intranet-Lösungen verkürzen unternehmensinterne Kommunikationswege erheblich und tragen so entscheidend dazu bei, Workflows zu optimieren und die Leistungseffizienz zu steigern.

Diese Entwicklung hat Pixelfactory nicht nur intensiv verfolgt, sondern auch maßgeblich mit beeinflusst. Im Portfolio der New Media-Agentur findet sich eine ganze Reihe von Projekten, die für namhafte Kunden aus dem Banking-Bereich realisiert wurden: Internet-Präsenzen, Intranet- oder Extranet-Lösungen, Anwendungen wie Online-Banking oder -Broking, Portal-Sites, Webbased Training, Interface-Agenten zur One-to-one-Kommunikation und – für personalisierte Angebote – Future-Banking-Strategien, innovative Navigations- und Informations-Konzepte, Event-Planung und Durchführung sowie Online-Style-Guides.

2
Innovation und Know-how – die Deutsche Bank und Pixelfactory

1996 wird Pixelfactory von der Deutsche Bank AG nach einem hausinternen Vergleich aller deutschen Multimedia-Agenturen mit dem Re-Design des bestehenden Internet-Auftritts beauftragt. Zuvor hatte die New Media Company bereits Offline-Produktionen und den AOL-Auftritt er- und überarbeitet. Ziel ist es, den vielschichtigen Zielgruppen der Bank echte „Information-on-Demand" zu bieten. Im Laufe dieser Projektarbeit wird ein unverwechselbares New-Media-Erscheinungsbild für Off- und Online-Medien kreiert, das dem Branchenführer gerecht werden und die Unternehmenswerte wie Vertrauen, Seriosität, Modernität und Kompetenz vermitteln soll. Design, Navigation und Informationsarchitektur der Site sind speziell auf die Bedürfnisse der Deutschen Bank zugeschnitten und erlauben dem Kunden einen direkten, zielgerichteten Zugriff auf alle für ihn relevanten Inhalte.

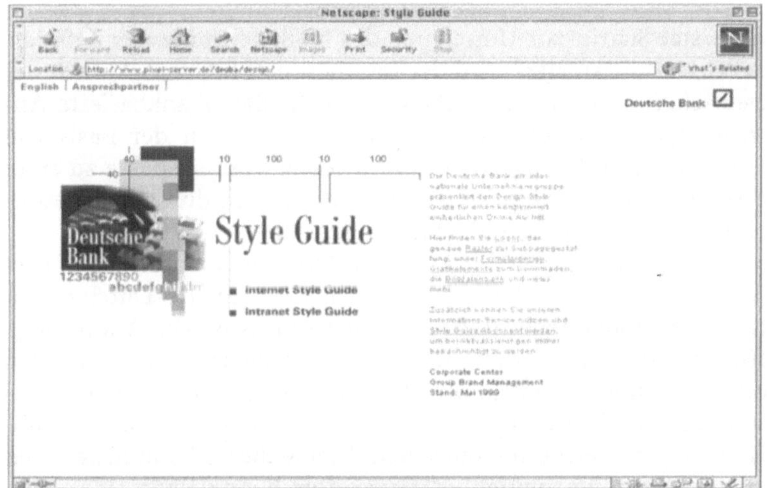

www.deutsche-bank.de/design

Ein Jahr später entwickelt Pixelfactory für die Deutsche Bank den Style Guide „Neue Medien" im Internet und als Printversion, der als zentrales Instrument der Markenführung der AG im Internet dient. Die starke Expansion der Deutsche Bank-Gruppe, zu der über 850 Tochtergesellschaften zählen, machte einen Leitfaden für die Gestaltung aller digitalen Kommunikationsmittel im Sinne der Unternehmens-CI zwingend. Der Style Guide bildet die Basis für das Re-Design und die Pflege des Konzern-Auftritts in Internet, Intranet und anderen multimedialen Anwendungen durch Agenturen, aber auch Mitarbeitern der Deutschen Bank und ist für die gesamte Unternehmensgruppe verbindlich.

Um den neuen Auftritt der Deutschen Bank auch bei den Tochtergesellschaften realisieren zu können, wurde Pixelfactory im Rahmen eines Agenturvertrags 1998 Leadagentur des Bereichs Neue Medien der Deutsche Bank AG. Über ihre Aufgaben als strategischer Berater und Betreuer des Internet-Auftritts hinaus wurde damit eine zentrale Position im Bereich New Media der Deutschen Bank besetzt, wozu unter anderem auch die Supervision für die korrekte Umsetzung der Vorgaben aus dem Style Guide gehört.

Diese Maßnahme zur Optimierung des ganzheitlichen Auftritts trägt mit dazu bei, die Synergieeffekte zwischen den Websites der einzelnen Unternehmensbereiche spürbar zu steigern und deren Qualität insgesamt zu heben.

3
Der Style Guide „Neue Medien"

Als erster Schritt zur Umsetzung des im Style Guide neu definierten Gestaltungsrasters wird der Internet- und Intranet-Auftritt der Deutschen Bank AG überarbeitet. Für die datenbankbasierte Anwendung, welche über ein Redaktionssystem auf der Basis von Lotus Notes verfügt, wurden verschiedene Designaspekte zu einer gestalterischen Konzeption kombiniert, die sich durch eine besonders hohe Benutzerfreundlichkeit auszeichnet.

Die Informationsarchitektur der Deutschen Bank-Site startet mit der dramaturgischen Strukturierung der Inhalte. Durch minutiös aufeinander abgestimmte Bausteine für Auswahl, Anordnung, Hierarchisierung, Verknüpfung und visuelle Distinktion werden diese besonders kontext-sensitiv bereitgestellt. Über einen Einstiegspunkt der Homepage kommend, gelangt der User zu Sub-Homepages, welche die einzelnen Themenbereiche auflisten und mit Rollover-Information erläutern. Durch Anklicken eines Themenbereichs gelangt man in eine dazugehörige Subpage, eine Direkteinstiegsmöglichkeit und Aktionsfelder erlauben aber auch den gezielten Zugang in spezielle Interessensgebiete. Die Subpages werden durch ein einheitliches Layoutraster strukturiert, welches inhaltsangebende Elemente (Headlines), informative Elemente (Text) und illustrative Elemente (Bilder) festlegt.

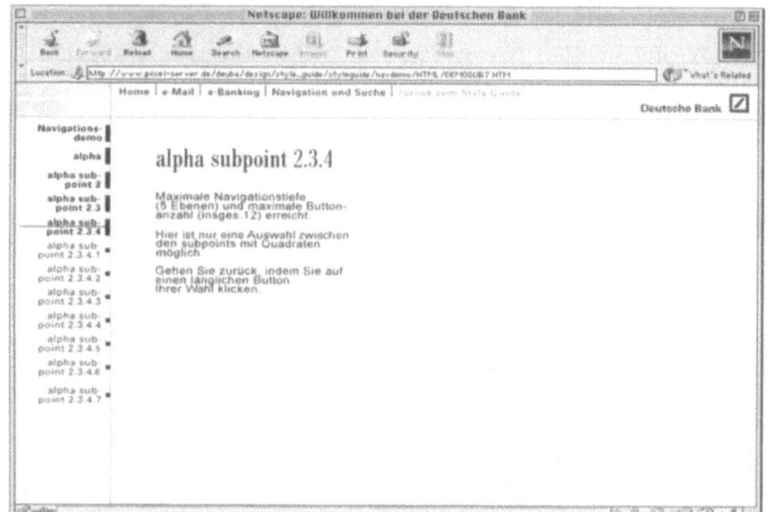

Das Screen-Design definiert die grundlegende Sprache der Sei-
ten. Kriterien sind hier unter anderem Großzügigkeit, Weißraum,
Auflockerung durch Bildelemente sowie softwareergonomische
Textmengen. Darauf abgestimmt sind die CI-gerechte Farbgebung
– Blau und Grau, die Hausfarben der Deutschen Bank – und die
Gestaltung von Rahmen- und Bildelementen für Navigation und
Hintergrundgrafiken.

Das Identity-Design, also die medienadäquate Umsetzung der
Unternehmens-CI, beschreibt die genaue Plazierung des Deutsche
Bank-Logos auf allen Seiten, den Einsatz von Auszeichnungsfarben
sowie die richtige Verwendung von Schriften. Die Hausschrift Bo-
doni wird als Headline-Schrift verwandt. Teilweise wird auch Arial
dafür eingesetzt, sie dient zugleich aber auch als Fließtext, da sie
als serifenlose Schrift der Univers – die Fließtextschrift für alle
Printmaterialien – nahe kommt und als Standardschrift ohnehin
auf allen PCs der Deutschen Bank installiert ist.

Das Navigations-Design liefert die Grundlage für eine sichere
Orientierung des Nutzers in einem Angebot von mittlerweile rund
2.000 dynamischen Internetseiten der Deutschen Bank.

Ein ausgeklügeltes System zeigt dem Nutzer in einem einzigen,
leicht zu erfassenden Navigations-Frame sowohl den gegangenen
Weg (Von wo komme ich?) sowie die momentane Position (Wo
befinde ich mich zur Zeit?) als auch die möglichen weiteren
Schritte an (Welche Optionen stehen mir zur Verfügung?). Diese
als „vertikale Navigation" bezeichnete Struktur führt ihn in die
Themen hinein und wieder hinaus. Eine „übergeordnete Navigation" erfüllt hierarchisch übergreifende Aufgaben – Hilfe, Suche,

Home etc. – und ist von jeder Seite aus direkt zu erreichen. Eine weitere, „horizontale Navigation" ist direkt an Inhalte gekoppelt.

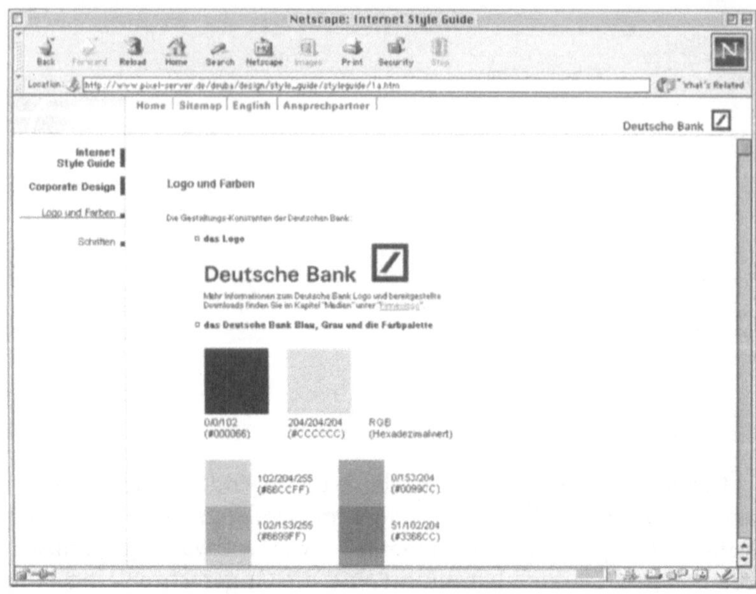

4
Die Strategie im Test – hohe Akzeptanz bei User-Befragung

Nach Abschluss des Re-Designs gab die Deutsche Bank ein Infratest Burke FoRun®-Online-Testpanel zu ihrem Internet-Auftritt in Auftrag. Befragt wurden 303 Panel-Teilnehmer, die sich als Meinungsführer der Multimedia-Generation profiliert haben. Parallel dazu wurde eine Online-Befragung zur Website durch die Deutsche Bank selbst durchgeführt, welche die Ergebnisse des Marktforschungsinstitutes Infratest stützen. An der Online-Befragung der Deutschen Bank nahmen 750 Personen teil.

In beiden Umfragen wurde der Internet-Auftritt von den Teilnehmern als überdurchschnittlich gut beurteilt. So gefiel der Internet-Auftritt der Deutschen Bank 82% der Befragten spontan. 88% waren der Meinung, dass sich die Kompetenz der Bank widerspiegelt und 90% der Teilnehmer kamen zu dem Urteil, der Auftritt passe zum Gesamtbild der Deutschen Bank. Besonders positiv be-

Einzelhandel

wertet wurden die insgesamt hohe Benutzungsfreundlichkeit, die übersichtliche Informationsstruktur und das intuitive Navigationssystem.

Die Internet-Seite der Deutsche Bank AG wurde 1999 von der Fachpresse mehrmals ausgezeichnet und von den Wirtschaftsexperten der Londoner School of Economics als beste Banking-Internet-Site prämiert.

5
Pars pro toto: Synergie durch Markenführung

Im Zusammenhang mit der Internationalisierung der Deutsche Bank Gruppe spielt der Style Guide eine wichtige Rolle bei der Interaktion und Kommunikation der Unternehmensbereiche.

Analog zur Neustrukturierung des Internet-Auftritts der Deutsche Bank AG wurde die Internet-CI der Deutsche Morgan Grenfell an die Vorgaben des Style Guide angepasst. Für die Tochtergesellschaft wurde ein neues, adäquates Online-Image entwickelt, das sich harmonisch in das Gesamterscheinungsbild der Deutsche Bank-Gruppe fügt und dennoch seinen eigenständigen Charakter bewahrt hat. Bei der Anwendung der neuen Richtlinien ist es gelungen, zwei Aspekte gleichermaßen zu berücksichtigen: Einerseits wird die Zugehörigkeit von Deutsche Morgan Grenfell zur AG klar kommuniziert, andererseits blieben aber auch prägnante länderspezifische Charakteristika der englischen Company erhalten, die ihr ein unverwechselbares Gesicht verleihen.

Die Integration der Unternehmens-CI der Deutschen Bank war ein wichtiger Beitrag zur Integration der US-amerikanischen Gesellschaft Bankers Trust, die 1999 mit der Deutschen Bank fusionierte. Aus den Bausteinen des Style Guide wurde ein Toolkit zusammengestellt, welches die Dachmarkenstrategie der Deutschen Bank auch konzeptionell erfasste und ein rasches Re-Design des Internet-Auftritts von Bankers Trust ermöglichte. Innerhalb nur eines Monats konnten so die über 1.000 Internet-Seiten der neuen Tochter in den Deutsche Bank-Look übersetzt werden.

6
Corporate Communication – Online-Events und Applikationen

Nach erfolgreicher Einführung des neuen Internet-Designs konnten die nächsten digitalen Schritte zu einer effizienteren Kunden- und Mitarbeiterkommunikation geplant werden. Konsequent wurden die Vorteile, welche das Internet gerade für diese Zwecke bietet, zur Entwicklung neuartiger Kommunikationsmaßnahmen genutzt.

Als umfangreichstes Projekt in dieser Richtung wurde die Hauptversammlung 1999 der Deutschen Bank von der Vorbereitungsphase bis zur „Nachlese" im Internet begleitet. Der umfassende Informationsservice zur Veranstaltung erfolgte in drei Phasen:

Bereits Wochen vor dem Event wurden Aktionäre und interessierte Internet-User mit Hinweisen zu Zulassung und Tagesordnung sowie Anfahrtsskizzen, persönlichem Routenplaner sowie Erinnerungs- und Weckservice versorgt.

Das umfassendste Angebot erwartete den User am Tag der Hauptversammlung und ermöglichte allen, die nicht vor Ort sein konnten, die Hauptversammlung virtuell zu besuchen. In Zusammenarbeit mit Deutsche Bank TV wurden die Highlights des Tages – wie etwa die Reden des Aufsichtsratsvorsitzenden Hilmar Kopper und des Sprechers des Vorstandes Rolf-E. Breuer – live im Internet übertragen. Ergänzend dazu informierten die Unternehmensbereiche der Deutsche Bank Gruppe mit interaktiven Präsentationen über ihre Arbeitsschwerpunkte.

In der dritten Phase schließlich wurden die Ergebnisse der Versammlung zusammengefasst. Als „Video-on-Demand" konnten die wichtigsten Reden des Tages abgerufen werden; Texte zu Vorträgen, Abstimmungsergebnisse und dergleichen mehr standen als Online-Texte und als Download zur Verfügung.

Die Hit-Liste dieses Informationsangebots der Deutschen Bank spricht für sich: Allein am Tag der Hauptversammlung haben rund Zweidrittel der Besucher der Deutschen Bank-Site die Seiten der Hauptversammlung aufgerufen.

Ein weiteres Projekt präsentierte die Deutsche Bank zur CeBIT '99: Die Investment Banking Division der Deutschen Bank AG stellte sich und ihre Leistungen zu diesem Anlass online vor.

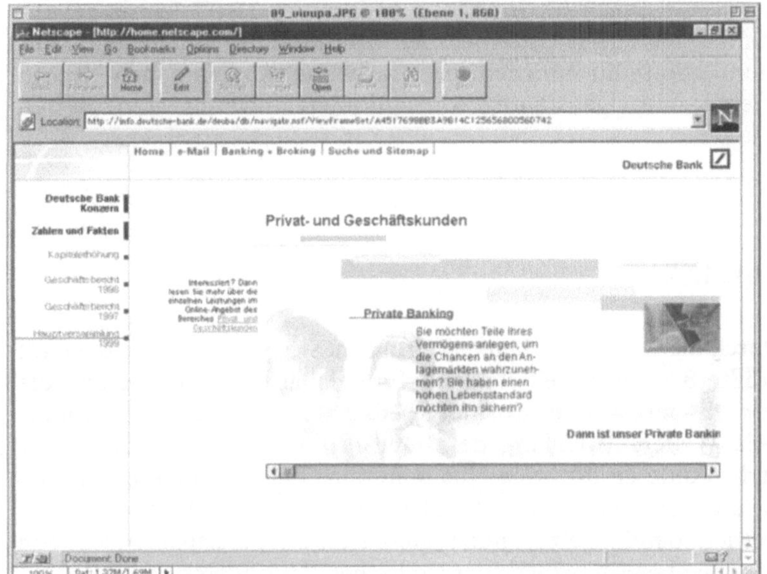

In dem Internet-Auftritt vermittelt das Emissionshaus interessierten Unternehmern als besonderen Service Grundlagenwissen zum Thema Initial Public Offering. Das komplexe Thema IPO ist zum einen in Form eines virtuellen Börsenganges didaktisch aufbereitet. Der User hat darüber hinaus die Möglichkeit, sein Unternehmen aus Anlegersicht zu beurteilen. Hierzu werden individuelle Angaben zu Branche, Umsatz, Ertrag und Wachstum anhand aktueller Daten ausgewertet und in einen Branchenvergleich gestellt.

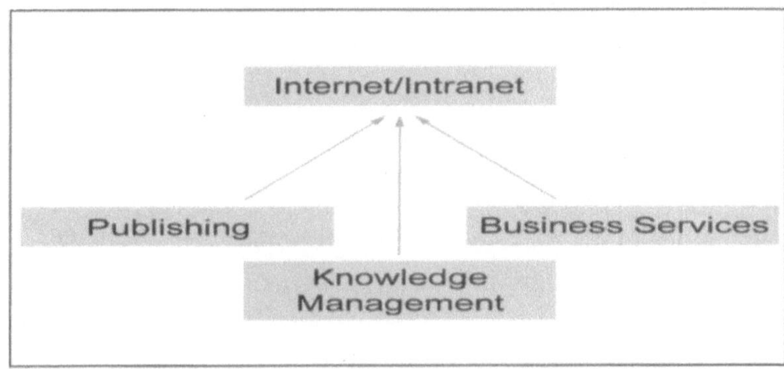

Die drei Bereiche Publishing, Business Services und Knowledge Management werden im Internet/Intranet gestützt und miteinander verzahnt

In Zusammenarbeit mit weiteren Kooperationspartnern entwickelte Pixelfactory die CD-ROM NetFicient, ein web-basiertes Anwendungspaket für Publishing, Knowledge Management und

Business Services für Internet und Intranet. NetFicient bietet zukunftsorientierten Unternehmen drei Module, mit denen Kommunikation und Informationsverarbeitung in den neuen Medien effektiv und eigenständig konzeptioniert und umgesetzt werden können.

7
Ausblick

Durch die Fusion mit Bankers Trust hat sich die Deutsche Bank als größte Bank der Welt etabliert. Ihre globale Ausrichtung und die gewachsene Zahl der Tochtergesellschaften machen eine strukturelle Weiterentwicklung des Internet-Auftritts notwendig – der Style Guide erfährt eine Neudefinition. Im E-Commerce-Bereich ist die Deutsche Bank optimal vorbereitet: Über 400.000 Konten werden bereits jetzt online geführt, auch Wertpapiergeschäfte können über die Website der Deutschen Bank abgewickelt werden.

Die Deutsche Bank wird ihr besonderes Engagement bei der Entwicklung des E-Commerce auch weiterhin fortsetzen. Insbesondere in Zusammenhang mit der Neueinführung der Deutsche Bank 24, welche die 1400 Filialen der Deutschen Bank und der Direktbank flächendeckend zu einer integrierten Filial- und Direktbank zusammenführt, sind zahlreiche Entwicklungen geplant. Neue und optimierte Online-Produkte rund um die Themen Banking und Broking werden mit Convenience-Features wie Direktmail- und 24-Stunden-Service kombiniert und ergänzen das Filialangebot des größten Anbieters von Bankdiensten für Privat- und Geschäftskunden.

Christian Bachem, Richard Maul

E-Commerce als Bestandteil strategischer Unternehmensplanung

Abstract

Das Unternehmen Conrad Electronic gehörte zu den ersten deutschen Unternehmen überhaupt, die sich umfassend im Bereich E-Commerce engagierten. Seither ist es dem Unternehmen gelungen, eines der erfolgreichsten E-Commerce-Angebote Europas zu realisieren. Der folgende Beitrag skizziert die Erfolgsgeschichte von Conrad Electronic im Internet und beweist den Stellenwert und die Effizienz von Online-Werbung.

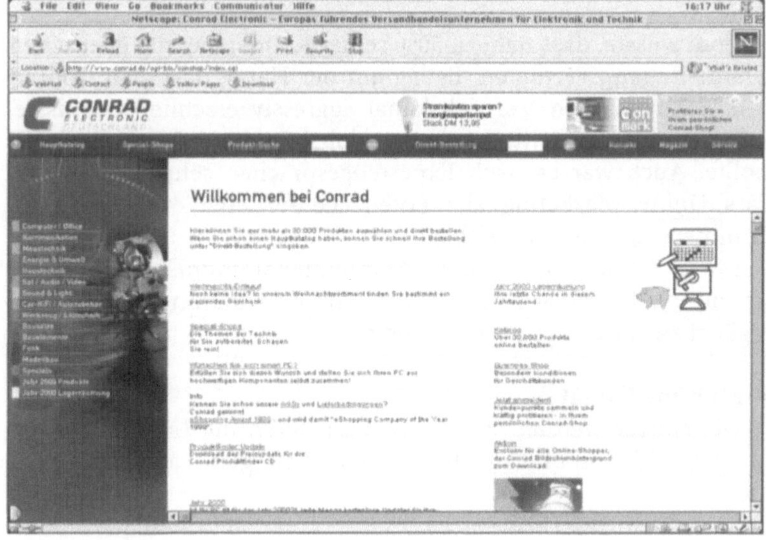

Die umfangreiche Homepage www.conrad.de lädt zum virtuellen Shopping ein

1
Das Unternehmen und sein Markt

Die Conrad Electronic GmbH ist Europas größtes Elektronikversandhaus mit rund 38.000 verfügbaren Artikeln. Das Familienunternehmen hat seinen Stammsitz in Hirschau, östlich von Nürnberg. Rund 2.400 Mitarbeiter wickeln hier bis zu 20.000 Bestellungen täglich ab. Hinzu kommen 17 Ladengeschäfte in Deutschland sowie weitere Filialen in ganz Europa. Zu den Produkten zählen Bauteile, Komponenten und komplette Systeme der Elektronik einschließlich der Werkzeuge zur Verarbeitung. Die Palette reicht von der Leuchtdiode über den PC bis hin zum Schatzsuchgerät.

Damit bedient Conrad traditionell zwei Vertriebskanäle: den Kataloghandel, der den größten Umsatzanteil ausmacht und den stationären Handel. Sehr frühzeitig, verglichen mit der allgemeinen Entwicklung in Deutschland, war es den innovativen Firmengründern klar, dass E-Commerce einen zukünftig bedeutsamen dritten Vertriebskanal darstellt, der in seinen Eigenschaften wenn überhaupt, dann nur mit dem vorhandenen Katalogkanal vergleichbar wäre.

1.1
Die Strategie des E-Commerce Engagements

Conrad wusste, dass nahezu 50% seiner Kunden bereits über einen Online-Zugang verfügten. Es lag auf der Hand, dass sich Conrad den elektronischen Vertriebskanal aggressiv erschließen musste, wenn man nicht mittelfristig im globalen Wettbewerb verlieren wollte. Auch war es nach Expertengesprächen sehr schnell klar, dass Online-Marketing alle Potenziale für eine erfolgreiche E-Commerce Strategie bereithielt.

Die Potenziale der Online-Marketingkommunikation vereint wesentliche Vorteile traditioneller Kommunikation auf sich und ergänzt sie durch neue (vgl. Bachem 1996, 277):

- **Multimedialität**
  Die Nutzer werden multisensorisch durch die Integration von Text, Bild, Ton und zunehmend auch Bewegtbild angesprochen.

- **Aktualität, Flexibilität, Variabilität, Modularität**
  Das Kommunikationsangebot kann kurzfristig, schnell und flexibel angepasst werden, Veränderung und Erweiterung von Inhalt und Form erfordern nur wenig Zeit- und Arbeitsaufwand.

- **Ubiquität**
  Aufgrund der potenziell weltweiten Verbreitung von Telekommunikationsnetzen und Datenleitungen ergibt sich eine ständige globale Verfügbarkeit.

- **Einfachheit, Multioptionalität, Komplexität**
  Die Nutzer wählen aktiv und selbstbestimmt die Informationsbreite und -tiefe des Angebots, das sie nutzen wollen.

- **Linearität und Nonlinearität**
  Die Kunden haben die Wahl zwischen gezielter und assoziativer Informationsaneignung.

- **Individualität**
  Wie kaum ein anderes Medium bietet das Internet die Möglichkeit der individuellen Ansprache.

- **Feedbackkanal**
  Das Internet verfügt über integrierte Rückkopplungs- und Dialogmechanismen, welche die Empfänger der Botschaften gleichzeitig zu Sendern werden lassen.

- **Intensität**
  Dadurch werden die Nutzer – stärker als im klassischen Marketing üblich und möglich – in den Kommunikationsprozess einbezogen.

- **Integration von Kommunikation und Transaktion**
  Kaufanreiz, Kaufvorbereitung und Kaufabschluss können online ohne Medienbruch zusammengeführt werden.

Ausgehend von diesen Potenzialen leitete Conrad unternehmens- und marketingpezifische strategische Ziele für sein Online-Engagement ab.

Da Conrad die bestehenden Vertriebskanäle aufrechterhalten wollte, musste es das primäre Ziel sein, zu sehr viel niedrigeren Akquisitions- und Transaktionskosten als über die vorhandenen Kanäle Neukunden zu gewinnen und zum Online-Kauf zu bewegen.

Das bedeutete im Einzelnen:

1. **Ansprechen neuer Kundenpotenziale**

   Neue Kundenpotenziale sollen durch Werbebotschaften angesprochen und entweder direkt in Geschäft konvertiert oder aber zumindest als Katalogbesteller gewonnen werden.

2. **Stärkung der Kundenbindung**

   Durch Dialogangebote soll die Kundenbindung gestärkt werden, so dass eine hohe Identifikation mit der Marke Conrad und ihren Produkten geschaffen wird. Durch die Begeisterung der Kunden will man einen Spill-over Effekt kreieren, der dazu führt, dass Kunden selbst akquisitorisch aktiv werden und Neukunden gewinnen.

3. **Klare Transaktionsorientierung**

   Auch wenn Conrad eine etablierte Marke in seinem ureigenen Segment besitzt, so war doch von Beginn an klar, dass man keinesfalls einen rein markenorientierten Auftritt realisieren wollte. Sehr viel mehr war die Transaktionsorientierung gefragt, die innerhalb des kürzestmöglichen Zeitraums zu einer Online-Bestellung führen kann.

4. **Ausweitung der internationalen Präsenz durch Online-Expansion**

   Die Sättigung der Heimatmärkte bei gleichzeitiger Globalisierung verlangt auch von Conrad mitzuziehen und kontinuierlich zu expandieren. Dazu stellt das Internet das attraktivste Medium dar. Kosteneffizient können neue Märkte „vorerschlossen" sowie die eigene Marke etabliert werden, um dann gegebenenfalls über eine physische Präsenz zu entscheiden.

2
Die Konzeption

Ein solides Konzept für E-Commerce wird in die unternehmerische Gesamtkonzeption eingepasst

Im Gegensatz zur schnellen, informationsorientierten Internet-Lösung wurde beim Conrad Online-Shop eine andere Konzeption verfolgt: Es ging um die Einbindung in eine langfristige unternehmerische Gesamtkonzeption zum Einsatz neuer Medien, abgestimmt mit den strategischen Zielen, integriert in die unternehmerischen Geschäftsprozesse und IT-Strukturen und unterstützt durch ein ausgefeiltes Marketingkonzept.

Als Basis für die Marketingkonzeption dienten ausführliche Zielgruppenstudien einerseits zur Interpretation des besonderen Käuferverhaltens im Internet. Andererseits aber hatten diese zum Ziel, geeignete Marketingwerkzeuge zu entwickeln. Insbesondere war es eine Aufgabe des Marketing, die Koexistenz der verschiedenen Vertriebskanäle – Katalog, Shop und Internet – zu unterstützen und Cross-Marketing-Effekte zu erzeugen. In diesem Sinne sind Online- und Offline-Marketing nicht voneinander trennbar, sondern müssen synergetisch entwickelt und eingesetzt werden.

In diesem Kontext wurde entschieden, dass der Kunde auch online nicht auf Produktvielfalt, kompetente Beratung und Zuverlässigkeit zu verzichten braucht. Aus Gründen der Kundenführung wurde der Online-Shop so konzipiert, dass alle Service-, Kontakt- und Produktbereiche einer Conrad-Filiale abgebildet wurden. Damit war für den Kunden die Kontinuität zur ihm bekannten physischen Welt hergestellt. Auch Aspekte der Markenführung im Online-Umfeld wurden damit vereinfacht.

Gleichzeitig durfte diese Abbildung der realen Welt jedoch nicht so weit gehen, dass die Möglichkeiten des neuen Mediums nicht in vollem Umfang ausgenutzt werden konnten. Es war also eine Gratwanderung zwischen Innovation und Kontinuität. In jedem Falle musste eine Plattform geschaffen werden, die es erlaubt, mittels Online-Marketing die Möglichkeiten des Mediums auszuschöpfen und eine neue Qualität in der Pflege individueller Kundenbeziehungen aufzubauen.

2.1
Die Umsetzung

Nach der umfangreichen Shop- und Marketingkonzeption realisierte Pixelpark in nur acht Wochen die Conrad Online-Filiale (www.conrad.de), die in ihrer ersten Version im September 1997 ins Netz gebracht wurde.

Auf Seiten der Kreation erfordert eine effektive Internet-Anwendung ein ausgefeiltes Realisierungskonzept, das alle inhaltlichen, technischen und visuellen Aspekte der Anwendung berücksichtigt. Dies beinhaltet einerseits die Ausarbeitung der inhaltlichen Struktur und Architektur des Auftritts sowie andererseits die Festlegung der technischen Plattformen und Standards. Darüber hinaus ist jedoch auch der Entwurf eines durchgängigen visuellen Erscheinungsbildes als Teil der Marketingstrategie zu gewährleisten.

Das grafische Interface für den Conrad-Shop wurde daher auf Basis des Corporate Design entwickelt. Der Fokus lag hierbei auf einer einheitlichen und durchgängigen Gestaltung der Benutzeroberfläche, die dem Kunden die Orientierung und Navigation erleichtern sollte. Der Kunde sollte einen möglichst reibungslosen Übergang in das neue Medium finden. So begründete sich auch die bereits erwähnte Entscheidung, die in der physikalischen Welt vorzufindenden Orientierungsbereiche (Service, Kontakt, Produkt) ebenfalls online abzubilden.

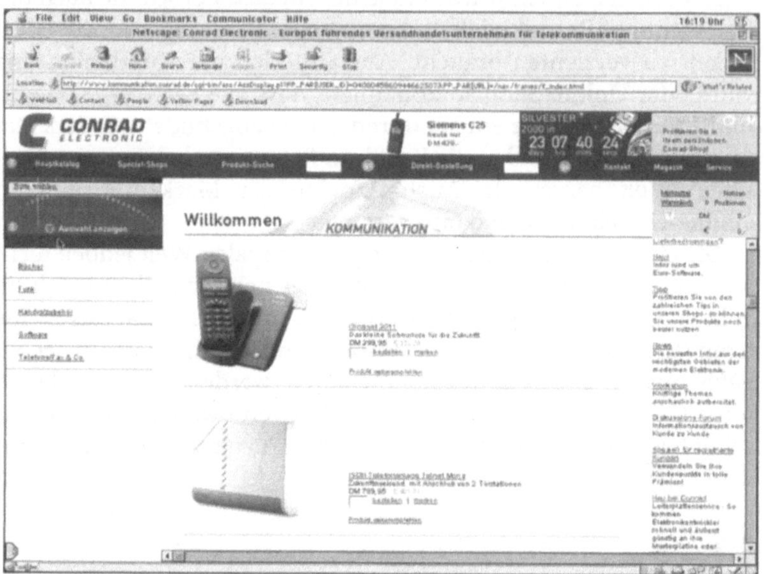

In der Funktionalität musste man sich von den gewohnten Navigationskonzepten innerhalb eines Kataloges und einer Filiale lösen und versuchen, die Vielzahl der Daten mediengerecht zu präsentieren, ohne den Nutzer mit komplexen Navigationsschritten abzuschrecken. Bei über 38.000 Produkten keine einfache Aufgabe! Dabei war es ein zentrales Marketinganliegen, dem Kunden schnell ein übersichtliches Bild von den Produkten und der Shop-Architektur zu liefern, ohne dabei Kompromisse in der Ladegeschwindigkeit und damit im Gesamterlebnis eingehen zu müssen. Diese Anforderung zeigt eindringlich das Zusammenspiel von Marketing und Technik: Nur ein Ansatz, der beides beherrscht und permanent berücksichtigt, führt letztlich zum Erfolg. Dies ist ein wesentlicher Unterschied zu bestehenden Märkten mit etablierten Technologien und Prozessen und verlangt von den betroffenen Unternehmen, Realisierungspartner zu finden, die beide Kompetenzen exzellent beherrschen.

Im Falle von Conrad entstand ein funktionales und zugleich ästhetisches Frontend, das mediengerecht den Markenwert der Conrad Electronic transportierte und seine Anerkennung neben dem wirtschaftlichen Erfolg in Form zahlreicher Preise erhielt.

Die Struktur des Online-Shops ist bewusst sehr einfach gehalten. Dem Benutzer wird eine konsistente Navigation in Form eines statischen Benutzerelementes geboten. Die Darstellung der Produkte erfolgt dynamisch aus der Produktdatenbank, so dass dem Benutzer alle Produkte in einer vertrauten Umgebung gezeigt werden, in der er sich immer wieder schnell zurechtfindet.

Die Navigation wird somit mehr und mehr intuitiv durchgeführt, wodurch sich der Nutzer schnell auf das konzentrieren kann, was die wesentliche Ziele des Marketing ausmachen: das Stöbern und Kaufen bei Conrad Electronic zu fördern.

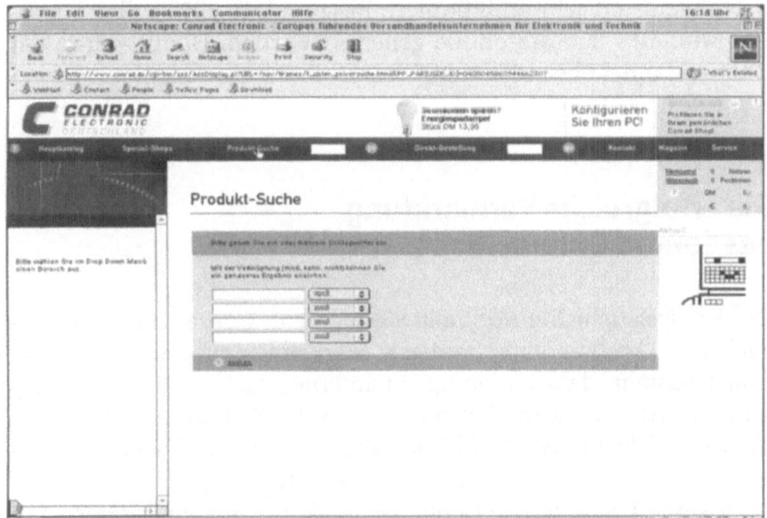

Eine gezielte Produktsuche erfolgt ganz einfach über den Index häufig gebrauchter Schlagwörter oder die Eingabe verschiedener Produktattribute

Ein wesentliches Element dieses funktionalen Marketing ist die Gestaltung des Suchens. Wo in der realen Welt die Regalplanung physisch erfolgt (die Quengelware an der Kasse), muss in der virtuellen Welt neben dem Navigationskonzept die Suchmaschine dem Kunden helfen, sich gezielt zurechtzufinden. Durch verschiedene Suchroutinen wird einerseits der gezielte Zugang zum gewünschten Produkt gewährt und andererseits generelles Stöbern in bestimmten Themengebieten erlaubt.

Neben der Volltextsuche entschied man sich bei Conrad Electronic für die Suche in einem aufwendigen Index nach häufig gebrauchten Schlagwörtern sowie eine komfortable Suchfunktion nach verschiedensten Produktattributen.

2.2
Der Erfolg

Bereits wenige Monate nach dem Start der Online-Filiale im August 1997 wuchsen die Besucherzahlen rasch an und die Zahl der per Internet bestellten Kataloge ging ebenfalls in die Höhe. Da erfahrungsgemäß im Kataloggeschäft ein Großteil derjenigen, die einen Katalog anfordern, auch eine Bestellung aufgeben, war der Erfolg des Conrad Online-Auftritts vorgezeichnet, der auch im Anstieg des Gesamtumsatzes, nicht nur des Online-Umsatzes, messbar ist.

Heute zählt die Conrad-Site über 300.000 Besucher im Monat, die Conrad zu einem Online-Umsatz von voraussichtlich mehr als 50 Mio. DM im Jahr 1999 verhelfen werden. Die zukünftigen Erwartungen sind sehr ambitioniert: Bis zum Jahr 2000 sollen bereits 120 Mio. DM Umsatz online generiert werden. Damit würde der Online-Handel über 10% zum Gesamtumsatz beitragen.

3
Die erfolgreiche Vermarktung des Conrad Online-Shops

Die Erfolgsgeschichte des Online-Shops von Conrad Electronic ist auch das Ergebnis einer mutigen Marketingstrategie. Conrad hat früh begriffen, dass Shopping im Internet nach dem Pull-Prinzip funktioniert: Vor dem Einkauf müssen die Zielgruppen den Shop aktiv im Dickicht des World Wide Web suchen und finden. Die beste E-Commerce-Lösung mit den attraktivsten Angeboten wird dennoch keine Umsätze realisieren, wenn sie bei den anvisierten Zielgruppen unbekannt ist. Neben dem Eintrag in Suchmaschinen ist Online-Werbung das stärkste Mittel, um ein Online-Angebot bei den Nutzern bekannt zu machen.

3.1
Aus den Fehlern anderer lernen

Was wie eine triviale Erkenntnis klingt, wird von vielen anderen E-Commerce-Anbietern häufig noch immer nicht verstanden: Oftmals steht einem eindrucksvollen E-Commerce-Budget ein unrealistisch geringes Online-Marketingbudget gegenüber. Ohne

Werbung ist ein Online-Shop jedoch wie ein Laden in der Wüste:
Nur gelegentliche Zufallsbesucher verirren sich dorthin.

3.2
Wie man das optimale Online-Werbebudget bestimmt

Conrad Electronic hat das E-Commerce-Potenzial für das eigene
Geschäft hoch eingeschätzt und die Investitionen in den Online-
Shop von Beginn an substanziell mit Online-Werbung unterstützt.
Conrad lernte schnell, dass ein direkter Zusammenhang zwischen
werbegenerierten Page-Impressions und zusätzlichen Orders besteht. Dementsprechend wurde das Online-Werbebudget auf optimale Wirkung feingetunt: So wuchsen die Online-Werbe-
spendings proportional zu den geplanten Online-Umsätzen.

    Heute ist Conrad Electronic in der Lage genau zu bestimmen,
wie hoch der Return on Investment auf jede eingesetzte Online-
Werbe-DM ist. Ein solches Wissen ist besonders bei der Jahrespla-
nung hilfreich: Durch langfristige Buchung ist die Online-
Mediaagentur in der Lage, Werbeplätze zu günstigen Konditionen
einzukaufen.

3.3
Die Werbe-Strategie für Conrad

Das Hauptziel von Online-Werbung für die Online-Shops von
Conrad Electronic ist die Erzeugung von Besuchen auf der Website. Nur wer den virtuellen Laden betritt, kann Kunde werden. Von
Beginn an galt es daher, das Nutzenangebot des Online-Shops
möglichst nachdrücklich zu vermitteln: Die Tiefe des Angebots –
38.000 Artikel – und die Angebotsbreite – von der Leuchtdiode bis
zum Schatzsuchgerät – werden werblich thematisiert. Die Tonalität
der Ansprache ist der zu 98% männlichen Zielgruppe angemessen.

    Unter dem Slogan „Wer hier nichts findet, ist kein Mann" wird
selbstironisch die Markenpositionierung dramatisiert: Conrad
Electronic bietet als Vollsortimenter alle Artikel für den Elektro-
nik-Bedarf.

4
Die Online-Werbemaßnahmen: Bannerwerbung

Das schlagkräftigste Mittel der Werbung im Internet sind nach wie vor Werbebanner auf jenen Websites, die eine hohe Affinität zu den Zielgruppen des zu bewerbenden Online-Shops aufweisen.

Die Wirksamkeit von Bannerwerbung wird häufig unterschätzt, was vermutlich mit der geringen Größe dieser Werbemittel zusammenhängt. Viele scheinen zu denken: „Was so klein ist, kann auch nur wenig bringen."

Das Gegenteil ist jedoch der Fall: Kein anderes Werbemittel ermöglicht die Realisierung einer kompletten Kommunikationskette ohne Medienbruch: Von der Bekanntmachung des Conrad-Angebots über den Aufbau des Markenimages bis hin zur direkten und unmittelbaren Initiierung des Kaufvorgangs, kann das Werbebanner ohne Wechsel des Mediums den gesamten Kommunikationsprozess abbilden.

4.1
Wie erfolgreiche Bannerkampagnen für Conrad Electronic gemacht werden: Bannergestaltung

Der Erfolg einer Online-Kampagne hängt im wesentlichen von zwei Faktoren ab: Bannergestaltung und Online-Mediaplanung.

Ein Banner wird durchschnittlich etwa eine Sekunde lang betrachtet (Bachhofer 1998). Diese Tatsache gibt bereits deutliche Anhaltspunkte, wie ein Banner gestaltet sein muss: Es muss schnell erfassbar sein. Es darf keine komplizierten, subtilen Geschichten erzählen, die im multimedialen Rauschen des Browserfensters untergehen. Pixelpark hat systematisch untersucht, wie Werbebanner beschaffen sein müssen, damit sie geklickt werden (Jarchow 1999).

Die Pixelpark-Regeln:

1. Das Nutzenversprechen soll einfach, klar und kurz sein.
2. Ein emotionales, animiertes Visual soll das Nutzenversprechen unterstützen.
3. Bild schlägt Text: Bilddominante Banner werden doppelt so häufig geklickt wie reine Textbanner.
4. Klickaufforderung: sie sollte permanent sichtbar sein.
5. Klare Strukturierung von Text- und Bildelementen, so dass eine schnelle Erfassbarkeit gewährleistet ist.
6. Keine Textanimation.

7. Der Markenname bzw. das Logo sollte permanent sichtbar und nicht animiert sein.

8. Humorvolle und erotische Umsetzungen sind erfolgreich, sofern sie zur Markenpersönlichkeit passen.

5
Weitere Online-Werbeformate für Conrad Electronic: Textlinks und Newsletter

Neben der hocheffizienten Bannerwerbung setzt Conrad Electronic auch noch andere Werbemittel ein: Textlinks, Newsletter-Werbung und Online-Games.

Bei Textlinks handelt es sich um klickbare Texte auf Portalsites, zumeist Suchmaschinen. Auch diese eher unscheinbare Werbeform hat sich als äußerst effizient erwiesen, bietet sie doch einen relativ günstigen Preis pro AdClick.

Gleiches gilt für Newsletter-Werbung: Mit wenigen Worten lassen sich hier Produktneuheiten oder Sonderangebote mit geringen Streuverlusten an die Zielgruppen bringen.

5.1
Online-Games

Unter dem Titel „Widerstand im All" bietet Conrad Electronic ein Java-basiertes Actiongame auf der Website. Aufgabe der Spieler ist es, feindliche UFOs in Form von Widerständen und Kondensatoren zu besiegen. Diese Werbemaßnahme zielt weniger auf Reichweite, denn auf Kontaktintensität ab. „Widerstand im All" fasziniert mehrere Hundert Nutzer zum Teil stunden- und tagelang, denn es gilt, sich durch die verschiedenen Level hochzuspielen, damit man sich in die Highscore-Liste eintragen kann. Mit dem Conrad-Online-Game gelang es, die Gruppe der Hardcore-User zu einer intensiven Beschäftigung mit der Markenwelt von Conrad Electronic zu führen.

6
Online-Mediaplanung

Neben der Banner-Performance ist die Mediaplanung die zweite Stellschraube, deren exakte Justierung den Erfolg der Online-Werbekampagne für Conrad Electronic bestimmt. Pixelpark als Online-Mediaplanungsagentur hat die Kampagnenziele in operationale Planungsparameter übersetzt. Da die wenigsten Werbeträger heute in der Lage sind, verlässliche Strukturdaten über ihre Nutzerschaft zu liefern, erfolgt die Planung in der Regel im ersten Schritt nach Affinitäten: So erwartet man z.B. auf einem Sportwerbeträger vor allem freizeitinteressierte Männer, also sollte dieser auch für die Bewerbung von Männer-Produkten geeignet sein.

Nach der Durchführung des ersten Kampagnenflights auf einem Werbeträger verfügt die Online-Mediaagentur bereits über harte Daten. Die Leistung einzelner Werbeträger wird kampagnen- und branchenspezifisch ausgewertet, um die Erkenntnisse in die Planung zukünftiger Kampagnen einfließen zu lassen. Erfahrungswissen hebt also deutlich die Qualität der Planung. So konnte Pixelpark die AdClick-Rate der Kampagne für Conrad innerhalb von zwölf Monaten verdoppeln – und das vor dem Hintergrund einer Halbierung der Durchschnitts-AdClick-Rate im deutschen Internet.

6.1
Planungsparameter für die Auswahl von Werbeträgern

1. Zielgruppen- und Markenaffinität

2. Page-Impressions (PI) und Visits

3. AdClick-Rate und Cost per AdClick

4. Tausender-Kontaktpreis (TKP)

5. Cross-Media-Rabatte

6. Historische Werbeträgerperformance: branchen- und zielgruppenspezifisch

6.2
Erfolgskontrolle

In der Werbebranche gilt seit jeher der Lehrsatz, dass sich der Erfolg einer Werbekampagne nicht zuverlässig prognostizieren lasse, da aufgrund der Komplexität der Einflussfaktoren stets von Einzelfällen auszugehen sei. Als Kronzeuge für die Unvorhersehbarkeit des Werbeerfolgs wird gerne der amerikanische Warenhauskönig John Wanamaker zitiert: „Fifty percent of my advertising works – if I only knew what 50% was what." Es sei dahin gestellt, ob dieses Dogma je zutraf; für die Online-Werbung zumindest gilt diese Entschuldigung nicht mehr.

7
Webtracking und Website-Optimierung

Der Erfolg von Online-Maßnahmen lässt sich mit Erfahrung und Empirie in erfreulicher Weise steuern. Das liegt daran, dass die digitale Infrastruktur eine genaue Messung des Nutzerverhaltens ermöglicht. Die Auswertung von Logfiles und Trackingdaten von Conrad.de bringen Schwachstellen in der Navigation oder beim Warenkorb schonungslos ans Licht. Conrad Electronic als Betreiber des Online-Shops kann diese quasi als Abfallprodukt anfallenden Marktforschungsdaten auswerten und als Input für die Optimierung des Angebots nutzen.

Die Möglichkeiten gehen noch weiter: Es ist sogar möglich, für einzelne Werbebanner auf einzelnen Werbeträgern den später im Online-Shop generierten Umsatz auszuweisen. Solche Daten erlauben eine weitere Optimierung der Online-Werbung hin zu Bannern, die im Wortsinne nachweisbar „verkaufen".

Die Vorteile liegen auf der Hand: Marketingbudgets werden um einiges planbarer und die Qualität der dienstleistenden Agenturen wird vergleichbarer. Leistungsorientierte Agenturen werden in Zukunft ein erfolgsabhängiges Honorarmodell sicher befürworten, nicht zuletzt weil statt betulicher Etatverwaltung nun der sportliche Aspekt ein größeres Gewicht in der Beziehung zwischen Kunde und Agentur erhält.

Literatur

Bachem, Ch. (1996). Online Werbung. In: U. Glowalla, E. Schoop (Hrsg.): Deutscher Multimedia Kongress 1996. Perspektiven multimedialer Kommunikation. Berlin: Springer, 276-281

Bachem, Ch. (1997a): Einfach schneller schalten! Online-Mediaplanung: Grundlagen, Potenziale und Trends. In: Net-Book 1/97. Walluf: Media-Daten Verlag, 14-16

Bachem, Ch. (1997b): Webtracking - Werbeerfolgskontrolle im Netz. In: D. Fink, Ch. Wamser (Hrsg.): Electronic Marketing - Marketing-Management im Zeichen der Neuen Medien. Wiesbaden: Gabler 1997, 189-198

Bachem, Ch. (1998): Online-Werbung erfolgreich gestalten – das Beispiel Conrad Electronic:. In: Das innovative Unternehmen. Wiesbaden: Gabler, 0709, 10-12

Bachem, Ch. (1999c): Drei Jahre Online-Mediaplanung. Ein vorausschauender Rückblick. In: Net-Book 1/99. Walluf: Media-Daten Verlag, 18-20

Bachem, Ch.; Stein, I. (1998): Online-Marketing: Strategien, Kosten und Controlling. In: K. Merten, P. Zimmermann: Das Handbuch der Unternehmenskommunikation. Frankfurt: Ueberreuter, 18-26

Bachhofer, M. (1998): Wie wirkt Werbung im Web? Hamburg: Gruner+Jahr

European Communication Council (Hrsg.): Die Internet-Ökonomie. Strategien für die digitale Wirtschaft. Berlin: Springer-Verlag 1999

Jarchow, Ch. (1999). Wie müssen Werbebanner im World Wide Web gestaltet sein, um hohe AdClick-Raten zu generieren? Ergebnisse einer empirischen Studie. In: planung & analyse, 2/99

Mörsdorf, Th., Gebert. J. (1999): Conrad Electronic im Internet – ein erfolgreiches Praxisbeispiel im Online Marketing. In: Link, J. (Hrsg.): Erfolgreiche Praxisbeispiele im Online Marketing, erscheint im Herbst 1999

Stausberg, M.; Bachem, Ch. (1998): Electronic Commerce – von der Idee zur Umsetzung. In: Das innovative Unternehmen. Wiesbaden: Gabler, 0709, 1-9

Teil A
Fallstudien

6   Auktionen und Börsen

Peter Friedrich Stephan

Zum ersten, zum zweiten…
und zum millionsten Zuschlag

An der Börse ist alles möglich
– auch das Gegenteil

André Kostolany

1
Ein unmoralisches Angebot?

Auf der Seite von www.ronsangels.com sind gerade mal 12 Angebote zu sehen, aber die sind in aller Welt bekannt. Nach eigenen
Angaben haben sich 5000 Presseartikel und 500 Fernsehberichte
mit Rons Offerten beschäftigt. Der Grund liegt in den angebotenen
Produkten: Zu befruchtende Eier von schönen Frauen zu Preisvor-
stellungen von $15.000 bis $150.000. Eingegangene Gebote sind auf
der Website allerdings nicht zu sehen und über abgewickelte Verkäufe wurde bisher nichts bekannt. Es ist also fraglich, ob hier tatsächlich Geschäfte gemacht werden oder ob das Ganze eher ein
gelungener Werbegag ist für Rons Hauptberuf als Fotograf. Immerhin: Die Überlegung erscheint plausibel genug in Gesellschaften, wo alles käuflich ist, und das Netz eine permanente
Austauschplattform für Angebot und Nachfrage liefert.

Als originäre Netz-Idee sind Auktionsplattformen schnell populär geworden (siehe Fallstudien „ebay" und „ricardo"). Was früher nur einem exklusiven Publikum zugänglich war, ist heute
Volkssport. In virtuellen Börsen kann volkstümliches Wissen, etwa
über Fußball, von Wert sein (siehe Fallstudie „WM Börse"), und
auch für Werbezwecke lassen sich Auktionen einsetzen (siehe Fallstudie „intershop").

Wenn auch der Nutzen von privaten Auktionen zum zielge-· richteten Einkauf noch begrenzt sein mag, sind längst viel größere Dimensionen absehbar. Business-to-Business Plattformen haben gegenüber dem privaten Markt ein Vielfaches an Handelsvolumen und möglicherweise werden hier bisherige Wirtschaftsformen revolutioniert, indem es zur Regel wird, den Preis interaktiv zu bestimmen („Dynamic Pricing").

Bei den Consumer-Plattformen dagegen ist das Erlebnis entscheidend. Auktionen sind Event-driven Communities. Es gibt einen Anlass, dorthin zu kommen und man kann andere Leute treffen. Beim Pionier und Branchenführer ebay werden Artikel angeboten, die kaum jemand unbedingt braucht (Durchschnittswert 40 $), aber die Besucher bleiben im Schnitt für 1 Stunde und 45 Minuten pro Monat auf der Seite (siehe auch Einführung 7.4 Community Building). Die „Stickiness" einer Website, das „Klebenbleiben" auf einer Seite, ist in der Aufmerksamkeitsökonomie der entscheidende Vorteil, denn alleine die kanalisierte Aufmerksamkeit von Millionen von Besuchern ist exorbitante Börsennotierungen wert.

2
Virtualisierung der Wirtschaft

Der Aufschwung der Unternehmensbewertungen in Bereiche, die mit realem Produktivitätszuwachs nicht mehr korrelieren, ist ein Zeichen für die Virtualisierung der Wirtschaft, wofür die Ausweitung des elektronischen Handels nur die technische Entsprechung darstellt. Durch XETRA, das elektronische Handelssystem der deutschen Börse, können die Kurse in Echtzeit in die Medien eingespeist werden. Über das Internet hat jeder die Möglichkeit, den Handel zu beobachten und die neuen Angebote für Online-Broking (www.consors.de, www.brokerage24.de) machen das Börsenparkett zur Spielhalle für Kleinanleger. Gesellschaftliche Entwicklungen (niedrige Zinsen, vererbte Vermögen, größere Risikobereitschaft) und technische Entwicklung haben sich zu einem Trend verdichtet, der jahrzehntelang gültige Werte tiefgreifend verändert.

Handel in Echtzeit

Mit Einführung des WAP-Standards, der Internet-fähige Handys ermöglicht, könnte die vernetze Art des Kaufens zur neuen Normalität werden. So will die Münchner Firma 12snap zusammen mit Partnern wie Quelle und Media Markt Waren, Reisen, Konzertkarten und exklusive Dienstleistungen per Handy versteigern. Zu bestimmten Zeitpunkten werden über den Kurznachrichtenka-

Peter Friedrich Stephan

nal 123 des D2-Netzes Sprachbeschreibungen des Angebots übermittelt und Angebote eingeholt. Nach dem Zuschlag werden die Unterlagen im Call-Center ausgefertigt (SPIEGEL 2/2000).

3
Business-to-Business (B2B)

Von 110 Milliarden Dollar in 1999 sollen die Umsätze im Bereich B2B auf 1,3 Billionen Dollar in 2003 steigen, elfmal mehr als das Volumen des Business-to-Consumer Marktes (Forrester Research). Spezialisten wie Ariba, VerticalNet, Freemarket und CommerceOne erarbeiteten Lösungen für MCI, WorldCom und General Motors, bei denen die klassische Auktion nur eine Möglichkeit der Interaktion ist. Auf den elektronischen Foren werden auch andere Handelsformate angeboten: Fixpreise sind möglich, sowie die umgekehrte Auktion, bei der sich ein Bieter meldet und angibt, was er für bestimmte Artikel zu zahlen bereit ist. Verkäufer können dann kalkulieren, ob diese Offerten für sie interessant sind. Auf solche Weise werden häufig überzählige Flugtickets verkauft. Entscheidend ist, dass sich Angebot und Nachfrage in globalem Massstab und in Echtzeit dialogisch verständigen können und rechtsgültige Geschäfte abschliessen.

Restposten und industrielle Überbestände in den Bereichen Holz, Textil, Chemie, EDV, Kfz und Elektro werden auktioniert, aber auch normale Handelsware, soweit das rechtlich möglich ist. Auch öffentliche und private Ausschreibungen können hier platziert werden. Es wird damit gerechnet, dass die Unternehmen enorme Einsparungspotenziale realisieren können: Lagerhaltung 25-60%, Lieferpünktlichkeit 16-28%, Management-Kosten 25-50%, Gesamtproduktivität 10-16%. Gebundenes Kapital könnte bis zu 90% reduziert werden (Quelle: multiMedia 01/2000). Ein Ende der Möglichkeiten ist nicht abzusehen.

Verdienen durch Einsparen

4
Die Messe von morgen

Für die klassischen Vermittler wie die Veranstalter von Messen und Ausstellungen ändert dies die Geschäftsgrundlage. Sie beginnen, sich weniger als statischer Handelsplatz, sondern als dynamischer Event-Veranstalter zu definieren und damit den veränderten

Randbedingungen ihrer Aussteller zu entsprechen. So investiert die Kölner Messegesellschaft in den Aufbau virtueller Marktplätze, die Kommunikation und Transaktionen auch zwischen den Messeterminen herstellen sollen.

Für die Unternehmen ist die physische Präsenz auf Messen durch Personalausfall, Messebau und Gerätetransport eine größere Investition, die allein zur mühevollen Informationsbeschaffung und Kundenansprache an Rentabilität verliert. Wichtiger werden diejenigen Faktoren, die nicht komplett ins Netz verlegt werden können: Emotionale Ansprache durch informelle Kontakte und komprimierter Marktüberblick anhand von Inszenierungsleistungen. Je mehr sich Waren und Dienstleistungen ähneln und je mehr sie auf globalen Märkten in realtime unter Preisdruck geraten, desto entscheidender wird die Differenzierung durch kompetente Vermittlung. Mitarbeiter, Wettbewerber und Kunden werden über Leitbilder angesprochen, deren Glaubwürdigkeit durch selbstbewusste Positionierung in Form aufwendig gestalteter Messestände gezeigt und von realen Personen vorgelebt wird. Die Verbindung von virtueller und physischer Präsenz unter einem eingeführten Markenlabel kann daher die Chance der traditionellen Messe-Veranstalter sein.

5
Infobroking

Während Handelsplattformen im Internet für alle Arten von Waren entwickelt werden, entstehen eher weniger beachtet noch weitere Handelsmöglichkeiten, deren Auswirkungen kaum weniger umfassend sein können: Der Handel mit Wissen. Informationen sind Rohstoff und Grundlage für alle Produktions- und Handelsaktivitäten. In der Überfülle das Relevante herauszufiltern, aufzubereiten und nutzbar zu machen, erfordert einen Spezialisten, den Infobroker. Wenn das zu Suchende klar bestimmt werden kann, werden Such- und Verdichtungsmethoden angewandt, die von immer leistungsfähigeren Softwareroutinen unterstützt werden. Schwieriger ist es, wenn die notwendigen Informationen nicht als einfaches Faktenwissen deklariert und in Form von Datenbeständen lokalisiert werden können. Gerade hier, im sogenannten informellen Wissen (tacit knowledge) sind jedoch potenziell die interessantesten Ideen und entwicklungsfähigsten Neuerungen verborgen, möglicherweise sogar ohne das der- oder diejenige eine Ahnung davon hat, dass sie dieses Wissen in sich tragen und es für andere bedeutend sein kann.

Aus der Betriebs- und Organisationslehre wurden Verfahren für Wissensmanagement entwickelt, die jetzt in Bezug gesetzt werden zu den aktuellen technischen Möglichkeiten wie Intranets und Dataming. Diese Ansätze reichen aber alleine nicht aus. Vernetzte Prozesse, die Informelles aufspüren und nutzbar machen wollen, müssen einen Anlass bieten, damit Beiträger motiviert werden, sich freiwillig und seriös zu äußern. Was liegt da näher, als einen Marktplatz anzubieten? Das Prinzip „geben und nehmen" ist hier zentral: Wer etwas beiträgt, kann auch etwas bekommen und je detaillierter sich jemand beteiligt, desto mehr wird er belohnt durch stetig differenzierteres Aufnehmen der Beiträge anderer.

Solche Informations-Marktplätze müssen attraktiv gestaltet werden. Als firmenöffentliche Orte bedürfen sie der Pflege, aber nicht des hierachischen Eingriffs. Jeder muss sich trauen können, offen zu sprechen, niemand darf Repressionen befürchten. Auf der einen Seite müssen Aussagen zugeordnet, sowie zeitlich und thematisch eingegliedert werden können, während auf der anderen Seite gerade im Übersprungseffekt, im Chaotischen, Quer- und Gegenläufigen die entscheidenden Geistesblitze stecken können. Insofern ist hier eine Redaktion notwendig, die auch zeitliche und anlassorientierte Vorgaben entwickeln kann, die als netzbasierte Ereignisse Event-Charakter haben und in entsprechend attraktive und leistungsfähige Formate gebracht werden müssen. Dies sind originäre Aufgaben für ein zukünftiges Wissensdesign, das sich noch in der Aufbauphase befindet[1], aber bereits einige Ergebnisse vorweisen kann. So hat die Hyperwave Information Management GmbH die Informationsbeschaffung bei BOSCH nach eigenen Angaben um 40% beschleunigt und bei BMW sollen über einen elektronischen Informations-Marktplatz die Entwicklungszeiten drastisch verkürzt werden (SZ, 24.01.2000, siehe Einführung, 7.6 Wissensmanagement).

Resource der Zukunft:
Wissen

---

1) Peter Friedrich Stephan und Stefan Asmus, Bertelsmann 1999: Wissensdesign –
Mit neuen Medien Wissen gestalten, Seminarunterlagen der Bertelsmann Medienakademie Köln (http://www.medienakademie-koeln.de) und www.wissensdesign.de

Mark Wahrenburg, Jörg Bochow

Die Fußball WM-Börse:
Konzeption und Durchführung des weltweit größten Börsenexperiments

Abstract

Mit der WM-Börse entstand zur Fußballweltmeisterschaft 1998 innerhalb von vier Monaten die größte Real-Time-Internetbörse der Welt. Das von der Universität Witten/Herdecke in Kooperation mit dem ZDF entwickelte Konzept ermöglichte den Handel mit fiktiven Fußballaktien vor und während der Spiele. Dabei entwickelten sich die über 50.000 Fußball-Händler spielerisch zu Börsenprofis. Die als Forschungsprojekt konzipierte WM-Börse lieferte eine Fülle von neuen Informationen über individuelles Händlerverhalten und den Vergleich verschiedener Börsenformen. Das verständliche Börsenkonzept und die Integration in die WM-Berichterstattung des ZDF erwiesen sich als Eckpfeiler für den Erfolg der WM-Börse.

Der virtuelle Handel mit fiktiven Fußball-Aktien lieferte Erkenntnisse über das Börsenverhalten

1
Die Idee

Mit steigender Bedeutung der Finanzmärkte hat sich die wirtschaftswissenschaftliche Forschung in den letzten Jahren verstärkt der Frage der optimalen Gestaltung von Börsenmärkten zugewandt. Im Mittelpunkt steht die Frage, wie der Börsenhandel organisiert werden soll, um allen Börsenteilnehmern optimale Handelsbedingungen zu bieten. Dazu gehört beispielsweise die Möglichkeit, auch große Aktienpakete schnell und ohne großen Kurseinfluss kaufen oder verkaufen zu können sowie die Fähigkeit des Marktes, neue Informationen schnell in den Kurs einzuarbeiten. Ein viel diskutiertes Kernthema ist dabei die Frage, ob die Liquidität der Börse durch den Einsatz sogenannter Aktienbetreuer erhöht werden sollte.

Bisher haben sich die Forscher dieser Fragestellung von zwei Seiten genähert. Zum einen wurden empirische Studien an realen Börsen durchgeführt. Allerdings stellt die Vielfalt von unterschiedlichen Börsenformen ein großes Hindernis dar, um Unterschiede eindeutig auf einzelne Aspekte wie den Einsatz von Aktienbetreuern zurückführen zu können. Aus diesem Grunde gingen andere Wissenschaftler dazu über, Marktformen mit Hilfe von Experimentalbörsen zu erforschen. In einem kontrollierten Umfeld kann gezielt die Auswirkung einzelner Faktoren auf den Börsenhandel untersucht werden. Auf diese Weise lässt sich der Einfluss von Betreuern auf die Liquidität des Marktes und die Ausführungswahrscheinlichkeit von Orders nachweisen. Auch der Einfluss auf den Preisbildungsprozess lässt sich detailliert erfassen.

Die mit Experimentalbörsen erzielten Ergebnisse sind bisher jedoch nur beschränkt auf die Realität übertragbar. Der im Vergleich zur Realität kleine Teilnehmerkreis und das unrealistische Handelsumfeld solcher Experimente sind oft genannte Kritikpunkte, die sich nur schwer ausräumen lassen.

Die Idee der WM-Börse bestand darin, die Vorteile einer Experimentalbörse zu nutzen, ohne deren Nachteil eines kleinen Teilnehmerkreises in Kauf nehmen zu müssen. Um dies zu erreichen, durfte die Börse nicht im Elfenbeinturm der Wissenschaft stattfinden, sondern musste viele Menschen zusammenführen und begeistern. Das Internet war somit der ideale Platz, um in kürzester Zeit eine Börse aufzubauen, die von vielen Teilnehmern genutzt werden konnte. Gleiches galt für den Inhalt: Sport im allgemeinen und Fußball im besonderen sprechen ein Millionenpublikum an. Bei entsprechendem Marketing bot eine Sportbörse im Internet die einzigartige Chance, ein Event zu werden, das gleichzeitig Begeisterung bei der Internet-Gemeinde erzeugen und wertvolle wissenschaftliche Erkenntnisse liefern konnte.

2
Erste Schritte

Nachdem die Idee einer Internet-Sportbörse im Januar 1998 geboren worden war, ergab sich beinahe von selbst der Anlass zu ihrer Durchführung: die Fußballweltmeisterschaft 1998 in Frankreich, neben den olympischen Spielen das größte Sportereignis der Welt. Das vier Wochen dauernde Spektakel bot in vielerlei Hinsicht einen idealen Rahmen. Aufgrund des großen Medieninteresses konnte davon ausgegangen werden, dass über die WM-Börse berichtet werden würde und sich dadurch eine große Zahl von Mitspielern erreichen ließe. Gleichzeitig ließ der immense Sponsoring-Etat der Unternehmen zur Fußballweltmeisterschaft darauf hoffen, genügend Partner zu finden, um die Projektkosten zu decken.

Zunächst wurde eine Marktanalyse vorgenommen und das Internet auf bereits bestehende Sportbörsen untersucht. Die Analyse ergab, dass es bereits Ansätze zur Entwicklung von Sportbörsen gab. Diesen fehlte jedoch ein wesentliches Element des geplanten Projekts: der Real-Time-Handel. Wie an einer realen Börse sollten Teilnehmer der WM-Börse die Möglichkeit haben, jederzeit auf neue Informationen zu reagieren und Orders zu platzieren, die dann unverzüglich durch die Börse ausgeführt würden. Erst dieses technisch aufwendig zu realisierende Feature sollte der WM-Börse den Nervenkitzel geben, der den Handel an realen Märkten kennzeichnet.

3
Das Konzept

Bevor das Projekt potenziellen Medien- und Sponsoringpartnern vorgestellt werden konnte, musste zunächst geklärt werden, ob die Entwicklung einer Real-Time-Börse innerhalb von vier Monaten überhaupt möglich war. Den Ressourcen für die Entwicklung waren zunächst enge Grenzen gesetzt, da das Projekt von Anfang an ausschließlich über Sponsorengelder finanziert werden sollte.

Nachdem erste Tests von Prototypen positiv verlaufen waren, begann die Suche nach kompetenten Programmierern. Mitte März war das dem Programm zugrunde liegende Börsenkonzept formuliert. Drei freie Programmierer begannen mit der Umsetzung. Die Vorgaben lauteten: Entwicklung einer Börsensoftware, die Real-Time-Handel zwischen den Börsenteilnehmern ermöglicht. Großer Wert wurde auf eine hohe Abwicklungsgeschwindigkeit und die potenzielle Skalierbarkeit der WM-Börse gelegt, da eine Abschätzung der Teilnehmerzahl und des Handelsvolumens zu diesem Zeitpunkt kaum möglich war. Die Benutzerführung bildete den zweiten Schwerpunkt: Die Handelsoberfläche sollte einfach zu bedienen sein, um auch unerfahrenen Teilnehmern einen leichten Einstieg in die Börse zu bieten.

Orderbuch vom 20.06.98 14:21:56 Uhr

Drücken Sie RELOAD in Ihrem Browser um das Orderbuch zu aktualisieren!

Trends gegenüber Vortag: ☐ +4%   +1 bis +4%   ☐ -1 bis +1%   -1 bis -4% ☐ -4%

Mannschaft		Kaufgebote					Kurs	Verkaufgebote				
		Nr.5	Nr.4	Nr.3	Nr.2	Nr.1	Trend	Nr.1	Nr.2	Nr.3	Nr.4	Nr.5
Argentinien	Preis	1820	1825	1845	1850	1850	1854	1858	1860	1860	1870	1875
	Stück	97	500	250	103	200		162	30	250	20	300
Belgien	Preis	695	700	705	740	745	746	747	750	770	770	800
	Stück	490	50	50	50	273		20	300	200	765	200
Brasilien	Preis	2325	2325	2330	2335	2345	2350	2355	2356	2360	2370	2370
	Stück	300	300	10	100	50		717	100	409	300	625
Bulgarien	Preis	550	585	590	595	600	607	615	620	625	630	650
	Stück	100	3	27	100	549		123	231	20	850	850
Chile	Preis	725	730	735	740	760	763	766	770	770	775	780
	Stück	50	42	2	35	790		500	113	44	727	300
Dänemark	Preis	795	800	810	820	821	823	825	827	830	835	845
	Stück	400	2602	333	200	75		790	526	999	500	400
Deutschland	Preis	2315	2320	2325	2340	2350	2352	2355	2360	2365	2365	2366
	Stück	25	31	249	199	457		167	100	190	200	300
England	Preis	1695	1700	1701	1702	1712	1716	1720	1725	1730	1735	1740
	Stück	685	269	19	300	282		450	718	100	1549	90

Verständlichkeit spielte auch beim Design der Wertpapiere, die an der Börse notiert werden sollten, eine große Rolle. Gehandelt werden konnten Aktien auf alle 32 an der Weltmeisterschaft teilnehmenden Mannschaften. Die Kurse der Aktien sollten sich frei aus Angebot und Nachfrage ergeben und die Einschätzung des Marktes über die Erfolgsaussichten der Mannschaften widerspiegeln. Nach dem Ausscheiden einer Mannschaft sollte dann der Rückkauf der Aktien durch die Börse stattfinden. Der Rückkaufkurs war durch die Leistungen der Mannschaft bis zu ihrem Ausscheiden festgelegt. Alle Turnierleistungen wurden mit einem Punkteschema bewertet. Die Summe der Punkte ergab dann den Rückkaufkurs. Für einen Vorrunden-Sieg erhielt eine Mannschaft 100 WM (Unentschieden 50 WM), ein Sieg im Achtelfinale wurde mit 150 WM, ein Viertelfinalsieg mit 300 WM, ein Halbfinalsieg mit 600 und der Weltmeistertitel mit 1.200 WM belohnt. Der Kurs einer Mannschaft musste damit zwischen 0 und 2.550 WM liegen.

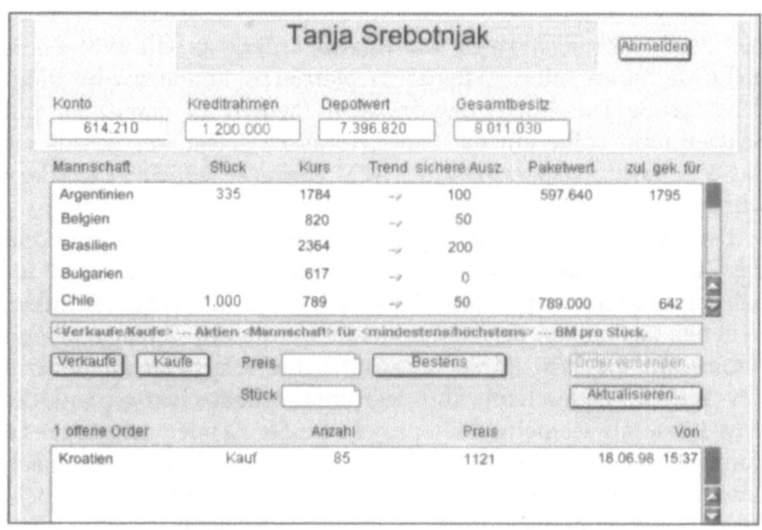

Die einfache Kursberechnung sollte den potenziellen Mitspielern den Zugang zur Börse erleichtern und zusätzlich die Chancen verbessern, die Börsenkurse auch in anderen Medien zu präsentieren

4
Das Projektteam

Nach dem Start des Projekts, das am Lehrstuhl für Finanzierung und Kapitalmarkttheorie begonnen worden war, zeigte sich schnell, dass die Realisierung innerhalb der verbleibenden Zeit nur durch die rasche Erweiterung der personellen Ressourcen erfolgreich abzuschließen war. Die Universität Witten/Herdecke stand dem Projekt aufgeschlossen gegenüber und stellte dem Lehrstuhl Mitarbeiter aus den Arbeitsbereichen Informationstechnik und Öffentlichkeitsarbeit zur Seite. Auch auf studentischer Seite stieß das Projekt auf großes Interesse. Es wurden verschiedene Projektgruppen gebildet, die die Ansprache potenzieller Medienpartner und Sponsoren vorbereiteten.

Zwei Monate nach Projektbeginn waren etwa 15 Personen zumeist auf Teilzeitbasis mit dem Projekt beschäftigt. Die noch unsichere finanzielle Situation ließ keine größeren Investitionen in professionelle externe Hilfe zu. Der Akquisition von Sponsorengeldern kam daher eine entscheidende Bedeutung zu. Entsprechend viel Zeit wurde auf das PR-Konzept verwandt, das die Basis für die daran anschließenden Sponsoring-Verhandlungen bildete.

5
Medien und Sponsoringpartner

Ziel der Marketingstrategie war es von Anfang an, die WM-Börse nicht als reines Internet-Event zu platzieren, sondern eine möglichst große Durchdringung in allen Medien zu erreichen. Ein Schwerpunkt sollte auf die Fernsehpräsenz gelegt werden, da sie das Vermarktungspotenzial der WM-Börse erheblich vergrößern würde.

Die natürliche Wahl der Ansprechpartner fiel auf die ARD und das ZDF, da beide im Besitz der Übertragungsrechte für die Fußballweltmeisterschaft waren. Zusätzlich ließen die vielen Stunden, in denen täglich von der WM berichtet werden würde, ausreichend Raum, um die WM-Börse als zusätzliches Programmelement in das tägliche Sendeschema zu integrieren. Anfangs war geplant, die WM-Börse als Gemeinschaftsprojekt beider Sender darstellen zu können, um eine tägliche TV-Präsenz zu erreichen. Schon nach den ersten Gespräche mit beiden Seiten wurde jedoch deutlich, dass Exklusivität der Preis für die Aufnahme in das WM-Programm war. Positiv war die Tatsache, dass beide Sender trotz der schon weit fortgeschrittenen Programmplanungen großes Interesse an dem Projekt zeigten.

Nach mehreren Gesprächen kam es letzten Endes zu einer Kooperation mit dem ZDF, da das Angebot der ZDF-Sportredaktion überzeugender ausfiel. So erhielten wir die Möglichkeit, die WM-Börsenergebnisse im Fernsehen live aus dem ZDF-Studio in Paris zu präsentieren. Damit war der Grundstein gelegt, um potenziellen Sponsoren ein attraktives Paket anbieten zu können.

Das Konzept sah vor, zwei Hauptsponsoren als Finanzsponsoren zu finden und zusätzlich Partner für die technische Unterstützung in Form von Sachleistungen zu suchen. Dies betraf insbesondere die benötigten Softwarelizenzen (Datenbank) sowie Hardware und Provider-Dienstleistung. Das nach anfänglichen Tests zu erwartende Datenaufkommen konnte nicht über die Universität Witten/Herdecke abgewickelt werden, da weder der Internetanschluss noch die Hardwarekapazitäten dafür ausreichten. Es fanden sich schnell kompetente Partner für die Datenbanklizenzen, Hardwareunterstützung und Internetanschluss: Mit der Software-AG (Adabas D Datenbank), SUN Microsystems (Server) und UUNET (Providerdienste) konnten erfahrene Spezialisten gewonnen werden, die schnell das Potenzial der WM-Börse erkannten.

Die Suche nach Finanzsponsoren gestaltete sich schwieriger als zunächst erwartet. Die Ansprache der Sponsoren konzentrierte sich auf Unternehmen aus dem Gebiet der Finanzdienstleistungen, dem Bereich der Informationstechnik sowie dem Sportartikelsegment. Insgesamt wurden mehr als 50 Unternehmen angesprochen. Zwar zeigten fast alle Unternehmen großes Interesse an dem Projekt, ein Engagement in der erwarteten Größenordnung konnten sich jedoch nur wenige vorstellen. Als Grund wurde vielfach genannt, dass die Budgets für die Weltmeisterschaft zwei Monate vor dem Start bereits ausgeschöpft seien. Ein zweiter Grund war sicherlich die im Onlinebereich ungewohnte Kombination von Sponsoring und Bannerwerbung, die den potenziellen Sponsoren angeboten wurde. Eine getrennte Vermarktung der Banner kam jedoch aus Kapazitätsgründen nicht in Frage. Eine sechswöchige eigene Vermarktung der Banner hätte die Projektkapazitäten gesprengt. So konnten die Sponsoringverträge erst Anfang Mai abgeschlossen werden. Als Partner wurden die Fondsgesellschaft Union Investment und die MAXDATA AG gewonnen.

Nach dem Abschluss der Verträge stand das Projekt endgültig auf einer soliden finanziellen Basis, die es erlaubte, die PR-Aktivitäten erheblich auszuweiten. Ein studentisches Team mit professioneller Unterstützung sollte der WM-Börse Gehör über das Internet hinaus verschaffen. Zentrale Funktionen hatte ein kompetenter Mitarbeiter vor Ort in Paris, der das ZDF bei der Integration der Börse in die tägliche WM-Berichterstattung optimal unterstützte. Über Pressemappen wurden zudem Journalisten mit detaillierten Informationen versorgt.

Das wissenschaftliche Herzstück der WM-Börse, die Untersuchung des Einflusses von Aktienbetreuern, bot ideale Voraussetzungen für den Einsatz eines weiteren PR-Instruments: die Errichtung eines Handelsraums als sichtbarer Mittelpunkt der Börse.

6
Der Handelsraum

Internet-Ereignisse produzieren, von den Webseiten einmal abgesehen, keine Bilder. Sie eignen sich daher schlecht für die Darstellung im Fernsehen und in Printmedien. Um die WM-Börse zu einem Medienereignis zu machen, das nicht auf das Internet beschränkt bleiben würde, musste die WM-Börse auch in anderen Medien Erwähnung finden.

So wurde ein Handelsraum geschaffen, der sich am Vorbild realer Börsensäle orientierte. Zentral in der Eingangshalle der Universität Witten/Herdecke errichtet und von der Größe eines

Messestandes, bildete er den geographischen Mittelpunkt der Börse. An acht Computern, bestückt mit je zwei Monitoren handelten
die Aktienbetreuer elf Stunden am Tag die Aktien der WM-
Mannschaften. Der zweite Monitor wurde auf Überkopf-Niveau installiert, um dem Publikum beste Einsicht in das Börsengeschehen
zu gewähren. Damit die Marketmaker stets optimal informiert waren, verfügte der Handelsraum zusätzlich über zwei Großbildfern-
seher. Daneben boten zwei öffentlich zugängliche Handelsplätze
dem Publikum die Möglichkeit, auf Sieg und Niederlage zu speku-
lieren.

Der Handelsraum entwickelte sich schnell zum zentralen Treffpunkt. Während der Spiele erlebten im Handelsraum bis zu 200
begeisterte Fußballfans und Börsenhändler Kursrallyes und Bör-
sencrashs. Die WM-Börse war aus dem Internet herausgetreten.

7
Die Börse geht ans Netz

Die WM-Börse nahm den Handel am 1.6.1998 auf, neun Tage vor
dem Beginn der Weltmeisterschaft. Diese Tage sollten dazu dienen, erste Erfahrungen zu sammeln. Dabei sprach sich die Existenz
der WM-Börse bei den sportbegeisterten Internetnutzern schnell

herum. Nach drei Tagen hatte die Börse schon mehr als 1.000 Händler, ohne dass die Medien bis dahin über das Projekt berichtet hatten. Die Probezeit ließ Raum für letzte technische Modifikationen und das Tuning des Systems. Daneben erlaubte sie die gründliche Einarbeitung der Aktienbetreuer – eine unabdingbare Voraussetzung für den Erfolg des wissenschaftlichen Experiments. Die 24 Aktienbetreuer, die in drei Schichten täglich an der Börse handeln sollten, erhielten die Gelegenheit, sich in ihre neue Rolle einzuarbeiten. Auch die übrigen Projektbeteiligten konnten sich in die täglichen Routinearbeiten hineinfinden. Im Wesentlichen ging es dabei um PR-Arbeiten: Ein täglicher Börsenbericht und der Kontakt zu Medienvertretern sowie die Betreuung der Börsenteilnehmer standen im Vordergrund.

Beim WM-Start waren dann schon mehr als 8.000 Händler registriert. Ihre Zahl steigerte sich direkt nach dem ersten TV-Bericht noch einmal deutlich. Die Faszination der Börse führte dazu, dass ein großer Teil der Teilnehmer täglich viele Stunden vor dem Bildschirm verbrachte. Der Ansturm war so stark, dass die WM-Börse schon nach wenigen Tagen mehr Transaktionen abwickelte als der gesamte Frankfurter Aktienmarkt. Dies führte zu unvorhergesehenen technischen Problemen: Schon nach kurzer Zeit stand fest, dass nur eine deutliche Aufstockung der Hardware die Leistungsfähigkeit des schnellen Real-Time-Handels erhalten würde. In Absprache mit den Sponsoren konnte dies auch rasch erreicht werden.

Die Börse verzeichnete zu diesem Zeitpunkt schon mehr als 20.000 Händler, bis zum Ende sollten es über 50.000 werden. Besonders hektisch ging es erwartungsgemäß während der Live-Übertragungen im Fernsehen zu. Mehr als 1.000 WM-Börsianer waren gleichzeitig online und suchten nach dem geeigneten Moment, ihre Aktienportfolios umzuschichten.

Die Kooperation mit dem ZDF verlief ebenfalls positiv. Die Möglichkeit, das ZDF bei der redaktionellen Verarbeitung der Börseninhalte vor Ort zu unterstützen, erwies sich als großer Vorteil. Dadurch konnte die Börse auch kurzfristig in das Programm aufgenommen werden. Mit 22 TV-Auftritten wurde die WM-Böse nicht nur zum festen Bestandteil der ZDF-Übertragungen, sondern übertraf auch alle anderen WM-Features, die im ZDF gesendet wurden.

Der Handelsraum wurde wie beabsichtigt zusätzlich zum Ort des Mediengeschehens. Mehrere Kamerateams fingen in den sechs Wochen die Börsenatmosphäre ein. Die aufwendigen Investitionen in Gestaltung und Technik machten sich bezahlt.

Durch die ständige Präsenz der Aktienbetreuer konnte auch die wissenschaftliche Komponente des Projekts an eine breite Öffentlichkeit vermittelt werden. Wenn auch nicht alle WM-Börsianer den konkreten Forschungszweck verstanden, so zeigte die Vielzahl von E-Mails, dass die WM-Börse viele Menschen zum ersten Mal in ihrem Leben mit Aktien in Berührung brachte und ihnen die Funktionsweise einer Börse verdeutlichte. Stellvertretend sei an dieser Stelle nur auf eine der über 10.000 E-Mails hingewiesen: Ein Vater schrieb, dass er das Projekt großartig fände und dass sein Sohn dadurch viel über Aktien und Börsenhandel gelernt habe. Leider habe er seinem Sohn aber aufgrund der horrenden Telefonrechnungen die weitere Teilnahme untersagen müssen.

Das Interesse an der WM-Börse hielt auch an, nachdem die Anfangseuphorie verflogen war. Zwar waren nach dem Ende der Vorrunde keine so großen Zuwachsraten in den Teilnehmerzahlen wie zu Beginn zu verzeichnen, doch blieb der Handel bis zum Ende turbulent. Als die Börse am 13.7. nach dem Endspielsieg der Franzosen schloss, waren mehr als 1,7 Millionen Transaktionen ausgeführt worden. Die WM-Börse hatte damit ihr Ziel erreicht und einen außergewöhnlichen Datensatz hervorgebracht, der in den nächsten Jahren in die Forschungsarbeit auf dem Gebiet der Marktmikrostrukturanalyse eingehen wird.

Darüber hinaus erwies sich die WM-Börse als ausgezeichnetes PR-Instrument, um den Bekanntheitsgrad der Universität Witten/Herdecke zu steigern. 25 TV-Berichte, über 100 Presseartikel und 10 Hörfunkberichte sind auf herkömmlichen Wegen für keine Universität in so kurzer Zeit zu erzielen. Mit mehr als 30 Mio. Page-Impressions war die WM-Börse überdies eines der größten Online-Ereignisse im Sommer 1998.

8
Fazit

Die WM-Börse hat gezeigt, dass im Internet aus dem Stand heraus die große Zahl von 50.000 Internetnutzern über Wochen hinweg zur Teilnahme an einer Börse mobilisiert werden können. Dieses war möglich, obwohl die Veranstalter der Börse weder auf eigene finanzielle Mittel noch auf spezifische Programmierkenntnisse zurückgreifen konnten. Fragt man nach den Erfolgsfaktoren, so sind in erster Linie die rasche und konsequente Umsetzung der Idee zu nennen. Anfangs herrschte große Skepsis, ob ein Projekt von solchen Ausmaßen in dieser Zeit überhaupt realisierbar sei. Das Umfeld der Universität Witten/Herdecke, das in der Lage ist, schnell und flexibel Ressourcen zur Verfügung zu stellen und Personen zu begeistern, spielte ebenfalls eine entscheidende Rolle. Zusätzlich wurde schon früh der Kontakt zu unabhängigen Experten für die technische Umsetzung gesucht, um Know-how dort zu akquirieren, wo die Kompetenzen der Universität Witten/Herdecke nicht ausreichten.

In gleicher Weise wurde ebenso zielstrebig versucht, einen hohen Bekanntheitsgrad zu erreichen. Die Kooperation mit dem ZDF war in dieser Hinsicht entscheidend. Auch wenn das Internet immer stärker an Bedeutung gewinnt, wird ein Internet-Ereignis heutzutage erst dann zum Medien-Event, wenn es vom Fernsehen und anderen Medien aufgegriffen wird. Die Verknüpfung von Internet- und TV-Inhalten stellt in diesem Zusammenhang eine große Herausforderung dar.

Das Konzept der Internet-Sportbörsen steht erst am Anfang. Die WM-Börse hat gezeigt, welches Potenzial in dieser Idee steckt. Kurzfristig wird es darum gehen, dieses Konzept auf andere Sportereignisse zu übertragen. Aufgrund des großen Medieninteresses bieten sich auf nationaler Ebene die Fußball-Bundesliga und die Formel 1 an. Beide Projekte sind inzwischen erfolgreich mit unterschiedlichen Medienpartnern realisiert worden. Der nächste Schritt wird die Ausweitung der Internetbörsen auf die europäischen Nachbarländer sein.

Sportbörsen im Internet: www.bundesliga-boerse.de und www.df1boerse.de

Stefan Glänzer, Björn Schäfers

Auctainment statt nur Auktionen

Abstract

Internet-Auktionen sind revolutionäre Absatz- und Kommunikationskanäle für Produkte jeder Art. Auf der Website www.ricardo.de wird ein umfangreiches und exklusives Warenangebot versteigert – vom neuesten Markenprodukt über das begehrte Sammlerstück bis hin zur hochwertigen Dienstleistung. Unternehmen nutzen eines der erfolgreichsten E-Commerce-Projekte Europas, um die über 200.000 täglichen Besucher in einer innovativen Form anzusprechen. Weltweit einzigartig sind *live* moderierte Versteigerungen von Markenprodukten, in denen die Auktion gezielt mit Entertainment und Events verknüpft wird.

www.ricardo.de

1
ricardo.de – Auktionen im Internet

Bei weltweit fast 1 Mrd. Websites wird es für Unternehmen, die das Internet als Kommunikations- bzw. Vertriebskanal nutzen, immer schwieriger, potenzielle Kunden mit einer Werbebotschaft anzusprechen und als (regelmäßige) Besucher oder Käufer zu gewinnen. In Zeiten zunehmenden Kommunikationswettbewerbs und Informationsüberlastung haben sich als herausragende Erfolgsfaktoren für erfolgreiche und häufig besuchte Shopping-Websites insbesondere zwei Kriterien herausgebildet: (niedriger) Preis der angebotenen Produkte und Entertainment bzw. Events. Die Kombination der beiden Faktoren führte zur Idee „Auktionen im Internet", einem der erfolgreichsten Geschäftsmodelle im World Wide Web.

Unter der Internet-Adresse www.ricardo.de werden täglich rund um die Uhr Produkte jeder Art versteigert – aktuelle Markenprodukte, Dienstleistungen, Raritäten und Industriegüter. Auf dem virtuellen Marktplatz finden Transaktionen zwischen Unternehmen und Privatpersonen (Business-to-Consumer Auktionen), zwischen Privatpersonen (Private-to-Private Auktionen) sowie zwischen Unternehmen (Business-to-Business Auktionen) statt. Insbesondere in den Segmenten Business-to-Consumer und Private-to-Private nimmt der Faktor „Event" eine Schlüsselrolle ein. Beide Geschäftsfelder stehen aus diesem Grund im Mittelpunkt des Beitrags.

In den Business-to-Consumer Versteigerungen werden herstellerunabhängig Markenartikel in einer Vielzahl von Produktgruppen – von Automobilen über Computer bis hin zu Lifestyle und Telekommunikation – an den meistbietenden Konsumenten versteigert. Zudem bietet diese Ebene für Unternehmen eine Form der werblichen Präsentation und Ansprache begehrter Zielgruppen, die sich bei ricardo.de durch eine hohe Zahlungsbereitschaft und ein ausgeprägtes Markenbewusstsein auszeichnen. In gesondert gekennzeichneten „Auction Stores" versteigern Unternehmen wie der Otto-Versand, Mobilcom oder Ford ausschließlich ihre eigenen Produkte. Auch der große Erfolg der Private-to-Private Auktionen bei ricardo.de ist u.a. auf den Faktor „Event" zurückzuführen. Die „Verkäufer" realisieren, dass es nicht nur spannender, sondern auch effektiver ist, ihre Waren aus privaten Beständen mit Hilfe einer Versteigerung zu veräußern, statt – wie bisher – in Anzeigenblättern Inserate aufzugeben. Mehr als 150.000 Produkte befinden sich dort täglich in der Versteigerung.

ricardo.de gehört zu den erfolgreichsten E-Commerce-Projekten in Europa: Pro Tag werden bis zu 200.000 Besucher gezählt. Das monatliche Wachstum liegt bei über 30% – bezogen auf monetäre Größen wie Umsatz und internetspezifische Erfolgsgrößen wie Page-Impressions (über 30 Mio. im November 1999) oder registrierte Kunden (250.000 im November 1999). Die virtuellen Filialen in Europa orientieren sich bewusst an den unterschiedlichen länderspezifischen Merkmalen. Warum es sich gerade bei den Auktionen von ricardo.de um eine besonders innovative und weltweit einzigartige Form von Events handelt und welchen unterschiedlichen Nutzen teilnehmende Unternehmen daraus ziehen, wird im Folgenden dargestellt.

2
Ein neues Verständnis von Events – made by ricardo.de

Die bisherige Auseinandersetzung in der Literatur mit dem Begriff „Event" bzw. „Eventmarketing" hat eine Vielzahl von Definitionen hervorgebracht (vgl. beispielsweise Nickel 1998, S. 7, Bruhn 1997, S. 777 oder Zanger und Siestenich 1996, S. 234). Den Definitionen ist gemeinsam, dass es sich bei Events um ein Kommunikationsmittel bzw. Ereignis handelt, das zu einem Aktivierungsprozess beim Teilnehmer bzw. Kunden führen soll. Die Beziehung zum eigentlichen Ziel der Marketing-Aktivität, dem Absatz eines Produktes, ist nur indirekter Natur, da der tatsächliche Kauf nicht zum Zeitpunkt der Aktivierung stattfindet. Genau das aber ermöglichen die Internet-Auktionen von ricardo.de, da das Event erst durch die Transaktion zustande kommt.

„Zum ersten, zum zweiten, ... wer bietet mehr?" Solange der virtuelle Hammer nicht gefallen ist, ist Hochspannung angesagt. Ein moderierender Auktionator stellt Produkte vor, kommentiert Gebote und sorgt für persönliche Ansprache und gute Atmosphäre. Aus Sicht des Unternehmens, dessen Produkt – etwa eine Cinemaxx-Kino Dauerkarte – versteigert wird, dient die Auktion neben dem Absatz des Produktes vor allem dem Aufbau des Unternehmens- bzw. Markenwertes in einem innovativen Umfeld.

Den Besuchern von ricardo.de geht es bei der Teilnahme nicht nur um die Möglichkeit, ein „Schnäppchen" zu ergattern, sondern vor allem um den Erlebnischarakter. Dies belegen die hohen Verweildauern (View Time) bei ricardo.de.

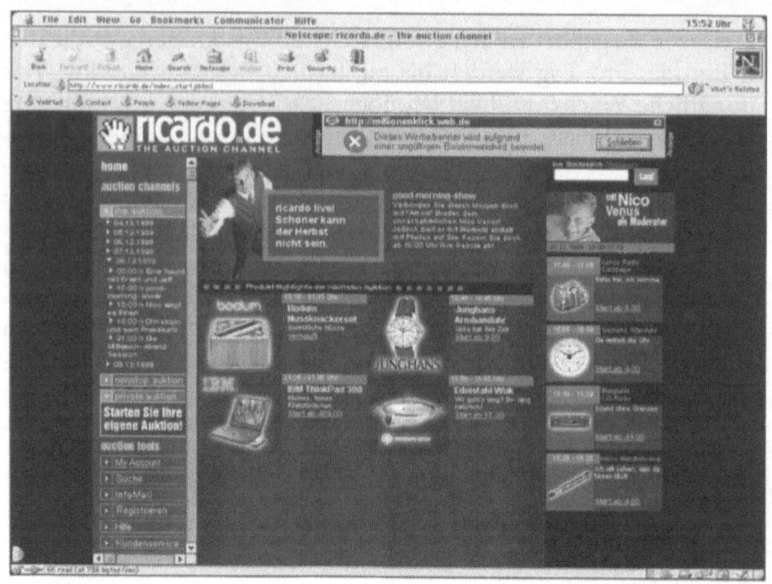

Während die meisten Homepages ihre Besucher bereits nach weniger als 5 Minuten wieder verabschieden müssen (vgl. Nielsen-Netratings 1999 oder Media Metrix 1999), bleiben sie bei ricardo.de im Durchschnitt länger als eine halbe Stunde pro Besuch. Die Kennzahl „Verweildauer" ist eine bedeutende Größe für die Werbewirtschaft, da mit Zunahme der Verweildauer auch die Wahrscheinlichkeit steigt, dass der Konsument die Werbebotschaft tatsächlich wahrnimmt. Nicht zuletzt die persönliche Ansprache durch den Moderator lässt das Auktionspublikum zum Teil des Events werden. So überrascht es nicht, dass die Moderatoren regelmäßig um Autogramme gebeten und von Moderatoren signierte Produkte zu Liebhaberpreisen versteigert werden.

Einen Grund für den Erfolg von ricardo.de bildet die schon angedeutete Verknüpfung des virtuellen Marktplatzes mit der konsequenten Nutzung des Internets als Medium und der Betonung des Eventcharakters. Stellvertretend für die Programmgestaltung von ricardo.de steht der Begriff „Auctainment", die gezielte Zusammenführung von Auktion und Entertainment.

3
Auctainment – ein Schlüssel zum Erfolg

Unter www.ricardo.de können Interessenten jederzeit den Verlauf einer der vielen parallel stattfindenden Auktionen verfolgen, durch ihre Gebote beeinflussen oder gar selbst die Rolle des Auktionators übernehmen. Für die aktive oder passive Teilnahme stehen drei sogenannte Auction Channels zur Verfügung: Live Auktion, Nonstop Auktion und Private Auktion:

Eine Voraussetzung für ein erfolgreiches Auctainment ist die interaktive Teilnahme der Nutzer, insbesondere der Bieter. Die Teilnahme wird durch eine benutzerfreundliche Oberfläche sowie den Verzicht auf Eintrittsbarrieren (z.B. Gebühren) so einfach wie möglich gestaltet. Der Interessent meldet sich kostenlos an, indem er seine Adressdaten und die gewünschte Zahlungsweise mitteilt sowie einen Benutzernamen und Password auswählt, mit dem er sich später in den Auktionsraum einloggt. Im Anschluss an eine Überprüfung der Angaben wird der Account umgehend freigeschaltet.

3.1
Live Auktion

Der Kanal „Live Auktion" sorgt mehr als 10 Stunden täglich für Highlights bzw. Auctainment der besonderen Form. Alle 5 bis 10 Minuten werden Markenprodukte aus allen erdenklichen Kategorien versteigert. Weltweit einzigartig ist dabei die Moderation der einzelnen Gebote durch einen Auktionator, lokale Radiomoderatoren und Entertainer oder Prominente wie die Rockgruppe Scorpions und den als TV-Pastor bekanntgewordenen Talkmaster Jürgen Fliege, die jeweils Benefizauktionen moderierten.

Befindet sich ein registrierter Teilnehmer im Auktionsraum, so kann er das aktuelle Gebot jederzeit um einen gewünschten Betrag erhöhen. Um unerwünschte Gebote zu vermeiden, ist eine Bestätigungsfunktion integriert und der Spielraum für Erhöhungen beschränkt. Zur Orientierung ist die unverbindliche Preisempfehlung des Herstellers angegeben. Nach Abgabe eines Gebotes erscheint dieses mit dem selbst gewählten Benutzernamen umgehend aktualisiert auf dem Bildschirm. Analog zu traditionellen Offline-Auktionen erhält der Bieter mit dem höchsten Gebot nach dem Ablauf der Auktion den Zuschlag und ein Bestätigungsschreiben per E-Mail mit der Ankündigung, dass das ersteigerte Produkt umgehend zugesandt wird.

3.2
Non Stop Auktion

Wählt sich der Nutzer in den Auction Channel „Nonstop Auktion" ein, so kann er unabhängig von Wochentag und Uhrzeit seine Gebote abgeben.

Die linke Navigationsleiste zeigt die Produktkategorien, denen alle aktuell in der Versteigerung befindlichen Produkte zugeordnet sind. Jedes Produkt ist mit einem Startpreis und einem Hyperlink ausgewiesen, der zu einer Präsentation des Produktes führt und die verfügbare Stückzahl, die letzten Gebote und den Zuschlagstermin anzeigt. In der Rubrik „Endspurt" werden alle Produkte aufgelistet, bei denen ein Zuschlag kurz bevor steht. Entscheidet sich der Nutzer für eine Erhöhung eines Gebotes, so kann er aus den Pop-Up-Menüs den gewünschten Betrag und die Stückzahl festlegen. Nach Eingabe von Benutzername und Password sowie nochmaliger Bestätigung wird ein Gebot gültig. Auf Wunsch kann ein sogenannter „Auktionsagent" den Kunden mit einer E-Mail informieren, falls sein Gebot überboten wurde. Wird in der Nonstop Auktion der Zuschlag an den Meistbietenden erteilt, so wird dieser wieder umgehend mit einer Bestätigungs-Mail benachrichtigt.

Unternehmen finden bei ricardo.de professionelles Online-Eventmarketing. In Absprache mit dem Auftraggeber übernimmt ricardo.de die systematische Planung, Organisation, Durchführung und Kontrolle der Events. Die Unternehmen liefern in der Regel nur die Produkte. Je nach gewünschtem Umfang kann ein Event einmalig (z.B. das Siemens-Handy als „Star des Tages") oder regelmäßig stattfinden („Otto-Versand-Wochen" anlässlich des 50-jährigen Firmenjubiläums des Versandhauses, Versteigerungen mit der „Harald-Schmidt-Show"). Ein Beispiel ist auch die Versteigerung von Produkten der Deutschen Telekom während der Internationalen Funkausstellung (IFA) in Berlin. Ziel der Deutschen Telekom war es, die Attraktivität des Rahmenprogramms auf dem Messestand zu erhöhen, sowie die Versteigerung der Telekom-Produkte auf ricardo.de bekannt zu machen. Die Messebesucher konnten aus dem „Telekom-Stadion" der IFA die parallel im Internet laufende Auktion verfolgen und sich auch aktiv beteiligen. Ein moderierender Auktionator nahm vor Ort die Gebote entgegen und ließ so die IFA-Besucher gegen das Internet-Publikum antreten.

Den Abschluss eines Events bildet immer die Erfolgsanalyse. Die Unternehmen erhalten hier wesentliche Kennzahlen der Versteigerung wie Anzahl der Gebote, Anzahl der Sichtkontakte mit dem Produkt, Anzahl der Clicks auf das Pop-Up-Info-Feld des Produkts usw. Die Wirkung der Events erfahren die Unternehmen meist aber auch unmittelbar selbst, da die Verlinkung von ricardo.de mit der eigenen Website die Anzahl der täglichen Besuche merklich ansteigen lässt.

3.3
Private Auktion

Mehr für Privatpersonen als für Unternehmen stellt der Auction Channel „Private Auktion" einen Event-Bereich dar. Nutzer können in der Rolle des Hobby-Auktionators selbst Produkte anbieten und den „Verkauf" ihrer Waren so zu einem Ereignis werden lassen.

Ein „Sellers-Guide" erklärt dem Nutzer, wie er in 7 einfachen Schritten seine eigene Auktion einrichten kann. Alles Wissenswerte für Bieter ist im „Buyers-Guide" festgehalten. Bieter können zudem einen „Biet-Agenten" beauftragen.

Auf Wunsch übernimmt dieser die Erhöhung der Gebote bis zu einem vom Nutzer vorher festgelegten Limit, wobei auch die einzelnen Bietschritte individuell festgelegt werden können. Die Erlösmodelle von ricardo.de ermöglichen es, diese Plattform – îm Gegensatz zu den meisten Wettbewerbern – kostenlos anzubieten.

4
Events der Zukunft

Mit der Verbreitung des E-Commerce wird auch die ohnehin schon hohe Akzeptanz von Online-Auktionen (vgl. GVU 1998, W3B 1999) weiter ansteigen. Die Auktions-Events der Zukunft werden vom Fortschritt der neuen Technologien (z.B. in der Leitungskapazität)

  ■ *Auktionen und Börsen*

profitieren und die digitale Auktionsplattform wird sich aller Voraussicht nach zu einem „Virtual Reality"-Marktplatz entfalten. Diese Entwicklung wird ricardo.de als einer der Pioniere weiter aktiv gestalten, wobei auch zukünftig der Schwerpunkt auf das gesamte Auctainment gelegt wird. Ein erstes Beispiel ist der virtuelle Auktionator, der in Zusammenarbeit mit dem kalifornischen Softwarehersteller Haptek und dem Chiphersteller Intel entwickelt wurde. Eine dreidimensionale Darstellung des Kopfes des realen Auktionators kommuniziert mit dem Benutzer und zeigt dabei echte Bewegungen, die aus Fotos des realen Auktionators produziert wurden. Der virtuelle Auktionator dokumentiert das Ziel von ricardo.de, mehr Menschlichkeit ins Netz zu bringen.

Außerdem wird das Programm von ricardo.de um neue Auktionskanäle mit Sonderformen von Auktionen erweitert. Unterhaltung und Spannung werden unter den Teilnehmern dadurch erhöht, dass nicht nur automatisch der Meistbietende einen Zuschlag erhält.

Die Events der Zukunft werden auch Publikum ansprechen und zum Mitsteigern einladen, das nicht Online ist. Dies ist revolutionär insofern, als die Online Präsenz bisher immer vorausgesetzt wurde. Die Interaktion nichtvernetzter Teilnehmer im Rahmen dieser Events wird mit Hilfe klassischer Kommunikationskanäle hergestellt. Mit dem Schritt aus dem neuen Medium Internet zu den klassischen Medien befindet sich ricardo.de erneut unter den Pionieren.

Literatur

Bruhn, M. (ed.): Kommunikationspolitik. München: Vahlen 1997

Media Metrix: Top Rankings, http://www.mediametrix.com 1999

Nickel, O. (ed.): Eventmarketing. Grundlagen und Erfolgsbeispiele. München: Vahlen 1998

Nielsen NetRatings: Monthly Internet Ratings, http://www.nielsen-netratings.com 1999

W3B: 8. WWW-Benutzer-Analyse 1999

Zanger, C., Siestenich, F.: Eventmarketing. Bestandsaufnahme, Standortbestimmung und ausgewählte theoretische Ansätze zur Erklärung eines innovativen Kommunikationsinstruments. in: Marketing ZfP, 18. Jg. Heft 4, 1996, S. 233-242

Tim Grebe, Alexander Samwer

Die dynamische Entwicklung einer Internet-Auktionsplattform

Abstract

eBay Deutschland ist hierzulande die größte Internet-Auktionsplattform. Im März 1999 gestartet, gibt es bei eBay mittlerweile fast 250.000 registrierte Mitglieder, ständig sind mehr als 400.000 Auktionen gelistet. Gründe für diesen Erfolg waren vor allem die fast „magische" Anziehung dieser höchst interaktiven Plattform auf die Nutzer sowie die Schnelligkeit des Teams. Neue Projekte wie Business-to-Business Auktionen und die Vereinheitlichung des Systems von eBay.com und eBay.de sollen das Wachstum weiter beschleunigen.

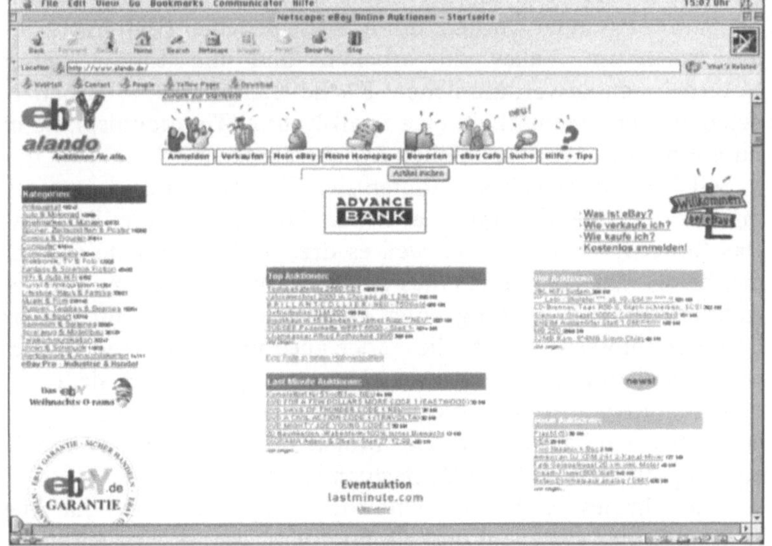

www.ebay.de

1
Ursprüngliche Idee und Absicht des Projekts

Die sechs Gründer von alando (später eBay.de) haben den Traum eines eigenen Unternehmens schon jahrelang verfolgt. Immer wieder hatten sie Ideen für ein solches Unternehmen in Gedanken durchgespielt und den Weg zur Verwirklichung diskutiert. Zunächst waren dies Konzepte aus der Offline-Welt (Verlag, Handelsfirma), später immer mehr aus dem Bereich des Internets. Für die sechs war seit dem Studium und der damit verbundenen intensiveren Auseinandersetzung mit dem Internet klar, dass ihr Unternehmen ein High-Tech Unternehmen im Netz sein würde. Das Internet, das für alle absolutes Neuland darstellte, empfanden sie wie den Wilden Westen: Ein faires Wettbewerbsfeld, in dem junge Leute durch ihre Kreativität und ihren Einsatz wichtige Vorteile haben. Während der Studienzeit haben sich die Gründer immer intensiver mit dem amerikanischen Modell eines High-Tech Startups beschäftigt: Dieses Modell zeichnet sich dadurch aus, dass ein oft sehr junges und hochmotiviertes Team in einem bisher unbekannten Tempo durch Risikokapitalfinanzierung ein Unternehmen aufbaut und oftmals schon nach 1-2 Jahren erfolgreich an die Börse führt. Zwei der Gründer, Max Finger und Oliver Samwer, haben ein Buch über die Erfolgsfaktoren amerikanischer High-Tech Startups geschrieben (America`s most successful startups, Gabler Verlag). Dadurch gab es Kontakte nach Silicon Valley, die im Sommer 1998 von den drei Brüdern Marc, Oliver und Alexander Samwer genutzt wurden, um in verschiedenen High-Tech Unternehmen im Valley zu arbeiten und die Kultur dieser Unternehmen zu verinnerlichen: Flache Hierarchien, Mitarbeiterbeteiligungen, Teamarbeit, eine Spaß-Kultur (Tischtennisplatte in unserem Loft), Arbeit in offenen Arbeitsräumen etc.

Seit Sommer 1998 beschäftigten sich die Gründer auch intensiv mit dem Beispiel der amerikanischen Trading Community eBay. Das Konzept faszinierte sie, weil es drei starke Elemente zusammenbringt: Die Schaffung eines neuen Marktes, die Spannung der Auktion und die Bildung einer Online-Community. Im Januar 1999 entschlossen sie sich, diese Idee auch in Deutschland zu verwirklichen. Innerhalb von zwei Monaten organisierten sie Technologie, Risikokapital, Webseite und Rechtsgrundlagen und bereiteten den Launch vor. Vier Monate später gehörte alando.de zu den größten Webseiten Deutschlands.

Eine eigenes High-Tech Unternehmen aufzubauen, hat die sechs Gründer vor allem deshalb fasziniert, weil es eine wirkliche

Herausforderung darstellt, viel Verantwortung bedeutet, viel Freiraum für schnelle Entscheidungen lässt und das Gefühl vermittelt, an der Revolution der Kommunikation beteiligt zu sein.

2
Kommunikation mit dem Kunden

Das Beispiel alando zeigt, dass es im Internet noch mehr als in anderen Bereichen darum geht, ganz genau auf den Kunden zu hören und das Produkt nicht nur FÜR den Kunden, sondern auch gemeinsam MIT dem Kunden zu entwickeln. Alando wurde gelauncht, als die Seite noch auf einem Testserver lief und manche Funktionen noch unvollständig waren. Von Anfang an wurde versucht, den Kunden mit in den Aufbau der Plattform einzubeziehen. Die Mitglieder waren begeistert, jede Woche neue Funktionen zu sehen, die sie oft selbst angeregt hatten. Solche Bindungen sind von Dauer.

Kundenbindung durch gezielte Beteiligung

3
Das Team

Das Gründerteam muss komplementär sein in seinen Fähigkeiten und homogen in seinen Vorstellungen über die gemeinsame Unternehmenskultur. Alle müssen bereit sein, denselben hohen Einsatz zu leisten. Das Team wuchs nach zwei Monaten fast um eine Person pro Woche. Die schwierige Aufgabe besteht hier darin, das rasante Wachstum zu managen, die ursprüngliche Kultur zu bewahren, sowie Prozesse zu optimieren.

4
Projektentwicklung

Die Entwicklungsphase unserer Plattform hat bis heute nicht aufgehört. Es geht ständig darum, zwischen den vielen Anforderungen Prioritäten zu setzten und zwischen den vielen Kooperationsmöglichkeiten die lukrativsten auszuwählen.

Entscheidend dabei ist, niemals den Fokus zu verlieren. Denn gerade im Internet zeichnet sich nur derjenige aus, der klare Zielvorstellungen hat. Die Idee zählt oft nur 10%, der Rest ist Ausführung.

5
Implementierung

Online-Auktionen sind zur populärsten Dienstleistung im Internet geworden. Die Resonanz der Nutzer auf diese relativ junge Idee ist überwältigend. Besonders unter Sammlern haben sich Online-Communities herausgebildet, deren Mittelpunkt der gemeinsame Marktplatz ist. Mitglieder diskutieren angeregt in den Foren zu ihrem Hobby und haben sogar schon eigene eBay-Clubs gebildet. In der Praxis hat sich also gezeigt, dass hier nicht nur eine große *Markt*lücke, sondern auch eine *Kommunikations*lücke bestand, die durch die Online-Auktionen geschlossen wurde.

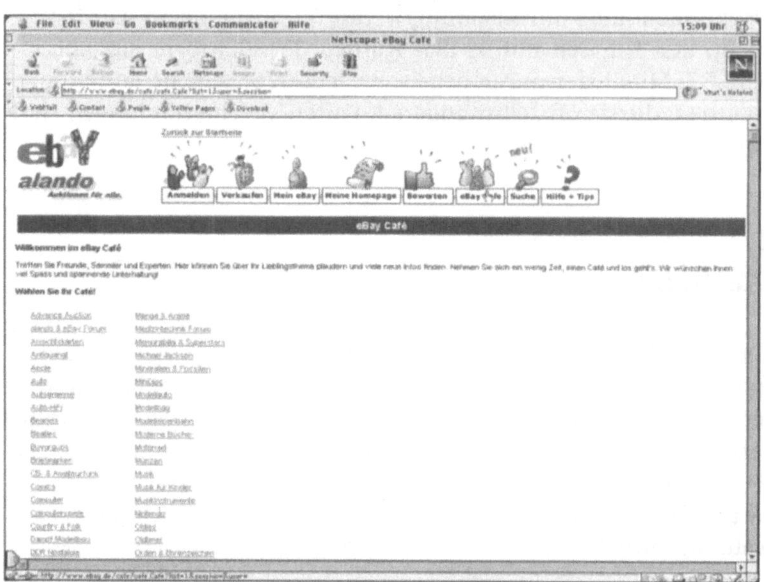

Zu diesem rasanten Wachstum trug überdies bei, dass eBay ein einzigartiges System zur Vertrauensbildung auf der Plattform entwickelt hat. Mitglieder, die miteinander gehandelt haben, können sich nach einer Transaktion gegenseitig bewerten. Jedes Mitglied kann auf der Angebotsseite für einen Artikel die Bewertungen des Anbieters lesen und sich damit ein Bild von diesem Handelspartner machen. Jedes Mitglied entwickelt also einen Ruf auf dem eBay Marktplatz. So ist es möglich geworden, Vertrauen unter fremden Individuen zu bilden und die Gemeinschaft von innen her zu regulieren. Es hat sich gezeigt, dass dieses Bewertungssystem äußerst effizient ist. Es trägt einerseits zur Kommunikation und damit zur wirksamen Kontrolle der Mitglieder bei, andererseits haben positiv bewertete Benutzer einen deutlichen wirtschaftlichen Vorteil. Ihre Auktionen bekommen meist erheblich mehr Gebote und enden mit einem höheren Preis. Ehrlichkeit wird somit honoriert.

Die Beteiligung der Mitglieder am eBay Marktplatz nimmt immer weiter zu. eBay ist schon heute unter allen Angeboten weltweit die Seite, auf der die Nutzer am meisten Zeit verbringen, durchschnittlich 2 Stunden pro Monat. Eine schnell wachsende Zahl von Nutzern hat sich schon über die eBay-Plattform selbständig gemacht. Diese professionellen eBay-ler betreuen mittlerweile Händler und Privatkunden, die nicht Online sind und trotzdem Artikel über diese Plattform versteigern möchten. Solche Zwischenhändler betreuen die Auktionen ihrer Auftraggeber und berechnen dafür eine Provision.

6
Projekterfolg

Vor einem dreiviertel Jahr gestartet, hat eBay.de die Grenze von 400.000 Auktionen überschritten. Bei Privat-zu-Privat Auktionen im Internet verschmelzen drei riesige Märkte: der Sammlermarkt, das klassische Kleinanzeigengeschäft und der Auktionsmarkt. Auch der Bereich Business-to-Business Auktionen, der erst am 1. September 1999 gestartet ist, entwickelt sich rasant. Zuwachsraten von 10-20% wöchentlich sind üblich.

Zukünftig soll neben dem traditionellen Consumer-to-Consumer Bereich der Business-to-Business Bereich zum zweiten Standbein ausgebaut werden. Dazu ist auch die Übertragung auf eine eigene Plattform geplant, in der nur noch Auktionen veröffentlicht werden, die sich direkt an Geschäftskunden richten. Durch die dann klare Trennung der Bereiche erstrebt eBay eine noch größere Attraktivität des Angebots für Unternehmen aller Größenordnungen. Trotzdem wird eBay immer eine offene Handelsplattform für jedermann bleiben. Zugangsbeschränkungen etwa nach der Größe eines Unternehmens wird es bei eBay nicht geben. Das Angebot soll für kleine Unternehmen ebenso wie für große Konzerne die gleichen Chancen, Möglichkeiten und Preise bieten.

Ein weiteres Projekt ist das Great-Collections Programm. Hier entsteht ein Platz, in dem nur besonders hochwertige, geprüfte Kunstgegenstände versteigert werden. Nur ausgewählte Auktionshäuser und Händler können in diesen Bereich einliefern. Dort wird sich ein Forum für besonders anspruchsvolle Sammler und Kunstliebhaber entwickeln. Durch die Trennung dieser Angebote von den anderen Artikeln reduziert sich wiederum der Suchaufwand für anspruchsvolle Kunden, da sie direkt in einem ihren Wünschen entsprechenden Forum suchen, sich mit Gleichgesinnten austauschen und verschiedene Angebote in Ruhe ansehen können. Das Great-Collections Programm ging im Herbst 1999 an den Start.

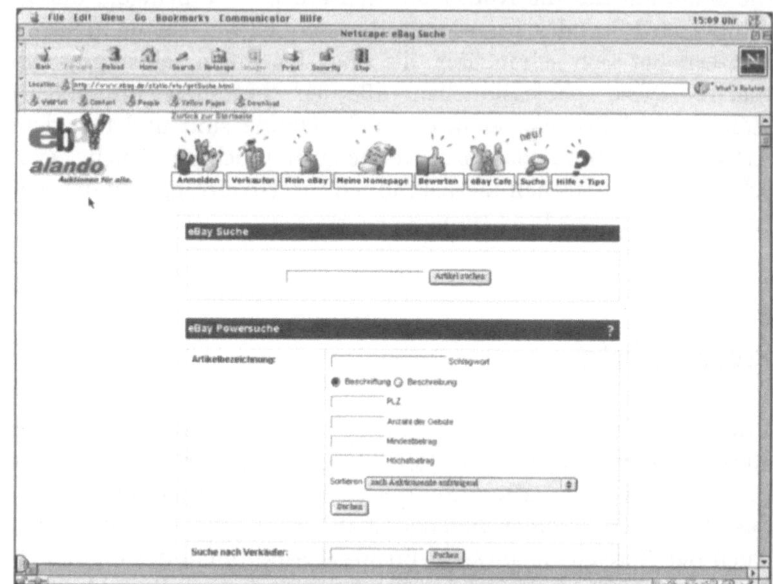

Das wichtigste und auch aktuellste Vorhaben ist die Integration der Angebote von eBay.de in Deutschland und von eBay.com in Amerika. Die technischen Systeme werden auf eine Datenbank integriert. In Zukunft wird es so für jedes eBay Mitglied möglich sein, Angebote in Deutschland, ganz Europa oder sogar zusätzlich in den USA zu veröffentlichen. Die Vorteile liegen neben einem noch größeren Angebot und der Reichweite von 6 Mio. eBay Nutzern in der Kosten- und Zeitersparnis. Der Anbieter muss sich nicht mehr in Deutschland und in den USA registrieren, sondern braucht nur noch einen einzigen Account. Für das Problem der unterschiedlichen Sprachen wird eBay den Nutzern eine ausgereifte Übersetzungssoftware zur Verfügung stellen, die kostenlos genutzt werden kann. Das Problem des Versands etwa von den USA nach Deutschland wird durch ein neues Nachnahmesystem gelöst, welches mit einem international tätigen Paketdienst in Vorbereitung ist. Gegen eine geringe Gebühr ist es dann möglich, Artikel auch interkontinental per Nachnahme zu verschicken und an der Haustür zu bezahlen.

Dieses Projekt rundet das Angebot ab und eBay kommt der Vision näher, eine wirklich globale trading community zu sein, in der sich Sammler und Schnäppchenjäger aus der ganzen Welt treffen können.

7
Ausblick und Projektvorbereitung

Der Markt für Internet-Auktionen wächst stetig. Prognosen der Marktforschungsgesellschaft Forrester Research nehmen an, dass sich der US-Markt für B-to-B Auktionen von knapp 9 Mrd. Dollar im letzten Jahr auf beinahe 53 Mrd. Dollar bis zum Jahr 2002 ausweiten soll. Der deutsche Markt wird auf etwa 8-10% des US-Marktes eingestuft. Das entspräche einem Volumen in der Größenordnung von 6-7 Mrd. DM in drei Jahren. Der Markt für Privatauktionen wird sich in einem ähnlichen Tempo weiterentwickeln. Laut Forrester Research nutzen in den USA schon heute rund 30% aller gewerblichen Einkäufer das Internet zu diesem Zweck. Auktionen im Internet sind eine neue Form des Handels, die erst am Beginn der Entwicklung steht.

Eine Herausforderung für die Zukunft wird die Überwachung der Spielregeln sein. eBay hat mit dem schon genannten Bewertungssystem für die Mitglieder zwar bereits ein sinnvolles Instrument eingeführt, um die Kontrolle der Mitglieder untereinander zu ermöglichen. Konflikte unter den Nutzern werden aber dennoch nicht ausbleiben und auch der direkte Kontakt zu eBay ist bei Problemen und Streitpunkten nicht ersetzbar. Hier sind unsere Mitarbeiter nach wie vor gefordert, die ständig wachsende Community zu betreuen. Der Anteil der Auktionen am Gesamtvolumen, bei denen es zu Problemen oder Streitigkeiten kommt, ist dennoch mit 0,25% sehr niedrig. Durch verbesserte Zahlungssysteme und Identitätsprüfung wird die Sicherheit noch weiter verbessert werden.

Im privaten Bereich wird das rasante Wachstum auch deshalb anhalten, da immer mehr Menschen Internet-Zugänge bekommen. Zur Zeit haben in Deutschland erst 14% der Bevölkerung Zugang zum World Wide Web. Hier ist also noch erheblicher Nachholbedarf vorhanden. In den letzten Jahren konnten jährliche Wachstumsraten von 30% bei der Zahl der Internet-Anschlüsse verzeichnet werden. Bei den zur Zeit 11,5 Mio. Internet-Nutzern in Deutschland sind Internet-Auktionen jedoch bereits ein bekanntes Element.

Im Vergleich zu den USA ist der Markt in Deutschland und in ganz Europa erst wenig entwickelt. Ziel der Arbeit in den nächsten Jahren wird sein, dieses Potenzial konsequent auszuschöpfen.

Marita Willemsen

Die Intershop-Auktion zur CeBIT '99

Abstract

Mit einem völlig neuartigen Produkt, einem virtuellen Kaufhaus im Internet, war Intershop das erste Mal auf der CeBIT '96 präsent. Das Produkt war auf Anhieb überaus erfolgreich und gewann mehrere Preise. In den folgenden zwei Jahren ging es vor allem darum, diesen Erfolg auszubauen und zu festigen. Branding und Corporate Identity, eine schnelle Marktdurchsetzung und die weltweite Präsenz und Bekanntheit der Softwarefirma und ihrer Produkte standen dabei im Vordergrund. 1999 zur CeBIT präsentierte sich Intershop mit dem Event einer Netzauktion.

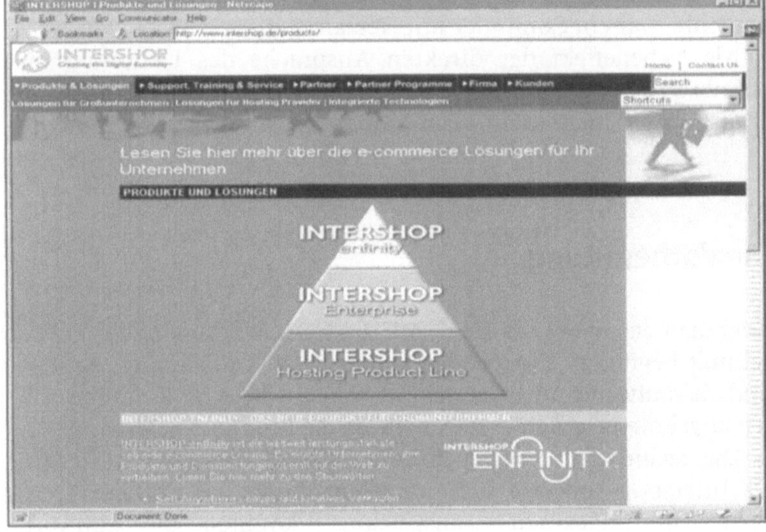

www.intershop.de – Ein virtuelles Kaufhaus mit Erlebnisgarantie

1
Intershop und die CeBIT '99

Auf der CeBIT '99 wollte Intershop dem Publikum etwas ganz Besonderes bieten und suchte nach einem passenden Event. Die Idee einer Auktion im Internet passte ideal zum Produkt, das die Firma auf der CeBIT präsentierte: Eine Standard-Software, die die Anforderungen für den Handel im Internet nahezu komplett abdeckt.

Unter dem Slogan „Creating The Digital Economy" arbeitet Intershop konsequent daran, diese umfassende Infrastruktur seiner E-Commerce-Plattform auszubauen und zu komplettieren. Die virtuelle Auktion ist nur eine Variante von zahlreichen Geschäftsprozessen, die sich im Netz abbilden lassen. Die zusätzliche Anbindung eines Entwicklungstools, das Auktionen im Internet ermöglicht, würde die Plattform Intershop noch ergänzen.

Die Auktion sollte Live-Show und Internet miteinander verbinden. Ein erfahrener Entertainer sollte die Versteigerung direkt am Messestand live moderieren und leiten. Parallel zur Live-Moderation wurde die Versteigerung im Internet gezeigt und auf eine große Leinwand am Messestand projiziert. Das Publikum konnte entweder synchron zu den Interessenten im Netz mitbieten oder einfach nur verfolgen, wie eine Versteigerung im Netz funktioniert. Schließlich machte die Internet-Versteigerung die globale Ausrichtung von Intershop und seiner Produkte noch einmal deutlich. Egal wo sich der jeweilige Interessent gerade aufhielt: Alles, was er brauchte, war ein Computer mit Netzanschluss.

Als Nebeneffekt der direkten Ansprache des Laufpublikums konnte so auch demonstriert werden, dass das Standardprogramm „Intershop 3" mehr kann, als nur über das Internet zu verkaufen.

2
Die Vorbereitung

Nachdem das Event für die CeBIT '99 feststand, konnte die Vorbereitung beginnen. Fragen der technischen Realisierung, Arbeits- und Zeitaufwand mussten geklärt werden. Welche Produkte sollten angeboten werden und wer würde die Produkte liefern?

Die technischen Fragen konnten schnell beantwortet werden. Da Intershop-Software sich vor allem durch seine offene Architektur und Flexibilität auszeichnet, konnten die Software-Entwickler in knapp vier Wochen ein Hilfstool für Auktionen im Internet entwickeln, das an die Standard-Software problemlos angekoppelt werden konnte. Diese Funktions-Einheit war gleichzeitig der Prototyp für die später entwickelte Auktions-Cartridge. Bei dieser Cartridge handelt es sich um eine spezielle Schnittstelle, mit der sich Auktions-Plattformen problemlos an Intershop-Systeme anschließen lassen. Die Auktions-Cartridge gehört heute zum Standardsortiment von Intershop.

Die Internet-Versteigerung wurde als Social-Sponsoring Aktion konzipiert. Der Erlös der Versteigerung sollte an das Projekt „Kinderstern" gehen, das nach dem Vorbild des amerikanischen Regisseurs Steven Spielberg in deutschen Kinderkliniken kostenlos Multimedia-Computer und Software installiert, um den kleinen Langzeitpatienten die Kommunikation mit Leidensgenossen und der Außenwelt zu ermöglichen.

Die Auktions-Angebote boten eine gute Mischung, die die Branche, die verschiedenen Intershop-Partner und deren Kunden anschaulich repräsentierten. Interessenten konnten bei der Auktion Weinflaschen sowie Bildtelefone und Digitalkameras, Software-Pakete für Office- und Multimedia-Andwendungen ersteigern. Bei der Durchführung der Auktion wurden Spender und Produkteigenschaften jeweils publikumswirksam dargestellt. Intershop-Partner und deren Kunden konnten damit in idealer Weise ihre Produkte während der CeBIT präsentieren. Da es sich bei der Social-Sponsoring Aktion nicht um eine Verkaufsveranstaltung handelte, wurden Informationen über das Produkt nicht als Werbung aufgefasst. Vielmehr vermittelte das Engagement für soziale Belange zugleich ein positives Image der präsentierten Firmen und Produkte.

Es wurden stündliche Auktionen mit jeweils einem Produkt geplant, mit acht Versteigerungen pro Tag für die Dauer von fünf Tagen. Es wurden also 50 Produkte benötigt. Es zeigte sich aber bald, dass Intershop das Interesse der Partner unterschätzt hatte: Es meldeten sich viel zu viele. Schließlich einigte man sich darauf, zwei Produkte pro Auktion anzubieten, um mehr Partner berücksichtigen zu können. Die zeitliche Reihenfolge der Anmeldungen war letztendlich entscheidend. Zum Schluss konnten 14 Sponsoren mit insgesamt 100 Produkten beteiligt werden: Lufthansa, Deutsche Telekom, Lotus, Oracle, Manufactum und andere. Die Originalpreise bewegten sich zwischen 50 und 1.800 DM und insgesamt wurden Waren im Wert von 100.000 DM gesponsert.

3
Zielgruppe: Laufpublikum

Die Internet-Auktion wurde durch eine vorherige Pressemeldung an alle gängigen Tageszeitungen und Fachzeitschriften angekündigt und durch die zusätzliche Werbung von Intershop-Partnern in der Öffentlichkeit publik gemacht. Ein Endlos-Band am Messestand informierte Besucher und andere Interessenten über die Internet-Auktion und den nächsten Termin. Eine eigene Werbekampagne von Intershop wurde nicht angestrebt, da mit der Internet-Auktion vor allem das Laufpublikum erreicht werden sollte.

Dass dies gelang, beweisen die Zahlen. Pro Auktion haben sich durchschnittlich zwischen 30 und 40 Interessenten eingefunden. Per Internet beteiligten sich anfangs etwa 20 Personen, mit steigender Tendenz. So waren die Internet-Auktionen auch für das Standpersonal anderer Aussteller interessant. Im Laufe der Messe beteiligten sich immer mehr Interessen von anderen Ständen an der Versteigerung. Wer nicht selbst vorbeikommen konnte, verfolgte von seinem Messestand aus die Versteigerung und bot über das Internet mit.

Echte Schnäppchen waren dabei keine Seltenheit. Jeweils zwei Bildtelefone mit einem Neupreis von 1.800 DM konnten für nur 400 DM während der Auktion erworben werden. Es kam immer wieder vor, dass z.B. Weinflaschen besonders hoch gehandelt wurden. In solchen Fällen handelte man nach dem Motto „Für einen guten Zweck". Insgesamt hat Intershop 16.000 DM eingenommen, während als Mindesterlös nur 10.000 DM angepeilt worden waren.

Dieser Erlös wurde am 26.04.99 an das Projekt „KinderStern – Vernetzte Welt für Kinder" (www.kinderstern.de) überreicht. Dort werden bundesweit Kinderkliniken mit Multimedia-Computern vernetzt. Vier Kinderkliniken in Hamburg, Hannover, Berlin und Rostock sind bereits an das Netz angeschlossen und 15 weitere sollen folgen. Mit dem Erlös der Intershop-CeBIT-Aktion soll die Kinderklinik in Jena angeschlossen werden.

4
Die Auktion: Eine Erfolgsstory

Die Zahlen waren insgesamt sehr zufriedenstellend und übertrafen die Erwartungen bei weitem. Die Internet-Auktion auf der CeBIT hatte einen Multiplikator-Effekt für Intershop. Durch die Verknüpfung von Marketing und „Sponsoring für einen guten Zweck" hatte die Software-Firma gleichzeitig die Möglichkeit, ein neues Produkt zu testen: Die Auktions-Cartridge, die heute bereits bei Intershop-Kunden erfolgreich im Einsatz ist. Das zunächst speziell für die CeBIT entwickelte Auktions-Tool wurde in zwei Monaten zur marktreifen Anwendung weiterentwickelt. Seit Juli 1999 haben Intershop-Anwender nun die Möglichkeit, in ihrem Online-Shop Auktionen anzubieten.

5
Erste Großkunden

Erster Intershop-Kunde, der die Auktions-Cartridge an seinen Online-Shop angeschlosssen hat, ist Spinnrad, eine Firma in Gelsenkirchen, die deutschlandweit über 200 Filialen betreibt. Spinnrad produziert, verkauft und vertreibt Drogerieartikel aller Art, „Kosmetik zum Selbermachen" und viele Gebrauchs- und Geschenkartikel. Umweltschutz und -engagement stehen in Produktion, Verkauf und Vertrieb stets an erster Stelle. Ein umfassendes Informationsangebot für den Verbraucher gehört ebenso dazu, wie die Einstellung eines Umweltschutzbeauftragten, der ein umfangreiches Umwelt-Managementsystem zur Schonung von Ressourcen, Reduzierung von Abwasser, Abfall und Emissionen am Standort für das Unternehmen aufgebaut hat.

Praktischer Einsatz der Auktionssoftware

Mit den täglich stattfindenden Auktionen bietet Spinnrad seinen Kunden einen Zusatzservice von besonderem Reiz: Wer kennt nicht das gute Gefühl, ein hochqualitatives Produkt besonders günstig ersteigert zu haben. Spinnrad hat inzwischen insgesamt 1.000 Besucher täglich mit etwa 15.000 Zugriffen. Die Hälfte, etwa 500 Besucher, beteiligen sich an den täglich stattfindenden Auktionen. Das Auktionsangebot ist stets topaktuell. Pro Tag werden etwa 30 verschiedene Auktionen mit täglich wechselnden Waren angeboten. Etwa 40% davon werden täglich gegen neue Produkte ausgetauscht. So können die Besucher täglich neue Überraschungen erwarten.

Die Produkte für die Auktionen werden anhand von Statistiken ausgesucht. Zusätzlich werden hier auch ganz neue Produkte und Waren vorgeführt. „Das ist für uns eine gute Möglichkeit, neue Produkte zu testen," so Sabine Henkel-Bartsch und Christian-Michael Mark von Spinnrad. Waren, die gut auktioniert werden können, sind demnach auch für das Standard-Sortiment von Spinnrad geeignet.

  ∎ *Auktionen und Börsen*

6
Resumée und Ausblick

Intershop profitiert noch heute von der Internet-Auktion auf der CeBIT. Mit der weiterentwickelten Auktions-Cartridge hat das Software-Unternehmen wieder einmal bewiesen, wie leistungs- und ausbaufähig die Intershop-Technologie ist. Noch während der CeBIT hat sich der Intershop-Partner KC Data in Pohlheim spontan bereit erklärt, den Vertrieb der Auktions-Cartridge in Zukunft zu übernehmen. Die Lufthansa, ein weiterer Intershop-Kunde, hat sich sofort als Sponsor für die nächste Internet-Auktion angeboten.

Für die CeBIT 2000 plant Intershop wieder ein Event: Im Mittelpunkt steht dann das neue Produkt Intershop enfinity, die erste komplett XML- und Java-basierte Sell-side Standardsoftware für E-Commerce. Die Verwendung der Industriestandards XML und Java macht den Betrieb von Internetsoftware unabhängig von bestehender Hard- und Software. Aufgrund dieser neuen Produkteigenschaften ist Intershop enfinity die erste Software, die Unternehmen mit komplexen Anforderungen an E-Commerce-Systeme in die Lage versetzt, ihre Produkte überall online zu verkaufen und flexibel in vorhandene Geschäftssysteme zu integrieren.

Teil A
Fallstudien

7 Spezialformate

Peter Friedrich Stephan

Formatentwicklung als Gestaltungsaufgabe

*Die ganze Kunst der Politik besteht darin,
sich der Zeitumstände richtig zu bedienen*

Ludwig XIV.

1
Themenführerschaft

Alle, die heute Wirkungsmächtigkeit anstreben, stellen sich dem Marktplatz öffentlicher Aufmerksamkeit. Die Kommunikation von Unternehmen, Parteien und anderen Organisationen strebt danach, Themen anstoßen und besetzen zu können. Ob Mode und Musik, politische Themen oder Feuilleton, neue Produkte, wissenschaftliche Thesen oder Reiseziele: Die unterschiedlichsten Branchen werden unter dem Aspekt der Konkurrenz um die Meinungsführerschaft vergleichbar.

Aufmerksamkeit zu erzeugen ist die erste, aber nicht hinreichende Bedingung. Um ein Thema längerfristig zu entwickeln, müssen Kontinuität und Überraschung im richtigen Verhältnis stehen. Im Netz sind neue Formate der Themenführerschaft möglich und notwendig (siehe Einführung, 5. Meme und Designer-Viren). Eingespielte Verhältnisse von Presse- und Öffentlichkeitsarbeit, Werbung, Journalisten und Lobbyisten finden sich dadurch in einer neuen Dynamik wieder. Das gilt für die Politik (siehe Fallstudie „politik digital") und für Dienstleister wie Versicherungen, da sie Produkte anbieten, die nicht zu den begehrenswerten gehören und daher neue Strategien finden müssen (siehe Fallstudie „Surfer Fangnetze"). Die Besetzung und Entwicklung von Themen ist auch für kulturelle Produkte notwendig, wie etwa für ein Computerspiel (siehe Fallstudie „Berlin Connection") und für Aspekte der Unternehmenskommunikation, sofern sie sich mit kultureller Kompetenz ausstatten will (siehe Fallstudie „Lab.01").

2
Issue Management

Das Themenmanagement ist ein verbindender Bereich unterschiedlicher Aktionsfelder der integrierten Kommunikation. Themen, die für das Unternehmen und seine Kunden relevant werden könnten, sollen frühzeitig erkannt und im Sinne der Kommunikationsziele optimal aufgenommen und entwickelt werden. Zum einen wird so vermieden, dass das Unternehmen gegenüber kritischen Aspekten in die Defensive gedrängt wird und unter Zeit- und Erklärungsdruck öffentlich Fehler produziert. Sollbruchstellen können vorweggenommen werden, um negative Effekte zu reduzieren und idealerweise die bereits gewährte Aufmerksamkeit gewinnbringend einzusetzen.

Das Netz bietet eine aussichtsreiche Basis für das Setzen neuer Meme, die im Gegensatz zum massenmedialen Werbedruck mit weniger Aufwand sublimere Wirkung haben können. So wurde auf dem sich neu strukturierenden Strommarkt unter www.lichtblick.de für „die Zukunft der Energie" geworben: „Atomstrom abschalten – Hirn einschalten. Die saubere Alternative zum sauberen Preis: Nur Strom aus erneuerbaren Energien und Erdgas in umweltfreundlicher Kraft-Wärmekopplung". Hier wird zunächst das gesellschaftlich relevante Reizthema Atomstrom angesprochen, was vielfältige Links zu Seiten begründen kann, die sich damit befassen, um dann mit einem konkreten Produkt Lösungen anzubieten.

Auch ohne kommerzielle Interessen werden Themen im Netz kostengünstig und innovativ präsentiert. So bewarb die evangelische Kirche in Deutschland (EKD) ihre Kampagne zur Erhaltung des arbeitsfreien Sonntags mit Großflächenplakaten, Kino-Spots und der Webpräsenz www.sonntagsruhe.de. Dort waren die Filme zu sehen und Beiträge wurden zur Diskussion gestellt. Für das politisch heikle Thema der doppelten Staatsbürgerschaft wird vom Innenministerium unter www.einbuergerung.de geworben, begleitet von Großflächenplakaten. Unter www.be-hard-drink-soft.de werben das Bayerische Gesundheitsministerium, die AOK Bayern und der TÜV für Softdrinks und nicht-alkoholisiertes Autofahren. Alle Netzpräsenzen können bisher jedoch nur begleitend funktionieren, da die im Netz selbst generierte Aufmerksamkeit noch zu gering ist.

Peter Friedrich Stephan

Ein Beispiel für dringend notwendiges Issue-Management gibt die Diskussion um möglicherweise konstruktionsbedingte Mängel in der Fahrleistung des Audi TT, die zu tödlichen Unfällen führten. Während in den Massenmedien ausführlich berichtet wurde, findet sich auf den Webseiten www.audi-tt.de bzw. www.audi-tt.com kein einziger Hinweis auf das Thema. Hier drehen die Flitzer unbeirrt ihre Runden, da es offensichtlich einen Kommunikationsbruch gab zwischen den Stellen, die im Hause mit der Schadensbegrenzung betraut waren und jenem siebenköpfigen Team Neue Medien, das in Ingolstadt die Webseite pflegt. Auch die besten Auftritte, in diesem Falle von Meta Design Berlin gestaltet und zu Recht preisgekrönt, laufen so ins Leere und werden gar kontraproduktiv, da Defizite in der Kommunikation schnell als Defizite des Produkts ausgelegt werden können (siehe Kapitel 1 – Inszenierte Mobilität, 1.8 Issue Management).

3
Politik

Politische Parteien haben laut Grundgesetz die Aufgabe, an der politischen Willensbildung mitzuwirken. Nur ein Bruchteil der Bevölkerung ist jedoch Mitglied in Parteien und der direkte Kontakt zwischen Parteien und Bürgern beschränkt sich fast ausschließlich auf Werbeveranstaltungen zu Wahlzeiten. Die Kommunikation läuft indirekt über die Massenmedien, die aber ihrerseits auch Interessen zu vertreten haben.

Frühen Hoffnungen auf eine elektronische Demokratie durch permanentes Abstimmen (etwa nach dem TED Prinzip) folgte Skepsis, denn entscheidender als das Meinungsbild ist die vorangehende Diskussion. Die übergroße Komplexität heute relevanter Themen ist allerdings in einem many-to-many Kommunikationsmodell kaum zu bewältigen.

One man – many votes

Eine Geschäftsidee, die sich die Meinungen Dritter zunutze macht ist www.thirdvoice.com. Hier kann jeder seine Meinung zum Inhalt von Webseiten sagen, die dabei durch direkte Links gezeigt werden. So ein System von „Annotations", das prinzipiell in infinitem Regress durch Bemerkungen zu Bemerkungen fraktale Dimensionen annehmen könnte, zeigt die Problematik diskursiver Systeme auf: Entweder ist die Abbildungstiefe zu gering oder es wird unübersichtlich.

Immerhin: Parteien müssen im Netz präsent sein und sie zeigen häufig ungewollt deutlich, in welchem Zustand sie sind. So bot die CSU-Homepage am 20.01.2000 immer noch Informationen vom

22.09.1999 an und tönt gleich vorweg: „Beleidigungen löschen wir"
(SZ vom 21.01.2000: „www.sogehtsabernicht.de).

Es sind Ereignisse, die Politik machen. Nicht die Mühen der
Ebene, sondern die Demonstrationen, Aufrufe, Manifeste, Kongresse und Reden ziehen die Aufmerksamkeit und bündeln Energien. Freilich lässt sich auch dieses übers Netz mit begrenztem
Aufwand lösen: Unter www.whitehouseprotests.com kann man gegen Honorar Demonstranten mieten und die Plakataufschriften
bestimmen. Belegfotos über die durchgeführten Aktionen können
im Netz besichtigt werden.

4
Overkill und Services

Die größte Publikation der Weltgeschichte war die Veröffentlichung des Reports von Sonderermittler Kenneth Starr am 11. September 1998 über Bill Clintons Beziehung zu Monica Lewinsky.
Der 450-seitige Starr-Report wurde ins Netz gestellt und mit bis zu
500 Hits pro Sekunde abgerufen. Zwischen dem 11. und
13. September wurde die Seite 1,4 Millionen mal aufgerufen. Foxnews.com registrierte 7,5 Mio. Pageviews am 11.09.1998, während
sonst 1,5-2 Mio. Pageviews normal sind (Quelle: www.iw.com).

Auch der Bericht der Wirtschaftsprüfer über die Parteispenden
der CDU kann von www.cdu.de bezogen werden, findet aber deutlich weniger Interesse. Das Versprechen auf Transparenz ist nur
bedingt hilfreich, denn innerhalb enger Grenzen der rezipierbaren
Quantitäten bleibt die Vermittlungsleistung durch Experten essentiell. Eine Gegenöffentlichkeit kann sich im Netz jedoch leichter
organisieren und kontrollierend wirksam sein.

*Graffiti in Berlin
Kreuzberg*
*Während früher
umfangreiche Wandzeitungen aufgehängt
wurden, reicht heute
eine Web-Adresse:
www. Antifa.de*

 ■ *Peter Friedrich Stephan*

Die Aufmerksamkeit für den medialen Anteil von Politik wird durch die starke Formatierung und den Gewöhnungseffekt der Berichterstattung in Nachrichten, Interviews und Sondersendungen noch künstlich hochgehalten. Formal sind die immer gleichen Sichten auf die „Talking Heads" allerdings kaum noch zu ertragen und inhaltlich kann kaum noch Relevantes erwartet werden. Die kleinste Abweichung von vorformulierten Statements beinhaltet im Zustand permanenter medialer Belagerung schon ein Risiko. Die entscheidenden Phasen der Willensbildung finden jenseits von Fernsehsendungen und Wahlwerbung statt und werden jetzt stärker professionalisiert.

Die Berliner Werbeagentur Scholz&Friends gründete daher die Spezial-Agentur Plato, die sich auf Politikkommunikation und Interessenmanagement konzentriert. Dazu gehört „das Erstellen von Lobby-Konzepten auf nationaler und EU-Ebene, politische Umfeld-Analysen und Trendforschung" (W&V 46/99). Es darf angenommen werden, dass hier auch das Netz eine größere Rolle spielen wird mit gelegentlicher öffentlicher Nutzung, aber überwiegend im „closed shop" Betrieb der internen Kommunikation von jeweils zu vermittelnden Gruppen.

5
Selbstmanagement

Auch im Netz ist es am überzeugendsten, von sich selbst zu sprechen und die eigenen Interessen zu vertreten. So starteten Schüler erfolgreiche Initiativen gegen unnötigen Schulstress durch die Veröffentlichung der Lösungen von Hausaufgaben und Klassenarbeiten. Auch die Sammlungen der besten Ausreden und Entschuldigungen ist ein großer Erfolg (www.entschuldigungszettel.de und www.schoolsucks.org). Die Aktion www.plagiarism.org versucht dagegen, den kopierten Arbeiten durch Dateiabgleich auf die Spur zu kommen. So zeigt sich schon im Kleinen eine Vorform des zu erwartenden „Info-wars". Wer aber als Schüler an diesen Formen der Auseinandersetzung aktiv teilnimmt (egal auf welcher Seite) hat schon etliche Lernziele erreicht, die in der Info-Gesellschaft relevant sein können.

Originäre Thementräger weisen sich als kompetent aus, indem sie selbst zum Absender und Betreuer ihrer Botschaften werden. Erfolgreiche Netzpräsenzen setzen bei gemeinsamen Bedürfnissen an und vertrauen auf die Dynamik selbstorganisierender Systeme. Online-Games haben zu teilweise enormer Komplexität gefunden, da die User die Möglichkeit bekamen, selbsttätig Figuren und

Schauplätze zu entwerfen. Crossmediale Formate können Spielwelten erweitern, bis hin zu Aufgabenstellungen in der Realität (siehe Fallstudie „Berlin Connection").

Wer zur Teilnahme und Einmischung aufruft, aber gleichzeitig keine relevanten Wirkungsmöglichkeiten anbietet, wird schnell unglaubwürdig. Wenn aber wirklich Rückkopplungen eintreffen, hat es der Absender häufig mit Qualitätsproblemen zu tun, wie diverse Literaturwettbewerbe im Netz gezeigt haben. Die angemessene Haltung muss also die eines „Hosts" sein: Ich lade Gäste ein, weil ich mich für sie interessiere und versuche, ihnen ein angenehmes und vielfältiges Ambiente zu bieten, in dem sie sich, animiert von Ereignissen und Aufgaben, entfalten können. Die Steuerung des Events wird nicht aufgegeben. Neue Qualitäten können erwartet werden, wenn sich diejenigen beginnen zu artikulieren, die jetzt mit den neuen Techniken aufwachsen.

Steffen Wenzel, Lars Hinrichs

„politik-digital": Auf dem Weg zur elektronischen Demokratie?

Abstract

„politik-digital" ist eine überparteiliche Informations- und Kommunikationsplattform zum Thema „Internet und Politik". Mit Hilfe zahlreicher Experten analysiert die Redaktion den Einfluss der neuen Medien auf die verschiedenen Politikfelder und erörtert die Möglichkeiten, die sich durch die Digitalisierung und Vernetzung unserer Gesellschaft ergeben. Zusätzlich wird in zahlreichen Chats die Kommunikation zwischen Bürgern und Entscheidungsträgern gefördert. Durch gezielte Aktionen erreicht „politik-digital" inzwischen eine breite Öffentlichkeit. So wurde kürzlich die europaweit erste Online-Petition gegen den unerlaubten Versand von Werbe-E-Mails initiiert und damit dem Bürger erstmals die Möglichkeit gegeben, sein Votum durch digitale Signatur abzugeben.

http://www.politik-digital.de

Unter www.politik-digital.de werden politische Prozesse digital begleitet und experimentell erprobt

1
Hintergrund

Das Internet als neue Kommunikationsform wird in der Öffentlichkeit äußerst ambivalent wahrgenommen. Einerseits beklagt man die Gefahren des Internets für Anstand und Demokratie, andererseits werden aber, gerade aus ökonomischer Perspektive, die Segnungen der Technik für eine bessere Zukunft gepriesen. So stehen sich die Themenfelder Kinderpornographie und Rechts-/Links-Radikalismus auf der einen Seite und die Chancen für Kommunikation und Informationsverbreitung auf der anderen Seite diametral gegenüber. Trotz aller Skepsis und Probleme (Zugang, Gesetze, Verschlüsselung) sehen viele Experten dennoch eine „Wiederbelebung des griechischen Marktplatzes" (Howard Rheingold) oder auch die „Neugeburt der athenischen Demokratie" (Al Gore). Einig ist man sich, dass das Medium auf jeden Fall die Chance bietet, die bestehenden Ordnungen der politischen und medialen Gesellschaft neu zu strukturieren und eine Einbeziehung aller in die politischen Prozesse der Meinungs-, Willens- und Entscheidungsbildung zu erreichen (Harald Neymann).

2
Entstehung

*http://www.wahl-
kampf98.de*

Als Lars Hinrichs und Peer-Arne Böttcher 1998 äußerst erfolgreich die Internetplattform *wahlkampf98* betrieben, war beiden schnell klar, dass der große Bedarf nach Information über Politik im Internet nicht ausreichend gedeckt wird. Der erste Bundestagswahlkampf, der im Netz stattfand, war dementsprechend Anlass dafür, auch nach der Beendigung des Projektes den Bereich „Politik und Neue Medien" in einem Nachfolgeprojekt zu untersuchen bzw. ihn weiterhin aktiv mitzugestalten.

Zusammen mit Philipp Stradtmann und später Steffen Wenzel wurde die Plattform „politik-digital" aufgebaut, die sich mittlerweile in der deutschen Medienlandschaft etabliert hat.

3
Idee

Zunächst versteht sich „politik-digital" als eine pluralistische und parteiunabhängige Plattform. Allen Akteuren und Beobachtern von vernetzter Politik soll mit diesem Angebot ein offenes Forum gegeben werden. Dabei versucht „politik-digital", politischem Engagement und Aktionen im Internet einen neuen Impuls zu geben.

Dementsprechend ist das Format von „politik-digital" auch nicht mit einem herkömmlichen eZine zu vergleichen, da es über die Produktion von „digitalem Glanzpapier" (Christoph Bieber) hinaus zu konkreten Aktionen und Projekten kommt, die in den traditionellen Medien auf diese Art und Weise nicht durchführbar sind.

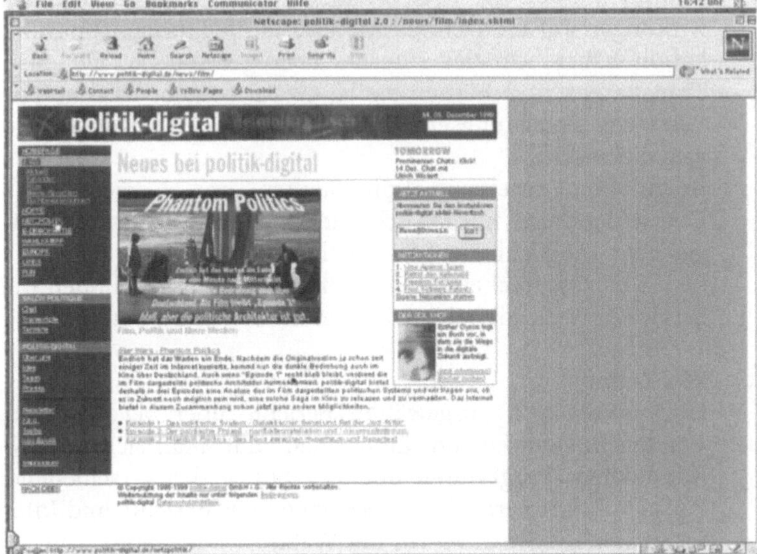

„politik-digital" geht in vielerlei Hinsicht ungewöhnliche Wege: So wurde die Star Wars „Episode 1" hinsichtlich des im Film dargestellten politischen Systems analysiert

4
Gliederung des Angebots

Die Webpräsenz von „politik-digital" gliedert sich in die Bereiche Redaktion, Kommunikation und Aktionen.

4.1
Redaktion

Das redaktionelle Angebot von „politik-digital" gliedert sich in folgende Themeneinheiten:

a) Netzpolitik
Im Internet spiegeln sich die politischen und sozialen Themenbereiche unserer Gesellschaft. Dementsprechend findet man in diesem Bereich Hintergrundberichte, Reportagen, Interviews und Kommentare zu aktuellen Themen wie u.a. Kinderrechte, Senioren im Internet, Datenschutz, Internetkriminalität und Kryptographie.

b) E-Demokratie
Multimedia und die fortschreitende Vernetzung werden Auswirkungen auf die Demokratie und die politische Kommunikation haben. Ob das Internet aber geeignet ist, für mehr Transparenz und Bürgerbeteiligung zu sorgen, wird auf der Basis von Forschungsergebnissen von den Experten kontrovers diskutiert.
Auch die Vernetzung von Städten und Gemeinden in Deutschland und Europa schreitet voran und bietet dem Bürger neue Möglichkeiten der Partizipation am öffentlichen Leben. Dementsprechend bietet der Bereich Informationen und Service über die digitalen Städte in Europa und Deutschland.

c) Wahlkampf
Hier finden sich ausgewählte Berichte über bevorstehende Wahlen in Deutschland. Zum einen kann man sich über die Kandidaten, Programme und Ergebnisse der verschiedenen Parteien informieren, zum anderen gibt es Berichte und Interviews über die Situation vor der Wahl.

d) Europa
Der Bereich Europa vervollständigt das inhaltliche Programm von „politik-digital" und trägt der besonderen Bedeutung Europas im Bereich „Neue Medien und Politik" Rechnung. Deshalb besteht die besondere Serviceleistung darin, dem interessierten Bürger die EU näherzubringen und unübersichtliche Strukturen einfach und komprimiert darzustellen („Dschungelbuch"). Darüber hinaus werden politische Entscheidungsträger, aber auch die einzelnen Länder näher vorgestellt („15 mal Europa"), um Europa nicht nur als nationales

Problem zu diskutieren, sondern als Chance wahrnehmen zu können.

e) Test
Im Bereich Test zeigt „politik-digital" seine Kompetenz hinsichtlich der Gestaltung, des Service und des Inhalts politischer Websites. Neben rund 200 Abgeordneten, die ein Angebot im Internet unterhalten, wurden auch die Ministerien der Regierung auf ihre Netzaffinität geprüft.

4.2
Kommunikation

Der Kommunikationsbereich entwickelte sich in den letzten Monaten zu einem immer wichtigeren und wachsenden Bereich von „politik-digital". Hier zeigen sich die konkreten interaktiven Möglichkeiten des Mediums. „politik-digital" bietet ein nach Themengebieten strukturiertes Forum, in dem über Artikel und verschiedene politische Themen diskutiert wird. Außerdem finden regelmäßig Chats mit der Polit-Prominenz (Johannes Rau, Roland Koch, Guido Westerwelle etc.), aber auch mit anderen Prominenten (Gabi Bauer, Hauser & Kienzle, Nina Ruge) statt, die vom Publikum außerordentlich gut angenommen werden. Basis dafür ist eine hervorragende Moderationssoftware (programmiert von Carlo von Loesch) – die interessante Gespräche und weiterführende Diskussionen ermöglicht, wie man sie in dieser Art und Weise von vergleichbaren Angeboten nicht kennt.

Schließlich wird in den nächsten Monaten mit dem „salon politique" eine weitere Plattform initiiert, die den politischen Diskurs durch Expertengespräche im Internet abbilden soll.

4.3
Aktionen

„politik-digital" versucht durch konkrete politische Projekte, das Internet als ein Forum zum Meinungsaustausch zu nutzen und den Bürgerinnen und Bürgern eine Artikulationsmöglichkeit zu geben.

Mit dem Motto „Stimm gegen SPAM!" wurden die Bürger der Europäischen Gemeinschaft zusammen mit der Fachzeitschrift „c't – Magazin für Computertechnik" zu einer Petition gegen unerwünschte Werbung per E-Mail (SPAM) aufgerufen. Ziel war, das Europa-Parlament dazu zu bringen, die Internet-Nutzer durch eine

Stimmrecht via Internet: „politik-digital" mobilisiert u.a. E-Mail-Aktionen und initiiert auf diese Weise politische Online-Petitionen

klare gesetzliche Regelung künftig wirksam vor der Belästigung durch SPAM zu schützen.

Das Internet diente hierbei erstmals als basisdemokratisches Instrument, mit dem die Bürger Impulse in eine politische Entscheidung des Europaparlaments einbringen konnten. Ermöglicht wurde dies durch das Online-Petitionssystem von „politik-digital". Die Petition wurde nach Abschluss der Aktion offiziell dem Rechts- und Wirtschaftsausschuss des EU-Parlaments übergeben.

Auf den Computern vieler Internet-Nutzer landet täglich unerwünschte Werbung, deren Übertragung den Anwender Geld kostet. Die derzeit geplante EU-Haftungsrichtlinie könnte dieser Reklameflut ein Ende setzen. Doch nach dem aktuellen Entwurf wird es den Anwendern zwar erleichtert, sich gegen Werbe-E-Mails zur Wehr zu setzen, sie sollen aber auch weiterhin die Kosten dafür tragen. Die Lobby der Werbeindustrie droht hier, ihre Interessen gegen die der Internet-Nutzer durchzusetzen. Die Online-Petition versetzte nun die Betroffenen in die Lage, sich direkt an die politischen Entscheidungsträger zu wenden.

Das von der Hamburger Medienproduktion iXL Germany programmierte System der Online-Petition geht über herkömmliche eVoting-Verfahren hinaus, die beliebige Einträge akzeptieren: Wer die Petition unterzeichnen möchte, registriert seine E-Mail-Adresse und bekommt vom „politik-digital"-Server innerhalb weniger Sekunden eine mit einem individuellem Zugangscode versehene Antwort zugesendet. Über einen Link in dieser E-Mail gelangt er auf seine persönliche Petitionsseite. Hier gibt er seine Adresse ein und unterzeichnet somit. Im Anschluss kann er bis zu fünf Bekannte per E-Mail dazu auffordern, sich ebenfalls an der Petition zu beteiligen. Dadurch wird ein Dominoeffekt ausgelöst, der auf diese Art und Weise nur im Internet möglich ist.

5
Digitaler Mehrwert

Aus dieser Aktion wird zusätzlich deutlich, was „politik-digital" unter dem Begriff „digitaler Mehrwert" versteht: Das Internet bietet wie kein anderes Medium die Möglichkeit, Informationen und Kommunikation in konkrete Aktionen umzusetzen, die den Nutzen des Mediums erst wirksam werden lassen. Das weltweite Netz dient nicht nur als schier unerschöpfliches Informationsreservoir, sondern bietet gleichzeitig die Möglichkeit zur Vernetzung unterschiedlicher Personen, die an einem Thema interessiert sind und dieses aktiv mitgestalten wollen.

Deshalb arbeitet „politik-digital" seit längerem am Aufbau einer Politik-Datenbank, die die Bereiche Bundes-, Länder- und Europapolitik umfassen soll. Hier werden in Zukunft mit Hilfe der Politiker alle wichtigen Informationen über die Entscheidungsträger, ihre Aufgaben und die Kontaktmöglichkeiten vorzufinden sein.

Beispiel: Ein Bürger möchte sich über die politische Verantwortlichkeit für ein geplantes Verkehrsprojekt informieren. Er weiß aber nicht, wer der zuständige Bundestagsabgeordnete ist und kennt auch nicht die Mitglieder des Verkehrsausschusses im Landesparlament bzw. im Bundestag. Was auf analogem Wege extrem aufwendig zu recherchieren wäre, funktioniert im Informationssystem von „politik-digital" kinderleicht: Der Nutzer gibt einfach seine Postleitzahl ein und tippt auf das Thema „Verkehr und Straßenbau". Sofort erscheinen alle politisch Verantwortlichen mit Angaben zu Zuständigkeitsbereichen, Zusammensetzung von Gremien und Kontaktadressen.

Eine Fülle vorhandener Informationen werden miteinander verknüpft und bieten dem Bürger ein umfassendes Bild von den Volksvertretern und ihrer politischen Arbeit. Er kann sich damit thematisch breit informieren und aktuelle Reden, Materialien und Positionen online nachlesen, bevor er sich dann gegebenenfalls mit dem richtigen Ansprechpartner in Verbindung setzt.

Dieses Informationssystem sorgt für mehr Transparenz und bietet auch den Volksvertretern eine Reihe von Vorteilen, denn:

- Bürger, die Fragen haben, können sich gezielter an den Abgeordneten wenden und reduzieren die Notwendigkeit aufwendiger Kampagnen

- Das Informationssystem macht das politische System transparent und leistet damit einen wichtigen Beitrag zum politischen Verständnis – insbesondere bei der jüngeren Generation – und zur allgemeinen politischen Bildung in der Bevölkerung

- Für die Abgeordneten eröffnet sich auf einfache Art und Weise die Möglichkeit zum digitalen Dialog mit dem Bürger. Gleichzeitig erhalten sie ein spontanes Feedback auf ihre politische Arbeit

- Abgeordneten können in Gesprächen und Diskussionen auf weiterführende Informationen verweisen, die in der Datenbank gespeichert sind

Durch den Aufbau und die Pflege dieser Datenbank ergibt sich – verbunden mit dem Online-Petitionssystem – die Möglichkeit, aktiv am politischen Geschehen zu partizipieren und in Zukunft die Vorstellung einer plebiszitären Demokratie zu verwirklichen.

6
Partner

„politik-digital" hat zwei verschiedene Partnerschaftsmodelle:

1. Premium-Partnerschaften
   Diese bestehen bisher zum Online-Buchbestellservice BOL, zur Internet-Illustrierten TOMORROW und zum Hamburger Multimedia-Unternehmen iXL Germany. Mit letzterem verbindet „politik-digital" eine für Deutschland wohl einmalige Partnerschaft, da iXL Germany als „Inkubator" (Brutkasten) für den Startup unseres Unternehmens fungiert. Das bedeutet, „politik-digital" kann die Räume und Infrastruktur von iXL Germany in der Hamburger Speicherstadt nutzen, was eine enorme Erleichterung für die Startphase des Projektes darstellt.
   Auch die beiden anderen Unternehmen sind konkret in das Arbeitsfeld von „politik-digital" miteinbezogen. BOL bietet Möglichkeiten zur Recherche von Literatur und zu den redaktionell behandelten Themen an und verweist auf ein „Buch der Woche".
   Außerdem stellt „politik-digital" zusammen mit BOL Autoren in den Chats vor (Arnulf Baring, Guido Knopp etc.), die sich durch besonders interessante Bücher im Bereich Politik hervorgetan haben.
   Auch mit TOMORROW besteht eine Partnerschaft hinsichtlich der Organisation und Durchführung von Chats mit Prominenten aus Politik und Gesellschaft. Diese Chats finden auf beiden Internet-Plattformen statt, werden von TOMORROW in Großanzeigen beworben und sind darüber hinaus auch redaktionell für beide Seiten verwertbar.

2. Inhaltliche Partnerschaften
   Die Content-Partnerschaften beziehen sich auf den Austausch von redaktionellen Angeboten mit

- T-online: „politik-digital" betreut Teile der Rubrik Politik
- Fireball: „politik-digital" betreut den Guide Netpolitics
- Golem Network News: redaktionelle Partnerschaft
- Com Online: redaktionelle Partnerschaften
- woche@woche.de: redaktionelle Partnerschaft
- Firstsurf: redaktionelle Partnerschaft

- Wahl$treet: redaktionelle Partnerschaft

3. Technische Partnerschaften

Eine technische Partnerschaft besteht zum Unternehmen Cable & Wireless, das für das Webhosting des Angebots zuständig ist. Ferner besteht mit RealNetworks eine strategische Partnerschaft zum optimalen Einsatz von Videostreaming im Umfeld unserer Kommunikationsangebote.

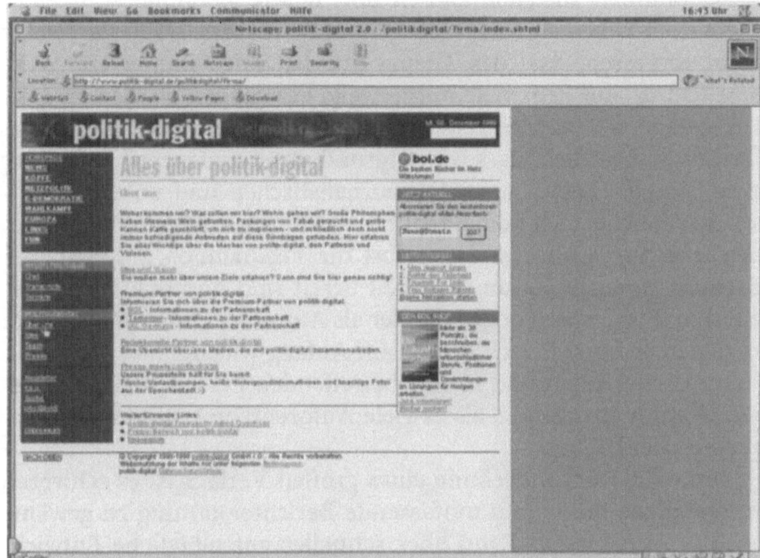

Im Firmenportrait stellt sich „politik-digital" nicht nur selbst vor, sondern gibt auch Auskunft über Partnerschaften und bisherige Realisationen anderer Medien

Schließlich gibt es eine enge Kooperation mit TV1. Dieser als Plattform für Spartenfernsehen im Internet bekannte Sender vermittelt im Bereich der Chats die technischen Möglichkeiten zur Internet-Übertragung (Livestreaming).

Aus diesen Partnerschaften lässt sich ein dichtes Netz knüpfen, das „politik-digital" nicht nur finanziell den Rücken stärkt, sondern auch die besondere Innovationsfähigkeit der beteiligten Unternehmen zur Geltung bringt. Alle Partnerschaften haben sich bislang als sinnvoll erwiesen, und der Gewinn ist bereits für alle Unternehmen deutlich zu bemerken. Der Grundsatz des Projekts „politik-digital" hat sich bewährt: Wir wollen für die Entwicklung des Bereichs „Neue Medien und Politik" über den Tellerrand hinaus schauen und eher ungewöhnliche Partner gewinnen. Gerade diese Kooperationen haben sich in der Vergangenheit als besonders erfolgreich erwiesen, da hier Lösungen erarbeitet wurden, die unseren Erfahrungshorizont erweitern konnten.

7
Evaluierung

„politik-digital" hat sich seit 1998 im Bereich der Online-Berichterstattung über das Thema „Politik und Neue Medien" einen festen Platz erarbeitet. Es ist derzeit spürbar, dass wir nicht nur im Rahmen unserer Leserschaft, sondern auch für die politisch entscheidenden Akteure eminent wichtig geworden sind, da partielle Kooperationen zustande kamen und unsere Beratungskompetenz von vielen Seiten in Anspruch genommen wurde. Man darf dabei nicht vergessen, dass das Thema Internet noch immer ein neues Spielfeld ist, auf dem viele mittlerweile gezwungen werden zu spielen, gerade weil andere Felder an Bedeutung verlieren. Hier gilt es für uns zu beachten, dass wir aufgrund unserer „langen" Erfahrung zwar Vorteile haben, aber die journalistischen und unternehmerischen Bereiche auch kompetent besetzt werden müssen. Wir haben die Erfahrung gemacht, dass selbst die sogenannten „Großen" der Branche zu einer Zusammenarbeit bereit sind und sich auch Journalisten, Professoren oder Politiker als Autoren in unserem Angebot engagieren. Es ist jedoch gerade am Anfang wichtig, hier ständig in Kontakt zu bleiben und für die betreffenden Personen einen anderen Gewinn anzubieten, als es viele Autoren von traditionellen Angeboten her kennen.

Ohne die Rückendeckung eines großen Verlags ist es schwerer, eine tägliche breite und umfassende Berichterstattung zu gewährleisten. Andererseits kann aber schneller auf plötzliche Entwicklungen reagiert werden und die Behandlung von Nischenthemen ist möglich, die aufgrund der erwarteten niedrigen Resonanz von anderen Angeboten nicht bedient werden. Solche Berichterstattung hat „politik-digital" ein besonderes Profil verliehen.

Dazu gehört selbstverständlich auch die Möglichkeit zur Teilnahme an unserem Angebot in Foren, Chats und politischen Aktionen. Hier entsteht für den User eine hohe Identifikationsmöglichkeit, die aber auf keinen Fall parteipolitisch, sondern eher basisdemokratisch motiviert ist. Auch wenn es teilweise zu einem Problem wird, dass die unterschiedlichsten Interessengruppen und individuellen Präferenzen an unsere Plattform herangetragen werden, so scheinen wir doch auf dem richtigen Weg zu sein, um das politische Bewusstsein auf die Möglichkeit der Netzkultur hin zu orientieren und Anregungen für eine Weiterentwicklung der elektronischen Demokratie zu geben.

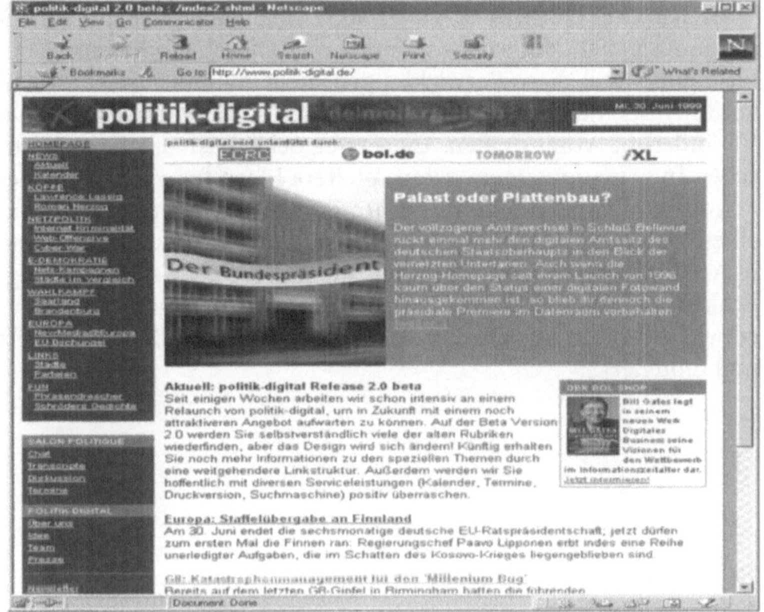

Durch Aktualität, breite Themenauswahl und aktive Teilnahme der Nutzer zeigt „politik-digital" Aspekte einer demokratischen Netzkultur

8
Ausblick

Ist das Internet schlecht für die Demokratie? Wann wird man online wählen können? Werden die großen Volksparteien durch virtuelle Aktionsbündnisse Ihrer Klientel beraubt? Wird die nächste Bundestagswahl im Internet entschieden? Ab wann sind alle Behördengänge digital? Welches Land oder welche Organisation regiert das Internet? Welches Potenzial bietet die Digitalität für Demokratiebewegungen in totalitären Staatssystemen?

Auf solche Fragen versucht „politik-digital" Antworten zu geben. Auch wir wissen nicht, wohin die Reise der digitalen Demokratie gehen wird. Es steht aber fest, dass das Internet ein großes Potenzial für die Demokratie im Allgemeinen bietet:

- die Eingangsbarrieren für politische Beteiligung sind im Netz gering
- der politische Dialog wird verstärkt
- Online-Communities entstehen
- keine Kontrollmöglichkeit durch den Staat(?)
- direkte Kommunikation mit den zuständigen Stellen

Gleichzeitig eröffnen sich aber auch viele damit zusammenhängende Aufgaben, die wir heute noch nicht absehen können. „politik-digital" will diese Entwicklungen nicht nur beschreibend und kommentierend begleiten, sondern weiterhin aktiv den Prozess der Veränderung vorantreiben. Ein erster Schritt ist mit dem politischen Informationssytem getan. Weitere Ideen für ein generisches Petitionssystem, das jedermann ermöglicht, seine Interessen virtuell zu vertreten und Online-Unterschriftsaktionen zu starten, sind in Arbeit. Darüber hinaus ergeben sich täglich neue Ansätze, Möglichkeiten, Mitarbeiter und Partner, um „politik-digital" weiterzuentwickeln – für uns alle ein Antrieb, der uns fasziniert, begeistert und motiviert.

Stefan Raake

Versicherungen Online und die Idee der Surfer-Fangnetze

Abstract

Seit 1995 werden auf der Website www.versicherungen.de umfangreiche Serviceleistungen präsentiert. Eine Versicherungs-Branchenmall sowie die Surfer-Fangnetz-Idee machen vor, wie man erfolgreich Neukunden gewinnen und dauerhaft binden kann. Die große Zahl der teilnehmenden Versicherungsgesellschaften, die sich aktiv an der Weiterentwicklung des Internet-Services beteiligen, profitieren von Bannerschaltungen und bieten dem Nutzer erhöhte Transparenz.

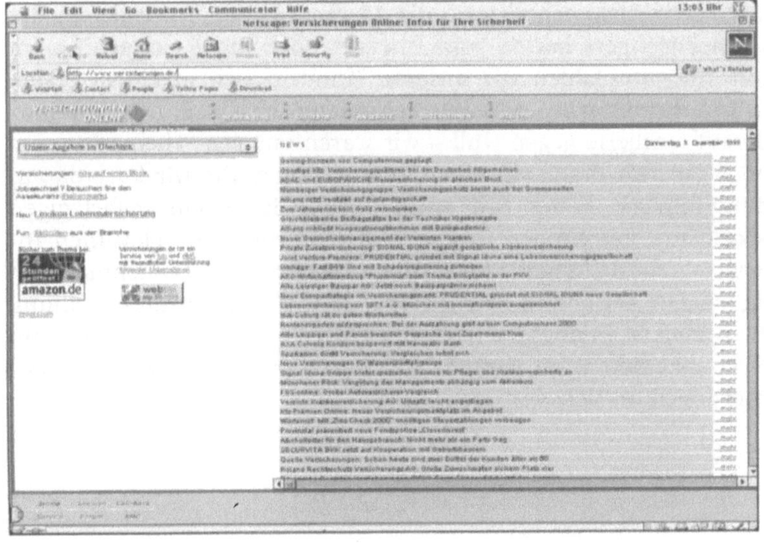

*www.versicherungen.de
Seit 1995 bietet diese
Homepage den Nutzern
einen Zugang zu allen
Bereichen rund um das
Thema Versicherungen
sowie weitere
Serviceleistungen*

1
Die Ausgangssituation

Im Frühjahr 1995 begann die ITM – Ideas To Market GmbH – sich intensiv mit dem Thema Internet zu beschäftigen. Im AMC Assekuranz Marketing Circle betreuen wir 60 deutsche Versicherungsgesellschaften mit dem Ziel, gemeinsame Projekte für diese Unternehmen zu initiieren und durchzuführen. Für uns stellten sich u.a. folgende Fragen:

- Welchen Stellenwert wird das Internet für unsere Kunden – in erster Linie namhafte deutsche Versicherungsunternehmen – in den nächsten Jahren einnehmen?

- Wie werden Endverbraucher mit dem neuen Medium arbeiten?

- Wie gelingt es, wenig begehrenswerte Produkte wie Versicherungen (aus Sicht der Endverbraucher) im Internet erfolgreich zu platzieren?

- Welche Inhalte erwarten die Internet-Nutzer heute? Und welche Inhalte wollen sie im nächsten Jahr?

- Wie werden die Websites der Unternehmen im Netz gefunden?

Unsere Ansprechpartner, die Marketing-Verantwortlichen der Versicherungen, hatten vom Internet noch nicht viel gehört. Im Juli 1995 empfahlen wir unseren Kunden, sich in einem ersten Schritt ihre Internet-Adressen reservieren zu lassen. Die Resonanz darauf tendierte gegen Null – wir waren mit dem Thema Internet noch zu früh dran. Mit einer Veranstaltung, die wir kurz darauf durchführten, hatten wir mehr Erfolg. In einem mehrtägigen Workshop mit einigen Gesellschaften wurden alle relevanten Internet-Fragestellungen aufgegriffen. Das Fazit der Teilnehmer zum damaligen Zeitpunkt: Das Internet ist ein interessantes Medium, allerdings ist es noch zu früh, um aktiv Produkte und Services im Netz anzubieten. Im Herbst 1995 waren erst drei deutsche Versicherungen im Netz vertreten.

2
Die Surfer-Fangnetz-Idee

In den folgenden Wochen entschied sich, wer die wirklich interessanten Netz-Adressen für den deutschsprachigen Raum bekommen sollte. Unsere damaligen Überlegungen basierten auf der Fragestellung „Wie wird der Internet-Nutzer die Seiten unserer Kunden finden?" Dies war vielleicht die wichtigste Frage, die zuerst beantwortet werden musste, wollte man damals ein durchsetzungsfähiges Angebot aufbauen, das am Markt bestehen konnte.

An der Bedeutsamkeit dieser Fragestellung hat sich bis heute nichts geändert. Um diese Frage beantworten zu können, muss man eine weitere klären: Wie sucht der Kunde eigentlich online?

Grundsätzlich gibt es (1995 wie 1999) vier Arten, wie Informationen im Internet gefunden werden können:

- Der Nutzer sucht nicht. Er weiß, wo die Information steht und gibt einfach die Internet-Adresse ein. So findet man z.B. den AMC Assekuranz Marketing Circle unter der Adresse www.versicherungen.de/amc

- Der Nutzer sucht intuitiv mit dem Firmennamen oder Produktnamen der ihn interessierenden Leistung, z.B. www.devk.de, www.sony.com oder www.west.de. Hier haben starke Marken die besten Chancen.

- Der Nutzer benutzt Kataloge wie Web.de, Suchmaschinen wie Yahoo und Alta Vista oder Spider und gibt einen bestimmten Begriff ein, z.B. „Versicherungen" – und erhält mehrere tausend Treffer (d.h. Internet-Dokumente, in denen überall der gesuchte Begriff erwähnt ist). Dabei bieten Suchmaschinen nur bedingt Vollständigkeit und liefern auch nicht immer die gleichen Ergebnisse.

- Neu war zum damaligen Zeitpunkt die Idee, mit Internet-Adressen im Stil der „Gelben Seiten" zu arbeiten, so z.B. mit Begriffen wie www.auto.de oder www.urlaub.de. Der Umgang mit den „Gelben Seiten" muss vom Nutzer nicht mehr gelernt werden. Er kann sofort handeln, sobald er weiß, dass Teile des deutschsprachigen Internet-Angebots so funktionieren.

Auf die „Gelbe Seiten"-Idee setzten wir und reservierten Domain-Namen wie www.versicherungen.de, www.finanzen.de oder www.versicherungsmakler.de, die für unsere Kunden aus der Versicherungsbranche interessant erschienen.

Wir gingen dann noch einen Schritt weiter und reservierten Internet-Adressen, die auf den ersten Blick nichts mit Versicherungen zu tun haben wie www.auto.de, www.urlaub.de oder www.theater.de. Unser Ziel war es, unter der Adresse www.versicherungen.de eine Branchenmall für Versicherungen zu schaffen. Diese Adresse sollte die Einstiegsseite für den Endverbraucher im deutschsprachigen Internet zum Thema Versicherungen werden. Da Versicherungen keine begehrenswerten Produkte sind – wer beschäftigt sich schon gerne mit Hausrat oder Haftpflicht? – galt es, innovative Konzepte zu entwickeln, um den Internet-Nutzer zu diesen Themen hinzuführen. Dies wollten wir über einen Ring von weiteren Internet-Services erreichen, die zielgruppenspezifische Inhalte zu ihrem jeweiligen Domain-Namen anbieten. So wurde aus www.auto.de die Website rund ums Auto – und hier gehört die Kfz-Versicherung natürlich dazu.

Die Surfer-Fangnetz-Idee war geboren: Kundenbindung findet auf der Website des Unternehmens statt, die Neukundengewinnung erfolgt über das Surfer-Fangnetz (siehe Abbildung). Bannerwerbung wird so zweitrangig. Hier gibt uns die heutige Entwicklung recht: Die Klickzahlen bei Bannern sinken und Software wie der Webwasher von Siemens, der bestimmte Werbebanner nicht mehr anzeigt, tut sein übriges, um Werbetreibende und Content-Provider (die Anbieter von Inhalten im Internet) zu verunsichern.

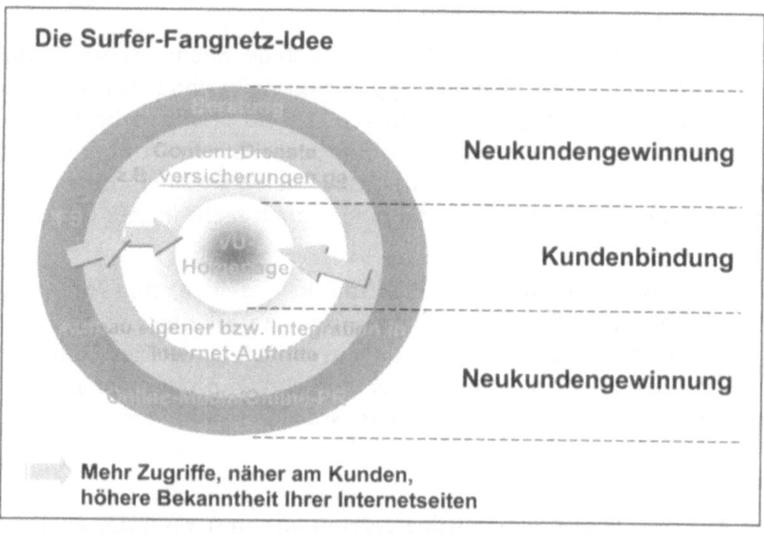

3
Das Internet Full Service-Projekt

Im Rahmen eines AMC-Meetings im Oktober 1995 präsentierten wir die Idee einer Versicherungs-Branchenmall unter der Internet-Adresse http://www.versicherungen.de (Versicherungen Online) und den geplanten Aufbau eines Surfer-Fangnetzes. Das Interesse bei den Marketing-Verantwortlichen war deutlich größer als noch vor einigen Monaten, denn langsam aber sicher wurde das Internet auch von den Medien wahrgenommen. So starteten wir schließlich im Dezember 1995 mit einigen Versicherungen (Württembergische, Iduna Nova und Albingia) unser Projekt „Versicherungen Online/Internet Full Service".

Wir wollten mehr als „nur" einen Internet-Marktplatz für Versicherungen schaffen und boten deshalb eine „Internet Full Service" genannte Beratungsleistung an, die zur Zeit neun Versicherungen nutzen. Dieser Arbeitskreis, bestehend aus den Internet- und Marketing-Verantwortlichen der Gesellschaften, trifft sich alle drei Monate zu einem eintägigen Workshop unter Mitwirkung externer Referenten, um weiteres Know-how zu gewinnen und Erfahrungen auszutauschen. Zusätzlich werden Workshops und Studien für den Arbeitskreis entwickelt. Die bekannteste ist die inzwischen in 3. Auflage erschienene Studie „Die Assekuranz im Internet", in der die Auftritte aller deutschen Versicherungen im Internet kommentiert und bewertet werden.

Die aktive Teilnahme der Versicherungsgesellschaften an Workshops sichert einen konstanten Erfahrungsaustausch und gewährleistet stets aktuelles Know-how

Die teilnehmenden Versicherungsgesellschaften arbeiten an der Weiterentwicklung des Internet-Services www.versicherungen.de aktiv mit. Durch die Anregungen und den Input der Gesellschaften – sei es über aktuelle Presseinformationen, die Teilnahme an Diskussionen im Forum oder die Zulieferung von Inhalten wie z.B. ein Versicherungslexikon – entwickelt und etabliert sich der Service inzwischen zu einer der wichtigsten Einstiegsseiten in das Thema Versicherungen für die Endverbraucher.

4
Die Inhalte von Versicherungen Online

Welche Inhalte bietet nun der Internet-Service Versicherungen Online und wie werden diese Inhalte genutzt?

Monatlich wird die Website von ca. 30.000 Besuchern genutzt, wobei folgende Bereiche besonders gut angenommen werden:

- News & Tipps mit werktäglich aktualisierten Informationen der Versicherungsbranche (Pressenews und Verbrauchertipps).

- Der Ratgeber mit 300 Artikeln, die Hilfestellung geben zu allen Fragen, die Endverbraucher zu Versicherungen haben können. Einige Beispiele: Was ist eine Kfz-Versicherung? Welche Leistungen deckt eine Kfz-Versicherung ab? Was muss ich beim Abschluss beachten? Wer bietet Kfz-Versicherungen an?

- Der Web-Test, der einen Überblick über alle deutschen Versicherungsunternehmen bietet, die zur Zeit mit einem Auftritt im Internet vertreten sind. Ein kurzer Text informiert über die Angebote der Unternehmen auf ihren Websites.

- 3 Lexika mit insgesamt 1.000 Stichwörtern, die alle wichtigen Versicherungsfragen behandeln.

Des weiteren werden folgende Bereiche gut angenommen:

- Angebote: Hier können sich die Besucher der Website Angebote von mehreren Versicherungsgesellschaften zugleich schicken lassen. Die Anfrage erfolgt per E-Mail. Weiterhin gibt es einen Call-Back-Service, der die Möglichkeit des direkten Rückrufs von einer der teilnehmenden Gesellschaften zulässt.

- Der Bereich „Unternehmen" verweist auf die Homepages der teilnehmenden Versicherungsgesellschaften, die hier mit ihrem Logo vertreten sind.

- Innerhalb des „Forums" können die Besucher der Website Fragen stellen, die von den Experten der Versicherungsunternehmen direkt beantwortet werden. Auch Versicherungsmakler und weitere Branchenprofis antworten hier. Das Forum ist für jeden Besucher offen zugänglich und wird erfreulicherweise seriös genutzt. Die Einträge werden nicht vorher gefiltert, sondern sind direkt nach dem Eintrag auch online verfügbar, ebenso wie die Antworten.

- Ein Service-Bereich bietet u.a. Versicherungsfragen für Einsteiger, Verweise auf einen Stellenmarkt und einen Online-Shop mit Werbeartikeln der Assekuranz.

Weniger erfolgreich waren durchgeführte Gewinnspiele auf den Seiten. Dies hatte wohl vor allem zwei Gründe: Die Besucher von Versicherungen Online erwarten konkreten Nutzen, nicht unbedingt Spielereien. Überdies waren die Gewinne möglicherweise nicht attraktiv genug.

Die folgende Abbildung zeigt die Seite „News und Tipps" von Versicherungen Online im Dezember 1999:

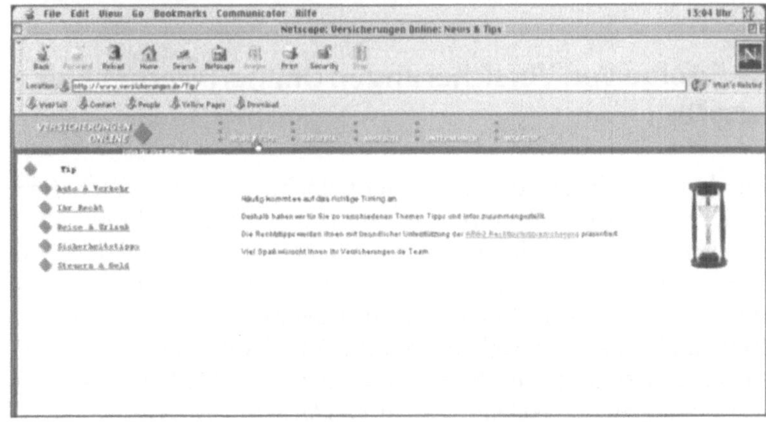

5
Der Ausbau des Surfer-Fangnetzes durch Ereignisorientierung

Im April 1996 starteten weitere Internet-Services, die entweder direkt mit Versicherungen Online verknüpft wurden oder von einzelnen Versicherungsunternehmen betrieben werden, um spezifische Zielgruppen anzusprechen. So reservierte sich die Württembergische Versicherung www.oldtimer.de und betreibt hier einen Service für Oldtimer-Fans mit Clubadressen, Szene-News und einem Oldtimer-Markt sowie der Oldtimer-Versicherung des Unternehmens. Die ALBINGIA präsentierte bereits zu den Olympischen Spielen in Atlanta im Sommer 1996 einen Internet-Service, der live von den Spielen im Netz berichtete. Der große Erfolg dieses Internet-Auftritts konnte im Frühjahr 1998 zu den Winterspielen in Nagano noch übertroffen werden.

Mit www.auto.de, www.finanzen.de oder www.urlaub.de gingen im Laufe des Jahres 1996 weitere Dienste an den Start, die neben spezifischen Inhalten auch Versicherungsthemen aufgriffen.

Nicht alle Services, die angepackt wurden, verliefen erfolgreich. So wurde ein Senior-Web als Internet-Service für über 50jährige wieder eingestellt, da die Besucherzahlen zu gering waren.

6
Die Erfolge von Versicherungen Online/Internet Full Service

Zwischenzeitlich erhielten einige der teilnehmenden Gesellschaften 1/3 ihrer Zugriffe auf ihre eigenen Internet-Seiten direkt über www.versicherungen.de. Im Schnitt erhalten die Gesellschaften 450 konkrete Produktanfragen im Monat über die Website. Von anfangs einigen tausend Besuchern stieg die Zahl der Nutzer auf ca. 30.000 im Monat. Die begleitenden PR-Aktivitäten führten zu zahlreichen Artikeln in der Presse und in Online-Medien sowie zu Auszeichnungen der Website u.a. durch FOCUS oder DOS.

Wie bereits erwähnt, findet seit nunmehr über drei Jahren im Rahmen des Arbeitskreises „Internet Full Service" ein intensiver Informationsaustausch statt, in dem die Gesellschaften offen über Zugriffszahlen, Projektentwicklungen und Inhalte sprechen. Dieser Austausch zeigt den einzelnen Gesellschaften, wo sie mit ihren jeweiligen Internet-Aktivitäten stehen.

Gleichzeitig wurden wichtige technische Entwicklungen in der Gruppe vorangetrieben. Die Frage, wie weit der Internet-Auftritt gehen soll, wurde sehr intensiv diskutiert – vom aktiven Verkauf von Produkten über die Außendienst-Integration bis hin zu Online-Services für Geschäftspartner.

Die Surfer-Fangnetz-Idee wurde von einigen Unternehmen aufgegriffen und sehr erfolgreich umgesetzt. So ist die ALBINGIA Versicherung mit mehreren Internet-Services präsent bzw. an diesen beteiligt, wie z.B. www.auto.de, www.olympiade.de, www.fussball-WM.de und www.rothenbaum.de.

7
Ausblick

Im vierten Jahr hat sich Versicherungen Online als erfolgreiche Marketing-Plattform für die Assekuranz etabliert. Die Nutzer verstehen die Seite als Einstieg in die Versicherungswelt und nutzen die angebotenen Dienstleistungen und Produkte der Versicherungsgesellschaften.

Henry Steinhau

„Berlin Connection" – Ein interaktiver Dokumentar-Thriller oder: Wie vermarkte ich ein Computerspiel?

Abstract

„Berlin Connection" ist eine der aufwendigsten deutschen CD-ROM-Produktionen. Basierend auf detailgenauen historischen Themen wird eine Krimihandlung entwickelt und die neue Gattung „interaktiver Dokumentar-Thriller" begründet. Für deren Vermarktung und Markenbildung mussten neue Wege gefunden und experimentell erprobt werden.

Infos zum Doku-Thriller finden sich im Internet unter www.berlin-connection.de

1
Die Entwicklung eines neuen Multimedia-Genres

„Sie befinden sich im Jahr 1989 und sind ein englischer Foto-Reporter. Es ist Anfang November und Sie erhalten telefonisch den Auftrag, für ein Fotoshooting nach Berlin zu fliegen. Dort geraten Sie mitten in die stürmischen Ereignisse um die Öffnung der Berliner Mauer. Die Straßen sind voller Menschen, ein Volk liegt sich in den Armen. Dann geht es Schlag auf Schlag: Im Freudentaumel lernen Sie eine attraktive Ost-Berlinerin kennen und kommen ihr näher. Eine feucht-fröhliche Nacht später erwachen Sie in ihrem Bett – allein. Durch einen anonymen Anruf erfahren Sie, dass Ihre Bekanntschaft entführt wurde, Sie wissen aber nicht von wem und weshalb, nur, dass Sie damit erpresst werden. Soviel scheint klar: Es geht auch um Ihre Fotos. In der Ihnen weitgehend fremden Stadt Berlin müssen Sie nun den Tätern auf die Spur kommen und ihre Freundin befreien. Aber wie?"

Das ist der Ausgangspunkt von „Berlin Connection", einem multimedialen, interaktiven Spiel auf CD-ROM. Nach über dreijähriger Produktionszeit ist es Ende 1998 unter dem Label eku interactive erschienen und wurde seitdem zirka 8.500 mal verkauft. Als Regisseur, Produzent, Creative Director und Drehbuchautor hielt der Berliner Multimedia-Pionier Professor Eku Wand die Fäden des aufwendigen Mammutprojekts zusammen. Außerdem rief er mit eku interactive auch eine neue Firma ins Leben, über die der Vertrieb und die Vermarktung erfolgt. (Ursprünglich sollte „Berlin Connection" schon 1996 beim damaligen Bertelsmann-CD-ROM-Label Telemedia erscheinen. Doch nach Abwicklung dieser Bertelsmann-Tochter entschloss sich Eku Wand alle Rechte zurückzuerwerben.)

2
Die Idee des „historischen Doku-Thrillers"

Mit „Berlin Connection" verbindet sich der Ansatz, die jüngste deutsche Geschichte spielerisch, spannend, interaktiv und zugleich lehrreich – ohne belehrend zu wirken – in medialen Einklang zu bringen. Eku Wand und seinem Team ging es um eine Synthese aus Information und Unterhaltung. „Berlin Connection" zeichnet sich durch ein hohes Maß an Professionalität aus und wurde dafür mehrfach ausgezeichnet (Multimediapreis der Landeshauptstadt Stuttgart 1998, CD-ROM des Jahres 1999/c't 25/99).

Der Untertitel „Dokumentar-Thriller" weist auf die Verwendung authentischen Medienmaterials hin, in das man als Nutzer zum Erkunden des Berlins der Nachkriegszeit eintauchen kann. Unter konsequentem Einbezug multimedialer Möglichkeiten soll Zeitgeschichte lebendig gemacht werden. Die moderne Geschichtsüberlieferung soll mit „Berlin Connection" über das Konservieren und Ausstellen historischer Exponate hinausgehen. Da man als Spieler in die Rolle des Hauptdarstellers schlüpft und mit der Maus den Fortgang der Handlung bestimmt, fordert „Berlin Connection" scharfe Beobachtung, Kombinationsgabe und kriminalistisches Gespür.

Mit Stadtplan, Zeitung, Kamera, Walkman und Aktenkoffer bewegt sich der Nutzer durch das heutige Berlin und seine wechselvolle Geschichte

In den Mittelpunkt der Vermarktung stellt eku interactive daher das Thema, die Seriosität der Geschichte, die den Hintergrund für den Kriminal-Plot darstellt. Weniger die quantitativen Merkmale, wie z.B. Anzahl der Bilder oder Länge von Audio-Einspielungen, stehen beim Marketing im Vordergrund. Stattdessen heben die Produzenten den Ablauf des Kriminalfalls hervor, der schnell eine hohe Dynamik und ein krimi-typisches Maß an Rätselhaftigkeit bekommt. Sie fordern das Geschichtsinteresse genauso wie das Geschichtswissen der potenziellen Käufer heraus. Insofern konzentriert sich das Marketing dieser Multimedia-CD weniger auf das typische PC-Spieler-Publikum als vielmehr auf jene, die aufgrund des Plots und der halb-dokumentarischen Umsetzung – erstmals – interaktiv werden wollen.

Damit scheinen Eku Wand und sein Team richtig zu liegen, was die bisherige Publikums-Resonanz von mehreren Hundert Zuschriften zeigt. Ein Großteil jener, die sich durch Kommentare, Nachfragen, Anregungen und Kritik bislang zu Wort meldeten – mehrheitlich via E-Mail – zeigen sich gerade von der Story begeistert; viele Fragen beziehen sich auf die Handlung, die Akteure, die (historischen) Backgrounds. Stimmen, die den typischen „Gamer" vermuten lassen, sind vergleichsweise selten. Immer wieder melden sich Lehrer, die das Computerspiel „Berlin Connection" als willkommenes Werkzeug für eine andere Art der Geschichtsvermittlung in ihrem Unterricht einsetzten, wobei das interaktive Aneignen der jeweiligen Zeitabschnitte Berliner Zeitgeschehens als besonders wertvoll gelobt wurde; insbesondere kommen viele Anregungen, die derart gestaltete Geschichtsbehandlung noch zu vertiefen.

Für eku interactive lag es daher schnell auf der Hand, das zunächst nur als abgeschlossenes Produkt zu erwerbende CD-Spiel auf weitere Medienplattformen zu erweitern. So wurde die Geschichte von „Berlin Connection" noch weiter entwickelt: Seit Oktober 1998 tagt im Internet ein Untersuchungsausschuss, der die dunklen Machenschaften der „Berlin Connection" im Herbst 1989, welche Ausgangspunkt des Dokumentar-Thrillers sind, lückenlos aufdecken soll. Unter der Internetadresse http://www.berlin-connection.de können weitere Informationen zur Lösung des Falls gefunden werden. Das Internet erweitert so den Handlungsfaden der „Berlin Connection" um interessante Zusatzinformationen wie Mitschriften abgehörter Telefonate und Ähnliches. Um die Vermarktungs-Strategien und die Nutzung des Internet im Rahmen von „Berlin Connection" besser zu verstehen, soll im folgenden näher auf die Bedeutung des Plots eingegangen werden.

3
Auf den Plot kommt es an

Drehbuchautoren nennen das Handlungsgerüst gerne den Plot: Die Vorstellung der handelnden Akteure, die Verteilung der Rollen und die Darstellung eines Grundkonflikts. Dies geschieht bei Filmen stets innerhalb der ersten Minuten, von ihnen hängt der Grad der Aufmerksamkeit der Zuschauer für die restliche Laufzeit ab. Ist also der Plot „platziert", kommt es fortan darauf an, wie die Geschichte erzählt wird, wieviel Spannung oder Action eingebaut werden, welche Seitenstränge eingeflochten, wie intensiv die beteiligten Charaktere dargestellt werden. Zur Kunst des Erzählens gehört bei Büchern, Filmen oder Hörspielen, zu welchem Zeitpunkt dem Leser, Zuschauer oder Zuhörer bestimmte Informationen gegeben werden, damit er dem Geschehen folgen, mitdenken und mitkombinieren kann. Von Krimis kennt man einen besonders geschickten Umgang mit der Verteilung von Informationshäppchen: Gezielte oder versteckte Hinweise, welche Indizien die Verdächtigen be- oder entlasten könnten, überraschende Aussagen von bisher nicht eingeführten Figuren oder plötzliche Ereignisse, die alles Bisherige in einem anderen Licht erscheinen lassen. Aus der Portionierung der erzählten Realität zum einen und dem berühmten „Timing" zum anderen ergeben sich Dynamik und Unterhaltsamkeit einer Story.

„Ich bin ein Berliner!" Vielleicht sagt das der Spieler auch am Ende seiner virtuellen kriminalistischen Spurensuche

Bei „Berlin Connection" wird das Spiel mit Fakten und Finten des Erzählers zugleich als Spiel für den Rezipienten arrangiert. Als ausländischer Fotograf, der plötzlich den Machenschaften einer noch anonymen Bande ausgesetzt ist, muss man sich nicht nur in einer fremden Stadt zurechtfinden. Vielmehr stellt sich heraus, dass man zum Verständnis der Handlung einiges über die wechselvolle Nachkriegsgeschichte Berlins in Erfahrung bringen muss. Hierfür bietet das Spiel die zum spektakulären Mauerfall aufgelegte Sonderausgabe einer Tageszeitung an. Aufgeteilt nach Zeitabschnitten erläutert sie in Texten, dokumentarischen Videoclips, Rundfunk-Aufnahmen und Fotos die Geschehnisse in der geteilten Stadt seit 1945. Das ist nicht nur generell sehr lehrreich, sondern dient letztlich auch dem Fortgang der Handlung, denn es finden sich auch hin und wieder Hinweise auf die Hintergründe der immer dubioser und spannender werdenden Ost-West-Story, in die man als Außenstehender hineingeraten ist. Wie bei einem guten Kriminalroman oder -film gilt es auch hier, genau aufzupassen und vermeintlichen Randereignissen Aufmerksamkeit zu schenken.

4
Interaktive Dramaturgie

Während jedoch die Geschichten auf Papier oder Zelluloid linear ablaufen, bleibt es bei „Berlin Connection" den Entscheidungen des Spielers überlassen, aus dem Angebot an Teilerzählungen auszuwählen. Wo beim Film sogenannte Parallelschnitte dafür sorgen, zwei, drei oder mehrere Handlungsfäden oder Betrachterstandpunkte ineinander zu verschachteln – oder eben auch zurückliegende, aber für die Rahmenhandlung wichtige Ereignisse nachzuerzählen – bietet das Computerspiel zunächst eine Auswahl einzelner, mehr oder weniger kurzer Geschichten, aus dem der Spielende (inter-)aktiv auswählt. Hat beim klassischen, linearen Erzählen der Autor die Aufgabe, dieses Verweben von Handlungssträngen dynamisch, unterhaltsam und ohne Brüche zu gestalten, damit es sich „gut liest" und man dem Ganzen auch folgen kann, so liegt die Entscheidung über Schritte und Sprünge des interaktiven Spiels beim Nutzer. Blieb es bislang dem Gefühl des Autors überlassen, die Wirkung seiner linearen Erzählkunst auf sein Publikum richtig zu erspüren und daraus folgernd für die entsprechende Dynamik zu sorgen, kann beim non-linearen und nicht vorhersehbaren „Begehen" der angeboten Handlungsräume durch den interaktiven Rezipienten eine solche Dramaturgie weder inszeniert noch garantiert werden.

Das Wichtigste ist in jedem Fall, die eigentliche Geschichte – den Plot – spürbar und wirksam voranzutreiben. Wie viel die Leser oder Zuschauer auch immer im Laufe eines Zeitabschnitts von den Einzelheiten einer (Teil-)Geschichte mitbekommen haben, welches Wissen sich der klickende Spieler auch immer angeeignet hat, irgendwann und irgendwo muss es im Plot Knotenpunkte geben: Stellen, an denen Erkenntnisse zusammengefasst und analysiert werden, um die Akteure auf einer neuen Stufe agieren zu lassen: schneller, weiser oder vielleicht auch verwirrter. Den am Anfang geschilderten (Haupt-)Konflikt aufzulösen – ob es nun um ein Verbrechen, um Liebeskummer oder die partielle Veränderung der

Gesellschaft geht – bleibt das zentrale Anliegen einer Erzählung, wie linear oder non-linear sie auch angeboten wird.

Bei „Berlin Connection" gilt es, sich durch ausführliches Studium der bereits erwähnten Zeitung geschichtliches Hintergrundwissen anzueignen: Zeitungsberichte, Fotos und dokumentarische Filmaufnahmen sind als multimedialer Geschichtskurs verpackt. Insbesondere die darin integrierten Zeitreisen spielen eine wichtige Rolle. Den originalen Schwarzmarkt der Nachkriegsjahre beispielsweise hat man keineswegs nur als lehrreiches Dokumentarspiel zu verstehen – es gilt hier vielmehr, interaktiv ins Geschehen einzugreifen und mit den handelnden Personen zu interagieren. Denn anders als bei einer linearen Erzählung, wo entgangene Informationen oder fehlende Erkenntnisse „nur" das Begreifen der Zusammenhänge des nächsten Knotenpunkts erschweren, kommt man beim interaktiven Plot am nächsten Knotenpunkt unter Umständen gar nicht erst an, solange man nicht bestimmte Informationen bekommen, Ereignisse „erlebt" oder Aktionen ausgeführt hat: Dies gilt auch hier beim Eintauschen von Gegenständen auf dem Schwarzmarkt.

„Wie geht es weiter?" Der Spieler entscheidet über den weiteren Handlungsverlauf. Auch die Dialoge sind interaktiv gesteuert

„Berlin Connection" verlangt als „Dokumentar-Thriller der Meisterklasse" für die Auflösung der Story zunächst pfadfinderische Kombinationsgabe und kriminalistisches Gespür. Klick für Klick kommt man dann dem Hintergrund näher und näher:

Der englische Fotograf Roger Penrose ist, mitten im aufgewühlten Berlin der zusammenbrechenden DDR und angesichts sich auflösender Grenzen, in die Verstrickungen ost-westdeutscher Seilschaften geraten. Es bleibt ihm nichts anderes übrig, als auf eigene Faust zu ermitteln und zu handeln. Das führt ihn in geheime Tunnel, Abwasserkanäle und zu anderen Untergrund-Stationen, bei denen manchmal nur Beharrlichkeit weiterhilft. Doch über die Ausdauer hinaus, die für das Sammeln von Informationen und Indizien sowie das Überwinden von Hürden notwendig ist, bedarf es im Kontext einer Spielumgebung auch einigen Geschicks. Nur durch das Knacken einiger Rätsel kommt man den Ganoven auf die Schliche und kann ihnen mit der Befreiung der Freundin Katja ein interaktives Schnippchen zu schlagen. Wer auf dem Weg dorthin scheitert, der erlebt nicht nur ein frühzeitiges, sondern auch ein anders geartetes Ende der Geschichte. Die Autoren von „Berlin Connection" behielten es sich vor, den Plot nur von jenen „ordentlich" zu Ende bringen zu lassen, die ein gewisses Maß an (Inter-)Aktion absolviert haben, für alle anderen haben sie eine ganze Reihe anderer Schlüsse parat.

Die multimedial aufbereitete Story der „Berlin Connection" setzt vor allem auf gute Beobachtungsgabe – schließlich ist der Protagonist ja Profi-Fotograf und sollte es gewöhnt sein, genau hinzuschauen und „in Bildern" zu sehen. Passend dazu arbeitet „Berlin Connection" in der Rahmenhandlung ausschließlich mit Standbildern, die aber mitunter, durch minimale Bewegungsphasen, einen sehr realistischen Eindruck erzeugen – verstärkt durch eine exzellente Tonspur, auf der sich hervorragend gesprochene Dialoge mit mehrschichtigen Hintergrundgeräuschen, typischem Großstadt-Straßenlärm und sauber produzierter Musik vermischen. Auf diese Weise schafft es „Berlin Connection", den vom Plot zugewiesenen Blickwinkel eines Fotografen auf optimale Weise umzusetzen; so gilt es, im Laufe des Geschehens immer wieder zur Kamera zu greifen, um Fotos zu schießen. Dazu wird das Bild zum Sucher, während das Surren eines Kameramotors und das Klackern des Auslösers ein authentisches Fotografiergefühl suggerieren. Insbesondere die Tatsache, dass sich im Verlauf der Story einige, aber nicht alle auf diese Weise entstandenen Bilder als entscheidend erweisen, ist ein wunderbarer Griff in die Werkzeugkiste eines guten „Plotmachers". Dass man als Spieler in diesem Fall aber selbst Hand anlegen und in einem Fall – bei einer sich andeutenden Liebesszene am Anfang – auch Gefühl für den Zeitpunkt beweisen muss, macht deutlich, welche Möglichkeiten es im Rahmen interaktiven Erzählens gibt, das Publikum unmittelbar und wirksam in die Geschichte zu ziehen.

5
Feedback

Entscheidend für das erfolgreiche Spielen ist es, auf die Änderungen des medialen Umfelds zu achten: Die Hintergrundmusik wird ungemütlicher oder einlullender, das Licht verfinstert sich oder das Tempo bestimmter Randereignisse läuft merklich beschleunigt. Bei „Berlin Connection" ist dieses Prinzip eingelöst durch ein verändertes Verhalten von Personen und Lokalitäten: Wer an einer Stelle das Falsche gesagt hat, findet bei einem erneuten Anlauf plötzlich maulfaule Informanten oder gar geschlossene Geschäfte vor; verwirrend zuerst, aber schließlich eindeutig.

Die Macher von „Berlin Connection" betrachten ihren Titel angesiedelt im Schnittbereich von klassischem Erzählen in linearer Textform, modernem Erzählen als Hörspiel, Kino- oder Fernsehfilm sowie der interaktiven Unterhaltung mit Computerspielen, insgesamt jedoch als komplett neuartiges Genre. Ausgehend von der Kraft der interaktiv erzählten Geschichte sieht Wand die Verkäuflichkeit von Titeln dieses Genres wesentlich langfristiger als die von technologie-getriebenen Computerspielen. In den USA spricht man schon länger vom „Interactive Storytelling" und der Trend, stärker auf die Story und vielschichtige Charaktere zu setzen, als weiterhin nur auf technische Finessen und grellbunte Comic-Figuren, ist deutlich spürbar. Titel wie „Myst", dessen Fortsetzung „Riven" und einige andere begründeten diesen Trend und stellten so etwas wie eine Basis für dieses neue Genre dar, zu dem man „Berlin Connection" ohne Einschränkungen zählen sollte. Fraglich bleibt, wie man ein derart neues Genre anspruchsvoller Unterhaltung angemessen vermarktet.

Im Kino zuhause: Die Marketing-Strategie orientiert sich am klassischen Marketing der Cinema-Ästhetik

6
Klassische Marketingmaßnahmen – neu gedacht

Das zentrale Motiv für Plakat, Verpackung und Leporellos greift die typische Filmplakat-Ästhetik auf: Mit einer szenischen Darstellung in geheimnisvoll-düsterer Beleuchtung, wobei ein gleißender Spot in der Bildmitte die Aufmerksamkeit des Auges auf die Titel-Einblendung lenkt. Mit der Ergänzung dieses Hauptmotiv durch Screenshots, die im unteren Plakatbereich platziert sind, ergibt sich ein deutlicher Hinweis auf den interaktiven Charakter des Produkts.

Beim Publikum muss Interesse für die Geschichte geweckt werden, für die darin enthaltenen Konflikte oder Botschaften. Im Sinne der Erkenntnis, die „Interaktivität" als Stilmittel zum Zwecke der neuartigen Erzählung zu begreifen, ist es konsequent, das Stilmittel einem inhaltlich geprägten Auftritt unterzuordnen. Die potenziell am Plot eines „Dokumentar-Thrillers" Interessierten auch für die neue Art und Weise der interaktiven, spielerischen Erzählweise zu begeistern, wird im zweiten Schritt geleistet, mit Demo-Versionen und multimedialen Werbespots sowie der Vermarktung auf der „Berlin Connection"-Website.

7
PR-Tournee für ein erklärungsbedürftiges Produkt

„Berlin Connection" ist trotz allen Marketings mit den beschriebenen Drucksachen ein erklärungsbedürftiges Produkt. Deshalb hat sich Eku Wand entschieden, möglichst viele Gelegenheiten zur persönlichen Vorführung des Produkts zu nutzen, sei es in Schulen, bei Medienfestivals oder auf Fachmessen, in Seminaren oder Konferenzen. Wichtig dabei war, dass das Publikum Gelegenheit bekam, sich selbst durch den Titel zu klicken und sich dem besonderen Flair des Dokumentar-Thrillers zu nähern.

Der Trailer für ein interaktives Produkt muss in jedem Fall die Möglichkeiten der Interaktion hervorheben, und muss zeigen, wo man als Spieler wie zu entscheiden, sich zu bewegen und zu agieren hat.

8
Die Geschichte geht weiter – im Internet

Der häufig gezogene Vergleich, dass das Internet für Computerspiele und Multimedia-CD-ROMs ein Äquivalent zu den Musikfernsehsendern als optimale Werbefläche darstellt, hat mehr denn je seine Richtigkeit. Selbst wenn die mutimedialen Fähigkeiten des Netzes für einen Großteil der Internet-Nutzer noch stark limitiert sind, bietet es doch zumindest Interaktivität. Im Internet ist es möglich, dem Nutzer einen wirklichen Vorgeschmack auf ein interaktives Offline-Produkt zu geben. Dass sich diesbezüglich mit Spielen, die auch oder ausschließlich via Internet funktionieren und mitunter sogar mehrere Spieler gleichzeitig beschäftigen, ein neues (Game-) Genre gebildet hat, ist wichtig zu bemerken, wäre aber eine eigene Geschichte.

Für „Berlin Connection" wurde eine Website entworfen, die in ihrer ersten Phase zunächst den Charakter einer „Hotline" für alle Spieler und Interessierten geben sollte (http://www.berlin-connection.de). Sie tut dies primär mit visuellen Mitteln, denn die Parallelität von Audio und Video, wie sie die CD-ROM so brillant zelebriert, ist via Internet bei weitem noch nicht so elegant und zuverlässig zu lösen.

Der Webauftritt als (Probe-)Spiel und PR-Server

Entscheidend für die Geschichte von „Berlin Connection" ist aber, dass sie im Netz kontinuierlich weitererzählt werden kann. Geschickt spielen Wand und seine Mit-Autoren hier mit der Vermischung von Realität und Fiktion, die schon das Spiel selbst so reizvoll machen. Sie mischen echte und erfundene Zeitungsmeldungen, um Informationen zu streuen, falsche und richtige Fährten zu legen und den Interessierten im Thema zu halten. Im Laufe der Zeit haben sich so etliche neue Kapitel entwickelt.

Auf diese Weise nutzt eku interactive den von Kinofilmen bekannten Effekt, um eine Fortsetzung – das berühmte „Sequel" bzw. den bei manchen Kino-Liebhabern gefürchteten „Teil 2" – vorzubereiten. Selbstverständlich steht dahinter auch die Absicht, eine Community zu bilden, deren Mitglieder sich mit dem Produkt identifizieren und damit als Multiplikatoren dienen.

9
Die Erzählung geht weiter – als Kriminalroman

Der Plot von „Berlin Connection" findet seine Fortsetzung zunächst nicht in einer „Sequel"-CD-ROM, sondern in einem Roman. Er konnte dafür den renommierten Krimi-Autor Hartmut Mechtel gewinnen Diese Medientransformation des „Berlin Connection"-Stoffes von einer interaktiven auf eine lineare Plattform hat seinen Reiz. Wenn es der Roman schafft, das Krimi-Publikum für den Plot und für die Charaktere zu begeistern, kann sich das natürlich positiv auf die Verkäufe der CD-ROM auswirken.

Mediensprung: Das Thema der CD-ROM wird auch als Buchform im Krimi „Gefährliches Spiel" weiterentwickelt

10
Der Plot lebt – beim interaktiven Stadtspiel

Als weiterer Baustein der Vermarktung fand im Sommer des Jahres eine außergewöhnliche Marketing-Aktion statt: Im Rahmen der sogenannten „Internet-Fete", die in Berlin an vielen Orten stattfand, organisierten Wand und seine Mitstreiter eine „Berlin-Connection"-Schnitzeljagd. Wieder bedienten sie sich dabei des Internets, kombinierten den Dialog im Web aber mit einem tatsächlichen Spiel in der Stadt. Die Mitspieler hatten, auf Basis des „Berlin Connection"-Plots, im Netz Informationen zu sammeln. Mit diesen Informationen war es ihnen möglich, bestimmte Punkte in der Stadt anzufahren, wo Informanten und Mittelsmänner warteten, um die nächsten Instruktionen zu geben.

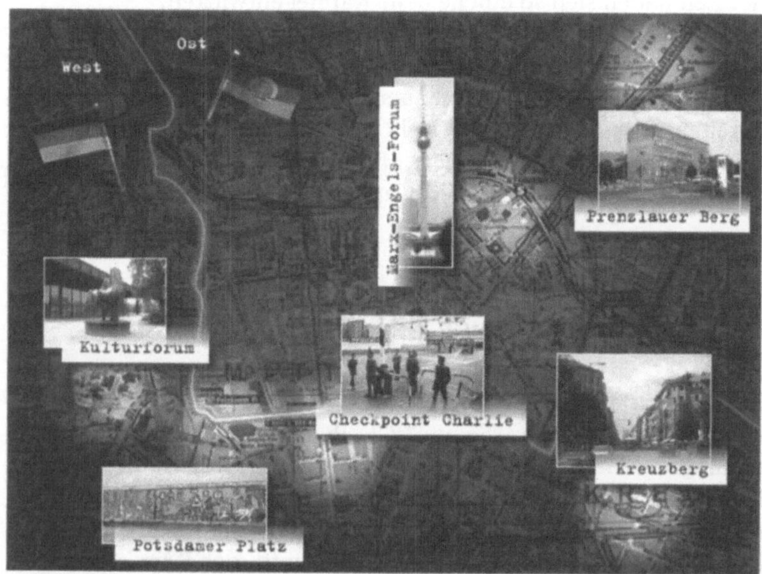

„Fiction and Faction": Durch die Integration eines realen Berlin-Stadtspiels wird das „Crossover" der Medien intensiviert

Wieder vermischte sich, ganz im Sinne des CD-ROM-Spiels, die Realität mit den Fiktionen. Waren im Netz noch fingierte Informationen zu erspähen, galt es in der realen Stadt jene Schauplätze aufzusuchen, die auch in der Geschichte eine tragende Rolle spielen, wie etwa der Fernsehturm am Alexanderplatz. Das ist doppelt sinnvoll, denn erstens kann so der spielerfahrene Nutzer die Original-Schauplätze kennenlernen, während der auf diese Weise an den Titel herangeführte Nutzer schon einen real erlebten Vorgeschmack auf den Plot bekommt. Dass sich an den Plätzen dann wiederum Akteure aus dem Plot aufhielten – verkleidete und schauspielernde Mitarbeiter – gab dieser Aktion zusätzlich den Appeal eines Vexierspiels. Und wieder: Alles wurde um den eigentlichen Plot herumgestrickt, wobei zugleich ein Höchstmaß an Interaktivität realisiert wurde. Wer allein im Netz surfte, hatte keine Chance, der Lösung und damit dem Preis nahezukommen. CD-ROM, Web, Buch und Realität wurden wohl noch nie so eng verzahnt: eine weitere Neuerung in der Innovationsgeschichte der „Berlin Connection".

Jürgen Fahlbusch

LAB.01 – Das Projekt von DaimlerChrysler zur EXPO 2000

Abstract

LAB.01 ist das DaimlerChrysler-Projekt zur EXPO 2000, konzipiert und realisiert von der Atelier Markgraph GmbH, Frankfurt. Das Gesamtprojekt gliedert sich in eine mobile Science-Ausstellung für Jugendliche und in einen Auftritt auf der EXPO 2000. LAB.01 bietet Kindern und Jugendlichen die Chance, Naturwissenschaft und Technik, Mobilität und Zukunftstechnologien interaktiv zu erleben. Mit einem architektonisch markanten Gebäude gastiert LAB.01 ab Sommer 1999 in vier deutschen und drei weiteren europäischen Städten. Ihren Höhepunkt findet die Tour auf der EXPO 2000 in Hannover.

Mit dem Motto „Discover the Next" präsentiert sich das Projekt LAB.01 zur EXPO 2000. Integrierter Teil des Konzepts ist auch die Homepage unter www.lab.01.com

1
LAB.01 – Discover the Next

LAB.01 ist das offizielle DaimlerChrysler-Projekt zur EXPO 2000[1]. Mit der bewusst nicht-werblich konzipierten Ausstellung übernimmt der Weltkonzern DaimlerChrysler sichtbar und glaubwürdig Verantwortung für die Zukunft. Die mobile Science-Aus-stellung für Jugendliche ist bereits ein Jahr vor der EXPO als eigenständiges Projekt auf Tour durch Deutschland und Europa. Auf der EXPO selbst bildet LAB.01 das Kernstück im Kinder- und Jugendprogramm zum Themenfeld Technologie. Im Mittelpunkt stehen Zukunftstechnologien im Umfeld von Mobilität. Mit LAB.01 geht der Konzern auch in der Kommunikation neue Wege: Die Ausstellung in einem eigenen mobilen Gebäude vermittelt zukunftsrelevante Themen auf interaktive Weise. Im Mittelpunkt der Inszenierung steht der „Hands-on"-Gedanke des erlebnishaften Lernens – eine Ausstellung zum Mitmachen, Zukunft zum Anfassen.

Die Konzentration auf die Zielgruppe „Jugend" bedeutet eine bestimmte Ausrichtung der Kommunikation: Zukunftsfähigkeit durch erlebnishaftes Lernen, Förderung von Technologieakzeptanz, den Konnex von Zukunftstechnologien und Popkultur. Jugendliche erleben technologische Entwicklungen als Teil ihrer persönlichen Zukunft, sie sind die Gestalter und Entscheider von morgen[2]. Mit einem derartigen Projekt, das große Aufmerksamkeit erregt, will DaimlerChrysler Jugendliche für Zukunftstechnologien begeistern und sie motivieren, die Zukunft selbst aktiv mitzugestalten. Der Leitgedanke „Mobilität" wird auch im übertragenen Sinne verstanden: Unterwegs in die Zukunft beginnt Mobilität im eigenen Kopf. Die Tour durch sieben deutsche und europäische Großstädte – Berlin, Köln, Hamburg, Warschau, Dresden, Barcelona und Brüssel – schafft dabei eine internationale Plattform für die Darstellung innovativer Ideen und Perspektiven: spannende und visionäre Beiträge als Antworten auf die Herausforderungen des nächsten Jahrhunderts.

In dem Projekt einer mobilen Science-Ausstellung wird das Leitthema „Mobilität"– DaimlerChrysler versteht sich als Mobilitätskonzern – unmittelbar sichtbar. Die konzerneigenen Themen sind in der Ausstellung implizit präsent: Verschiedenste Innovationen aus der DaimlerChrysler-Forschung bilden eine wissenschaftlich fundierte Basis, die durch weitere Zukunftstechnologien ergänzt wird. Das Themenspektrum ergibt sich aus der umfassenden Kompetenz des Konzerns, wobei DaimlerChrysler in der Inszenierung als Absender in keiner Weise hervorgehoben wird.

Gerade im Blick auf die junge Zielgruppe geht es um die übergreifend motivierende Darstellung von Zukunftsthemen aus verschiedenen Technologiebereichen; ein werblicher Auftritt im Sinne einer Produkt- oder Konzerndarstellung findet bewusst nicht statt.

Das Konzept LAB.01 wurde vom Atelier Markgraph, Frankfurt, in Abstimmung mit der Abteilung Corporate Marketing/Public Relations bei DaimlerChrysler entwickelt. Die interdisziplinäre Arbeitsweise im Atelier Markgraph ermöglicht einen ganzheitlichen Ansatz: Inhaltliche Konzeption, Architektur, Gestaltung, Szenographie, Redaktion, Art-Direktion und Produktion können in enger Abstimmung erarbeitet werden. Hinzu kommen Kontakte zu Künstlern und die enge Einbindung der recherchierten Technologiezentren in die Realisierung der Ausstellung. Das Ergebnis ist ein Gesamtkonzept, das sich bei aller Neuartigkeit im Format in die Konzernkommunikation einfügt und zugleich einen zukunftsrelevanten Beitrag für die EXPO 2000 leistet. Integrierter Teil des Konzeptes ist auch die Projekt-Homepage www.lab01.com die als Element der PR-Arbeit von der Agentur Media Concept aus Hamburg entwickelt und betreut wird.

2
Gebaute Kommunikation: LAB.01 auf Tour

2.1
Das Gebäude der mobilen Ausstellung

Die Architektur des Ausstellungsgebäudes unterstreicht den mobilen Charakter des Projektes: Container fügen sich als mobile Bausteine zu einem architektonischen Ereignis zusammen. Durch ihr modulares Erscheinungsbild erzeugt die Architektur von LAB.01 einen bewussten Gegensatz zur statischen, massiven Bausubstanz der Städte.

Der formale Ansatz der Architektur ist von Forschungsstationen[3] abgeleitet: In einem Stahlrahmen, der wie ein Regal funktioniert, werden Container eingestellt, die die Basis (einen zweigeschossigen Raum) umschließen. Die Container fungieren einerseits als Ausstellungsräume, andererseits als Transportbehältnisse für die gezeigten Exponate während der Tour.

Durch Andocken von Containern auf Stelzen, kombiniert durch eine Aufgangstreppe, einen Aufzugsturm und eine Abgangstreppe, wird die klare Systematik des beschriebenen Basisrahmens unterbrochen: Der modulare Charakter des Ausstellungspavillons wird verstärkt. Damit deutet die Architektur auf einen konzeptionellen Ausstellungsinhalt hin: LAB.01 ist bewusst auf Erweiterbarkeit und Veränderung angelegt. Die mobile Ausstellung öffnet sich für Impulse aus der jeweiligen Tourstation und nimmt auch lokale Exponate auf. Das Erscheinungsbild der Architektur impliziert unvorhersehbare Wendungen, ist gekennzeichnet von einer Ästhetik des Temporären.

Das Ausstellungsgebäude wird in den jeweiligen Städten auf zentralen innerstädtischen Plätzen aufgebaut, deren Kulisse einen interessanten Kontrast zur mobilen Architektur liefert. So wird bereits der Aufbau des Ausstellungsgebäudes in zentraler Lage zu einem Kommunikationsereignis.

Das Ausstellungsgebäude LAB.01 auf dem Roncalli-Platz vor dem Kölner Dom im August 1999

Die Logistik des Projekts stützt sich auch auf Erfahrungen aus dem Musikbereich (Rock-Tournee). Schneller Auf- und Abbau sowie ein reibungsloser Transport der Container erlauben einen relativ dichten Terminplan der Tourstationen. Vor dem eigentlichen Start wurden Auf- und Abbau des Ausstellungsgebäudes getestet.

2.2
Die Ausstellung: Be-greifen „is basically a do-it-yourself activity"[4]

Mit ihrer zielgruppenorientierten Gestaltung und der Mischung von Hands-on Exponaten und Workshop-Angeboten stellt LAB.01 einen eigenständigen, in dieser Form zumindest in Deutschland noch wenig bekannten Ausstellungstypus[5] dar. Atelier Markgraph konnte bei der Planung auf Tourneeerfahrungen aus ähnlichen Projekten[6] zurückgreifen.

> „Tell me, I 'll forget. Teach me, I 'll remember.
> Involve me, I 'll learn."[7]

Die Ausstellung ist in zehn Erlebnisräume unterteilt, die auf unterschiedliche Weise durch erlebnisorientierte Formen des Lernens und einen aktiven Zugang der Besucher zu naturwissenschaftlichen und technischen Themenbereichen gekennzeichnet sind. Hands-on Exponate zum Erforschen und Experimentieren sowie Workshops mit begrenzter Teilnehmerzahl eröffnen eigene Gestaltungsmöglichkeiten für die jugendlichen Besucher. Statt mit abschließenden Erklärungen eine konsumierbare Technikwelt zu reproduzieren, bietet das Projekt LAB.01 den Besuchern Handlungs- und Denkanlässe („Food for Thoughts"), die eigenes Denken und Kreativität fördern.[8] Dieses Ausstellungskonzept wurde durch namhafte Vertreter internationaler Technikmuseen nachdrücklich bestätigt.[9] Die intensive Beratung mit führenden und praxiserfahrenen Experten auf dem Gebiet der Hands-on Ausstellungen, insbesondere Mitarbeitern des Exploratorium San Francisco, war ein wertvoller Input für die Realisierung der Ausstellung.

Die Themen „Zukunftsfähigkeit", „Neues Lernen" und „Zukunftschancen" stehen aktuell im Mittelpunkt des öffentlichen Interesses. Die mobile Science-Ausstellung kann diesen Themen eine neue Dynamik verleihen, die sich mit DaimlerChrysler verbindet. Der Konzern profiliert sich damit einmal mehr – wie es im Kommunikationskonzept heißt – als „Motor für die Mobilität in Richtung Zukunft".

3
Das Raumkonzept

Die Ausstellung verteilt sich auf zwei Ebenen mit einer Gesamtfläche von 500 qm. Die maximale Kapazität bei acht-stündiger Öffnungszeit liegt bei ca. 2.000 Besuchern pro Tag.

Mit der Bühne im Erdgeschoss, die für Konzerte oder DJ-Sets sowie spontane Veranstaltungen mit Jugendlichen („open stage") genutzt wird, öffnet sich das LAB.01-Gebäude demonstrativ nach außen. Der Außenbereich ist Teil der Ausstellung, auch hier sind interaktive Exponate ausgestellt. Eine Außentreppe führt hinauf in den ersten Stock zum Eingang der Ausstellung. In den einzelnen Erlebnisräumen, die offen ineinander übergehen, können sich die Besucher je nach Interesse individuell bewegen.

3.1
Die Erlebnisräume: Virtual Shower

Die Ausstellung beginnt mit einer emotionalen Lichtschleuse in die Welt der Mobilität. Die Besucher sind von Bewegungsströmen umgeben: Musik und Bilder, die sich in Gazen verfangen und auf Spiegelwänden brechen, vermitteln auf intuitive Weise eine alte Erfahrung, die von der Quantenphysik ebenso wie von der Astrophysik bestätigt wird: Die Erkenntnis, dass alles um uns und in uns – vom Körper über den Kosmos bis zum Atom – ständig in Bewegung ist. Die sich durch die Projektion bewegenden Besucher spüren gleich zu Beginn der Ausstellung die Faszination der technischen Bewegung, es entsteht eine assoziative Bildwelt zur Mobilität.

3.2
Portrait Gallery

Die „Portrait Gallery" signalisiert den Besuchern, dass ihre Präsenz und ihr Feedback für die Ausstellung wesentlich sind. Die Wände sind mit plakativen Porträtfotos von Jugendlichen (Besuchern der Ausstellung) bedeckt; über Low-Tech Toninstallationen werden Besucher-Statements mit individuellen Zukunftsvisionen und Kommentaren eingespielt. Dabei werden auch kuriose Utopien und Phantasien artikuliert, so z.B.: „Mit dem Weltraumtaxi hinter dem Uranus links abbiegen."

3.3
Simulated World

Der Erlebnisraum „Simulated World" thematisiert Simulation als grundlegende Erkenntnismethode und präsentiert zukunftsweisende Modelle der Forschung und Entwicklung. Die Besucher erleben virtuelle Realität nicht als Flucht vor der Wirklichkeit, sondern als Werkzeug für die Gestaltung neuer Produkte oder komplexer Zusammenhänge (Prozesssteuerung). In einem Stereo-Kino werden High-End Simulationen in Form eines aufwendig produzierten 3D-Videos gezeigt. Die Palette der Beispiele reicht von Wettersimulationen bis zur Simulation der geplanten Weltraumstation ISS. An interaktiven Terminals kann z.B. das Verkehrsgeschehen einer Großstadt im Mobilitätsspiel „Mobility" virtuell verändert werden. Die virtuelle EXPO-Architektur im Programm „Terravision" erlaubt einen interaktiven Flug über das EXPO-Gelände.

3.4
Personal Visions

Wie werden wir leben? In welchen Berufsfeldern werden wir arbeiten? Wie funktionieren Mobilität, Reisen, Transport und Kommunikation in Zukunft? Wie können wir die Welt mitgestalten?[10] Wie können wir uns mit unseren eigenen Interessen engagieren?

Objekt-Stelen geben einen Einblick in Themenfelder der Zukunft und berichten über neue Berufsperspektiven wie z.B. den Weltraumarchitekten. Der Besucher kann sich mit seinen persönlichen Zukunftsperspektiven ins Zentrum stellen, er erfindet sich selbst: Schlüsselszenen fiktiver Lebensläufe werden entworfen, Patchwork-Identitäten, Begeisterung und persönliche Motivation lösen bürokratische Karrieren ab. An einer Feedback-Stele können die Besucher eigene Berufsideen eingeben.

3.5
Shelf of Invention

Das „Shelf of Invention" ist ein spektakuläres Showcase für technologische Kreativität. Interaktive Hands-on Exponate und Funktionsmodelle zeigen Besuchern die Besonderheit der jeweiligen Erfindung und machen sie nachvollziehbar. In vier Inszenierungen zu den Themen „Energie", „Mikro / Nano", „Bionik / Neue Materialien" und „Image / Kommunikation" werden Innovationen aus diesen Forschungsbereichen erlebbar gemacht: Wo liegt in dieser Erfindung der Alltagsbezug zu meinen Lebenswelten? Junge Forscher und ihre Arbeit werden vorgestellt. Die Inszenierung – eine laborhafte Hommage an Pioniergeist, Kreativität, den Mut, neue Wege zu gehen und sich über gewohnte Denkweisen hinwegzusetzen – soll bei den Besuchern Begeisterung für eigene Ideen auslösen. Zu den besonderen Highlights gehört ein interaktives Funktionsmodell der Brennstoffzelle, ein fliegender Mikrohubschrauber mit den kleinsten Motoren der Welt (1,9 mm Durchmesser), ein Skalpell für die Augenchirurgie aus künstlichem Diamant (ausgezeichnet als Innovation des Jahres 1998) sowie ein Datenhandschuh, der die Gehörlosensprache akustisch darstellen kann (prämiert im Wettbewerb „Jugend forscht").

„Shelf of Inventions" – der Showcase für technologische Kreativität: Hier können die Besucher Erfindungen und Innovationen nachvollziehen

3.6
Robotic Area

Die „Robotic Area" macht aktuelle Forschungsthemen im Bereich Robotik erlebbar: mobile, intelligente Roboter, die sich in unstrukturierter Umgebung orientieren können; autonome Systeme, die selbständig Aufgaben für die Menschen übernehmen. Im Zentrum steht ein runder, mit einer Plexiglasplatte abgedeckter Tisch, in dem drei kleine Khepera-Roboter auf einer unterteilten Fläche die ihnen von den Besuchern zugeworfenen Bälle sortieren und wie beim Pool-Billard in das jeweils richtige Loch werfen. Besucher können beobachten, wie die Roboter fremde Bälle an ihre „Kollegen" weitergeben, die die Bälle dann ebenfalls „einlochen". An einem Arbeitstisch können die jugendlichen Besucher Roboter-Bausätze montieren.[11] Eine Montage dauert bis zu zwei Stunden. Pro Tourstadt wird eine bestimmte Stückzahl der zusammengebauten Roboter verlost. Durch den Abgang über eine weitere Treppe gelangt der Besucher ins Erdgeschoss.

Die „Robotic Area": Besucher haben die Möglichkeit, die Interaktionen der Roboter nicht nur zu beobachten, sondern diese auch selbst zu montieren

3.7
Media Zone

In verschiedenen Aktionsräumen der „Media Zone" können die Besucher unter Anleitung von jungen Coaches Erfahrungen mit der digitalen Arbeit in den Bereichen Video, Sound und Publishing machen. Die Möglichkeiten umfassen eigene musikalische Projekte in der „Sound Zone", Kurzfilme und Clips in der „Video Zone" sowie redaktionelle, grafische Arbeit in der „Publishing Zone". Die Ergebnisse können dann auf der „open stage"-Bühne im Forum gezeigt werden.[12]

3.8
Informers / Feedback

In den „Informers" genannten Multimedia-Terminals finden die
Besucher aktuelle Neuigkeiten zur IT-Technologie. Die kurzen
Meldungen, jeweils mit Bildmotiven illustriert, gliedern sich in die
Bereiche „Networks" (Internet), „Mobile Kommunikation" sowie
„Traffic Management". Die digitale Form ermöglicht schnelle Ak-
tualisierung, so dass die „Informers" auf neueste Entwicklung der
IT-Branche reagieren können. Außerdem bieten die „Informers"
ausgewählte Websites als vertiefende Informationen zu den Aus-
stellungsthemen. Im Umfeld zwischen „Informers" und „Media
Zone" finden die Besucher weitere Multimedia Terminals mit ausgewählten, interaktiven CD-ROMs (Spiele, Info- und Edutain-
ment). Im Bereich „Feedback" können Besucher am Ende der
Ausstellung Statements oder Botschaften eingeben, die in der Ausstellung über Laufschriften bzw. auch akustisch in der Portrait
Gallery präsentiert werden. Für die EXPO 2000 soll eine Auswahl
der interessantesten Statements zusammengestellt werden.

3.9
Softzone

Die „Softzone" ist der Rekreations- und Reflektionsraum im
LAB.01: Ein „chill out"-Raum, der den Körper entspannt und die
geistige Verarbeitung der Erlebnisse ermöglicht. Science und
Technology verbinden sich zu einem ästhetischen Erlebnis durch
Ambient-Projektionen, die über Touch-Screens manipuliert wer-
den können.

3.10
Forum

Das Forum ist Schauplatz für Veranstaltungen und bildet zugleich
den offenen Übergang in den Außenbereich. Im „open stage"-
Programm können die Besucher spontan ihre in der „Media Zone"
angefertigten Projekte – Video-Clips, Sounds, Flyer oder Instant-
Magazine – dem Auditorium vorstellen. In speziellen Veranstaltungen diskutieren eingeladene Experten mit den Jugendlichen
über zukunftsrelevante Themen. Jugendliche Autoren, Musiker
oder junge Unternehmer präsentieren ihre Arbeiten im Dialog mit
dem Publikum.

4
Die Coaches

Die erlebnishafte Inszenierung der mobilen Ausstellung stützt sich neben den Hands-on-Exponaten auch auf die direkte Ansprache der Besucher durch die „Coaches". In den einzelnen Erlebnisräume sind eigens geschulte junge Betreuer präsent, die über Inhalte und Funktionsweise der Exponate im Gespräch Auskunft geben. Für diese anspruchsvolle Aufgabe an der „Kommunikationsfront" wurden mit einer aufwendigen Recherche (teils via Internet) Jugendliche gesucht, die die Ausstellungstour begleiten wollten und über Hintergrundinformationen der einzelnen Themengebiete verfügten. Nach einem Casting wurde schließlich eine Crew aus acht besonderes geeigneten Coaches zusammengestellt. In der Mehrheit kommen diese aus dem Hochschulbereich; es sind aber auch Auszubildende aus zukunftsrelevanten Institutionen dabei. Alle wurden in einer intensiven Schulung auf ihre Aufgaben vorbereitet.

In ihrer Arbeit unterstützt werden die Betreuer durch Assistenten, die aus den jeweils besuchten Städten kommen. Alle an dem Projekt Beteiligten sprechen – trotz der hohen Anforderungen und des verlangten Engagements – von einem einzigartigen Erlebnis. Jugendliche erläutern jugendlichen Besuchern[13] die einzelnen Themenbereiche.

5
Das Rahmenprogramm

Das Rahmenprogramm bietet zusätzlich eine attraktive Vertiefung der Ausstellungsinhalte. Ziel ist die Popularisierung von Technologiethemen über ihre Ausstellbarkeit hinaus. Indem sich Zukunftspotenziale mit den Menschen verbinden, die sie erforschen, werden sie anschaulich und für die breite Öffentlichkeit nachvollziehbar präsentiert. Unter dem Motto „Science and Culture" treffen Protagonisten aus Kultur und Wissenschaft auf einer Bühne zusammen.

Das Rahmenprogramm ist zugleich ein kommunikatives Instrument, um LAB.01 an der Schnittstelle von Zukunftstechnologie und Popkultur mit der lokalen Szene zu vernetzen. Die zu Talks oder Performances geladenen Gäste sollen möglichst aus der jeweiligen Tourstadt kommen, in lokalen Institutionen arbeiten oder einen besonderen Bezug zur Region haben.

Die lokale Vernetzung wird intensiviert durch Exkursionen „zu Orten, an denen die Zukunft bereits begonnen hat". Bevorzugte Ziele sind herausragende Technologiestandorte oder zukunftsweisende Arbeitssituationen, die sonst nur schwer zugänglich sind. Die Exkursionen vernetzen die Ausstellungsthemen mit realer Forschung und Lebenswelten und bieten den angemeldeten Teilnehmern inspirierende Einblicke in die lokale Forschungsszene. Filmische Dokumentationen der Exkursion können in der „Media Zone" nachbereitet und im Forum präsentiert werden.

Ein Highlight jedes Tour-Standorts ist die audiovisuelle Live-Performance der Band Pile. Das Trio überträgt die Impulse internationaler Dancefloors auf die Bühne des LAB.01. Das Motto von Pile lautet: „Listen: to see – See: to listen – Come to experience!"

Speziell für Kinder findet in jeder deutschen Tourstadt am jeweils letzten Veranstaltungstag ein eigenes Programm statt, in dem die Themen von LAB.01 kindgerecht vermittelt werden. Zu den Höhepunkten gehören die Maus-Show des WDR sowie das kids.LAB, das mit Workshops und interaktiven Exponaten zum spielerischen Experimentieren einlädt. Mit diesem Kindertag weist DaimlerChrysler auf sein Engagement im Kinderprogramm der EXPO 2000 hin.

6
Die Recherche

Bei der Recherche von Inhalten wie Hintergrundinformationen zu Forschungsrichtungen, Textrecherchen und Exponatbeschaffung war der enge Kontakt zur DaimlerChrysler-Forschung sowie zu anderen Forschungseinrichtungen unverzichtbar, auch wenn die Produkte des Sponsors in der Ausstellung keine hervorgehobene Rolle spielen. Kontakte zu Forschungseinrichtungen wurden im wesentlichen über das WWW eröffnet, danach im persönlichen Austausch vertieft. Der Wunsch nach technischen Exponaten, die den Anforderungen einer erlebnishaften Ausstellung gerecht werden, konnte freilich nicht immer erfüllt werden. Da sich Forschung heute in immer abstrakteren Räumen bewegt, stellte sich häufig die Frage der Darstell- und Vermittelbarkeit, insbesondere, wenn es darum ging, komplexe Inhalte als Hands-on Exponat zu inszenieren. Oftmals handelte es sich auch um Prototypen, die für die weitere Forschung unentbehrlich waren und daher nicht zur Verfügung standen. In jedem Fall war bei der inhaltlichen Recherche bzw. der Beschaffung von Exponaten die enge Zusammenarbeit zwischen Redaktion, Forschern und Exponatdesignern von entscheidender Bedeutung für die Gestaltung der Ausstellung.[14] Die überwiegende Zahl der kontaktierten Wissenschaftler zeigte sich sehr kooperativ.

7
www.lab01.com: Das Internet

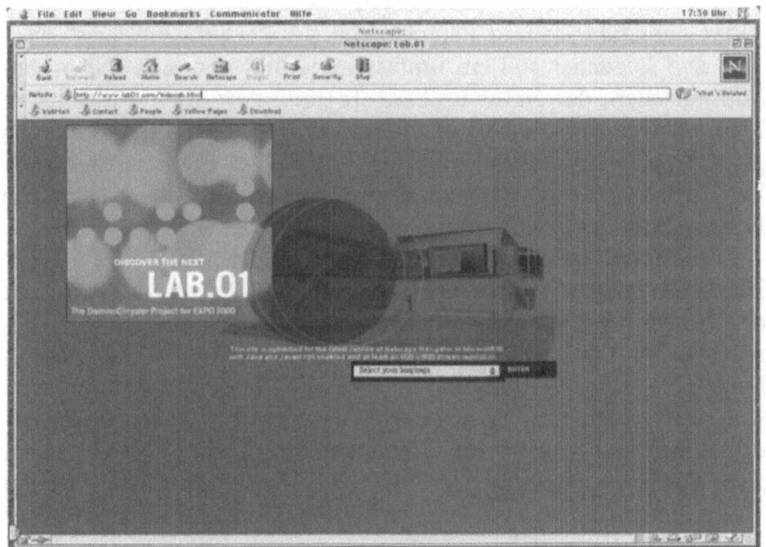

Im Sinne eines ganzheitlichen Kommunikationskonzeptes wird die reale Ausstellung durch einen attraktiven und informativen Netzauftritt ergänzt. Unter www.lab01.com ist das Projekt auch im Internet präsent. Hier sind die Themen, Inhalte und Visionen der mobilen Science-Ausstellung virtuell und interaktiv erlebbar. Die eigene Projekt-Homepage ist als begleitender und ergänzender Teil der Ausstellung ein wertvolles Informations- und Kommunikationsinstrument. Neben Aussagen über Grundkonzept, Ziel und Inhalte von LAB.01 finden Web-Besucher hier auch Tourtermine, Veranstaltungshinweise und Links zu DaimlerChrysler, zur EXPO sowie zu vertiefenden Websites. Die Links bieten Anhaltspunkte für die weitere Recherche und regen so einer planvollen Suche nach Interessengebieten an. Damit bietet das Ausstellungskonzept den Anlass zu erlebnishaftem Lernen auch im digitalen Raum und eine mögliche Antwort auf die Frage nach einer „Pädagogik für das Informationszeitalter".[15]

Auf der Homepage der Expo 2000 ist ebenfalls ein Link auf die Ausstellung LAB.01 zu finden.

8
Ausblick: Die EXPO 2000 in Hannover

Im Juni 2000 beginnt die EXPO 2000, die erste Weltausstellung in Deutschland. Sie soll zum Forum für einen weltweiten Dialog „über die Chancen und Perspektiven des 21. Jahrhunderts" werden. Der Besucher soll ein umfassendes Bild von sich selbst, den Mitmenschen, der Natur und der Technik gewinnen und erleben können, wie Antworten auf globale Fragen gesucht und bereits gefundene Lösungsansätze anschaulich dargestellt werden. Jedem Besucher soll die „persönliche Verantwortung für die dynamische Entwicklung der Welt" bewusst gemacht werden.

Diese Inhalte transportiert im Vorfeld der EXPO 2000 das Projekt LAB.01, der offizielle EXPO-Beitrag von DaimlerChrysler. Mit der Tour wirbt LAB.01 als Botschafter der EXPO 2000 für die Themen der Weltausstellung. Ab dem 1. Juni 2000 wird die Ausstellung auf dem Weltausstellungsgelände – erweitert um eine ständige Ausstellung für Kinder – als offizieller Teil des Kinder- und Jugendprogramms im Themenbereich Technologie zu sehen sein. Für diesen „stationären" EXPO-Auftritt von LAB.01 stehen bis zu 2000 qm in Halle 2 zur Verfügung. Logistik, Inhalte und Inszenierung der mobilen Ausstellung werden für die besonderen Verhältnisse auf der EXPO 2000 adaptiert. Der Auftritt stützt sich dabei auf die Erfahrungen der Tour durch Deutschland und Europa. Dabei werden die Grundaussagen und der Mobilitätsanspruch auch hier artikuliert, das Leitthema der Weltausstellung aufnehmend: Bewegung beginnt im Kopf. Und endet hoffentlich nicht am 31. Oktober 2000, dem letzten Tag der Expo.

Anmerkungen

1) Nach der Tour durch sieben deutsche und europäische Städte wird LAB.01 von Anfang Juni bis Ende Oktober 2000 auf der EXPO 2000 in Hannover zu sehen sein.

2) „Junge Menschen, die neue Dinge mit Kreativität, Mut und Elan anpacken, sind für mich die Helden einer innovativen Wirtschaftskultur", erklärt Dr. Klaus Mangold, im Vorstand der DaimlerChrysler AG für das EXPO 2000-Engagement zuständig, auf dem Gründerkongress ´98 am 27.10.1998 in München.

3) Forschungsstationen in den Polargebieten werden z.B. in modularer Bauweise konstruiert und erst vor Ort zusammengebaut. Sie können schnell demontiert und in andere Forschungsgebiete transportiert werden.

4) Stellungnahme des Exploratoriums San Francisco

5) In den USA sind Science-Center mit ihrem interaktiven „approach" ein bedeutender museumspädagogischer Beitrag der musealen Landschaft. In Europa sind als Institutionen dieser Art u.a. die Cité des Sciences (la Villete) in Paris, das Technorama in Winterthur oder das New Metropolis in Amsterdam zu erwähnen.

6) Atelier Markgraph hat im Auftrag von Mercedes-Benz bereits im Jahr 1996 die mobile Ausstellung „Stern für Kids" entwickelt und realisiert.

7) Eine Formel, die u.a. Benjamin Franklin zugeschrieben wird.

8) „LAB.01 bietet spannende Einblicke in die Welt von morgen", Kölnische Rundschau vom 7. August 1999.

9) In einer Stellungnahme des Exploratorium San Francisco heißt es unter anderem zum Konzeptentwurf: „Althought not in identical terms, the same underlying principles guide most of the exhibit and exhibition work we do in the Exploratorium. Indeed, we strive to create open-ended exhibits, which have many paths to term, plenty of room to play, and strong ties to both the physical and the perceptual world. It is very safe to say that we appreciate *LAB.01* (damals noch mit einem anderen Namen bezeichnet) educational goals of simple „nothing hidden" design, approachable exhibits, limited decoration, and multiple avenues for creative exploration."

Das Konzept wurde auch durch Expertisen des Instituts für Didaktik der Physik der Johann-Wolfgang-Goethe Universität, Frankfurt am Main bewertet. Dort heißt es: „Die vorgesehenen Exponate und Inhalte bieten zahlreiche Anknüpfungspunkte an den Schulunterricht (...) und den naturwissenschaftlichen Unterricht der weiterführenden Schulen." Weiter heißt es, das Konzept der Ausstellung sei „eine Bereicherung und sinnvolle Ergänzung des naturwissenschaftlichen Unterrichts".

10) „Die Erwachsenen von Morgen gehen bereits heute ganz selbstverständlich mit neuen Technologien um." (Dr. Klaus Mangold, im Vorstand der DaimlerChrysler AG für das EXPO 2000-Engagement zuständig).

11) „Auf zwei Etagen mit 500 Quadratmetern können Kinder und Jugendliche unter Anleitung unter anderem Mini-Roboter bauen ...", Kölner Express vom 7. August 1999.

12) „In täglichen Workshops können die Besucher unter anderem Musik und Videos produzieren, Internetseiten und Plakate erstellen", Berliner Zeitung, Nummer 151 vom 2. Juli 1999.

13) „Coach Florian Koch" (21) „erläutert die Benutzung des Elektronenmikroskops", Kölner Rundschau vom 7. August 1999.

14) „Die Besucher sollen mitgestalten, dass Unternehmen will neueste technische Entwicklungen kurzfristig in die Ausstellung aufnehmen", HAZ, Hannoversche Allgemeine Zeitung, 2. Juli 1999.

15) Roman Herzog mahnte im April 1999 auf dem Deutschen Bildungskongress in Bonn, dass die „Pädagogik für das Informationszeitalter (…) erst noch erfunden werden" muss.

Teil B
Statements

Werner Lippert

Das Internet als Instrument integrierter Kommunikation

Abstract

Werner Lippert, seit 1995 zusammen mit Petra Wenzel Inhaber der „Projects – Corporate Culture Consultants" in Düsseldorf und Herausgeber des Annual Multimedia Jahrbuchs im Metropolitan Verlag, diskutiert in seinem Beitrag das Internet als neues Kommunikationsmodell, in dem die zum Teil divergierenden Sponsoring- und Kommunikationswelten eines Unternehmen integrativ zusammengeführt werden können.

1
Events – real und virtuell

Einerseits: Events werden in immer stärkerem Maße zu einem Instrument der Marken-Kommunikation. Marketingstrategen haben Events als Möglichkeit entdeckt, ihre Zielgruppen auf der unmittelbaren Erlebnisebene anzusprechen. Umgekehrt gelten die Sponsoren von Events in den Augen der Konsumenten als „modern", „dynamisch" und „erfolgreich" wie die Ipsos-Studie gezeigt hat.

Andererseits: Online-Events entwickeln sich in immer stärkerem Maße zu einem wichtigen Teil des Internet-Marketing. Mit Live-Chats oder Gewinnspielen suchen immer mehr Unternehmen im Internet Profil zu gewinnen.

In der oben genannten Studie wird aber auch herausgestellt, dass ein erfolgreicher Imagetransfer mit Events nur dann gelingt, wenn die Einbindung des Events in die restliche Unternehmenskommunikation erfolgt.

2
Das Internet: Strategische Achse im Marketing- und Sponsoring-Mix

Events und Eventsponsoring sind ein Teil des Marketing-Mixes von Unternehmen und Organisationen. Während das Sponsoring sich auf Subzielgruppen konzentriert und dort eine Beziehung der Angesprochenen zur Marke hergestellt werden soll, gelingt es bisher in komplexen Kommunikationsmodellen von großen Unternehmen oder von Unternehmen mit umfassenden Marken-Positionierungmodellen (z.B. Mode, Zigaretten) nur in geringem Maße, diese Maßnahmen wieder zusammenzuführen. Hinzu kommt die Tatsache, dass der Konsument sich heute fluktuierend in Networks bewegt, sich also durchaus in divergierenden Positionierungsmodellen erfassen lässt.

Der im folgenden beschriebene Ansatz sieht das Internet als ein Instrument, mit dem die auseinander driftenden Sponsoring- und Kommunikationswelten eines Unternehmens integrativ zusammengeführt werden können. Zusätzlich bietet dieses Modell die Möglichkeit der Interaktion – mit dem Konsumenten, aber auch zwischen den Kommunikationsmitteln.

Das Internet – ein medialer „Welt-Raum"
Das Internet bietet dabei die Plattform, auf der sich ein Abbild der realen Welt(en) des Marketing-Mixes darstellen und anders als in der Realität auch weitverstreute Events, die Teil dieses Mixes sind, in überschaubarer Form erlebbar werden lässt. E-commerce ist dabei die Nabe eines Rades.

3
Das Internet als neues Kommunikations-Modell

Die neuen Medien haben unser Rezeptions- und Informationsverhalten entscheidend verändert. Denn ungleich dem bisherigen Status von Medien (wie Zeitschriften, Büchern, Fernsehprogrammen etc.) sind sie nicht länger nur Transportmittel für Inhalte. Die Neuen Medien, und vor allem das Internet, bilden einen neuartigen „Raum", in dem Kommunikation stattfindet; die neuen Medien bilden einen Marktplatz für Diskussionen, Austausch, Rede und Widerstreit.

Was diesen Medien gemeinsam ist, ist die interaktive Nutzung. Auf der inhaltlichen Seite bedeutet dies – im Hinblick auf Multimedia im Einsatz von marketingtreibenden Unternehmen oder

Organisationen – ein Zusammenwachsen von markenorientierten Kommunikationsinhalten (Werbung u.a.) und informationsorientierten Kommunikationsinhalten, verschlagwortet unter dem Begriff des „Informationalizing". Werbung und Editorial nähern sich darin an. Das bringt bereits auf einer ersten Ebene der Betrachtung eine gewisse inhaltliche Nähe zum Sponsoring: Auch hier wird eine inhaltliche Ausrichtung (Sport, Kultur, Soziales) genutzt, um ein Produkt oder ein Angebot über den Produktnutzen hinaus aufzuladen.

4
Involvieren und Aktivieren durch den Einsatz digitaler Medien

Durch eine wirklich mediengerechte Nutzung ergibt sich der optimale Einsatz solcher Medien: Erst Aktivierung schafft Involvement – erst Involvement schafft Erinnerung. Wenn Bilder nur gesehen und nicht aktiviert werden, dann zerfallen sie.

Ein weiterer wichtiger Aspekt ist die Aufhebung der Sender-Empfänger Verhältnisse. Dies ist für die bestehende Generation der Werber und Werbetreibenden sicherlich der schwierigste Part des neuen Zeitalters. Die klassische Werbung wird sich auflösen, denn man muss aufhören, laut und breit um Aufmerksamkeit zu werben – die neue Werbung wird Menschen einladen, mit ihr, mit dem Medium neue Ideen und neue soziale Markenschemata zu entwickeln. Es kommt im Idealfall zu einer One-to-One Kommunikation, also zu einer Abkehr von unserem bisherigen Verständnis von Massenkommunikation. Wir müssen neue Formen des Dialoges entwickeln – was gerade überall passiert. Im Gegensatz zur bisherigen Werbung, wo die Marke ein Bild – etwa den Marlboro Cowboy – vorgegeben hat, entsteht in der neuen Werbung ein Bild erst dadurch, dass viele Netzwerk-Agenten es aufrufen und akzeptieren.

5
Inszenieren als neue Kommunikationsform

In einem solchen Szenario gewinnt das „Inszenieren" einen großen Wert: Eine solche Inszenierung aber ist erst der mediale Anfang. Wir wissen, dass Menschen komplexe Sachverhalte nicht dadurch aufnehmen oder auch nicht dadurch memorieren, dass sie Partikel für Partikel analysieren, sondern indem sie vielmehr ein Schema darüberlegen. Marken sind Schemata sozialer Beziehungen, Beziehungsgeflechte mit für den Konsumenten relevanten Eckpunkten. Diese Beziehungsgeflechte nennt man auch Mind-Cards.

Wir brauchen uns keine Sorgen zu machen, dass die wachsende Komplexität unserer Welt das Gehirn überfordert; denn diese Fähigkeit, Mind-Cards anzulegen, versetzt es in die Lage, sich an komplexeste Sachverhalte zu erinnern und bei Bedarf zu reproduzieren. Multimediale Medien sind in hohem Maße geeignet, die Plattform für geradezu theatralische Inszenierungen von Marken zu bieten.

6
Integrierte Kommunikation im Internet

In der realen Welt eines Unternehmens mit unterschiedlichen Marken spielen unterschiedliche Auftritte für unterschiedliche Szenen ein Rolle. Als Beispiele seien nur genannt: klassische Werbung, Szene-, Sport- und Kultur-Sponsoring, Event-Regie, Design-Management etc.

Teile der Kontingenz-Erzeugung (z.B. Sponsoring) koppeln auf die Markenentwicklung zurück. Das garantiert, dass die Marken evolutionär bleiben und sich entwickeln können. Die Markenbotschaften bieten keine Schablonen mehr, sondern bauen für jede Marke eine eigenständige (Ereignis-)Kultur. Dazu bedarf es ikonischer Leitbilder, spezifischer Marken-Networks sowie einer Integration aller Maßnahmen.

All dies schafft das Internet: Nur hier vereinen und vernetzen sich die unterschiedlichen Markenkommunikations- und Sponsoringansätze zu einer globalen Markenwelt für den einzelnen Nutzer. In dieser „Welt" kann zudem jeder Nutzer sich in Form eines privaten Netzwerkes seine persönliche Marken-Erlebniswelt zusammenstellen. Dies bricht auf der einen Seite die starren Markenwelten auf, auf der anderen Seite sorgt es für eine breitere Nutzung einzelner Sponsorship-Aktivitäten.

7
Der neue Sponsoringansatz: Mediale Welten

Nicht Multi-Media sondern Multi-Welten sind die Antwort auf die fortschreitende Entwicklung der neuen Mediengeneration. Unser bisheriges technikzentriertes Bild von Multimedia haben wir abgelöst durch das Bild von der Multi-Welt. Das führt zu einem neuen Modell der Integration von Kommunikation (Werbung, Sponsoring, PR) in ein ganzheitliches Verständnis der Märkte, in denen sich innen und außen, also z.B. Hersteller und Konsument vermischen.

Wir haben gelernt, dass simple Worte oder Bildnachrichten keine großartigen Reaktionen mehr hervorrufen; wir wissen auch, dass die Akzeptanz von klassischen Markenbildern einer Erosion unterworfen ist. Die logische Folge ist, Informationen in einer szenischen Aufbereitung auf unzähligen medialen Ebenen anzubieten.

Dazu gibt es bereits einige zum Teil gut gelungene Beispiele. Das eine ist das sogenannte Trendmarketing, in dem Hersteller Trends schaffen und in dieser Inszenierung für ihre Marken werben; das andere wird das Schaffen multimedialer Informationsangebote von Networks sein, in denen der Benutzer zwischen den Angeboten surft.

8
Der Kreislauf „Marke-Realität-Sponsoring" im Multimedia Modell

In dem oben beschriebenen Multimediamodell gelingt es, einen Kreislauf herzustellen, in dem sich die unterschiedlichen Welten, die im Marketing-Mix zusammentreffen, vernetzen und befruchten:

- Marken-Welt(en)
- Sponsoring-Welt (Kunst, Sport etc.)
- Reale/Virtuelle Welt
- Szene-Welt(en)

Durch die Zusammenführung dieser Welten in einem Medium bieten sich optimale Möglichkeiten, die Grenzen zwischen den Welten zu verwischen und dem Nutzer/Konsumenten zu erlauben, spielerisch die Welten zu wechseln. Wer im Internet-Auftritt (s)einer Marke das Lieblingsrestaurant seiner Szene wiederfindet, News zur Wirtschaft serviert bekommt und dann noch in einem Event in sein bevorzugtes Sponsoring-Gebiet eintaucht, baut aktiv mit an der vom Hersteller angestrebten Markenwelt.

9
Die Vorteile für die integrierte Kommunikation

Dieser Ansatz bietet substanzielle Vorteile: Die Verknüpfung von verschiedenen Sponsoringansätzen und damit zum ersten Mal ein wirklich integriertes Sponsoring-Modell, die Integration von Produkt- und Unternehmensinformationen – und eine echte Feed-Back Möglichkeit: der Dialog mit dem Nutzer. Ein solches Modell kommt den Forderungen des modernen Marketing und den neuen Marken-Führungs-Modellen entgegen:

- Der Sponsor erhält die Chance, multioptionalen Zielgruppen adäquate Möglichkeiten der Markenwelt-Nutzung zu bieten

- Dem Gesponsorten bietet sich die Chance einer aktiven Distribution

- Und last but not least erhält der Nutzer die Chance eines aktiven, individuellen Involvements

Somit machen die neuen Medien das Sponsoring weit über die bisherigen Möglichkeiten hinaus zu einem Networking-Modell. Das Ziel von Events im Internet (eingebettet in einen idealen Kommunikations-Mix) schafft jene „Communities", die heute das Ziel des Marketing sind. Sie sind in diesem Sinne hinführende Instrumente zum E-Commerce.

Das Internet wird in dieser Rolle zum zentralen Instrument der Kundenbindung und Markenführung. Im Rahmen der zu beobachtenden Zunahme des Erlebnismarketing wird der im Internet (z.B. Live Chat) erzeugte Event und der im Internet gecoverte Event (z.B. Sport-Ereignis) zu einer neuen Erlebnisdimension und damit zum Teil der Markenwelt.

   Werner Lippert

Birgit Mager

Die Götter haben Automata – Über die Servicedimensionen der neuen Medien

Abstract

Prof. Birgit Mager ist seit 1995 Professorin für das Lehrgebiet „Service Design" im Fachbereich Design der Fachhochschule Köln. Die Erwartungen an neue Services im Netz sind hoch, aber sie werden bei weitem noch nicht eingelöst. Wie in der realen Welt fehlt es an serviceorientiertem Denken.

Weitere Infos über: www.service-design.de

1
Service-(Des-)Illusionen

Service macht Karriere – das ist hinlänglich bekannt. Statistiken, Publikationen, Veranstaltungen und Beraterbataillone sprechen eine deutliche Sprache: Die Dienstleistungsgesellschaft, sie ist da!

Manch einer mag noch glauben, Service sei im Idealfall eine Art „menschelndes Sorgen" um das Wohl des Kunden und in Anbetracht dieses authentizitätsheischenden Miteinanders schwerlich oder gar nicht standardisierbar. Und so manch einer mag noch mühsam Atome quälen und an dem althergebrachten Gedankengut des tertiären Sektors von der Ortsgebundenheit festhalten. Doch währenddessen haben viele schon längst erkannt, dass Service und neue Technologien keinen Widerspruch, sondern eine kongeniale Ergänzung darstellen. Wie Aristoteles schon feststellte: Götter haben keine Sklaven, sie haben Automata.

Diejenigen, die dies erkannt haben, haben selbstverständlich auch praktische Konsequenzen daraus gezogen: Sie haben Selbstbedienungsterminals aufgestellt und vollautomatisierte Telefonanlagen installiert, die den Kunden anhand einer hochkomplexen

Service und neue Technologien können sich kongenial ergänzen

Benutzerführung durch ein Labyrinth von Optionen lenken. Sie haben ihre Kompetenzen auf CD-ROM gebrannt und nehmen Bestellungen über MDE-Geräte auf. Und sie stellen ihre Leistungen ins Internet.

2
Auf dem Weg in die digitale Dienstleistungsgesellschaft

Eines Tages ruft mich meine Mailbox auf dem Handy an, obwohl – oder eben gerade weil – ich diesen Service der Telekommunikationsgesellschaft keinesfalls aktiviert habe. Kein Vertriebsmitarbeiter könnte aufdringlicher sein – bei diesen könnte ich wenigstens noch sagen: „Danke, ich bin nicht interessiert". Hier dagegen hört mich keiner mehr. Mir bleibt nur, unhöflich aufzulegen. Mit der Konsequenz, dass es kurze Zeit später wieder klingelt und meine Mailbox unverdrossen und ohne Rücksichtnahme auf meine Ablehnung digital plappert.

Allerdings scheinen viele von denen, die die „Göttlichkeit der Automata" im Service zur Kenntnis genommen haben, die eigenständige Servicedimension der Neuen Medien und der damit verbundenen Kommunikationswege noch nicht ausreichend zu

würdigen. So hat es den Anschein, als seien viele der digitalen „Produkte" (und leider spricht man ja inzwischen auch im digitalen Bereich gerne von „Produkten" und nicht von digitalen Dienstleistungen) von dem hierzulande vorherrschenden Paradigma geprägt, dass sich in ihnen vorrangig die hohe Kompetenz der Ingenieure und nur nachrangig die Frage nach dem Nutzen für den Kunden und dem kundengerechten Interface abbilden müsse.

Und so hat es den Anschein, als würde in den Neuen Medien vieles dafür getan, die sogenannte Servicewüste in digitaler Form abzubilden. Selbstbezogenheit hinsichtlich der eigenen Organisation oder des Betriebs („Wir über uns") ist dabei das kleinste Übel, auch wenn selbstverständlich das Anliegen eines Unternehmens „Wir wollen ins Internet" eher eine zweifelhafte Angelegenheit ist, solange nicht die Frage beantwortet ist, welche Dienstleistung denn nun über diese wunderbare Präsenz in der digitalen Welt erbracht und welcher Nutzen für die Kunden hier generiert werden soll. Auch die statische Abbildung von Katalogseiten mit Endlostexten in 10 Punkt, die die Dynamik der Neuen Medien wieder in die Statik der atomaren Welt zu bannen scheint, sowie die gähnende Lan-

geweile, die sich in der digitalen Welt auszubreiten droht, sollen
hier nicht weiter reklamiert werden.

Vergegenwärtigt man sich aber die vielfach langen Wartezeiten
beim Aufbau von Seiten, so fühlt man sich in Schalterschlangen
und Wartesäle versetzt. Betrachtet man die mangelnde Übersichtlichkeit vieler Auftritte, dann könnte der Eindruck entstehen, den
Kunden solle auch im Internet die Erfahrung nicht vorenthalten
werden, von Tür zu Tür zu laufen, endlose Listen mit potenziellen
Ansprechpartnern zu wälzen oder von Amtsstube zu Amtsstube
weiterverbunden zu werden. Lange Reaktionszeiten bei Anfragen
könnten den Kunden auf die Idee bringen, dass auch im digitalen
Zeitalter die Postkutsche noch zu ihrem Recht kommen soll – Wochen vergehen, bis Material zugeschickt wird und dieses Material
ist dann meist eben noch in Atome gebannt: Digitale Unterneh-
mens- und Kundeninformation, digitale Anmelde- und sonstige
Formulare scheinen eher noch die Ausnahme zu sein. Reklamati-
onsbearbeitung dauert endlos und mündet meist darin, dass die
Kunden irgendwann eine E-Mail bekommen, in dem ihnen mitge-
teilt wird, die Beschwerde sei nun an eine andere Abteilung weitergeleitet worden, von der man (wenn man Glück hat), irgendwann
eine Antwort bekommt.

Bei zentralen Funktionen, also beispielsweise den Bestell-,
Überweisungs- oder Buchungsanwendungen, wird dann meist
überhaupt keine Möglichkeit zur Kontaktaufnahme und Assistenz-
anforderung geboten, hier sind die Kunden auf sich gestellt. Und
leider entsteht spätestens da der Eindruck, dass die wunderbaren
Möglichkeiten der Neuen Medien eher als Möglichkeit zur unter-
nehmensseitigen Kosteneinsparung eingesetzt werden, denn als
Instrument zur Kreation einer neuen Servicequalität. Gekrönt wird
diese digitale Service- und Erlebnisorientierung durch die Präsentation toller Angebote, die einen Kunden jedoch unverzüglich darauf hinweisen, dass er in Anbetracht fehlender Plug-Ins an dem
Spaß nicht teilhaben kann.

Und hier und da gerät der Kunde an die Netz-Baustellen, die
den ganzen Stolz des Unternehmens beweisen, nun bald im Netz
zu sein – aber würde ein Unternehmen seine Kunden zu einer im
Bau befindlichen Immobilie lotsen, um ihnen dort mitzuteilen,
dass man eben noch baue?

Genug davon. Glücklicherweise werden in dieser Publikation
auch ausreichend gelungene Anwendungen und Interface-
Gestaltungen für die digitale Präsenz und Servicekultur vorgestellt.
So sei dieses Lamento schlicht als Hinweis darauf zu verstehen,
dass Unternehmen und Web-Designer nicht genug Aufmerksamkeit auf die Servicedimension der Neuen Medien richten können

*Ohne Orientierung am
Kundennutzen gestal-
tete Websites verursa-
chen die gleiche Frust-
ration wie mangelnde
Kundenliebe im richti-
gen Leben*

und dass es dabei – wie bei jedem Serviceangebot – darum geht,
auf der Grundlage einer klar definierten Strategie die digitale Organisation, Interaktion und Gestaltung schlicht aus der Perspektive
des Nutzens und des Nutzers zu gestalten.

Und damit eben einen Beitrag zu leisten, dass die „Göttlichkeit
der Automata" einen Lichtstreifen und nicht weitere Schatten in
die Servicelandschaft setzt.

Manuel Funk

Profiliert: Die innovative Ausrichtung einer Agentur

Abstract

Manuel Funk, Geschäftsführer für den Bereich „Business-Marketing" der 1996 gegründeten Agentur FORK Unstable Media GmbH Hamburg, beschreibt anhand eines Fragenkatalogs die Profilierung des Unternehmens, das sich in seinen Aktivitäten vorrangig den Themenbereichen „Marken im Internet" sowie „Informationsdesign" widmet.

1
Welche Dienstleistungen bieten Sie an?

Zuerst einmal: FORK ist keine Multimedia-Agentur.

Vielmehr entwickeln wir herausragende Projekte im Bereich der digitalen Kommunikation mit hohem Designanspruch, professioneller technischer Umsetzung und strategischem Marketing-Background. Neben Unternehmens- und Markenwebsites gehören *www.fork.de* dazu auch Corporate Design, Print- und Bannerkampagnen sowie Audio- und Videoproduktionen.

FORK Projekte sind interaktive Erlebnisräume, die sich klar von der Masse der konventionellen Lösungen abheben wollen. Durch den Einsatz neuester Technologien und die Entwicklung intuitiver Navigationsformen überschreiten sie die Grenze zwischen Kunst und Kommerz, zwischen Entertainment und Marketing. Und erreichen damit eine starke Auseinandersetzung des Empfängers mit den Inhalten und der Persönlichkeit des Absenders.

Das Ergebnis sind integrierte Modelle, die eine starke Webpräsenz strategisch mit Cross-Media-Maßnahmen in den Berei-

chen TV, Print sowie Below-the-Line vernetzen und damit völlig
neue Möglichkeiten der Markenkommunikation erschließen.
FORK Unstable Media wird selbst zur Marke.

2

Mit welchen Ansprechpartnern in den Unternehmen kommen Sie zusammen?

Erfolgreiche Maßnahmen im Internet-Bereich erfordern aufgrund
ihrer strategischen Bedeutung und Komplexität in der Regel die
Planung auf Vorstands- oder Geschäftsführungsebene. Bei den
Kunden liegt die operative Verantwortung für Konzeption, Umsetzung und Betrieb des jeweiligen Internet-Projekts meist im zentralen Marketing in Zusammenarbeit mit Spezialisten aus den
verschiedenen Unternehmensbereichen.

3

Welche neuen Aufgaben entstehen für die Unternehmen in der digitalen Wirtschaft?

Digitale Medien eröffnen völlig neue Geschäftsfelder undKommu-
nikationsmöglichkeiten für Marken und Dienstleister. Um in dieser dynamischen Marktumgebung auf Dauer wettbewerbsfähig zu
bleiben und die Entwicklungen aktiv mitgestalten zu können, müssen Unternehmen ihre gesamten Strukturen an die Anforderungen
verbraucherorientierter Kommunikationsmodelle anpassen.

4

Wie reagieren die Unternehmen auf diese Situation?

In vielen Unternehmen werden zentrale Multimedia-Kompetenz-
Units aufgebaut. Diese haben die Aufgabe, in Zusammenarbeit mit
externen Agenturen die komplexen Projektanforderungen bera-
tend zu begleiten und die Marketingabteilungen bei allen Aktivitäten zu unterstützen.

5

Welche Schnittstellen entstehen zwischen Werbeagenturen, Multimediaproduzenten, Unternehmensberatern und IT-Unternehmen?

In der Zusammenarbeit verschiedener Spezialisten steckt ein großes Potenzial für die integrierte Planung von Maßnahmen. Wichtig ist aber eine klar definierte Aufgabenteilung und eine zentrale Koordination aller Aktivitäten durch einen der Partner.

6

Welche Funktionen hat die Netzpräsenz für die von Ihnen betreuten Unternehmen?

Je nach Auftraggeber erfüllt die Webpräsenz individuelle Ziele: Für verbraucherorientierte Markenauftritte – wie etwa die NIVEA-Websites – geht es vorwiegend um eine Erweiterung der klassischen Kommunikations-Maßnahmen der Marke durch interaktive Informations- und Erlebnisangebote. Die Websites sind zudem wichtige Dialogschnittstellen zu den Verbrauchern. Für Projekte im Business-to-Business Bereich – wie etwa Lufthansa Systems Network – steht dagegen die Darstellung der umfassenden IT-Service Angebote für potenzielle Kunden, Mitarbeiter und die Presse im Vordergrund.

www.nivea.de

www.lufthansa.de

7

Welche Perspektiven sehen Sie für Ihre Kunden bei der Entwicklung von E-Commerce Angeboten?

Grundsätzlich ergeben sich für alle unsere Kunden wichtige Chancen durch E-Commerce in Form neuer Absatzmärkte, Geschäftsfelder und Serviceangebote. Für bestimmte Segmente – etwa im Einzelhandel – lassen sich elektronische Vertriebssysteme allerdings besser in Zusammenarbeit mit Handelspartnern realisieren. Denn hier stehen die Vorteile des Direktversands durch die Hersteller bei vielen Waren nicht in einem wirtschaftlichen Verhältnis zum logistischen Aufwand.

8

Wie wird die Qualität und der Erfolg Ihrer Arbeit gemessen?

Der Erfolg misst sich je nach Projekt an verschiedenen Faktoren. Natürlich stellt die Zufriedenheit unserer Auftraggeber und die Resonanz bei den Anwendern, der Presse und den Awards einen wesentlichen Maßstab dar. Nicht zuletzt messen wir den Erfolg aber auch an unserem persönlichen Ehrgeiz, herausragende Projekte zu realisieren. Dahinter stehen natürlich immer gemeinsam definierte quantitative und qualitative Zielsetzungen.

9

Was muss die zukünftige Aus- und Weiterbildung für Kreative, Konzeptioner, Produzenten und Manager leisten?

Für uns sind vor allem persönliche Werte wie Lernbereitschaft, Neugier, Kreativität, Teamfähigkeit und Motivation von großer Bedeutung. Theoretische Grundlagen sind durch die Dynamik der Entwicklung oft schon nach wenigen Monaten überholt.

Manuel Funk

Sven Ehmann

Interactive Environments

Abstract

Unter der Headline „Marken, Menschen, Emotionen" vernetzt der Bereich *interactive environments* bei Pixelpark interaktive Medien, um die Marken unserer Kunden erlebbar zu machen. Informationen werden mit Entertainment, Image mit Emotionen verbunden.

Dabei ist Multimedia mehr als nur eine Website, eine CD-ROM oder ein Terminal. Für Events, Messen, Ausstellungen und Museen werden neue, überraschende Schnittstellen zwischen virtuellen und realen Erlebniswelten geschaffen. Ob einzelne, interaktive Exponate, vernetzte Rauminstallationen oder New Devices: Ziel ist es, Multimedia über die Grenzen konventioneller PCs hinauszuführen und unseren Kunden die maximale Aufmerksamkeit zu sichern.

Bei Events geht es um Emotionen. Bei Multimedia geht es um eMotion. Dort, wo sich diese beiden Welten treffen, verspricht es spannend zu werden.

www.pixelpark.com

1
Software: Emotion versus Bandbreite ?

Jason McCabe Calacanis ist ein einflussreicher Mann. Wired nennt den Herausgeber des Silicon Alley Reporter einen „Infopreneur" und „eine Suchmaschine für lukrative Geschäfte"[1]. Wenn jemand wie Calacanis fragt „Has the Web Ever Made You Cry?"[2], kommt die Branche ins Grübeln.

Calacanis eigene Antwort lautet sinngemäß „Nein, hat es nicht – noch nicht." Diese Aussage ist ebenso stark wie die Frage. Sie suggeriert einen nächsten, großen Schritt und dieser hängt, nach den Worten Calacanis, wesentlich von der Verfügbarkeit hochwertiger, bewegter Bilder ab. Heute ginge es im Web um den Austausch von

www.siliconalley-reporter.com

Informationen, morgen gehe es um Lachen, Denken, Sichfürchten und Weinen.

Mit dieser Annahme ist er bei weitem nicht allein. Kino gilt weithin als *das* Beispiel für hohe Emotionalität, die bewegten Bilder als Garant für die emotionale Ansprache eines breiten Publikums. Das Nadelöhr auf dem Weg dahin ist zunächst die Übertragungsrate: Eine größere Bandbreite wäre demnach, wie so oft, die Lösung.

www.active-worlds.com

Calacanis unterschlägt dabei, dass das Web sehr wohl schon heute in der Lage ist, Emotionen zu wecken. Und, dass diese Emotionen eine wesentlich andere Qualität haben als die des Kinos. Es sind die persönlichen, privaten Beziehungen zwischen Menschen, die eine echte Online-Community ausmachen. Es ist die ungeheure Spannung, die den Run auf die Bilder der Mars Pathfinder Mission oder die Trailer der letzten Star Wars Episode mit sich brachten. Und es ist die aktive Teilnahme, die eine Site wie activeworlds so erfolgreich macht. Kommunikation, Inhalte und Interaktion: Dies sind die neuen Wertmaßstäbe.

Aus den passiven Rezipienten der Kino-Ära sind die aktiven Gestalter der interaktiven Online-Ära geworden. Mit wachsender Erfahrung im Umgang mit den neuen Medien steigt auch die Erwartung.

2
Hardware: The Interface is the message

Eine weitere Trendwende gab es im Sommer 1998: Riesige Billboards in allen amerikanischen Städten verkündeten das Ende des PCs. „No beige" war die Botschaft, Apples iMac hielt Einzug und die Computerwelt wurde bunt. Ein später Trend, wenn man bedenkt, wie lange die hässlichen grauen Kisten schon auf unseren Schreibtischen stehen und wie lange wir schon versuchen, sie mit Aufklebern und Plastikfiguren zu verschönern. Doch eine wichtige Erkenntnis lässt sich in jedem Fall auch hieraus gewinnen: Die persönliche Beziehung zwischen einem Menschen und seinem Computer wird verstärkt emotional wahrgenommen. Aus dem Werkzeug wurde ein Designobjekt, ein Möbel, ein Statussymbol oder ein Spielzeug.

Die gewohnte Basiskonfiguration eines Computers löst sich auf. Der Computer ist auf Handgröße reduziert, und findet sich nun in Kleidung, Haushaltsgeräten und Bauklötzen wieder. Nicht mit Tastatur und Maus, sondern mit Sprache, Gesten und multisensorischen Interfaces werden die Computer der Zukunft gesteuert. Die Hardware ist ein Teil der Botschaft geworden.

Farbe, Form und Fähigkeiten der Rechner sind bei weitem nicht ausgereizt. Mark Weiser[3], der langjährige Cheftechnologe des Xerox Palo Alto Research Center (PARC), hat den Begriff „Calm Computing" geprägt. Ziel sei es, den Computer vollständig und unmerklich in das alltägliche Leben der Menschen zu integrieren. In ähnlicher Richtung hat von jeher auch das media lab des Bostoner Massachusetts Institute of Technology (MIT) gedacht und dabei einen sicheren Griff bei der Auswahl seiner Projektnamen bewiesen. Wenn von „Wearables", „smart computing" oder „things that think" die Rede ist, dann ahnen wir, wie Gegenstände des Alltags intelligent werden. Die Gegenstände werden aufgeladen, mit Funktion, vor allem aber mit Emotion.

www.media.mit.edu

Nach der Vernetzung der digitalen Welt geht es nun um die Vernetzung zwischen analoger und digitaler Welt. Was dabei herauskommt kann überraschen, irritieren und inspirieren. Wir arbeiten daran.

3
Vernetzte Interaktion: Ein Beispiel

Einen ersten Eindruck von dem, was da entstehen kann, bekommt man in Amsterdam. Besucht man das New Metropolis Museum, so erhält man eine bunte Eintrittskarte mit einem Magnetstreifen auf der Rückseite. Diese Karte werden Sie nicht verlieren. Im Gegenteil. Sie werden sie hüten, denn diese Karte wird Sie durch die Ausstellung begleiten – vielleicht sogar leiten – und aus einer allgemeinen Information ein persönliches Erlebnis machen.

www.newmet.nl

Mit dieser Karte checken Sie also an einem Drehkreuz ein und befinden sich von diesem Moment an inmitten einer interaktiven Erlebniswelt. Zahllose Knöpfe, Räder und Schalter laden zum Drücken, Drehen und Schalten ein. Bunte Maschinen vermitteln spielerisch die Produktionsprozesse einer großen Fabrik. An einer Reihe von vernetzten Computerterminals werden die Besucher zu Spediteuren: Wer den Stau, den die anderen Teilnehmer verursacht haben, am geschicktesten umfährt und seine Ladung als erster ins Ziel bringt, gewinnt. Der Einzelne spielt mit der Gruppe und gegen sie. Jede einzelne Entscheidung beeinflusst die Routenplanung der anderen. Ein Stück weiter werden wirtschaftliche Zusammenhänge erlebbar. Die Eintrittskarte ist dabei der Schlüssel zu verschiedenen multimedialen Stationen. Die Karte wird gelesen, der Besucher gibt seinen Namen ein und wird von nun an persönlich begrüßt, wäh-

Die Emotionalisierung des Computers: Ergebnis der Integration des Mediums ins alltägliche Leben

rend er mit jeder Aktion an einem der Terminals Punkte gewinnt, anlegt oder mit diesen Punkten spekuliert. Aus der einfachen Eintrittskarte ist eine Aktie geworden, ein Geldschein oder ein Sparbuch. Auch diese Karte wurde aufgeladen, vordergründig elektromagnetisch, entscheidend aber: emotional.

Statt einer langweiligen Beschreibung der verschiedenen wissenschaftlichen Prozesse werden die Zusammenhänge für Besucher in jedem Alter direkt und individuell erlebbar. Diese spielerische Herangehensweise hat das New Metropolis mit den amerikanischen Science Centern, wie beispielsweise dem Exploratorium in San Francisco, gemein. Und doch ist es ein Museum der neuen Generation, ein Museum, das die Neuen Medien verstanden hat und sie in unterhaltsamer, überraschender und intelligenter Art einsetzt. Statt einer fertigen Dramaturgie zu folgen, geht der Besucher seinen eigenen Weg. Statt einer „Multimedia Ecke" findet der Besucher ein *interactive environment*.

www.exploratorium.edu

4
Multimedia und Events

1. Websites, die Massen bewegen
2. Ein Stück Plastik als Objekt der Begierde
3. Ein Museum mit vernetzten, interaktiven Exponaten

Dort, wo sich die Neuen Medien von ihren scheinbaren Grenzen befreien, kommt also eine neue emotionale Qualität ins Spiel. Die richtige Mischung aus besonderen Inhalten, intelligenter Software und außergewöhnlicher Hardware sichert hohe Aufmerksamkeit und ein starkes Involvement.

Die Frage ist nun, wie diese Emotionalität der Neuen Medien im Rahmen von integrierter Markenkommunikation – vor allem im Zusammenhang mit Events – konkret zum Einsatz kommen kann. Oder: Welche spannenden Ideen entstehen, wenn Multimedia mehr sein darf als eine Website, eine CD-ROM oder ein Terminal?

Events begeistern Menschen. Sie nehmen ihnen den Atem, geben ihnen Phantasie und eine subtile, aber bestimmte Kaufempfehlung. In einer Zeit, in der Produkte immer abstrakter, immer austauschbarer geworden sind, gelingt es auf diesem Weg, die Zielgruppen gezielt anzusprechen. Das Prinzip lässt sich knapp formulieren: Emotion = Verkauf.

Diese Erkenntnis hat von den Events, von den aufwendigen Inszenierungen, auch auf den Handel zurückgewirkt. „Shop-in-Shop-

Systeme", „Promotions" und „Branded Buildings" bestätigen das. Auch am „Point-of-Sale" und am „Point-of-Information" gilt: Emotion = Verkauf.

Die Einsatz Neuer Medien kann Events eine neue Dimension geben. Verschiedene Vorgehensweisen sind bereits bekannt. In der einfachsten Variante gibt es die „Multimedia Ecke" bei einem Event, wo auf Offline-/Online-Rechnern Spiele oder auch themengerechte Präsentationen laufen. Damit ist es meist getan. Aber ist das eine wirkliche Attraktion ?

Bei einer anderen Vorgehensweise werden reale Events von Online-Aktivitäten begleitet. Zu einer Veranstaltung gibt es eine Website mit Ankündigung und Programminformation, während des Events wird live übertragen und für die Nachbereitung gibt es eine Dokumentation der Ereignisse, sowie eine Liste der Ansprechpartner. Dies ist ohne Zweifel ein wichtiges und wertvolles Werkzeug, um die Service-Komponente zu verstärken. Gleichzeitig sind diese Services ein Teil des Standards und keine wirkliche Besonderheit.

Eine andere Herangehensweise ist das Inszenieren reiner Web-Events. Die zentralen Elemente des Internets stehen dabei im Mittelpunkt: Weltweite Kommunikation oder direkter Zugriff auf Inhalte und Services können als exklusives, zeitlich begrenztes Erlebnis angeboten werden. Die Erfolge von manchen Chats oder den zahllosen Versteigerungswebsites belegen das. Das Erlebnis bleibt bei all dem virtuell.

Jede einzelne Methode mag in einem bestimmten Rahmen ihre Berechtigung haben. Keine einzige wird uns aber wirklich überraschen und keine wird die Grenze zwischen analogem und digitalem Erlebnis wirklich überschreiten.

Ein erster Schritt darüber hinaus sind dagegen crossmediale Events: Greifen Ereignisse in der realen und der virtuellen Welt ineinander, dann beginnen sich die Grenze aufzulösen.

Wenn sich ein Team aus vier Teilnehmern auf der Suche nach dem Ende des Regenbogens macht und zwei der Teilnehmer in der Realität, zwei im Netz unterwegs sind, und wenn dabei die Kommunikation zwischen diesen Vieren der Erfolgsfaktor wird und nur die Recherche im Netz zur richtigen Entscheidung in der Realität führt, dann haben wir die Möglichkeiten, die uns diese Medien bieten, verstanden. Dann beginnen wir, uns von der technischen Sichtweise zu verabschieden und neu über Inhalte, Gefühle und Geschichten nachzudenken. Dies bedeutet nicht, dass wir die Technologie aus dem Blick verlieren. Im Gegenteil. Es heißt, dass wir sie gezielter zum Erzeugen von Emotionen nutzen können. Die Technologie tritt in den Hintergrund, während das spielerische

Moment in den Vordergrund rückt. So machen wir tatsächlich den nächsten Schritt nach vorn.

5
Interactive environments:
In der Verbindung liegt die Kraft

Mit *interactive environments* greift Pixelpark alle genannten Ansätze auf und erweitert die Idee noch einmal um eine besondere Komponente: Einzelne, interaktive Exponate und New Devices werden zu einer vernetzten Rauminstallation verbunden, in denen individuelle, überraschende, smarte Schnittstellen zwischen virtuellen und realen Erlebniswelten den Besucher einladen. Analoge und digitale, alte und neue Medien werden einzeln verstanden und gemeinsam gedacht – sie fügen sich zu einem multisensorischen Erlebnis.

Ein überzeugendes Beispiel für ein solches alternatives Interface ist ein Fernrohr, wie wir es von Aussichtsplattformen in aller Welt kennen. Der Benutzer kennt die Funktion und die Bedienung, er ist gewohnt, sich einen entfernt liegenden Raum zu erschließen. Ein Schwenk des Fernrohrs führt den Blick über eine Achse, das Zoomen in unterschiedlichen Entfernungen fokussiert auf Objekte. Dasselbe Prinzip wird nun auf eine Informationsmenge angewandt. Der Schwenk des Fernrohrs führt über einen Zeitstrahl, wobei an einzelnen Zeitpunkten auf verschiedene Themen fokussiert werden kann. Auch eine Verknüpfung von realer und computergenerierter Bildinformation ist möglich. Der Horizont wird erweitert.

Komplexere Environments zeichnen sich durch ein Profiling der Besucher und durch Matchingsysteme aus. Jeder einzelne Besucher hat ein Interessen- und Erfahrungsprofil. Mit seiner Anwesenheit beeinflusst er die Gesamtstimmung der Inszenierung. Ein Stammkunde erhält im Showroom eines Autoherstellers andere Informationen als ein neuer Interessent. Je komplexer dieses „Finetuning" ist und je weniger der Besucher dabei konkrete Eingaben machen muss, desto überraschender ist das Erlebnis.

Wenn sich mehrere Besucher in einem Raum begegnen, werden ihre Profile gematcht, d.h. in Bezug gesetzt. Die Umgebung wandelt sich mit jedem weiteren Besucher. Farben, Rhythmen, Inhalte und Motive variieren. Teilnehmer aus dem Internet tragen ebenso zu einer gemeinsamen Erfahrung bei, wie solche in der Realität. Aus der Begegnung mehrerer Soloinstrumente entsteht ein Orchester. Eine Sinfonie der Interaktion.

Diese Prinzipien können wiederum in einem Showroom, auf einer Messe oder für ein Event angewendet werden. Sie können aber auch zwischen mehreren Standorten zum Einsatz kommen. Wenn ein internationales Unternehmen Geburtstag hat, kann es 24 Stunden lang rund um den Globus feiern. Lokale Showacts spielen auf einer vernetzten Bühne und sind so auch für die anderen Standorte zu sehen. Mitarbeiter verschiedener Standorte treten bei telematischen Spielen mit- und gegeneinander an. Der Einzelne findet sich im Gesamtbild wieder.

Der Einsatz Neuer Medien wird somit zu einem strategischen Faktor. Ihre Integration wird zunächst eine Aufwertung bestehender Konzepte bedeuten, da dem sich wandelnden Rezeptions- und Nutzungsverhalten der Medien- und Markenkonsumenten entsprochen wird. Das Involvement der Besucher steigt rapide: Aus passiven Rezipienten werden aktive Gestalter von Events.

Interaktion, Vernetzung und Profiling sind die Erfolgsfaktoren. Dabei muss berücksichtigt werden, dass mit der Erfahrung im Umgang mit multimedialen Präsentationsformen auch die Erwartung der Nutzer im Hinblick auf inhaltliche, gestalterische und technische Performance der Applikationen steigt. Damit verabschiedet sich die obligatorische „Multimedia Ecke". Integrierte Eventkonzepte halten Einzug.

6

Where do you want to go today ?[4] Oder: When you don't know where you are at, you can't know where you wanna go today ![5]

Neue Anforderungen ergeben sich sowohl auf Agentur- wie auch auf Kundenseite. Die grundsätzliche Bereitschaft, neue Wege zu gehen, ist die erste und entscheidende Voraussetzung für eine spannende Entwicklung. Nur wer von Anfang an die Neuen Medien berücksichtigt, wird zu außergewöhnlichen, erfolgreichen Lösungen gelangen. Deshalb setzt Pixelpark auf die frühzeitige, partnerschaftliche und konsequente Zusammenarbeit von Multimedia- und Veranstaltungsagenturen.

Auf beiden Seiten wird dabei ein neues Know-how, zumindest ein neues Verständnis etabliert. Die Multimedia-Branche ist gefordert, räumlicher und dreidimensionaler zu denken. Dadurch werden Architekten, Interior-Designer, Messebauer und Dramaturgen zu spannenden Partnern oder Mitarbeitern. Aus der gemeinsamen inhaltlichen Arbeit dieser Spezialisten werden die besonderen Ideen geboren.

Vielleicht hat Calacanis doch recht und das Web selbst wird uns nie zum Weinen bringen. Vielleicht wird es weiterhin rational, informations- und serviceorientiert sein. Doch gerade dann werden sich *interactive environments* als der Ort für das wahre Erlebnis der emotionalen Kraft der Neuen Medien etablieren.

1) St. John, Warren „Medium Mogul", in: Wired, Ausgabe Juli 1999, Seite 94-100, Condé Nast, San Francisco

2) McCabe Calacanis, Jason, in: Silicon Alley Reporter

3) http://www.ubiq.com/weiser.html / s.a. Krempl, Stefan: „Schnittstelle zum Unterbewusstsein", in: telepolis online, http://www.heise.de/tp/deutsch/inhalt/co/5033/1.html, 02.07.1999, Hannover: Heinz Heise

4) Claim der aktuellen Microsoft Kampagne

5) Textzeile in „1-2-3-4", Kinderzimmer Productions, 1998: Die Hohe Kunst der tiefen Schläge, Audio CD, Sony Music Entertainment

Sascha Schulz

Die Marke im interaktiven Dialog: Wie Dialogmarketing den Erfolg von E-Commerce beeinflusst

Abstract

Erfolgreiche Markenführung im Internet ist mehr und mehr abhängig von seinem virtuellen Eventcharakter und der individuellen Dialogfähigkeit: Nur wer die Bedürfnisse seiner Zielgruppe kennt und die Kommunikationsmöglichkeiten des Mediums nutzt, kann sich einen festen Platz im World Wide Web sichern, der immer wieder von den Usern besucht wird.

Anhand verschiedener Beispiele skizziert Sascha Schulz, Geschäftsführer der Dialog Links Interactive GmbH in Hamburg, den Einfluss des Dialogmarketing auf die weitere Entwicklung des E-Commerce.

1
Die Marke zwischen Meinung und Medium

Klassische und lange Zeit gültige Erfolgsrezepte für Markenführung und Handel haben sich seit der Erfindung und Verbreitung des World Wide Webs einem Wandel unterzogen. Heute sind Standort, Sortiment und Preis nicht mehr die ausschlaggebenden Faktoren, vielmehr sind Individualität, Unterhaltung und das Einkaufserlebnis in den Vordergrund gerückt. Die nahtlose Integration des Mediums in bestehende Dialogkanäle wie Call-Center und Lettershops und der einheitliche Auftritt eines Unternehmens in Form und Sprache des 1:1-Dialogs über alle Medien sind Herausforderungen der Gegenwart. Durch die Anbindung von Websites an Marketing-Datenbanken können heute jedem Kontakt mit Interessenten wichtige Informationen entnommen werden, die eine stärkere Fokussierung auf die Bedürfnisse dieses Nutzers zulassen. Die Zeit des „Seitenbaus" ist gezieltem Web-Management und der Einbindung in Business-Strategien gewichen. Welche Strategien führen weiter?

Noch ist nicht abzusehen, welche Theorie sich zur optimalen Umsetzung durchsetzt, dennoch sind wichtige Tendenzen in der Übertragung klassischer Markenwerte in eine neue, multimediale Welt erkennbar. Der DDV (Deutscher Direktmarketing Verband) erarbeitet Strategien und definiert Standards, die Marke, Dialog und Internet künftig stärker in Bindung bringen.

2
Marken im Internet wachsen schneller

Wie lange haben etablierte Marken gebraucht, um sich in den Köpfen unserer Gesellschaft einzuprägen? Und wie schnell haben das Lycos, Yahoo oder Amazon geschafft? Marken im Internet wachsen durch typische Netzwerk-Effekte schneller und durch einen scheinbar anhaltenden Börsen-Boom für interaktive Werte mit „Phantasie". Das exponentielle Wachstum des Mediums und die baumförmige, auf Gratis-Einträgen basierende Kommunikationsstruktur des Mediums erleichtern den Aufbau des Bekanntheitsgrades, der früher nur durch Werbeflächen in Massenmedien käuflich war.

3
Funktionalität macht Marke

Dennoch darf man sich im Bereich der neuen Medien nichts vormachen: Die großen Mega-Marken sind keine Stellvertreter für das gesamte Medium. Erfolgreiche Sites hinterlassen vor allem durch Funktionalität, Interaktivität und Nutzerführung einen bleibenden Eindruck. Faktoren wie Pünktlichkeit der Lieferung, Reklamationsmanagement und Retourenhandling sind im Vertrieb physischer Güter neben diesen Kriterien maßgeblich. Das Internet macht E-Commerce Anbieter in jedem Fall zu Direktvertreibern. Der Aufbau und die Pflege der Beziehung zum Kunden ist dabei eine zentrale Aufgabe, die in vielen anderen Kanälen bereits professionell durch Kompetenzträger im Bereich Dialogmarketing realisiert wird. Nur wenn dies auch in interaktiven Medien erkannt und umgesetzt wird, können neue Marken mit dauerhaftem Wert entstehen.

4
Die junge Marke im Internet

Hier stellt sich nun die Frage: Wie kann das Internet dem Markenaufbau eines Produktes, das ohnehin gerade einen Festigungsprozess unterläuft, unterstützen? Ein Beispiel: Dialog Links Interactive unternahm im Herbst 1998 den ersten Schritt für GQ, das Männermagazin des Münchner Verlagshauses Condé Nast. Ohne großen Aufwand sollte der Titel unter der eigenen Adresse www.gq-magazin.de ins Internet gebracht werden.

Die Entwicklung neuer Inhalte und eine Zweitverwertung aus dem monatlichen Titel könnten den Verkauf der Printausgabe belasten und würden die Nutzer-Blatt-Bindung nicht unbedingt verstärken. Daher mussten andere Wege gefunden werden. So wurde ganz direkt der Verkauf von Mini-Abonnements in den Vordergrund gestellt und das Internet als alternativer Vertriebskanal für den stationären Zeitschriftenhandel genutzt.

Besonderer Wert wurde auf die perfekte Gestaltung der Dialogschnittstellen gelegt. Die Einführungsphase erfolgte - gestützt durch ein Gewinnspiel – überwiegend durch kostenlose Einträge in Gewinnspielverzeichnisse sowie durch Bannertausch. Gewinnspiele im Internet sorgen für Frequenz und Kundenbindung. Sie wirken optimal, wenn das ausgelobte Produkt des Gewinnspiels für die Zielgruppe zum Selektionskriterium wird. Positive Zusatzeffekte konnten aus der Weiterverfolgung einer Auswahl der gewonnenen Adressen mit Print-Mailings erzielt werden.

Ein Beispiel für erfolgreichen Markenaufbau: www.gq-magazin.de

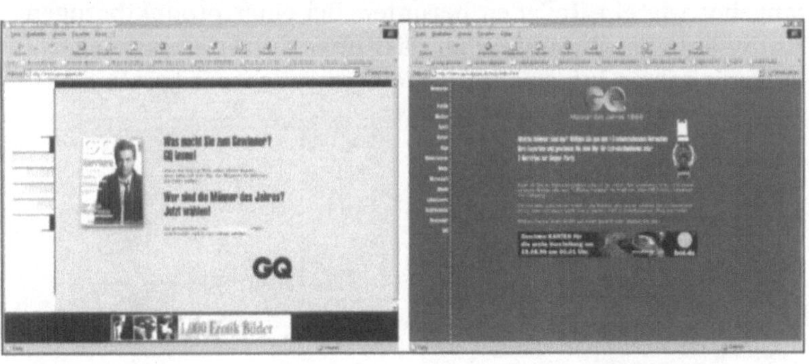

Wer sind die 15 Männer des Jahres 1999? Im Internet wird die Usermeinung datenbankgestützt erfasst, während die Entscheidung in der Printausgabe publiziert wurde

5
Die etablierte Marke im Internet

Viele Unternehmen, die ihre Marken im Internet kommunizieren, haben eines nicht verstanden: nicht nur tolles Design oder inhaltliche Meisterleistungen, vor allem Funktionalität ist ein wesentlicher Faktor. Sie sorgt für das Vertrauen, das zum Distanzkauf notwendig ist. Inwiefern die Übertragung von Markenwerten aus der realen Welt in das Internet funktioniert, hängt stark von der Erfüllung einer Nutzensuggestion ab, die der Nutzer dem traditionellen Markenbild abgewinnt. Durch die zunehmend hohe Überschneidung von Soziodemographie der Gesamtbevölkerung mit der Internet-Nutzerschaft ist davon auszugehen, dass ein Markenspagat, wie er bei vielen Anbietern heute versucht wird (z.B. zur Verjüngung der Zielgruppensubstanz) künftig schwerer durchsetzbar sein wird. Positiv besetzte Marken profitieren auch im Internet von Sympathiewerten.

6
Beispiel: Velux

Velux ist eine traditionelle und etablierte Marke, unter www.velux.de auf dem Weg ins Internet. Sie verfolgt hauptsächlich einen Produktnutzen, welcher sich auch in der Gestaltung wiederfindet. So klappt sich zum Beispiel in der Navigationsleiste das Produktangebot wie ein Rolladen herunter. Bei einer produktbezogenen Anwendung ist es notwendig, dass dem Nutzer ein schneller Zugriff mit hohem Informationsgehalt ermöglicht wird.

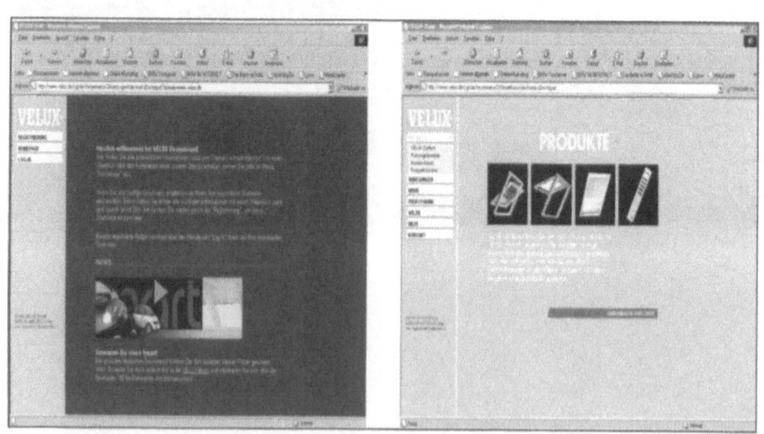

Über 80.000 Artikel können von registrierten VELUX-Händlern direkt via Internet geordert und bis zu ihrem Zielort verfolgt werden. Konsumenten können sich ihre Wunschfenster zusammenklicken

7
Die reine Internet-Marke

Der Einkauf im Internet steckt in den Kinderschuhen. Der Kunde und potenzielle Käufer ärgert sich oft über umständliche Navigations- bzw. Benutzerführung. Die Abbildungen der Waren ist medienbedingt begrenzt, sofern sie im gigantischen virtuellen Raum überhaupt zu finden sind. Kaufbremse Nummer eins ist der Bezahlungsvorgang. Die Gefahr des „gläsernen Kunden" hat sich herumgesprochen.

Trotzdem steigen die Zahlen der Online-Shopper kontinuierlich an, auf drei Business-to-Business Kontakte kommt ein Consumer-Kontakt. Electronic Commerce bietet zahlreiche Vorteile. Rund um die Uhr, 7 Tage die Woche sind die virtuellen Läden geöffnet, dazu kommt garantiert stressfreies Einkaufen. Kein Stau, keine Parkplatzsuche, keine Hektik.

Aber: Anbieter werden auf die Probe gestellt. Informationen, Produkte und Services müssen ebenfalls 24 Stunden angeboten und gepflegt werden. Wünsche und Fragen sollen persönlich per E-Mail beantwortet werden. Der Kunde ist kritisch und will auf den Komfort einer Beratung nicht verzichten. Wird er enttäuscht, kommt er nicht wieder. Schließlich ist der Wechsel zum nächsten Online-Shop näher als der Laden um die Ecke.

8
Beispiel: Amazon

Amazon ist der Shootingstar in der E-Commerce Szene und wurde in kurzer Zeit zum größten und umsatzstärksten Online-Buchhändler der Welt. Bücher gehören neben Computerbedarf und Musik zu den Verkaufsschlagern des E-Commerce, aber es gibt viele Buchanbieter im Internet. Was macht Amazon anders? Das Sortiment ist zwar beeindruckend vielfältig und die Benutzeroberfläche ist sehr anwenderfreundlich, doch das haben andere Anbieter auch. Ein wichtiger Faktor des Erfolgs ist die Nutzerzentrierung. Amazon lockt mit günstigen Preisen ohne Versandkosten, und zur Kundenbindung bekommt der Nutzer – abhängig von seinem Einkaufsprofil – kostenlose Goodies mitgeliefert. In nie dagewesener Autonomie kann er in Rezensionen seine Meinung zu Büchern äußern und damit anderen Kunden eine neutralere Einschätzung als durch den Verkäufer ermöglichen. Kundenbasierte

Rankingsysteme helfen neben der reinen Katalogsuche bei der Navigation. Und es gibt noch eine Funktion die Amazon einzigartig macht: Der Newsletter. Er informiert nicht nur über die neusten Bestseller, sondern passt sich dem Lesegeschmack des Nutzers an. Der Anwender bekommt auf ihn zugeschnittene, gefilterte Informationen und genau das ist es, was den Dialog und die Interaktivität einer guten E-Commerce-Site ausmachen sollte.

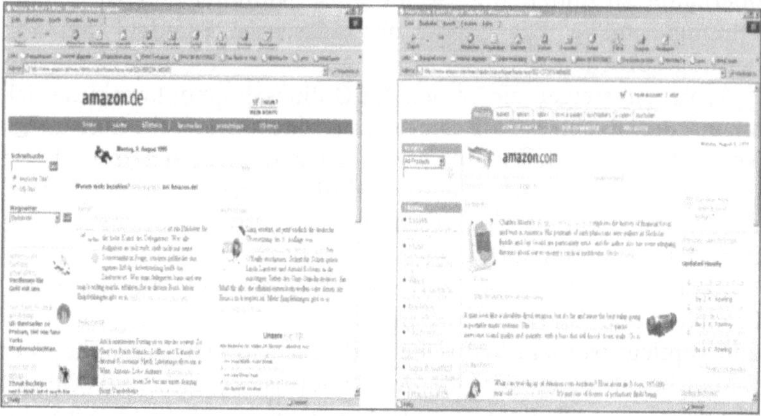

Vom Buchhändler zum globalen Warenhaus: Bei amazon.com steht der Dialog mit dem Kunden im Zentrum

9
Das Portal im Internet

Das Internet ist eine gigantische Plattform für Anbieter jeder Art. Über 1,5 Millionen Hosts werden allein in Deutschland gezählt und monatlich kommen ca. 14.000 neue Internet-Nutzer hinzu. Um in dieser Menge einen profilierten Platz einnehmen zu können, wird der Aufbau von Portalen entscheidend.

10
Fireball

Fireball wurde am 13. Juni 1997 gegründet und ist eine Suchmaschine, die unter www.fireball.de mit derzeit weit über 5,5 Millionen recherchierbaren deutschsprachigen Dokumenten den größten rein deutschsprachigen Web-Index der Welt darstellt. Jedes Unternehmen und jeder Internet-User hat hier die Möglichkeit, seine Web-Site anzumelden. Guides und Tagestips runden das Angebot ab. Der Internet-Suchdienst ist eine Entwicklung von

Informatikern der TU Berlin im Rahmen einer Kooperation mit dem Hamburger Verlagshaus Gruner+Jahr Electronic Media Service. Genau dort entstand kurz vorher Paperball, die Spezial-Suchmaschine für Artikel deutschsprachiger Tageszeitungen im Internet. Die Assoziation von Paperball und Suchmaschine war ausschlaggebend für den Namen Fireball. Fireball hat sein Ziel erreicht: Heute steht der Dienst im Top-3-Feld und bündelt monatlich über 9 Mio. Visits.

Gesucht und gefunden: Fireball gehört zu den großen deutschen Web-Portalen, www.fireball.de

11
Gegenwart mit Zukunft

Künftige Entwicklungen im Internet werden sich mittelfristig um die Themen Kundenbindung, Content-Individualisierung und Systemintegration ranken.

Drei Beispiele:

1. Call-me-Back – die Bestellung des Rückrufs per Internet. Eine intelligente Call-Center-Software verteilt Rückrufwünsche auf Agents und erinnert diese genau zur richtigen Zeit an ihre Verpflichtung gegenüber dem Nutzer. Für das Call-Center kann diese Art der Kundenkommunikation vorteilhaft sein, weil Anfragen vorab spezifiert werden und dadurch die Beantwortung besser vorbereitet werden kann. Für den Nutzer ist ein Call-me-Back-Button eine gute Chance, ohne allzu of-

fensichtlichen Medienbruch den 1:1-Kontakt in ein persönliches Gespräch zu überführen.

2. Das findet, wenn auch in Distanz, ebenfalls beim Collaborative Browsing statt. Per Text- (oder in bandbreitenstärkeren Netzwerken per Video-Kontakt) kommentiert der Agent persönlich, was er mit seiner Maus auf dem Bildschirm des Nutzers zeigt.

3. Die steigende Konvergenz von Computer-Technologie und Sprachkommunikation bietet dem E-Commerce-Anbieter in naher Zukunft neue Möglichkeiten. „Mobile Banking" ist ein erstes Beispiel für die noch engere Integration der netzbasierten Services in unserem Alltag. Denn während der PC nur zu bestimmten Zeiten eingeschaltet ist, begleitet das WAP-Handy seinen Besitzer Tag und Nacht in Körpernähe.

12
Fazit

Für den breitenwirksamen Aufbau einer Marke im Internet ist die Verbindung von netzbasierter Kommunikation und den Methoden des Direktmarketing unverzichtbar. Die Markenherkunft spielt dabei eine untergeordnete Rolle. Das wichtigste Kriterium ist die Individualisierung, gestützt durch leistungsstarke Funktionalität. Die Bindung von Nutzern an das eigene Angebot durch One-to-One-Ansätze bestimmt den Wert einer Marke.

  Sascha Schulz

Walter Wehrhan

Die Bedeutung des Internets für die Eventbranche: Erste Ergebnisse einer Umfrage

Abstract

Die Fachzeitschrift „Event Partner – Magazin für Event-Marketing" und die Incentive-Agentur Quasar Consult führten im Herbst 1999 eine Umfrage zum Thema „Die Bedeutung des Internets für die Eventbranche"[1] durch. Dr. Walther Wehrhan, Chefredakteur von Event Partner, fasst die Ergebnisse dieser Marktanalyse zusammen.

1
Marketingmöglichkeit: Event im Internet

Events als unabdingbarer Bestandteil in einem konzeptionsstarken Marketingmix haben sich sowohl in der professionellen Marketing-Landschaft als auch in der Meinung der Öffentlichkeit mehr als etabliert. Das zumeist von Laien benutzte und eher destruktive Zitat „Veranstaltungen (= Events) hat es immer schon gegeben", das die gewachsene Bedeutung von Event-Marketing in die Ecke einer Modeerscheinung drängen soll, konnte durch die erfolgreiche Einbindung von Event-Konzeptionen in den Marketingbereich entkräftet werden. Gerade in einer Zeit, in der konventionelle Werbe- und Marketingmaßnahmen an ihre Grenzen stoßen, bieten Events ein Fülle von facettenreichen, kreativ unermesslichen und konzeptionell integrativen Marketing-Möglichkeiten. Professionelle Events nehmen daher im Verbund konstruktiver und komplexer Marketing- und Kommunikationsstrategien an Bedeutung zu. Als sehr praktikabel und für Transparenz sorgend hat sich dabei die definitorische Unterteilung der Live-Events in Corporate-, Public- und Exhibition-Events erwiesen. Aktualisiert wird diese Kategorisierung durch virtuelle Event-Marketing-Maßnahmen im internationalen Feld des Internets.

Die Fachzeitschrift „Event Partner – Magazin für Event-Marketing" hat im zweiten Halbjahr 1999 unter Federführung des Autors Stephan Schäfer und in Zusammenarbeit mit der Incentive-Agentur Quasar Consult eine Umfrage mit dem Schwerpunktthema „Die Bedeutung des Internets für die Eventbranche" durchgeführt. Eine der Zielsetzungen dieser Untersuchung, die sich aus einem umfangreichen Fragebogen sowie mehreren Fallbeispielen, Interviews und Expertenmeinungen zusammensetzte, war u.a. zu erfahren, ob und wie sich die Branche, die Live-Events konzipiert und umsetzt – damit also reale und nicht virtuelle Begegnungen und Erlebnisse realisiert – auf die Entwicklung virtueller Welten und emotionaler Erlebnisse im Internet einstellt.

In Bezug zur Emotionalisierung lassen sich wesentliche Elemente der Inszenierung von Live-Events sicherlich auch auf Web- und Online-Events übertragen. Obwohl zu bedenken ist, dass die dreidimensionale Cyberwelt, dargestellt auf einem zweidimensionalen Bildschirm gleich welcher Größenordnung, andere Maßstäbe bedingt als die Verwirklichung eines Events in der „realen" Welt mit all seiner menschlichen Greifbarkeit.

2
Das Internet und die Eventbranche

Die Rahmenbedingungen der Eventbranche in Bezug zum Internet lassen sich auf der Basis unserer Untersuchung wie folgt zusammenfassen:

- Das Internet erfährt in der Eventbranche ein großes Interesse. Die Beschäftigung mit dem Internet in irgendeiner Form gehört zum Alltag. Nahezu 100% der Kunden, die Event-Marketing-Strategien fahren und sich an der Untersuchung beteiligten, haben bereits eine eigene Homepage. Bei den Leistungsträgern, die an der Umfrage teilnahmen, sieht es ähnlich aus. Bei den Agenturen sind es immerhin noch 67 von Hundert. Auch hier sind bei den Teilnehmern, die noch nicht im Web präsent sind, Auftritte für die nahe Zukunft geplant. Die Nutzungshäufigkeit der neuen Medien ist bei den verschiedenen Zielgruppen in der Eventbranche nahezu identisch. Der

Umgang mit Internet und E-Mail gehört fast bei allen Befragten schon zum Alltag.

- Bei der Nutzenfunktion des Internets steht die Informationsbeschaffung an erster Stelle. Der Dialog mit Kunden oder Lieferanten wurde wesentlich seltener genannt. Agenturen nutzen die Recherchemöglichkeiten des Web recht ausgewogen für die unterschiedlichsten Aufgaben. Tendenziell hat die Suche nach Locations, Künstlern, Hotel und Reise Priorität. Das Stichwort „Agenturprofile" wurde ebenso häufig genannt wie Technik oder Catering. Das ist ein Indiz dafür, dass die Web-Recherche auch zur Wettbewerbsbeobachtung genutzt wird. Firmen mit Event-Marketing-Strategien suchen nach anderen Schwerpunkten. Alles was mit Reisen, Hotels und Locations zu tun hat, macht fast 60% der Angaben aus. „Agenturprofile" ist an vierter Stelle genannt. Die Recherche nach Technik, Künstlern oder Catering spielt eine nebensächlichere Rolle. Für technische und logistische Leistungsträger ist die Recherche im Web ebenfalls ein wichtiges Marketinginstrument. Die Suche nach Agenturen als potenzielle Kunden stellt einen Schwerpunkt dar. Für Technikfirmen ist die Wettbewerbsbeobachtung ein Kriterium, weshalb an erster Stelle „Technik" im Umfrageergebnis steht.

3
Das Internet und Event-Marketing

Zu den Einsatzmöglichkeiten des Internets im Event-Marketing lassen sich folgende Aussagen konstatieren:

- Das Internet wird von der Eventbranche als Werbemedium genutzt. Neben der Homepage sind die Einträge in Suchmaschinen, Links und Bannerwerbung wichtig. Weiterhin werden die virtuellen Möglichkeiten für Promotions genutzt.

- Event-Agenturen haben eine klare Einschätzung, wie das Web im Event-Marketing heute schon eingesetzt werden kann. Der Stellenwert hinsichtlich der Einsatzmöglichkeiten wurde für alle Arten von Events im Schnitt von knapp 50% der befragten Agenturen mit „mittel" angeben, von etwa 30% immerhin schon mit „hoch". Dabei ist ein Trend erkennbar, bei dem Corporate-Events und Public-Events eine stärkere Bedeutung zugemessen wird. Bei den Auftrag gebenden Firmen dagegen ist diese Einschätzung nur bei den Public-Events erkennbar.

Events im Internet: Tendenz steigend

- Bezogen auf die Beurteilung der Zukunft von Einsatzmöglichkeiten des Internets im Event-Marketing ist die Tendenz eindeutig. Knapp 80% der Agenturen schätzen im Schnitt den Stellenwert als „hoch" ein. Der potenzielle Einsatz bei Sponsoring-Events mit 76% und Corporate-Events mit 70% wird dabei etwas niedriger bewertet, der von Public-Events mit 95% am höchsten. Auf der Seite der Firmen mit Event-Marketing-Strategien sieht die Einschätzung ähnlich aus.

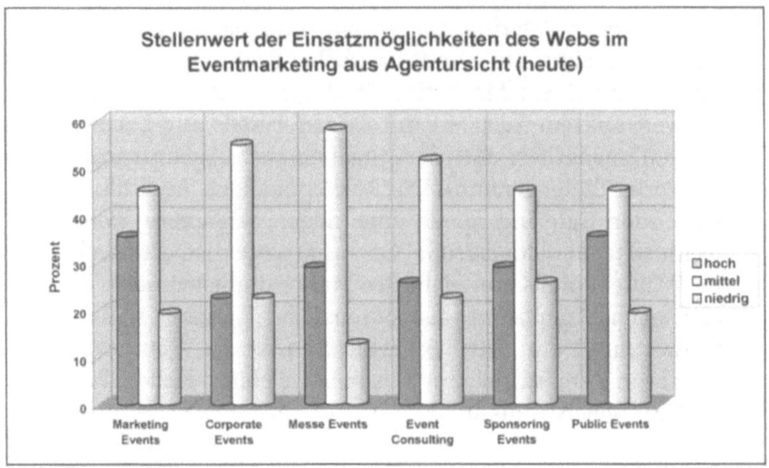

Agenturen und Kunden weisen den Einsatzmöglichkeiten des Internet im Eventmarketing bereits heute einen hohen Stellenwert zu

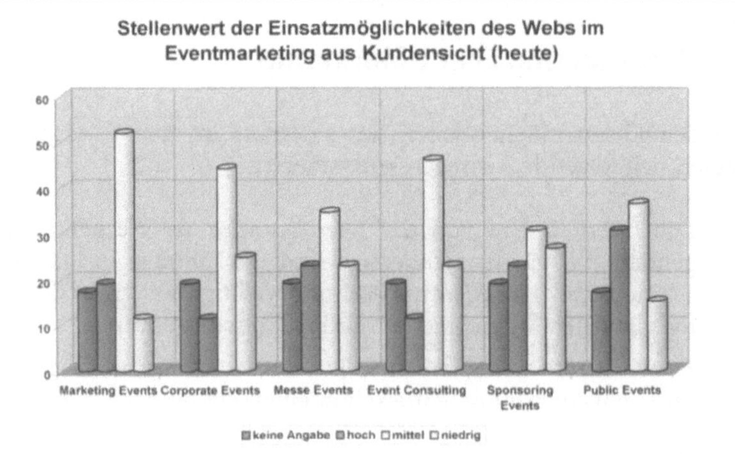

 Walter Wehrhan

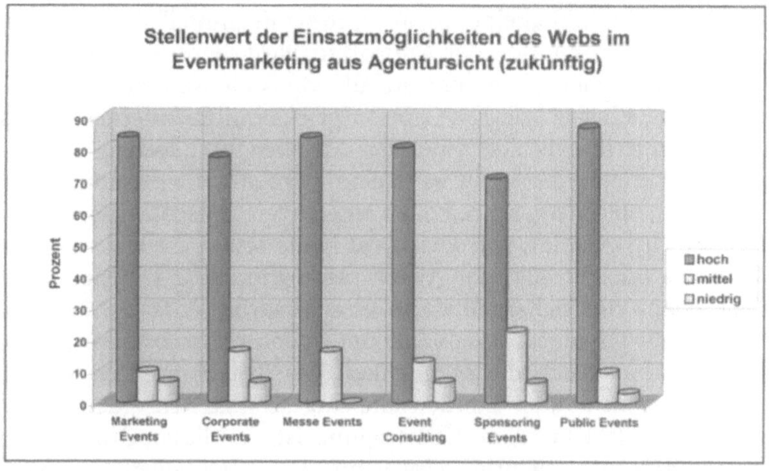

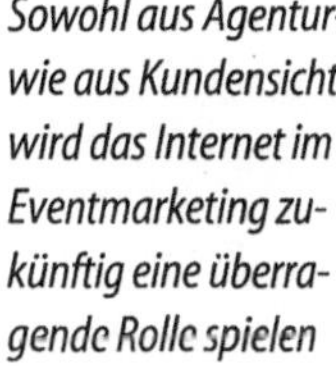

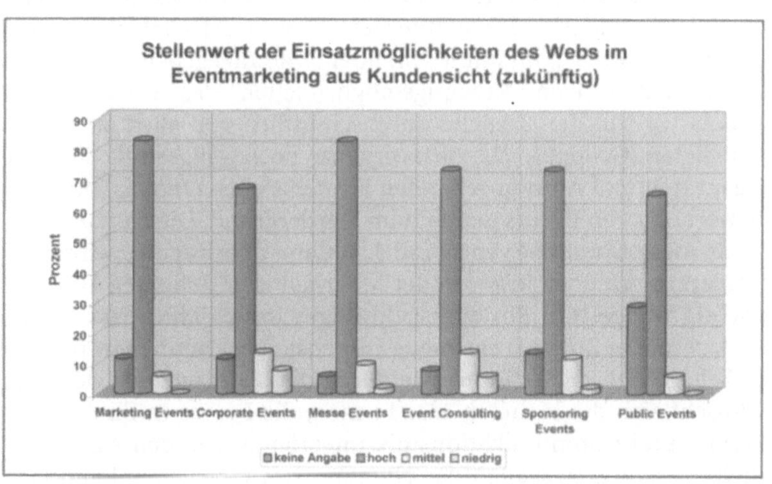

*Sowohl aus Agentur-
wie aus Kundensicht
wird das Internet im
Eventmarketing zu-
künftig eine überra-
gende Rolle spielen*

4
Die Nutzung des Internets: Zusammenfassende Ergebnisse

Zur Frage, wie das Internet heute genutzt wird, schreibt Stephan Schäfer in seiner Zusammenfassung der Ergebnisse[2]: „Neben der Einschätzung, welche Bedeutung das Web heute und morgen hat, stellte sich die Frage, wie es konkret genutzt werden kann. Zumindest für die Firmen mit Event-Marketing-Strategien, die an der Umfrage teilgenommen haben, ist die Organisation von Events mittels Web noch nicht so bedeutend oder klar. Nahezu die Hälfte der Antworten war „keine Angabe", 36% mit „mittel". Für sinnvoll, so in der Interpretation der Antworten, wird die Bewerbung eines Events angesehen. Aber der Abruf von Videoszenen mit Real-Video, der Einsatz von LiveCams oder eigentliche Internet-Events werden mit jeweils fast 45% der Angaben als „niedrig" einge-schätzt, bei etwa 20% gibt es „keine Angabe". Interessant ist der Vergleich, ob die Agenturen dazu eine andere Einschätzung haben. Für die Organisation von Events ist heute schon die Nutzung des Internets mit gut 40% der Agenturantworten sehr wichtig. Diese Diskrepanz hat sicherlich darin eine Ursache, dass die Kunden nicht in die Organisationsabläufe der Agenturen so intensiv einge-bunden sind. Auch die Möglichkeit der Bewerbung von Events wird höher als auf der Kundenseite eingeschätzt. RealVideo, Inter-net-Events und LiveCam-Übertragung ist bei dieser Gruppe mit knapp 45% als „niedrig" eingestuft. Die Wichtigkeit der Nut-zungsmöglichkeiten durch Internet-Events wird aber gleichzeitig schon als „mittel", mit immerhin über 35%, angegeben."

Die zukünftigen Nutzungsmöglichkeiten des Internets bei Events wird in der Branche durchschnittlich von allen an Events beteiligten Gruppen als überwiegend hoch eingestuft. Für die Agenturen und Auftrag gebenden Firmen stehen Organisation und Bewerbung von Events deutlich im Vordergrund. Die Nutzung von RealVideo, Internet-Events und LiveCam-Übertragung wird aber immerhin mit über 50% von der Mehrheit aller Befragten als „sehr wichtig" eingestuft. Ein aussagekräftiges Indiz dafür, dass Events im Internet in Zukunft eine neue Dimension bekommen werden.

Schon jetzt, auch dies wurde durch die Untersuchung deutlich, wünscht sich die Mehrzahl der Firmen, die Events in ihrem Mar-keting- und Kommunikationsmix integrieren, von den Agenturen mehr Beratung bezüglich der Nutzung von Internetapplikationen bzw. der Einsatzmöglichkeiten von Eventmarketing im Internet.

Events im Internet bieten große Chancen, bergen aber auch ei-nige Gefahren. Zu den positiven Elementen zählt, dass Events im Internet einer schier unbegrenzten Anzahl von Konsumenten in-ternational offen steht. Damit kann die Effektivität inklusive der quantitativen Kontrollfunktionen etwa eines Public-Events wie auch das Product-Placement erheblich gesteigert werden. Von der Kostenseite gesehen sind auch preisgünstige Internet-Events denkbar und möglich. Interaktivität kann problemlos in die Form der Events im Internet integriert werden. Konsumenten, die auf-grund der Analyse über Internet-Events nach zusätzlichen Infor-mationen verlangen, können durch Links oder weiterführende Ebenen tiefergehende Recherchen betreiben.

Auf der anderen Seite sind Events im Internet auch der Willkür des Konsumenten ausgesetzt. Wird die Emotionalität eines Konsumenten strapaziert oder gelangweilt, wird dies augenblicklich durch Weiterklicken bestraft. Außerdem müssen die Konsumenten erst auf das bestimmte Event im Internet aufmerksam gemacht bzw. fokussiert werden – ein Werbefeldzug, der zum größten Teil nicht nur internetintern, etwa durch Suchfunktionen vollzogen werden kann. Schließlich müssen die technischen Voraussetzungen im Audiovisuellen- sowie im Serverbereich, die die Basis für qualitativ hochwertige Events im Internet bilden, noch gesteigert werden.

Im Bereich der organisatorischen, logistischen, kreativen und konzeptionellen Durchführung von Events bilden das Internet sowie die elektronische E-Mail-Kommunikation in der Eventbranche, dies hat die Untersuchung deutlich bewiesen, ein feste Größe.

Anmerkungen:

1) Stephan Schäfer: Das Internet – unendliche Möglichkeiten, EVENT PARTNER 5/99, Seite 62 ff.
2) Stephan Schäfer: Das Internet hat Einzug in die Eventbranche gehalten, EVENT PARTNER 6/99, Seite 64 ff.

Michael-A. Konitzer

Content Is King

Abstract

Unter dem Motto „Solutions for a new millenium of communication" werden die rasanten Veränderungen des Internet betrachtet. Das Web liefert dem User nicht nur Informationen oder unterstützt ihn bei alltäglichen Routinearbeiten, sondern bietet auch die Möglichkeit, Online-Auftritte zu „Special Events" zu machen. Online-Präsenzen dieser innovativen Art stellen die Internet-Redakteure vor neue Aufgaben. Hier entstehen Chancen für neue Agenturmodelle, die sich auf die Erstellung redaktionellen Contents spezialisieren.

1
Die Produktion von speziellem Internet-Content

„Content is king." Das mag zunächst widersinnig klingen: Denn unzählige Anbieter aus den klassischen Medien stellen heute bereits im Übermaß Inhalte ins Internet – gratis! Dabei zeugen die Inhalte, die von renommierten Journalisten und von Fachleuten produziert sind, oft zweifelsfrei von erstklassiger Qualität. Und auch die großen Web-Agenturen haben sich längst Autoren oder sogar Redaktionen zugelegt.

Und dennoch beweisen die vielen Anfragen und das Interesse von Kunden, dass der Weg der Content-Spezialisierung eindeutig richtig ist. Denn die großen Web-Agenturen haben meist zu wenig journalistische Kompetenz und Erfahrung, um erstklassigen Content produzieren zu können. Die großen Verlage kreieren oft noch zu sehr aus einer Tradition des „Broadcasting" heraus, wobei (besser-)wissende Redakteure die User bzw. Konsumenten „aufklären", d.h. nur die redaktionelle Sicht der Dinge vermitteln.

Dagegen können spezialisierte Agenturen in enger Abstimmung mit den Auftraggebern maßgeschneiderte Inhalte erstellen, die zur Firma bzw. zum Produkt passen.

Erklärtes Ziel ist dabei, stets in optimaler Art und Weise *die* große Stärke des Internet – die Interaktivität – zu nutzen. Inhalte sollen hier die User niemals „belehren", sondern sie auf unterhaltsame und intelligente Art stimulieren, (inter-)aktiv zu werden und miteinander – auch mit dem Auftraggeber – in einen Dialog zu treten. Content wird so zum Motor, zueinander zu finden und Communities entstehen zu lassen. Der Inhalt initiiert einen funktionierenden Dialog zwischen Produzent und Konsument, der sowohl Direkt-Marketing-Möglichkeiten als auch Marktforschungs-Optionen eröffnet. Nicht zuletzt dadurch kann der Prosumer, der zum Co-Produzenten seiner Waren wird, optimal bedient werden.

2
Kein Commerce ohne Content

E-Commerce ist unbestritten der wesentliche Web-Trend des nächsten Jahrzehnts. Langfristiger Erfolg ist aber nur dann möglich, wenn die entsprechenden E-Commerce-Angebote im Internet mit attraktiven Contents verbunden sind. Kunden brauchen individuell angepasste Inhalte, die die Glaubwürdigkeit und Attraktivität einer Site sichern, die User regelmäßig wiederkehren lassen und „emotionalen Mehrwert" schaffen, jenseits des reinen „Commerce".

Die wenigsten Unternehmen haben bisher eine tragfähige Strategie entwickelt, wie Content eingesetzt werden kann, um einer Site zum Erfolg zu verhelfen. Der Ansatz, vorhandene Inhalte oberflächlich umgearbeitet ins Web zu stellen, konnte ebenso wenig überzeugen wie die Konzentration auf reine Service-Angebote, die Content nur als lästige Beigabe sehen.

Langfristige Kundenbeziehungen im Internet lassen sich nur erzielen, wenn den Usern der Eindruck vermittelt wird, dass es für sie einen festen Platz im World Wide Web gibt, an dem sie bei ihren ganz persönlichen Problemen und Fragen Hilfe finden und ihnen im Gegensatz zu den klassischen Medien die Möglichkeit der Interaktion gegeben wird.

3
Content neu denken

Content, der diesen Ansprüchen genügt, muss anders aufgebaut werden, als es bisher in konventionellen Redaktionen üblich ist. Das Prinzip des „Broadcasting", des Sendens in eine Richtung, wird durch das neue Medium Internet nachhaltig in Frage gestellt. Interaktivität, Personalisierung, datenbankgestütztes und dynamisches Publizieren sowie support-orientierter Journalismus sind dabei Richtwerte, an denen sich die Konzepte orientieren müssen. Kerngedanke dabei ist, dass nicht jedes inhaltliche Angebot für das Internet neu erfunden werden muss, dass aber bisher kaum Content existiert, der in seiner jetzigen Form als Online-Angebot wirklich attraktiv ist.

4
Vernetzte Informationen

„Online" bedeutet dabei nicht nur die heute „klassische" Rezeption am Bildschirm eines PC, sondern mit Hilfe einer Vielzahl von Geräten. Dies können z.B. die sich bereits entwickelnden Hybriden aus Handy und Palmtop oder PDA sein, ganz sicher wird es aber auch das Automobil werden – in nahezu jedem Ambiente wird Zugriff auf ein weltumspannendes Datennetz bestehen. Content, der in diesem Netz verfügbar ist, muss sich auch dem Anspruch stellen, in der Darstellung skalierbar und in der Nutzung modular aufgebaut zu sein.

Skalierbare, modulare Inhalte für vernetzte Ambiente

5
Geschlossene Content-Angebote

Um derart anspruchsvolle Angebote zu realisieren, kann es für Agenturen sinnvoll sein, sich auf die redaktionelle Kompetenz zu spezialisieren. Im Zentrum unserer Arbeit steht die Entwicklung von Vorstellungen und Konzepten, wie Content-Angebote aussehen können, die in sich geschlossen sind.

Folgende Problembereiche und Fragestellungen stehen dabei im Vordergrund:

- Aus welchen Elementen sollen Content-Angebote aufgebaut werden?

- Werden diese entweder lizensiert und webgerecht gestaltet oder selbst entwickelt und aufgebaut?

- Wie entsteht aus diesen Angeboten eine Community, die dem Kunden den „retained user", den immer wieder zu dieser Site zurückkehrenden Nutzer, sichern kann?

6
Das Internet als Direktvertriebskanal

Der Aufbau einer Web-Redaktionsagentur wie Y2K Medien ist somit als Antwort auf strukturelle Veränderungen bei der Produktion anspruchsvoller Web-Sites zu sehen. Hatte man das Medium Internet noch vor wenigen Jahren für einen Nebenschauplatz der klassischen Werbekommunikation gehalten, so ist heute unübersehbar, dass mit der Etablierung des Webs im Alltag völlig neue Strukturen entstehen. Anders als bei den Broadcast-Medien ist die direkte Aktion des Nutzers möglich – damit ist eine wesentliche Voraussetzung für die Nutzung als Direktvertriebskanal gesichert.

7
Web-Erlebnisse als Grundvoraussetzung

Kundenbindende Sites müssen Entertainment-Charakter haben

Es wäre jedoch falsch, Internet und E-Commerce in ihrer jetzigen Form bereits als Erfolgsmodelle zu sehen, da auch die klassischen Vertriebsformen neue Strategien parat halten, etwa in Form des Erlebnis-Shoppings. Wer ernsthaft E-Commerce via Web betreiben will, muss daher ähnliche Qualitäten bieten und den Aufenthalt auf der eigenen Site zu etwas Besonderem machen. Die Vorstellung, dies ließe sich bereits mit zugegebenermaßen beeindruckenden Animationstechniken des Webs und ähnlichen Spielereien erreichen, ist falsch. Der User, der an den Anbieter gebunden werden soll, will letztlich einen definierten Nutzen gewinnen (der natürlich auch Entertainment-Charakter haben kann – und soll).

Angesichts der für das Internet zur Verfügung stehenden Technologien lässt sich der Besuch auf einer Site „maßschneidern":

Dies gilt sowohl für den User, der entsprechend seiner persönlichen Präferenzen bedient werden kann, als auch für den Anbieter der Site, der präziser als in jedem anderen Medium erfahren kann, wie sich die Wünsche seiner Kunden gestalten. Damit dieses Verhältnis zwischen Kunde und Anbieter aber überhaupt zustande kommt, muss der Inhalt einer Site den Eindruck vermitteln, dass es hier wirklich um ein qualitatives Angebot geht und nicht darum, möglichst einfach und mit geringem Aufwand Produkte „an den Mann" zu bringen.

8
Neue Aufgaben

Die Schaffung von Content für solche Websites stellt an alle Beteiligten neue Anforderungen. Wenn der Web-Auftritt nicht eine rein werbliche Unternehmung sein darf, sind sowohl die Erwartungen und Vorgaben des Auftraggebers neu zu definieren, als auch die Leistung der beauftragten Agentur neu zu bestimmen. Ein Festhalten an einer Firmenpräsenz im herkömmlichen Sinne verstellt jedem Unternehmen die Möglichkeit, auch in neuen Bereichen Kompetenz zu demonstrieren und neue Kunden darüber zu gewinnen, dass ihnen eine feste „Anlaufstelle" im Web geboten wird, die zum persönlichen Kontaktpunkt ausgebaut werden kann.

Auf Seiten der Agenturen, die Content und Gestaltung schaffen, gilt es Angebote so zu gestalten, dass der User Vertrauen zu ihnen entwickeln kann und sich nicht permanent als „Zielgruppe" empfinden muss. Dies ist natürlich eine Gratwanderung: Der Kunde erwartet den „Verkauf" von Produkten und Images, der User demgegenüber jedoch die nützlichste, also objektive Information. Nur im kreativen Umgang mit diesen Erwartungen lassen sich wirklich überzeugende Inhalte entwickeln – ein Mehr an redaktioneller Freiheit sichert letztlich die langfristige Kundenbindung.

Anhang

Autorenangaben

Werner Aisslinger, geb. 1964, studierte Design von 1987-93 an der Hochschule der Künste Berlin. In den Jahren 1989-92 war er als Mitarbeiter für verschiedene Projekte in London, Berlin und Mailand tätig. 1993 gründete er die Agentur Aisslinger Corporate Design in Berlin. 1995 war er Lehrbeauftragter für Design an der Hochschule der Künste Berlin und 1997 Dozent am Lathi Design Institute in Finnland. Seit 1998 ist er Professor für Produktgestaltung an der Hochschule für Gestaltung in Karlsruhe. Zahlreiche Produkte und Ausstellungen wurden ausgezeichnet.

Christian Bachem, geb. 1965, ist als New Media Marketing Consultant in Berlin tätig. Nach seinem Studium der Publizistik, Soziologie, Cognitive Science und Volkswirtschaftslehre in Mainz, Bloomington (USA) und Berlin promovierte er 1994 mit einer Arbeit über amerikanische Fernsehwerbung. 1991-94 arbeitete er als Mediaplaner in den USA. 1995 wechselte er zu Pixelpark, wo er die Bereiche Strategische Planung, Marketing Services und Online-Werbung aufbaute und leitete, bevor er sich im Sommer 1998 selbständig machte. Er ist Autor diverser Buch- und Zeitschriftenbeiträge über Online Marketing und seit 1996 Lehrbeauftragter an der Freien Universität Berlin und der Hochschule der Künste Berlin.

Stephan Balzer, geb. 1966, studierte Informationswissenschaften und Betriebswirtschaftslehre mit dem Schwerpunkt Marketing. 1994 entwickelte er die Basisidee und das Marketingkonzept für das Web-Projekt „Wildpark". 1996 war er Gründungsmitglied der LAVA Gesellschaft für Digitale Medien in Hamburg. In der LAVA/iXL-Geschäftleitung ist Stephan Balzer für den Bereich New Business und Marketing verantwortlich.

Jörg Bochow, geb. 1972, ist seit 1998 wissenschaftlicher Mitarbeiter von Prof. Dr. Mark Wahrenburg. Er studierte Statistik und Volkswirtschaftslehre an der Universität Dortmund.

Harald Buchheister, geb. 1966, war nach seinem Studium zum Diplom-Verwaltungswissenschaftler in einer Unternehmensberatung tätig, bevor er von dort zu Radio NRW und schließlich 1998 zu Sat.1 in die Online Redaktion wechselte. Als Online-Programm-Manager ist Harald Buchheister für die Inhalte der Websites verantwortlich und von Anfang an als leitender Redakteur für die Homepage der „Harald Schmidt Show" zuständig.

Sven Ehmann lebt als Journalist, Fotograf und Multimediakonzepter in Berlin. Seit 1996 bei Pixelpark als Konzepter für den Kunden adidas-Salomon AG zuständig, zuletzt als Director Concept Development. Seit 1998 ist er am Aufbau des Bereichs „interactive environments" beteiligt.

Lutz Engelke, geb. 1956, studierte Literaturwissenschaften, Psychologie und Publizistik an der FU Berlin, sowie an der Cornell University, USA. Er war an der Entwicklung und Konzeption verschiedener Kulturprojekte beteiligt, bevor er von 1990-93 als Pressesprecher im Berliner Senat tätig war. 1994 gründete er die Triad Berlin Projekt GmbH, die er als Geschäftsführer leitet. Triad-Projekte waren u.a.: 1997-98: „Der Traum vom Sehen", Oberhausen (540.000 Besucher); 1999: DaimlerChrysler IAA, Frankfurt a.M.; EXPO 2000: Bertelsmann Pavillon, Hannover; 2001: WDR-Besucherzentrum, Köln.

Jürgen Fahlbusch arbeitet als Redakteur im Projektteam LAB.01 bei der Atelier Markgraph GmbH in Frankfurt. Er studierte Pädagogik, Literatur und Philosophie und war anschließend mehrere Jahre als Lektor im Philo Verlag tätig.

Manuel Funk studierte Marketing-Kommunikation an der Universität Hamburg, bevor er bei „Scholz & Friends", Hamburg, im Bereich Werbung und Interactive tätig war. Einige Jahre war er beruflich in New York und wechselte schließlich als dritter Partner zur FORK Unstable Media GmbH nach Hamburg, wo er seitdem als Geschäftsführer den Bereich „Business-Marketing" leitet.

Stefan Glänzer, geb. 1961, promovierte 1991 am Lehrstuhl für Internationales Management in Hamburg und gründete im gleichen Jahr zusammen mit zwei Partnern den Verlag Companions. Mit Ratgeberbüchern und Entwicklungen für namhafte Verlage und Unternehmen machte sich Companions schnell einen Namen als innovative Ideenschmiede – u.a. kreierte Companions die erste Internet Programmzeitschrift „CU". Im Sommer 1998 starteten Glänzer und seine Partner die ricardo.de Aktiengesellschaft, die seit Juli 1999 börsennotiert ist.

Tim Grebe studiert Volkswirtschaftslehre an der Humboldt-Universität Berlin. Seit Juli 1999 ist er bei der eBay AG tätig.

Nikolaus Hafermas, geb. 1965, studierte an der Hochschule der Künste Berlin Visuelle Kommunikation, Schwerpunkt Ausstellungsarchitektur. Seit 1989 Mitarbeit in unterschiedlichen Designbüros, Werbeagenturen und Medienfirmen. Entwicklung von Ausstellungssystemen und -architekturen, Konzeption von digitalen Medien, Creative Direction von multimedialen Events. Seit 1995 Mitglied der Geschäftsleitung von Triad Berlin Projektgesellschaft mbH. Er war maßgeblich u.a. an folgenden Projekten beteiligt: 1997-98: „Der Traum vom Sehen", Oberhausen (540.000 Besucher); 1999: DaimlerChrysler IAA, Frankfurt a.M.; EXPO 2000: Bertelsmann Pavillon, Hannover; 2001: WDR-Besucherzentrum, Köln.

Lars Hinrichs, geb. 1976, brachte im Rahmen seines Grundwehrdienstes die Bundeswehr ins Internet. Im Anschluss daran wechselte er nicht an die Universität, sondern stieg als Projektleiter bei der Firma LAVA ein. Gemeinsam mit seinem Partner Peer-Arne Böttcher konzipierte und realisierte er das bekannteste und erfolgreichste Internet-Angebot zur Bundestagswahl 1998 (www.wahlkampf98.de). Seit 1998 ist Hinrichs als Projektentwickler bei dem Beratungsunternehmen iXL tätig. Bei politik-digital ist Hinrichs Geschäftsführer und für die strategische Entwicklung und den digitalen Mehrwert zuständig.

Sascha Höper ist seit 1995 Mitarbeiterin bei der Agentur Wunderman Cato Johnson in Frankfurt. Erfahrungen im Bereich Direktmarketing sammelte sie bei den Agenturen Grey Direct und Ogilvy & Mather Direkt für eine Vielzahl namhafter Kunden im Consumer und B-to-B Bereich. Als Management Supervisor ist sie für die Bereiche Ford Customer Relationship Management und Internet verantwortlich. Hauptaufgabe ist es, CRM Strategien für Ford in adäquaten Kommunikationskanälen umzusetzen und Ford als „Consumer Company" erlebbar zu machen.

Michael-A. Konitzer, geb. 1953, studierte an der Universität München Germanistik, Theater- und Kommunikationswissenschaften. Nach seinem Studium war er u.a. Chefredakteur der Münchner Stadtzeitung (heute: „Prinz"), stellvertretender Chefredakteur der Zeitschrift „Wiener", Leiter der Trend- & Zukunftsforschung Scholz & Friends, Chefredakteur von „Europe Online" sowie Leiter für kommerzielle Online-Aktivitäten bei Microsoft Deutschland und Geschäftsführer MSN Germany (Microsoft). Im April 1999 wechselte er als geschäftsführender Gesellschafter zur Y2K Medien GmbH.

Michael Kramers, geb. 1958, studierte Publizistik, Germanistik und Recht in Mainz. Während des Studiums freie journalistische Tätigkeiten für verschiedene Medien. Von 1986-91 Aufbau des privaten Hörfunksenders RPR als Chefredakteur Studio Rheinhessen, dann Wechsel zum ZDF: Landeskorrespondent in Kiel, Länderspiegel, Wahlberichterstattung, Sondersendungen der Innenpolitik. Seit 1996 Leitung der Redaktion ZDF.online.

Gunnar Krüger, geb. 1969, studierte Gesellschafts- und Wirtschaftskommunikation sowie Geschichte in Berlin. Nach dem Studium zunächst freie Arbeit für verschiedene Webagenturen, seit 1998 Konzepter und Texter bei Pixelpark, Berlin.

Johannes Krug, geb. 1967, studierte Betriebswirtschaftslehre und Schiffsbau. Danach begleitete er die technische Organisation von über 30 Ausstellungen. Freiberuflich tätig für verschiedene Museen und Kunstinstitutionen in ganz Deutschland, Moskau, San Francisco und Tokio. Zuletzt Leitung der Bereiche Technologie und Medien für die Ausstellung „Der Traum vom Sehen" 1997/98 im Gasometer Oberhausen und für den Unternehmenspavillon „planet m" der Bertelsmann AG auf der EXPO 2000 in Hannover.

Ulrich Leschak, geb. 1951, studierte an der Universität Düsseldorf Geschichte, Germanistik und Pädagogik. Danach Lehrauftrag an der dortigen Universität und Mitbegründer der Stadtzeitung „Überblick". Von 1979-83 als Dozent beim DAAD, 1984 bei der Düsseldorfer Werbeagentur GGK als Creative Director und Geschäftsführer. 1991 Mitbegründer einer Hamburger Werbeagentur; ab 1996 MultiMediaMeile (www.cyburbia.de), Kongressredaktion der Komm (www.komm.de). Lehrauftrag an der Fachhochschule Düsseldorf (www.hgm-neuemedien.de). Projekte: www.tote-hosen.de, www.i-conomy.de. Tätig für die Media Task Force NRW.

Werner Lippert ist Berater für Corporate Culture. Er betreut als geschäftsführender Gesellschafter der Firma Projects Corporate Culture Consultants GmbH (Düsseldorf) Projekte im Bereich der Corporate Culture und Unternehmenskommunikation für Unternehmen wie Münchener Rück AG, Stadtsparkasse Düsseldorf, DaimlerChrysler. Für Hugo Boss hat er das Sponsoring des Guggenheim Museum mitentwickelt und begleitet. Er ist Berater des Arbeitskreis Kultur Sponsoring (AKS) und Autor von Publikationen wie „Corporate Collecting" und „Future Office".

Birgit Mager war nach ihrem Studium der morphologischen Psychologie an der Universität zu Köln mehrere Jahre als Organisations- und Personalentwicklerin im Bereich Human Resources Development bei Hewlett Packard tätig, bevor sie sich als selbständige Beraterin auf die Service Industrie spezialisierte. 1995 wurde sie auf die bisher einzige Professur für das Lehrgebiet „Service Design" am Fachbereich Design der Fachhochschule Köln berufen.

Richard Maul, geb. 1959, studierte von 1986-91 Gesellschafts- und Wirtschaftskommunikation an der Hochschule der Künste Berlin. Von 1992-94 war er bei Lintas in Hamburg für die strategische Planung zuständig, bevor er von 1994-96 die strategische Markenplanung für deutsche und amerikanische Unternehmen bei FMS Consulting Hamburg verantwortete. Seit 1997 ist er als Managing Director Online Advertising bei Pixelpark zuständig.

Wolfgang Modera ist kaufmännischer Geschäftsführer des Ars Electronica Center Linz. Er ist für die strategische Positionierung und die Vernetzung des Ars Electronica Center mit wissenschaftlichen Einrichtungen und Industriebetrieben zuständig.

Manfred Ottenbreit war nach seinem Studium der Elektrotechnik beim Fernsehen tätig, bevor er im Bereich Forschung und Entwicklung arbeitete. Ab 1987 entwickelte er Laserdisc Anwendungen und arbeitete im Bereich Service und Vertrieb professioneller Audiotechnik. 1991 Chief Engineer von Sony Classical und im Bereich High Definition Television. 1994 Technischer Leiter bei der VAP und an der Entwicklung des Mediencentrums Rotherbaum und des weltweit ersten virtuellen TV Studiosystems ELSET beteiligt. Als Technischer Leiter der TMP Fernsehproduktion war er Ende 1995 mit der Sendeabwicklung des Musiksenders VH-1 und in Zusammenarbeit mit VIACOM mit der Einführung der digitalen Satellitenübertragung für MTV betraut.

Im Februar 1996 gründete er mit vier weiteren Gesellschaftern die LAVA Gesellschaft für Digitale Medien. Als einer der Geschäftsführer betreute er u.a. die Tagesschau und Uniplan. 1998 leitete er die Entwicklung und Umsetzung der Multimedia-Bereiche des Showroom von Toyota in Paris.

Stefan Raake, geb. 1965, Diplom-Kaufmann, ist Partner der itm ideas to market GmbH. Seit Juli 1995 Consultant bei itm, seit Januar 1996 verantwortlich für den Geschäftsbereich Internet, seit Januar 1997 Gesellschafter der itm. Seit 1995 als Consultant im AMC Assekuranz Marketing Circle GmbH tätig. Im AMC sind zur Zeit

60 Versicherungsgesellschaften Mitglied, für die der AMC gemeinschaftliche Marketing-Projekte initialisiert und coacht. Stefan Raake ist Mitglied im Beirat der Digitalen Stadt Düsseldorf.

Roman Riedmüller studierte an der Hochschule für Gestaltung Karlsruhe und der Hochschule für Gestaltung Offenbach, bevor er als Diplom-Designer für Yellow-Design, Frogdesign Californien und Festo Corporate Design tätig war. Seit Januar 1999 arbeitet er für die Pixelfactory GmbH und ist Projektmanager „Deutsche Bank".

Tanja Römer studierte Grafik-Design und Kommunikationswissenschaft. Seit 1996 Projektmanagerin für LAVA/iXL und u.a. zuständig für die Tagesschau, Herlitz und Talkline.

Alexander Samwer erhielt 1994 den Preis für das beste Abitur in Nordrhein-Westfalen. Anschließend studierte er Economics, Politics und Philosophy an der University of Oxford und schloss 1998 das Studium mit „Distinction" ab. Er war für die Naumann & Göbel Mediengesellschaft und für das traditionsreiche Verlagshaus Angel Estrada & Cie in Buenos Aires tätig. Im Senat der Französischen Republik arbeitete er als Assistent eines Senators. Alexander konzipierte bei der Unternehmensberatung McKinsey & Company eine Internet Community für einen deutschen Konzern. In Hongkong bereitete Alexander den Launch eines Internet Service Providers für Hutchison Telecommunications mit vor. Zuletzt war er im Silicon Valley für Sentient Networks tätig, einem führenden Unternehmen für Netzwerk Technologien. Im Januar 1999 gründete er mit fünf Partnern die eBay AG.

Björn Schäfers studierte Betriebswirtschaftslehre an den Universitäten Kiel und Leuven und arbeitet seit Beginn 1999 für das Internet-Auktionshaus ricardo.de im Bereich Business Development.

Christa Schneebauer, Leiterin der Stabsstelle Redaktion & Recherche, ist für die kunst-, medien- und wissenschaftstheoretische Fundierung der Arbeiten des Ars Electronica Center zuständig.

Sascha Schulz ist Gründer und geschäftsführender Gesellschafter von Dialog Links Interaktive. Zuvor war er fast vier Jahre Etat-Direktor bei der Dialogmarketing-Agentur Lehr & Brose, aus der Anfang 1999 Dialog Links Interactive hervorgingen. Als Vorsitzender des Forums E-Commerce des Deutschen Direktmarketing Verbandes ist er um den interdisziplinären Informationsaustausch bemüht. Zu den Kunden zählen Marken wie GQ, Vogue, Toshiba und das BHW.

Stefan Schuster, geb. 1968, ist bei Kabel New Media als Director Business Development von Beginn an mit der strategischen Entwicklung des Projekts der ATP-Tour betraut.

Thomas Spar, geb. 1962, studierte Betriebswirtschaft mit Schwerpunkt Marketing. Tätigkeit bei verschiedenen Verlagen und Agenturen, dann fünf Jahre lang Verlagsleiter der bundesweiten Stadtillustrierten PRINZ. Später war er Marketingleiter, baute eine zentrale Marketingabteilung auf, leitete zudem die Anzeigenabteilung und etablierte mit dem PRINZ Scouting-System ein Marktforschungsinstrument für Markentrends.

Im Herbst 1995 gründete er in Hamburg gemeinsam mit drei Partnern die Multimedia-Agentur PopNet Kommunikation, die heute mehr als 120 festangestellte Mitarbeiter beschäftigt. Thomas Spar ist als Gesellschafter und Mitglied der Geschäftsleitung zuständig für strategische und kreative Konzepte sowie als Vorstand der PopNet Internet AG verantwortlich für die Bereiche Konzeption und Kreation. Vorträge und Publikationen zu den Themen Online-Kommunikation, Community- und Szenen-Marketing.

Henry Steinhau absolvierte eine Ausbildung zum technischen Assistenten für Elektronik und Datentechnik. Seit 18 Jahren (freier) Journalist und Publizist. Von 1991-93 technischer Redakteur beim DTP-Magazin PAGE, von 1993-96 Chefredakteur der Fachzeitschrift Screen Multimedia. 1995 Mitbegründer des Deutschen Multimedia Verbands (dmmv), ab 1995 im Beirat des Deutschen Multimedia Kongress (DMMK). Seit Mitte 1997 selbständiger, freier Multimedia-Journalist, u.a. für Der Tagesspiegel, Börsenblatt des deutschen Buchhandels, Screen Business Online, Werben & Verkaufen/new media report, HORIZONT, Rolling Stone und Impulse. Herausgeber und Chefredakteur des unabhängigen E-Mail-Newsletters „hest-ticker berlin" für und über die Multimedia-Branche in Berlin und Brandenburg.

Mark Wahrenburg, geb. 1963, ist seit 1999 Inhaber des Lehrstuhls für Bankbetriebslehre an der Johann Wolfgang Goethe Universität in Frankfurt. Er studierte Volkswirtschaftslehre in Göttingen, Philadelphia und Köln. Von 1988-96 war er wissenschaftlicher Mitarbeiter und später Assistent am Lehrstuhl von Prof. Dr. von Weizsäcker in Köln, 1995-97 erst Lehrbeauftragter an der Universität

Witten/Herdecke, ab 1998 dort Inhaber des Lehrstuhls für Finanzierung und Kapitalmarkttheorie.

Ann-Christin Waldmann, geb. 1966, studierte Anglistik und Politik, bevor sie zwei Jahre in einer PR-Agentur tätig war. Zwei Jahre war sie als Kommunikations-Managerin bei der ATP-Tour – je ein Jahr in Monte Carlo und in London – tätig. Bei Kabel New Media ist sie Chefredakteurin und Projektmanagerin.

Jochen Walter studierte an der Justus Liebig Universität Gießen und der Johann Wolfgang Goethe Universität in Frankfurt, bevor er als Diplom-Ökonom bei der Genossenschaftlichen Rechenzentrum GmbH Frankfurt/Main und für die Hess-Natur Textilien GmbH tätig war. Seit April 1998 Marketing Manager bei der Pixelfactory GmbH.

Walter Wehrhan gehört zu den Gründern des Fachmagazins „EVENT PARTNER – Magazin für Event-Marketing" und ist seit Installation dieser Zeitschrift im Jahr 1996 auch ihr Chefredakteur. Neben EVENT PARTNER zählt er seit 1990 als Chefredakteur zu den Begründern und Konzeptionisten des Fachmagazins „PRODUCTION PARTNER – Magazin für professionelle Studio- und Bühnentechnik" im MM-Musik-Media-Verlag. Er war u.a. als Chefredakteur bei der Fachzeitschrift Promobil tätig und hat zahlreiche Veröffentlichungen (Reisebranche, Incentives, Handbuch der Öffentlichkeitsarbeit) publiziert. Der Eventbranche ist er seit 1981 (Public-Event „Odysseus you can take off" zum Jahr der Behinderten) in verschiedenen Funktionen als Komponist, Musiker, Texter, Organisator und Konzeptionist verbunden.

Steffen Wenzel, geb. 1967, studierte Politik und Geographie an der Universität Gießen. 1999 Promotion in Sozialwissenschaften mit dem Thema „Streetball – Ein jugendkulturelles Phänomen aus sozialwissenschaftlicher Perspektive". Darüber hinaus ist er Autor diverser Artikel über Jugendkultur sowie Herausgeber des Kursbuch Jugendkultur (Bollmann Verlag, 1997) und Mitbegründer des Virtuellen Institus für Cultur und Information (VinCI) an der Universität Gießen (seit 1996). Neben seinen langjährigen Erfahrungen im Kulturmanagement und bei der Organisation von Events hat er in der Erwachsenenbildung diverse Workshops konzeptioniert und durchgeführt. Seit Januar 1999 ist er Redaktionsleiter von „politik-digital" und dort insbesondere für die konzeptionelle Entwicklung des „salon politique" zuständig.

Marita Willemsen, geb. 1959, studierte Diplom-Biologie an der Universität Freiburg i. Brsg. Danach Weiterbildung als Fachjournalistin in Dresden. Vier Jahre Berufserfahrung als Journalistin bei den Tageszeitungen „Sächsische Zeitung" in Pirna, „Schwäbische Post" in Aalen und „Offenbach Post". Dazwischen Praktika beim mdr in Leipzig, TV-Baden in Karlsruhe und Offener Kanal in Offenbach. Seit Januar 1998 als PR-Referentin bei Intershop tätig.

Literatur

Agentur Bilwet 1997: Elektronische Einsamkeit, Köln: Supposé

Albus, Volker; Kriegeskorte, Michael (Hrsg.) 1999: kauf mich! – Prominente als Message und Markenartikel, Köln: DuMont

Alpar, Paul 1998: Kommerzielle Nutzung des Internet: Unterstützung von Marketing, Produktion, Logistik und Querschnittsfunktionen durch Internet, Intranet und kommerzielle Online-Dienste (2. Auflage), Heidelberg: Springer

Bachinger, Richard (Hrsg.) 1990: Unternehmenskultur – Ein Weg zum Markterfolg, Frankfurt/M.: Frankfurter Allgemeine Zeitung

Baecker, Dirk 1999: Die Form des Unternehmens, Frankfurt/M.: Suhrkamp

Barthes, Roland 1964: Mythen des Alltags, Frankfurt/M.: Suhrkamp (original 1957: Mythologies, Paris: Éditions du Seuil)

Beck, Ulrich 1986: Risikogesellschaft – Auf dem Weg in eine andere Moderne, Frankfurt/M: Suhrkamp

Berres, Anita 1997: Marketing und Vertrieb mit dem Internet – Ein Leitfaden für mittelständische Unternehmen, Heidelberg u.a.: Springer

Bhattacharjee, Edda 1998: Profi-Marketing im Internet - Erfolgreiche Strategien, Konzepte und Tips (2. aktualisiere Auflage), Freiburg u.a.: Haufe

Bolz, Norbert: 1999: Die Wirtschaft des Unsichtbaren, München: Econ
  – 1999: Die Konformisten des Andersseins, München: Wilhelm Fink
  – 1997: Die Sinngesellschaft, Köln: Econ

Brandes, Uta; Bachinger, Richard; Erlhoff, Michael (Hrsg.) 1988: Unternehmenskultur und Stammeskultur – Metaphysische Aspekte des Kalküls, Darmstadt: Verlag der Georg Büchner Buchhandlung

Brinkemper, Peter V.; Dadelsen, Bernhard von; Seng, Thomas 1994: World Media Park – Globale Kulturvermarktung heute, Berlin: Aufbau Taschenbuchverlag

Brodie, Richard 1996: Virus of the mind – The New Science of the Meme, Seattle: Integral Press

Dawkins, Richard (1976) 1981: The Selfish Gene, Oxford: University Press

Dery, Mark 1997: Cyber – Die Kultur der Zukunft, Verlag Volk und Welt

Domitzlaff, Hans 1982: Die Gewinnung des öffentlichen Vertrauens – Ein Lehrbuch der Markentechnik, Hamburg: Marketing Journal (zuerst 1939 Hamburg: Hanseatische Verlagsanstalt)

Dyson, Esther 1999: Release 2.1 – Die Internet-Gesellschaft – Spielregeln für unsere digitale Zukunft, München: Droemersche Verlagsanstalt Th. Knaur Nachf. (original 1998: Release 2.1 – A Design for Living in the Digital Age, New York: Broadway Books)

Emery, Vince 1996: Internet im Unternehmen – Praxis und Strategien, Heidelberg: dpunkt

Erlhoff, Michael (Hrsg.) 1988: Gold oder Leben – Aufsätze zum Verhältnis von Gegenstand und Ritual (Schriftenreihe des Rat für Formgebung), Darmstadt: Verlag der Georg Büchner Buchhandlung

Franck, Georg 1998: Ökonomie der Aufmerksamkeit, München: Hanser

Fraunhofer Institut für Arbeitswirtschaft und Organisation (Hrsg.) 1996: Media-Daten im Internet. Ein Handbuch für Online-Werbung – Eine Untersuchung der Werbemöglichkeiten im Internet, Kosten, Nutzen, Zielgruppen, Stuttgart: Fraunhofer IRB Verlag

Gerken, Gerd: 1999: Cyberwelten ersetzen das Marketing – Arbeitspapiere zum 8. Visionstag, Worpswede: Muditax
– 1997: Die magische Masse, Düsseldorf: Metropolitan
– 1997: Final Fiction – Erfolg durch Virtualität,
Düsseldorf: Metropolitan
– 1996: Multimedia – Das Ende der Information,
Düsseldorf: Metropolitan

Gilder, George 1994: Life after Television – The Coming Transformation of Media and American Life, New York, London: W. W. Norton & Company (Revised Edition)

Godin, Seth 1999: Permission Marketing: Turning Strangers into Friends and Friends into Customers, New York: Simon & Schuster

Grosz, Andreas; Delhaes, Daniel (Hrsg.) 1999: Die Kultur AG – Neue Allianzen zwischen Wirtschaft und Kultur, München: Carl Hanser Verlag

Haasis; Klaus; Zerfaß, Ansgar 1999: Digitale Wertschöpfung – Multimedia und Internet als Chance für den Mittelstand, Heidelberg: dpunkt

Heil, Bertold 1998: Online-Dienste, Portal Sites und elektronische Einkaufszentren – Wettbewerbsstrategien auf elektronischen Massenmärkten, Wiebaden: Gabler und Deutscher Universitäts-Verlag

Horx, Matthias; Wippermann, Peter 1998: Markenkulte – Wie Waren zu Ikonen werden, Düsseldorf u.a.: Econ & List
– und Trendbüro 1996: Der erste große deutsche Trendreport, Düsseldorf u.a.: Econ
– und Trendbüro 1996: Trendwörter, Düsseldorf u.a.: Econ

Huly, Heinz-Rüdiger; Raake Stefan 1995: Marketing Online, Frankfurt/M.: Campus

Kelly, Kevin 1999: NetEconomy – Zehn radikale Strategien für die Wirtschaft der Zukunft, Düsseldorf, München: Econ (original 1999: New Rules for the New Economy, New York: Viking Penguin)
– 1997: Der zweite Akt der Schöpfung – Natur und Technik im neuen Jahrtausend, Frankfurt/M.: Fischer (original 1994: Out of Control – The Rise of the Neo-Biological Civilization, New York: Addison-Wesley)

Koslowski, Peter 1989: Wirtschaft als Kultur – Wirtschaftskultur und Wirtschaftsethik in der Postmoderne, Wien: Passagen Verlag

Kursbuch Internet – Anschlüsse an Wirtschaft und Politik, Wissenschaft und Kultur, Mannheim: Bollmann (1996)

Link, J. (Hrsg.) 1998: Wettbewerbsvorteile durch Online Marketing – Die strategischen Perspektiven elektronischer Märkte, Heidelberg: Springer

Lippert, Werner 1999 (Hrsg.): Annual Multimedia Jahrbuch 2000, Online – CD-ROM – Terminal, Düsseldorf: Metropolitan (seit 1996)

Lunefeld, Peter 1999: The Digital Dialectic – New Essays on New Media, Cambridge: MIT-Press

Maar, Christa; Leggewie, Claus 1998 (Hrsg.): Internet und Politik, Köln: Bollmann Verlag

Mones, Andreas 1999: Kritik des Ereignisdenkens – Eine Kollision mit Heideggers Spätphilosophie, Köln: Unverzagt Verlag

Müller, Mokka 1999: Das vierte Feld – Die Bio-Logik revolutioniert Wirtschaft und Gesellschaft, Köln: Mentopolis

Münker, Stefan; Roesler, Alexander (Hrsg.) 1999: Televisionen, Frankfurt/M.: Suhrkamp

Nadin, Mihai (Hrsg.) 2000: Digital Design 2000+, CD-ROM zum gleichnamigen internationalen Symposium und Webcast, veranstaltet vom Fach „Computational Design" im Dezember 1998 an der Bergischen Universität in Wuppertal, Beilage zur Zeitschrift „Screen" im März 2000
– 1999: Jenseits der Schriftkultur – Das Zeitalter des Augenblicks, Dresden und München: Dresden University Press (englisch 1997: The Civilization of Illiteracy, Dresden/München: Dresden University Press)

Nelson, Ted 1987: Computer Lib/Dream Machines, Redmond, WA: Microsoft Press (revised edition, zuerst 1974)
– 1981: Literary Machines, Swarthmore PA, USA: Verlag ohne Angabe

Noam, Eli M. 1996: Cyber-TV – Thesen zur dritten Fernsehrevolution, Gütersloh: Verlag Bertelsmann Stiftung

Norman, Donald A. 1998: The Invisible Computer, Cambridge: MIT-Press

Pine, Joseph B.; Gilmore, James H. 2000: Erlebniskauf – Konsum als Ereignis, Business als Bühne, Arbeit als Theater, München: Econ Ullstein List Verlag (original 1999: The Experience Economy – Work is Theatre & Every Business a Stage: Harvard Business School Press)

Popcorn, Faith 1994: Der Popcorn Report – Trends für die Zukunft, München: Heyne (original 1991: The Popcorn Report, New York: Doubleday)

Pradel, Markus 1997: Marketingkommunikation mit neuen Medien – Zukunftsfähige Konzepte für den Mittelstand, München: C.H. Beck

Reck, Hans Ulrich; Brock, Bazon (Hrsg.) 1986: Stilwandel als Kulturtechnik, Kampfprinzip, Lebensform oder Systemstrategie in Werbung, Design, Architektur, Mode, Köln: DuMont

Reiter, Wolfgang Michael (Hrsg.): Werbeträger – Handbuch für die Mediapraxis, 9. überarbeitete Auflage, Frankfurt/M.: MD Medien-Dienste

Rheingold, Howard 1992: Virtuelle Welten – Reisen im Cyberspace, Reinbek: Rowohlt

Rötzer, Florian (Hrsg.): Telepolis – Die Zeitschrift der Netzkultur,
    http://www.telepolis.de
    – 1999: Megamaschine Wissen – Vision: Überleben im Netz,
    Frankfurt/New York: Campus
    – 1998: Digitale Weltenwürfe – Streifzüge durch die Netzkultur,
    München: Hanser
    – 1993: Das Ende der Werbung? in: Mediamatic vol. 7 #3/4, S. 254/255

Rosenow, Jürgen R. 1998: Ihr Business-Auftritt im Internet - Der Ratgeber für
    alle Branchen, Hamburg: Fischer & Partner

Schiller, Dan 1999: Digital Capitalism – Networking the Global Market System,
    Cambridge: MIT Press

Schmidt, Artur P. 1998: Endo-Management – Nichtlineare Lenkung komplexer
    Systeme und Interfaces, Bern u.a.: Haupt

Schulze, Gerhard 1999: Kulissen des Glücks – Streifzüge durch die Eventkultur,
    Frankfurt/M. New York: Campus
    – 1997: Die Erlebnisgesellschaft – Kultursoziologie der Gegenwart,
    Frankfurt: Campus

Sennett, Richard 1998: Der flexible Mensch – Die Kultur des neuen Kapitalis-
    mus, Berlin: Berlin Verlag (original 1998: The Corrosion of Charac-
    ter, New York: W.W. Norton)
    – 1995: Verfall und Ende des öffentlichen Lebens – Die Tyrannei der
    Intimität, Frankfurt/M.: Fischer (original 1974: The Fall of Public Man,
    New York: Alfred A. Knopf Inc.)

Seybold, Patricia B.; Marshak, Ronni T. 1999: Koenig.Kunde.Com – Wie er-
    folgreiche Unternehmen im Internet Geschäfte machen, Düsseldorf
    München: Econ (original 1998: customers.com, New York: Times
    Books)

Sloterdijk, Peter 1998: Der starke Grund zusammen zu sein, Frankfurt/M.:
    Suhrkamp

Stephan, Peter Friedrich 2000: Denken am Modell – Gestaltung im Kontext
    bildender Wissenschaft, in: Bürdek, Bernhard E. (Hrsg.) 2000: Der di-
    gitale Wahn, Frankfurt/M.: Suhrkamp (in Vorbereitung)
    – mit Stefan Asmus 1999: Wissensdesign – Mit neuen Medien Wissen
    gestalten, Köln: Seminarunterlagen der Bertelsmann Medienakade-
    mie (http://www.medienakademie-koeln.de)
    – 1999: Die Alles-on-demand-Gesellschaft, in: Neumann, Christiane
    1999: Sprung in die Zukunft – Mit Medien- und Kommunikationsbe-
    rufen zum Erfolg, Deutsche Verlagsanstalt Stuttgart, S. 13-42
    – 1999: Redesign 2.0 – Warum sich Entscheider und Führungskräfte
    von Multimedia-Agenturen für die Zukunft wappnen müssen, um

dauerhaft erfolgreich zu bleiben, Interview von Peter Friedrich Stephan mit Andreas Vichr, Geschäftsführer von vi&p, München in: Merx, Oliver (Hrsg.) 1999: Qualitätssicherung bei Multimedia-Projekten, Heidelberg: Springer, S. 319-327
– 1998: Der virtuelle Lebenshauch: Marketing mit Lara Croft & Co., Vortrag und Moderation auf der komm98, Düsseldorf
– 1998: Multimedia und Netze: Hat die Zukunft eine Zukunft? In: Public Relations Forum für Wissenschaft und Praxis Nr. 2/98, S. 116-119
– 1997: Designer im Cyberspace: Ratlos – Perspektiven designspezifischer Forschung, formdiskurs 2, I/1997, S. 108–119

Talbot, Steven L. 1995: The future does not compute – Transcending the machine in our midst, Sebastopol: O´Reilly & Associates

Tapscott, Don 1998: Blueprint to the Digital Economy – Creating Wealth in the Era of E-Business, New York: McGraw-Hill

Toscani, Oliviero 1997: Die Werbung ist ein lächelndes Aas, Frankfurt/M.: Fischer (original 1995: La Pub est une charongne qui nous sourit, Paris: Editions Hoebeke)

Turkle, Sherry 1997: Leben im Netz, Reinbek: Rowohlt (original 1995: Life on the Screen, New York: Simon & Schuster)
– 1984: Die Wunschmaschine – Der Computer als zweites Ich, Reinbek: Rowohlt (original 1984: The Second Self - Computers and the Human Spirit, New York: Simon & Schuster)

Zeitschriften

CYbiz, Frankfurt/M.: Deutscher Fachverlag

Ecommerce Magazin, Vaterstetten: IWT Magazin Verlags-GmbH

Event Partner, Köln: Musik Media Verlag

Horizont, Frankfurt/M.: Deutscher Fachverlag

Kunstforum International Bd. 148: Ressource Aufmerksamkeit – Ästhetik der Informationsgesellschaft, Köln 1989

MultiMedia – Trendletter für Medienintegration, München: HighText-Verlag

Net Business, Hamburg: Verlagsgruppe Milchstrasse

Public Relations Forum für Wissenschaft und Praxis, Nürnberg, ERMA-Verlag

Screen Business Online, Hamburg: MACup Verlag

Werben und Verkaufen, München: Europa-Fachpresse-Verlag

WIRED, San Francisco: Wired Ventures